RÉÉDITION

DES

ARRÊTÉS DU GOUVERNEUR

DES

ÉTABLISSEMENTS FRANÇAIS DE L'OCÉANIE,

Commissaire du Roi près la Reine des Iles de la Société.

ANNÉES 1843, 1844, 1845, 1846 ET 1847.

Papeete,

IMPRIMERIE DU GOUVERNEMENT.

1864.

AVERTISSEMENT.

Cette réédition des arrêtés (1) est faite suivant les instructions ministérielles en date du 27 février 1860, Département de l'Algérie et des Colonies, et du 4 septembre 1863, Colonies : 2e bureau.

L'administration locale, préoccupée de tenir au courant la publication des actes rendus depuis le 1er juillet 1860, n'a pu entreprendre le présent travail qu'à la fin du mois de novembre 1863.

Le *Bulletin officiel* des Établissements français de l'Océanie, proprement dit, ne date que du 1er novembre 1847 ; il a été interrompu du 1er janvier 1856 au 31 août 1857.

Ont été publiés les numéros suivants du *Bulletin officiel* des Établissements français de l'Océanie :

Année 1857—Septembre, octobre, novembre et décembre.
— 1858—Janvier, février et mars.
— 1859—Janvier, février, mars et avril ; — deux suppléments portant le texte en français et en taïtien des lois taïtiennes promulguées en 1855, 1857 et 1858.
— 1860—Janvier, février, mars, avril, mai et juin.

---

(1) La présente réédition paraîtra en livraisons d'une trentaine de pages, et elle sera répartie de la même manière que le *Bulletin officiel* des Établissements français de l'Océanie et du Protectorat des Iles de la Société et dépendances.

Au 1er juillet 1860 a commencé, sous le titre de *Bulletin officiel des Établissements français de l'Océanie et du Protectorat des Iles de la Société et dépendances*, le recueil actuel des actes administratifs de la colonie. Cette publication est entièrement à jour. Elle forme trois volumes :

> 1er volume—Du 1er juillet 1860 au 31 décembre 1861.
> 2e volume—Du 1er janvier au 13 décembre 1862. (Vient d'être terminé.)
> 3e volume—Commence au 1er janvier 1863.

On a reproduit dans les volumes qui précèdent plusieurs actes importants, soit métropolitains, soit locaux, antérieurs au 1er juillet 1860, qu'il a paru utile, dans l'intérêt du service, de mettre à la portée des divers fonctionnaires et officiers de la colonie.

On a cru également utile de reproduire, à l'aide de notes, quelques documents restés manuscrits, ou imprimés dans la colonie en dehors du recueil que l'on réimprime aujourd'hui. Ces notes sont mises sur deux colonnes et en caractères différents de ceux affectés à la réédition.

PAPEETE, décembre 1863.

TABLE CHRONOLOGIQUE

DES MATIÈRES CONTENUES DANS CE VOLUME.

Les documents dont les titres sont précédés d'un astérisque (*) sont ajoutés à la 1re édition des ARRÊTÉS.

FIN DE LA TABLE CHRONOLOGIQUE.

Extrait des Procès-verbaux de l'Assemblée Législative des États du Protectorat, Session de 1860, Séance du 15 mai (1).

Le Comité d'examen des lois a proposé, dans l'intérêt du pays, qu'une commission présidée par le Commissaire Impérial *p. i.*, et composée des indigènes les plus éclairés, choisis parmi les membres de l'Assemblée, et au nombre de dix — six de Taïti et Moorea, et quatre des îles Tuamotu (pour ceux-ci, l'Assemblée devra choisir aussi bien dans les députés absents que dans les députés présents ; ainsi, Paiore, Vairaatoa, et autres, ne doivent pas être exclus) :

1° Réunisse en un volume toutes les lois taïtiennes actuellement en vigueur ;

2° Prépare de nouvelles lois, basées sur les besoins exprimés par l'Assemblée dans cette session de 1860, et sur l'état actuel du pays, de manière à être appliquées à tous les habitants du Protectorat indistinctement, et proposées à la session prochaine.

Le Comité a aussi proposé, pour faire partie de cette Commission,

Pour Taïti et Moorea :
- Metuaaro, président des Toohitu ;
- Maheanuu, président suppléant des Toohitu ;
- Tariiru, chef ;
- Taatarii, greffier des Toohitu ;
- Ote.

Pour les îles Tuamotu :
- Paiore, Régent ;
- Parua, président des Toohitu ;
- Tamuta, chef ;
- Vairatoa, grand-chef.

Les membres du Comité d'examen des lois,

Signé : Tariiru,
Metuaaro,
Moohono,
Mataitai,
Fanaupohoe.

La proposition est adoptée par l'Assemblée à l'unanimité.

Les Secrétaires de l'Assemblée,

Signé : Paofai,
Moeore,
Taatarii a Tairapa.

---

(1) Les documents qui suivent sont publiés en taïtien à la suite du texte français.

RAPPORT

A

M. le Commandant Commissaire Impérial

SUR LES

PROJETS DE CODES TAITIENS.

————◦◦◇◦◦————

PAPEETE, le 11 avril 1862.

MONSIEUR LE COMMISSAIRE IMPÉRIAL,

Les populations océaniennes placées sous la protection de la France sont encore aujourd'hui régies par le Code taïtien de 1842 (1), code élaboré et promulgué en dehors des idées, de l'influence et de l'autorité françaises.

Ce code, il est vrai, a été révisé et profondément modifié en 1845 et 1848 ; de plus, il est accompagné d'un assez grand nombre de lois particulières, empreintes d'un certain caractère national. Mais outre que, malgré ces révisions, ces modifications et ces adjonctions, la pensée primordiale qui a présidé à sa confection prédomine encore sur l'ensemble des dispositions et réagit nécessairement sur les détails ; outre que la plupart de ces dispositions ont cessé d'être en harmonie avec les mœurs nouvelles des Taïtiens, ce code est tellement incomplet que, dans la pratique, on se trouve journellement arrêté par des lacunes qu'il faut combler, et des doutes qu'il faut éclaircir.

Permettez-moi de consigner ici quelques détails sur l'origine de la législation locale : cet historique n'est pas inutile à la démonstration des propositions qui suivent.

Ce ne fut qu'après vingt-deux années d'apostolat que les

Détails historiques sur l'origine de la législation taïtienne.

---

(1) Voyez la sanction des codes de 1845 et 1848

premiers missionnaires de la Société de Londres, ayant enfin détruit les grossièretés idolâtriques d'un culte sauvage et d'une théogonie bouffonne, parvinrent à faire accepter aux insulaires un corps de loi fondé sur les principes bibliques. Ce premier corps de loi, promulgué le 13 mai 1819, était plutôt un recueil de préceptes religieux et moraux qu'un ensemble de mesures propres à constituer une société civile, ou même à en préparer la constitution; il fut révisé plusieurs fois, notamment en 1823, 1826, 1832, 1835, 1838, et enfin en 1842, peu avant l'établissement du Protectorat de la France.

Appréciation du capitaine anglais Beechey. La nature de ces lois a été appréciée de la manière suivante par le capitaine Beechey, du navire anglais *Blossom :*

« Le code des lois institué par Pomare II, avec l'assistance » des missionnaires, a reçu de temps à autre de grandes exten- » sions. Depuis 1825, un parlement, composé des représentants » élus par le peuple des divers districts de l'île, a été établi; les » limites imposées par ce pouvoir à l'autorité arbitraire du » monarque, la sécurité qu'il accorde aux propriétés et aux » libertés du peuple sont à la louange des missionnaires qui » furent les instruments de l'introduction de ces lois ; mais en » même temps, s'ils avaient mieux lu dans l'histoire de l'huma- » nité, ils auraient été moins rigides sur certaines particularités, » et ils auraient atteint les avantages qu'ils se proposaient . . . » La police est continuellement sur l'alerte, jour et nuit, pour » empêcher les amusements du peuple, qui, par des vues re- » ligieuses erronées, est réduit à vivre d'une vie d'austères pri- » vations. » (*Voyage to the Pacific*, etc., p. 199 et 200.)

Appréciation de l'amiral Du Petit-Thouars. L'amiral Du Petit-Thouars, dans une lettre adressée à Son Exc. le Ministre de la Marine et des Colonies, s'exprime ainsi :

« Afin de mieux faire connaître la position de la société à » Taïti, je suis forcé de remonter dans le passé jusqu'à une » époque assez reculée—celle du ministère de M. Canning. » Dans ce temps, le nombre des blancs s'était déjà tellement » accru dans les îles de la Société, que les missionnaires, qui, » comme tout le monde sait, avaient été choisis dans les der- » niers rangs de la société de Londres, et pris parmi les » ouvriers, tels que forgerons, charpentiers, maçons ou autres, » n'étant point assez éclairés pour faire de bonnes lois, capables » de servir de base à une société bien organisée, reconnurent » leur insuffisance, etc. »

Observations critiques sur le code de 1842. Les reproches encourus par les premières lois européennes appliquées au pays peuvent justement s'adresser au code de

1842. Ce code, en effet, renferme des prescriptions excessives, des prohibitions exagérées tellement en discordance avec les principes du droit public, du droit des gens, et particulièrement de notre droit national, que l'autorité française dut songer, dès les premiers temps de son établissement, à en tempérer la rudesse et le caractère outré.

Si les anciennes lois punissaient le blasphème à l'égal de la calomnie, l'hérésie de l'exil ou des travaux forcés (à Raiatea, le blasphème et l'idolâtrie étaient punis de mort) ; si elles prononçaient l'ostracisme contre certaines catégories de personnes ; si elles soumettaient les marins déserteurs aux rigueurs des travaux forcés ; si, sous prétexte de prévenir ou de réprimer l'abus des liqueurs ardentes, elles autorisaient des mesures de police inquisitoriales, le code de 1842, quoique plus humain, ne laissait pas de se faire aussi remarquer par un rigorisme touchant à l'absurde, et par des principes dont l'application persistante aurait eu pour résultat inévitable de laisser à jamais les régnicoles dans le plus complet isolement.

Punir l'achat d'une bouteille d'eau-de-vie d'une amende de deux cent cinquante francs ; imposer un travail de cinquante brasses de route aux hommes, de dix brasses d'étoffe aux femmes convaincus de s'être livrés à des jeux innocents tels que les échasses, le trait, le chalumeau, la flûte de roseau, etc., était-ce bien judicieux ?

Interdire absolument le mariage entre les étrangers et les filles indigènes, n'était-ce pas s'exposer à voir la débauche et la prostitution, déjà si répandues, prendre, sous l'empire de pareilles prohibitions, des développements effrayants ?

Séparer violemment ceux qui s'étaient légitimement unis en pays étrangers, ne conduisait-il pas au mépris, à la déconsidération du lien le plus sacré, le plus pur qui unisse les sexes ?

Interdire la vente, le don, la location même des terres aux étrangers, sous peine de travaux forcés, de confiscation des propriétés, et de nullité des contrats, n'était-ce pas mettre les étrangers hors la loi, hors le droit, et condamner ces terres généreuses à une perpétuelle stérilité ?

Enfin, l'inobservation du dimanche entraînant un travail de cinquante à cent brasses de route, la transgression des préceptes de la Bible assimilée à un acte de rébellion contre le gouvernement étaient autant de mesures inintelligentes qu'il fallait se hâter d'abolir ou de modifier considérablement.

Plusieurs arrêtés du Gouverneur, publiés dans le courant des années 1843 et 1844 (arrêtés devenus lois du pays par un vote de l'Assemblée législative), furent les premiers actes d'une réforme nécessaire.

En 1845, sur les trente-trois lois qui formaient le code de 1842, douze furent expressément abrogées, trois autres (les trois dernières) le furent implicitement ; le reste subit de notables changements.

Trois années plus tard, en 1848, on sentit encore la nécessité de revenir sur ce premier travail d'épuration. Neuf lois du code révisé en 1845 disparurent entièrement, et plusieurs dispositions puisées dans les codes français entrèrent dans la composition de celles qu'on crut devoir conserver, particulièrement dans les lois 1re, sur le meurtre, les coups et les blessures ; xix, sur le vol ; xx, sur les dommages, dégradations et destruction de la propriété d'autrui, et xxxi, sur les jugements.

Les dispositions du code de 1848, qui n'est au fond, comme on le voit, qu'une modification de celui de 1842, ont subi, à leur tour, de considérables améliorations, et ont été complétées par une série de lois, dont plusieurs, notamment celle qui institue l'état-civil (11 mars 1852), celle qui crée l'enregistrement des propriétés territoriales (24 mars 1852), celle qui constitue les conseils des districts (12 novembre 1855), celle qui concerne le vol (12 février 1857), sont les véritables bases sur lesquelles il convient d'édifier la nouvelle législation.

J'ai dit en commençant ce Rapport que, malgré les révisions, les modifications et les adjonctions survenues à diverses époques, le code de 1848 est incomplet et contient des dispositions surannées ; c'est là une vérité incontestable, qui a dû déja sans doute préoccuper vos prédécesseurs, Monsieur le Commissaire Impérial, et il faut croire que s'ils ont hésité à réformer plus radicalement qu'ils ne l'ont fait, c'est qu'ils ont craint de jeter une certaine perturbation dans les esprits et dans les affaires en brusquant trop les changements.

En ce qui touche les règles surannées qu'il est urgent de faire promptement disparaître, je n'ai besoin que de quelques exemples pris au hasard.

L'adultère de la femme vaut au mari outragé un dédommagement légal de cent francs. (Loi vii.)

La séduction d'une jeune fille comporte une indemnité de cinquante francs en faveur de ses parents. (Loi vii.)

L'absence entraîne la dissolution du mariage contracté entre un étranger et une fille indigène. Et cette absence est possible, elle est autorisée par la loi moyennant une certaine somme d'argent que doit verser le mari. (Lois viii et ix.)

Le mari, taïtien ou étranger, que sa femme abandonne reçoit d'elle une pension de vingt francs par mois. (Loi xvi.)

Les mauvais traitements *volontaires* sont punis d'une amende de cinquante à cinquante-cinq francs, tandis que l'homicide *involontaire* est puni d'un emprisonnement de trois mois à deux ans et d'une amende de cinquante à six cents francs (Loi i, art. 7 et 9), et les coups et blessures, également *involontaires*, d'un emprisonnement de six jours à deux mois et d'une amende de seize à cent francs. (Arrêté du 25 mai 1844.)

Et ce n'est pas seulement au code de 1848 que doivent s'adresser ces observations critiques; les lois mêmes que j'ai signalées comme étant le plus conformes à l'esprit de nos codes métropolitains s'en écartent parfois sans raison appréciable; par exemple, la loi du 30 novembre 1855, sur la forme des jugements, crée trois degrés de juridiction, alors qu'en France il n'en existe que deux : pourquoi ce rouage superflu dans un mécanisme dont la condition première doit être la simplicité?

De plus, cette même loi est muette sur les délais pendant lesquels le recours en cassation peut être admis; de telle sorte qu'on serait presque autorisé à dire qu'il n'existe pas de jugements définitifs émanant de la juridiction spéciale des tribunaux taïtiens.

La loi de 1857, sur le vol, maintient cet usage aussi ancien qu'abusif, d'imposer au condamné, non-seulement la restitution de l'objet volé, mais aussi le paiement du double de la valeur de cet objet. (Art. 5 et 15.)

Quant aux lacunes dont j'ai parlé, il serait fastidieux de les énumérer. Je me bornerai à constater que rien ne règle l'état des personnes et le droit de propriété; que les successions, les testaments, les donations, les contrats et obligations, le prêt, etc., tous ces actes de la vie civile inhérents à l'état de civilisation des peuples, à la constitution des nationalités, ne sont pas même indiqués dans la législation actuellement en vigueur; que les fonctions publiques ne sont que très-imparfaitement définies, les rapports nécessaires entre les indigènes et les Français et étrangers sans corrélation directe, et, qu'enfin les actes de la juridiction taïtienne sont dépourvus du caractère d'authenticité dont ils devraient être revêtus dans l'intérêt d'une bonne administration autant que dans l'intérêt privé des particuliers.

Remarques sur la rédaction des lois.

Il ne me reste plus, sur ce premier point, qu'à présenter quelques observations relatives à la manière dont les lois locales sont rédigées.

« Le propre de la loi, » dit un commentateur estimé, « est de commander, de défendre, de permettre et de punir. » Conséquemment, le langage de la loi doit être bref, impératif, sobre de détails, simple, clair, dégagé de tout ce qui ressemble à l'exhortation. La loi ne veut pas persuader, elle ordonne sans se préoccuper de la conviction particulière des individus qu'elle régit. Aux livres de religion et de morale conviennent les longs discours, les remontrances, les appels aux sentiments et aux nobles passions ; aux livres de lois convient le style sec et nerveux. Or, le code taïtien, primitivement rédigé par des missionnaires, dont l'esprit se refuse à admettre une séparation complète du temporel et du spirituel, est rendu diffus par le mélange des préceptes religieux et des prescriptions légales. On y rencontre d'inopportunes dissertations sur les devoirs envers Dieu et des recommandations qui, n'étant parfois sanctionnées par aucune pénalité, ne doivent pas figurer dans le texte d'une loi.

Urgence d'une réforme radicale.

Recueillir tous les éléments épars de l'ancienne et de la nouvelle législation taïtienne, les coordonner méthodiquement, en extraire les dispositions dont la pratique a démontré l'excellence, les combiner avec celles de nos lois métropolitaines qui paraissent être applicables à la colonie, en former un corps de loi à la fois simple et complet, qui permette d'abroger expressément tout ce qui a été fait jusqu'à ce jour, est donc une œuvre dont l'impérieux besoin est généralement senti. Vous ne pouviez, Monsieur le Commissaire Impérial, donner à nos protégés une plus éclatante preuve de votre sollicitude qu'en ordonnant de prendre les mesures nécessaires pour qu'il y soit satisfait promptement.

Vœu du comité d'examen des lois.

Sous votre inspiration, le Comité d'examen des lois a proposé, et l'Assemblée législative, dans sa séance du 15 mai 1860, a décidé de réunir en un volume toutes les lois taïtiennes promulguées jusqu'à ce jour, d'en préparer de nouvelles basées sur l'état actuel du pays, de les soumetttre d'abord à l'examen d'un comité présidé par vous et composé de taïtiens choisis parmi les membres les plus distingués de l'Assemblée législative, et de les présenter ensuite à la sanction de cette Assemblée.

Chargé de préparer les éléments nécessaires à la réalisation de ce programme, j'ai pu, au mois de mars dernier, vous remettre un recueil complet de toutes les lois taïtiennes promulguées depuis l'année 1842 ; j'ai l'honneur de vous transmettre aujourd'hui les *Projets de Codes taïtiens*, élaborés par moi en 1859 et modifié, depuis, en conformité de vos ordres.

Ces projets sont au nombre de quatre, savoir :

    1° Code électoral et administratif ;

    2° Code civil ;

    3° Code de procédure civile et criminelle ;

    4° Code pénal.

Le Code de procédure est, en outre, accompagné d'un tarif des amendes, frais et dépens.

La division de ces divers codes en livres, titres et chapitres, ainsi que le numérotage des articles en une série unique, est, à peu de choses près, celle des codes français. Je me suis attaché à reproduire les titres et les termes consacrés dans ces codes ; le mot à mot a été scrupuleusement conservé toutes les fois qu'il a été possible de le faire, désespérant, certes, de rencontrer des expressions mieux choisies que celles dont se sert ordinairement le législateur français.

La difficulté résidait dans le choix des matières à introduire dans la législation locale, et dans leur combinaison avec celles des lois existantes qu'il est rationnel de conserver. A cet égard, je me suis appliqué à dégager les principes fondamentaux de tous les détails minutieux dont les subtilités dépasseraient la compréhension des indigènes ; ces détails, je les ai remplacés par des règles moins conformes, sans doute, aux bases générales du droit usuel, mais aussi moins abstraites et d'une plus facile application.

Afin de faciliter l'examen de ce long travail, je crois nécessaire d'exposer succinctement l'ordre d'idées sous l'empire desquelles il a été exécuté, les éléments qui entrent dans la composition des règles les plus importantes qu'on y remarque, les principales innovations qu'il introduit dans la législation taïtienne, et, finalement, le but que je me suis proposé.

J'ai eu en vue :

1° De dissiper le vague, la confusion qui règne dans les lois actuelles et de combler les lacunes qui les rendent imparfaites, surtout en ce qui concerne l'état des personnes et les droits de propriété ;

2° De simplifier, tout en les complétant, les formes judiciaires, de manière à assurer l'exacte et constante application de la loi ;

b

3° De déterminer la sphère d'activité de chacun, afin que tous concourent sans heurtements au même but, le bien public ;

De fixer le rang, les immunités, les prérogatives et les devoirs de tous les fonctionnaires et agents de l'autorité ;

4° De donner aux actes et jugements émanant de la juridiction taïtienne, par un ensemble de mesures régulières, uniformes, concordantes, un caractère d'autorité, d'authenticité même, offrant de suffisantes garanties pour qu'ils puissent être admis comme pièces probantes devant la juridiction française ;

5° Enfin, et surtout, de constituer la famille taïtienne et la famille du Taïtien ; de faire entrer les indigènes dans le giron de notre droit national, de les préparer à jouir, dans un temps qu'on ne peut fixer et qu'il dépend d'eux d'abréger, de la plénitude de la législation française.

Application immédiate des codes français. Je sais que certains esprits, mus, d'ailleurs, par des intentions qu'on ne saurait blâmer, ne seraient pas éloignés d'admettre, comme chose immédiatement possible, l'application pure, simple et générale des codes français. Cette idée est assurément prématurée ; il ne serait pas prudent, à mon avis, de livrer à l'interprétation d'intelligences incultes les savantes et subtiles combinaisons de nos nombreuses lois, combinaisons dont les Français eux-mêmes n'acquièrent l'entière connaissance qu'à force d'études, de méditations et de pratique.

Impracticabilité de ce système. Non-seulement les Taïtiens ne parviendraient pas à saisir la substance du droit civil et criminel, délayée dans six ou huit mille articles de lois, mais les juges eux-mêmes ne tarderaient pas à confesser leur impuissance ; il faudrait donc abolir les tribunaux taïtiens, ce qui n'est, je le crois, ni dans vos vues ni dans les intentions du gouvernement français. Les tribunaux taïtiens étant supprimés pour cause d'inaptitude, une logique inexorable conduirait à l'abolition de l'Assemblée législative ; car comment conférer le titre de législateur à des individus reconnus incapables d'être juges ? Ce serait donc un bouleversement complet, au milieu duquel disparaîtrait l'autonomie du pays, garantie par l'acte constitutif du Protectorat.

Les tribunaux taïtiens seraient remplacés par les tribunaux français ; hé bien, je demande si, en l'état du personnel de la colonie, les tribunaux français peuvent fonctionner eux-mêmes, en se conformant à toutes les règles de la procédure métropolitaine ?

Il suffit de constater qu'aucune colonie française, sans en excepter l'Algérie, n'est régie d'après un pareil système, pour démontrer l'inanité de ce projet. Partout ailleurs qu'en France, les codes sont modifiés, simplifiés ; de quelles circonstances pourrait-on arguer pour justifier une exception en faveur de Taïti ?

Une autre opinion s'est produite dans ces derniers temps. On s'est demandé s'il ne conviendrait pas de créer un corps de loi unique, qui s'appliquât indifféremment aux Taïtiens, aux Français et aux étrangers. Ce projet, pas plus que le précédent, ne me paraît réalisable, quant à présent du moins.

Projet d'un code unique.

Pour arriver à une combinaison rationnelle des dispositions légales qu'il nécessiterait, il faudrait créer un code dont l'étendue ne diminuerait certes pas l'obscurité. Dans un pays où le défaut d'hommes spéciaux rend l'administration de la justice hésitante et timorée, n'est-ce pas le contraire qu'il faut se proposer ?

Le système que j'ai adopté, moins radical que tout autre, me paraît seul convenir à la situation actuelle du pays ; il se résume, quant à la compétence d'attribution, ainsi que j'ai déjà eu occasion de le dire dans une précédente communication, de la manière suivante :

1° Entre Taïtiens, les codes taïtiens seuls sont applicables ;

2° Entre Français ou étrangers, et entre Français ou étrangers et Taïtiens, les lois françaises, modifiées par les arrêtés du Commissaire Impérial, doivent seules être invoquées ;

Sous le titre de Code électoral et administratif, j'ai réuni ce qui se rattache plus particulièrement au droit public taïtien. Les principes exposés dans cette première partie de l'ouvrage sont puisés dans l'acte du Protectorat du 9 septembre 1842 ; les règles particulières proviennent du droit local actuel, des usages consacrés par le temps, et de l'organisation municipale des colonies.

Code électoral et administratif.

Les principales innovations que vous y remarquerez consistent dans l'assimilation des Taïtiens aux résidants, quant au régime des impositions, et dans la création des budgets particuliers des districts.

Principales innovations.

Désormais, au lieu de ces diverses contributions spécialement affectées aux écoles, aux travaux publics, à la liste civile de la Reine, etc., qui multiplient singulièrement les écritures et rendent les perceptions difficiles, les Taïtiens seront uniquement assujétis à la cote personnelle ; quant à la cote mobilière, elle sera naturellement remplacée par les journées de prestation affectées aux travaux des routes, qui devront continuer à être fournies par eux dans une sage et juste proportion.

Contributions.

Journées de prestation pour les routes.

Vous approuverez, je n'en doute pas, les mesures d'ordre et de surveillance que je propose d'adopter pour assurer le bon emploi de ces journées.

Budgets des districts. — Le système des budgets particuliers des districts, budgets dont les prévisions s'étendront sur toutes les branches des services taïtiens, me paraît se prêter mieux que l'ancien à toutes les combinaisons de finances et de trésorerie dont l'expérience démontrera la nécessité.

Incompatibilités. — Je me suis attaché à déterminer exactement les incompatibilités qui doivent exister entre les diverses fonctions publiques. Non-seulement la multiplicité des charges entre les mêmes mains peut être la source de regrettables négligences, mais elle prive aussi l'administration d'un contrôle mutuel et nécessaire, bien propre à imprimer aux affaires un cours régulier.

Conditions exigibles des candidats aux places de judicature. — Certaines conditions d'âge, d'aptitude et de services seront exigées des candidats aux charges de judicature ; dans tous les cas, un examen préalable devra établir la capacité, l'aptitude du postulant.

Il n'y a pas à craindre la pénurie de sujets réunissant les conditions voulues pour exercer les hauts emplois ; le nombre des juges de district ayant été, de tout temps, relativement considérable, on aura toujours le choix sur un assez grand nombre d'entre eux.

Liberté individuelle. — J'ai posé le principe que nul individu arrêté ne pourrait être incarcéré sans un ordre écrit d'une autorité supérieure ; cette mesure aura sans doute votre approbation : elle préviendra le retour d'abus qui se sont produits trop souvent.

Instruction publique. — L'instruction est obligatoire ; elle sera gratuite. Les instituteurs recevront une solde inscrite au budget du district où ils exerceront leurs fonctions. Ils seront à la nomination du gouvernement et devront faire preuve d'aptitude dans un examen préalable.

Conseils des districts. — L'institution des conseils de district procède d'une conception heureuse, dont les excellents résultats se manifestent chaque jour. J'ai considérablement étendu les attributions de ces corps municipaux destinés à donner à l'administration un précieux concours. Je me suis particulièrement inspiré à cet égard d'un arrêté de M. le baron de Mackau, portant organisation municipale pour la Martinique.

Assemblée législative. — De notables changements ont été apportés dans le mode d'élection et dans la manière de procéder de l'Assemblée législative taïtienne. J'ai suivi, sur ce point, les principes du décret impérial du 31 décembre 1852.

Sauf quelques dispositions relatives aux actes de l'état civil, déjà introduites dans la législation locale par la loi du 11 mars 1852, on peut dire que le Code civil taïtien constitue une véritable innovation. L'application de ce code enlèvera toutes incertitudes sur la nationalité, la filiation, les droits de propriété, desquelles procèdent ces nombreuses contestations qui tendent à devenir l'occupation exclusive des Taïtiens et enlèvent aux travaux journaliers les populations des districts, en excitant leurs passions ou leur curiosité. Code civil.

La qualité de taïtien se reconnaîtra à des signes certains : le Taïtien seul aura la jouissance des droits civiques, seul il sera justiciable des tribunaux taïtiens. Droits civiques.

Sur ce dernier point, on pourrait être moins exclusif ; je soumets à votre appréciation une variante consistant à placer sous la juridiction spéciale de ces tribunaux tous les naturels des îles océaniennes comprises dans une zône qui serait déterminée. Ces insulaires, dont les mœurs, les usages, la langue sont, à peu de choses près, les mêmes que ceux des Taïtiens, ne leur sont pas supérieurs en intelligence ; ils ne sont pas plus avancés qu'eux dans la voie de la civilisation : je ne vois donc pas les inconvénients qui pourraient s'opposer à ce qu'ils fussent astreints aux mêmes règles judiciaires et soumis aux mêmes lois.

J'ai longtemps hésité dans le choix des moyens propres à fixer la ligne de démarcation qui doit séparer les deux juridictions. C'était là la pierre d'achoppement du système que j'ai adopté. Il fallait, d'une part, que la loi taïtienne n'obligeât que les Taïtiens et que, d'autre part, elle fût respectée par tous. J'ai posé la règle que toute violation de la loi taïtienne, par un Français ou par un étranger, serait poursuivie devant la juridiction française de la même manière que le serait la violation de la loi française ou des arrêtés du Commissaire Impérial. La conformité des deux lois sera telle qu'il n'y a pas à redouter de graves difficultés à cet égard. Ligne de démarcation entre les deux juridictions.

Les étrangers pourront, avec l'agrément du gouvernement, et en remplissant certaines conditions d'âge, de résidence et de moralité, obtenir les droits de naturalité. Quant aux Français, il existe entre eux et les Taïtiens, en vertu de la constitution du Protectorat, une si étroite affinité qu'il paraît tout naturel de leur conférer, dans de certaines conditions, l'exercice des droits civiques taïtiens, sans les obliger pour cela à renoncer à leur nationalité. Naturalisation.

Registres supplémentaires des actes de l'état civil.

J'appelle votre attention particulière sur le projet de registres supplémentaires des actes de l'état civil, pour les individus nés ou mariés avant l'application de la loi du 11 mars 1852. C'est là un travail d'urgente nécessité, qu'il conviendrait d'entreprendre avant même que les projets de code soient adoptés. On pourrait faire des articles du Code civil qui traitent de cette matière l'objet d'une ordonnance immédiatement exécutoire.

Mariages.

J'ai supprimé cette disposition de la loi actuellement en vigueur qui permet aux étrangers d'épouser les filles indigènes, avec la faculté de les abandonner moyennant une indemnité pécuniaire. La légitimité de pareils mariages est très contestable, et généralement ils ont les suites les plus déplorables.

Désormais, Français et étrangers ne pourront épouser les femmes indigènes qu'en se conformant aux lois françaises.

Divorce.

J'aurais voulu pouvoir effacer aussi du Code taïtien cette loi du divorce, mauvaise dans son principe et complètement en désaccord avec nos lois nationales, nos mœurs et nos sentiments ; mais j'ai craint que cette abolition spontanée, sans transition aucune, nous mît aux prises avec de sérieuses difficultés ; qu'au lieu d'épurer les mœurs des aborigènes, de resserrer les liens de la famille, elle n'eût pour conséquence que d'entraver les unions légitimes et de donner au concubinage un aliment nouveau et une sorte de justification.

Séparation de corps.

Je me suis borné à régulariser le divorce, à l'entourer de formalités compliquées et à en limiter étroitement les cas.

Le divorce étant très-restreint, j'ai introduit dans mon projet la séparation de corps, à peu près dans les mêmes conditions où elle est admise en France.

Fixation de l'âge légal pour le mariage

Le Code Napoléon fixe l'âge où le mariage peut être contracté à dix-huit ans pour les hommes, et à quinze ans pour les femmes ; je propose de réduire cette fixation à seize ans révolus pour les hommes et à quatorze ans révolus pour les femmes.

Jusqu'en 1792, les hommes purent se marier en France à l'âge de quatorze ans et les femmes à l'âge de douze ans; c'était la règle du droit romain que le législateur français avait consacrée. On reconnut que cette fixation d'âge, bonne pour le climat d'Italie, ne pouvait convenir à nos pays septentrionaux, dans lesquels les forces physiques se développent plus tardivement. La loi du 20 septembre 1792 fixa cet âge à quinze ans pour les hommes et à treize ans pour les femmes, et cet état de choses dura jusqu'à la promulgation du Code Napoléon. Si vous considérez que les Taïtiens, vivant sous des latitudes beaucoup plus élevées que celles de l'Italie, sont naturellement pubères à l'âge de treize ans, vous trouverez sans doute convenable de fixer la puberté légale conformément à ma proposition.

La loi du 11 mars 1852 a déjà posé le principe de l'adoption légale (art. 25 et 26), afin de mettre un terme à ces innombrables adoptions officieuses qui jetaient le plus grand trouble dans les familles. J'ai cru devoir ajouter encore à ces premières prescriptions ; il est d'autant plus nécessaire de se montrer rigoureux à cet égard que les adoptions, telles qu'elles sont pratiquées usuellement, sont un reste des anciennes traditions en vertu desquelles tout individu pouvait librement disposer de la totalité de ses biens, soit par donation entre-vifs, soit par la voie des successions, sans tenir aucun compte des liens de la parenté.

Adoption.

Les Taïtiens enclins encore aux anciens errements pourront légalement obéir à leurs penchants à l'adoption, et cela sans préjudicier aux droits de leurs héritiers légitimes, en usant de la tutelle officieuse. C'est la seule concession qui m'a paru possible sur ce point.

Tutelle officieuse.

Les chapitres qui traitent de la propriété sont en tout conformes à l'esprit et souvent à la lettre même du Code Napoléon et du Code taïtien actuel. Celui de la prescription a une importance capitale bien digne de fixer votre attention.

État de la propriété.

La composition particulière des tribunaux taïtiens ne m'a pas paru comporter la division de la procédure en deux parties distinctes, ainsi que cela a lieu en France ; j'ai réuni dans un seul cadre la procédure civile et la procédure criminelle.

Code de procédure civile et criminelle.

Si, pour l'élaboration du Code civil, j'étais guidé par un modèle parfait, que je pouvais suivre, pour ainsi dire, aveuglément, il n'en était pas de même pour celle du Code de procédure. Je me suis trouvé là en face de difficultés sérieuses que j'ai tenté de vaincre par une attention soutenue et des recherches minutieuses.

Il fallait simplifier beaucoup et cependant donner à chaque acte judiciaire toutes les garanties de sincérité et d'authenticité qui conviennent à sa nature. J'ai combiné et réduit à leur plus simple expression divers éléments puisés soit dans le Code de procédure civile métropolitain, soit dans le Code d'instruction criminelle, dans la loi du 13 brumaire an V, dans le Code de justice militaire pour les gens de mer, du 4 juin 1858, soit enfin dans la loi taïtienne du 30 novembre 1855.

Les citations seront remises et tous les actes de la procédure seront exécutés par l'un des mutoi-imiroa du district, qui pren-

Citations. — Mutoi-fenua.

dra dans l'exercice de ces fonctions le titre de mutoi-fenua, titre correspondant à celui d'huissier.

Les récusations ne pourront être exercées qu'avant l'audience; la majesté de la justice souffre du rejet fait à la face du juge, le plus souvent sans motif plausible.

Il n'existera plus de tribunaux mixtes. Tout Taïtien sera jugé par ses pairs, voilà la règle; exceptionnellement, le Taïtien sera justiciable des tribunaux français : au civil, lorsqu'il sera en contestation avec un Français ou un étranger ; au criminel, lorsqu'il aura agi avec ou contre un Français ou un étranger.

L'expérience a démontré combien peu la justice avait à gagner à l'immixtion de l'élément indigène dans la composition des tribunaux français.

J'ai introduit dans la tenue des audiences des mesures d'ordre et de police qui peuvent paraître rigoureuses; elles sont, à mon avis, absolument nécessaires : il faut à tout prix faire cesser ces habitudes déplorables qui permettent à tout venant de prendre la parole dans les débats des affaires qui leur sont étrangères, et aux parties de répliquer jusqu'à satiété, de parler toutes à la fois, de s'interpeller, de s'injurier même, sans profit pour la clarté de la discussion.

Les tribunaux de 1re instance connaîtront, en dernier ressort, de toutes les demandes dont la valeur ne s'élèvera pas à plus de quatre-vingts francs, et de toutes les contraventions de police, quelle que soit la pénalité qui y est attachée.

Ils connaîtront, en premier ressort seulement, de toutes les demandes civiles, quelle qu'en soit la valeur ou l'objet, et de tous les faits qualifiés délits par la loi.

Le tribunal d'appel connaîtra uniquement des appels des jugements rendus par les tribunaux de 1re instance, sauf ceux qui porteront sur les affaires concernant les propriétés territoriales, lesquels seront directement portés devant la Cour des toohitu.

Outre ces appels, la Cour des toohitu sera saisie de tous les faits qualifiés crimes par la loi et de la connaissance de certains actes importants, tels que le divorce.

Le tribunal d'appel statuant définitivement, le troisième degré de juridiction, créé par la loi de 1855, disparaît entièrement.

L'expérience a démontré la nécessité de ménager des voies légales extraordinaires par lesquelles on puisse arriver à faire rétracter les jugements définitifs qui préjudicient aux droits des tiers, non appelés et non entendus lors des débats, ou qui ont été prononcés dans de certaines conditions qui les rendent évidemment erronés; ces voies extraordinaires sont la tierce opposition et la requête civile.

Le recours en cassation sera précédé de formalités qui en régulariseront l'exercice, en préviendront les abus et permettront à la Cour suprême de statuer avec une connaissance approfondie de la valeur des motifs sur lesquels il sera appuyé. Ce recours ne sera admis que dans un délai fatal, à l'expiration duquel le jugement acquerra l'autorité de la chose jugée. C'est le seul moyen d'obtenir des bases certaines et d'établir solidement le système de la propriété.

La loi française est très-défiante à l'égard de la preuve testimoniale; elle ne l'admet au civil qu'à défaut de preuves écrites et lorsqu'il s'agit de sommes minimes. Les exceptions à cette règle sont rares et elle a soin de les spécifier. J'aurais voulu faire participer la loi taïtienne à cette défiance salutaire; je n'en ai pas vu la possibilité, les droits privés ne reposant en grande partie que sur la tradition. J'ai pu cependant introduire une restriction importante : la preuve testimoniale ne sera pas admise lorsque des preuves écrites seront produites. L'application des codes nouveaux permettra, je l'espère, l'adoption de prescriptions plus absolues dans un bref délai. Je le désire vivement, car la *profession* de témoin n'est pas inconnue à Taïti.

Des mesures sont prises pour assurer aux jugements et arrêts une ponctuelle et complète exécution. Quelque rigoureuse qu'elles puissent paraître, elles trouvent leur justification dans l'impérieuse nécessité de faire respecter les actes de la justice.

Bien que les frais de justice fixés dans le tarif annexé au projet de code de procédure ne soient pas élevés, il m'a paru convenable de faciliter aux indigents qui ne pourraient pas y subvenir les moyens de faire valoir leurs droits en justice. A cet effet, j'ai l'honneur de vous proposer l'institution de l'assistance judiciaire. Cette assistance ne se bornera pas à l'exonération des frais ordinaires de la procédure; elle aura aussi pour objet les moyens de défense et les éclaircissements dont peuvent avoir besoin les Taïtiens lorsqu'ils sont en contestation avec des Français ou des étrangers. Dans ce dernier cas, le bureau taïtien leur viendra en aide, comme aussi dans toutes les circonstances où leurs intérêts pourraient être compromis par leur défaut de connaissances. Le bureau taïtien ne doit pas seulement avoir des attributions administratives; il doit être aussi pour les indigènes un tuteur vigilant et bienveillant qui les guide dans leur ignorance et les soutienne dans leur faiblesse. C'est, de toutes les branches de l'administration française, celle qui répond le plus directement à notre titre de Protecteur.

Le projet de Code pénal n'offre rien de particulier qui mérite de longues explications, toutes les peines qui y sont édictées existant déjà dans le code actuel; j'ai dû cependant prévoir la répression de délits ou de crimes anciennement inconnus ou à peu près, tels que le faux en écritures authentiques ou privées, etc.

Les Codes taïtiens devant être excessivement réduits, il est une foule de prescriptions et de détails qu'il a fallu négliger; dès lors, comme le juge ne doit jamais être arrêté dans l'exercice de son ministère, j'ai pensé qu'il était utile d'indiquer les moyens de parer aux inconvénients résultant du silence de la loi ou de son laconisme. A cet effet, je vous propose de décider que, dans tous les cas non prévus par la loi taïtienne, on devra recourir à la loi française.

Il est bien entendu que ceci ne peut s'appliquer aux dispositions pénales; les tribunaux de répression ne devront jamais prononcer d'autres peines que celles qui sont prévues dans le Code pénal taïtien.

Dans un travail d'aussi longue haleine, à l'occasion duquel il a fallu compulser et mettre en concordance toutes les lois du pays, anciennes et nouvelles, tenir compte des usages traditionnels, les comparer avec la législation française et les arrêtés des gouverneurs, entrer dans tous les détails d'une administration importante, j'ai pu omettre certaines règles essentielles, errer sur quelques points; je compte sur vos lumières, Monsieur le Commissaire Impérial, sur les lumières des personnes qui possèdent votre confiance et que vous jugerez convenable de consulter, pour suppléer à mon insuffisance. Dans tous les cas, il vous offre la garantie du temps, de la réflexion et d'une expérience de dix années.

Doter le pays de lois sages, modérées, et intelligemment libérales, empreintes de ce caractère d'équité et de haute raison qui distingue celles de la métropole et les rend si chères aux Français, si enviées des étrangers, est bien sans doute; en surveiller l'application, en réprimer sévèrement les transgressions, en assurer le bénéfice à tous, c'est mieux encore. Si défectueuse que soit une loi, on gagne plus encore à l'observer fidèlement qu'à l'enfreindre ou à la mépriser; et cette observation de la loi doit être constante, elle ne saurait avoir ni temps d'arrêt ni intermittences, car les défaillances de l'action légale seraient la source des plus grandes injustices. J'insiste sur ce point important, parce que j'ai toujours présente à l'esprit cette belle pensée de Sicard : « On n'est libre qu'en obéissant aux lois. »

Pour assurer cette action constante, régulière de la loi, il est nécessaire de préparer un certain nombre de jeunes Taïtiens aux charges de judicature, et de donner au bureau taïtien une organisation complète, stable, qui ne diffère de celle des autres branches de l'administration locale que par certains détails inhérents à sa spécialité.

M. le conseiller d'État Desclozeaux disait, dans son rapport au Ministre de la Marine et des Colonies, concernant l'administration des îles Marquises (20 avril 1843) : « La force des choses indique la meilleure procédure à suivre; elle montre aussi celles de nos lois qui peuvent être appliquées. »

Mon travail, je puis le dire, est basé sur la force des choses; inspiré par des besoins dont les affaires journalières démontrent l'évidence et l'urgence, il se compose d'éléments puisés dans celles de nos lois qui peuvent être facilement appliquées.

« Le voisinage des bonnes lois civiles, » ajoutait M. Desclozeaux, « a toujours eu pour résultat d'améliorer les populations et de les contraindre à la justice. »

Cette vérité a trouvé à Taïti une éclatante confirmation. Les Taïtiens se sont améliorés, quoi qu'on en puisse dire; ils ont, mieux qu'ils ne l'avaient il y a vingt ans, le sentiment du juste et du bien; et cette révélation, ce développement du sens moral, ils le doivent non-seulement au voisinage des bonnes lois civiles, mais aussi à la pratique même d'une certaine partie de ces lois. Je crois le temps venu d'élargir le cercle dans lequel ils se meuvent, de donner de nouveaux aliments à leurs idées, de leur accorder plus pour avoir le droit d'exiger davantage. Faisons-les entrer plus avant dans le cœur de nos institutions, et leur progrès dans la voie de l'assimilation en recevra la plus vive impulsion.

La suppression du parcours des animaux, la création d'écoles françaises, l'institution du comité consultatif, et la promulgation des Codes taïtiens, sont des actes dont les excellents résultats ne sauraient faire l'objet d'un doute, et qui laisseront à Taïti un souvenir durable de l'administration actuelle.

Qu'il me soit permis, en terminant, d'exprimer le désir de la voir couronner son œuvre par l'adoption de mesures propres à assurer l'exécution prompte et complète des nouvelles lois, et par l'entreprise d'un travail analogue à celui que je viens de terminer, à l'aide duquel les résidants français et étrangers puissent, aussi facilement que le pourront désormais les Taïtiens, acquérir une exacte connaissance des limites de leurs droits et de l'étendue de leurs devoirs.

Je suis avec un profond respect,

Monsieur le Commissaire Impérial,

Votre très-humble et très-obéissant serviteur,

L. LANGOMAZINO.

EXPOSÉ DES FAITS

QUI ONT PRÉCÉDÉ LA CONSTITUTION DU CONSEIL DE GOUVERNEMENT.

Par suite des événements du 6 novembre 1843, les mesures administratives qui avaient été précédemment arrêtées pour le Protectorat
des Iles de la Société ont été forcément modifiées, et le Gouverneur, en
l'absence d'une législation immédiatement applicable, a dû pourvoir
aux besoins urgents, soit par des décisions inopinées, soit par des arrêtés rendus immédiatement exécutoires.

C'est ainsi qu'une proclamation a fait connaître que les lois du pays
restaient provisoirement en vigueur, et qu'un ordre du 7 novembre a
réformé la police indigène en réduisant à vingt le nombre des agents
qui la composent.

Le même jour, une escouade de gendarmerie blanche a été choisie
parmi les différents corps et placée sous la direction supérieure de M.
Cloux, lieutenant de vaisseau, pour veiller au maintien du bon ordre
et à la sécurité des habitants.

Les troupes d'infanterie ont été casernées dans un enclos couvert
qui, jusqu'à ce jour, avait servi de prison ; des magasins ont été affectés au logement de l'artillerie et des ouvriers civils. Le Gouvernement a pris possession du palais que la Reine habitait avant son départ, ainsi que des terrains environnants. Des frais de logement ont
été alloués aux fonctionnaires de la colonie pour leur tenir lieu du loge-

ment en nature, auquel ils avaient droit et qu'il était impossible de leur procurer.

Le 8 novembre, le Gouverneur a convoqué MM. d'Aubigny, capitaine de corvette, nommé Commandant particulier des Iles de la Société ; Mœrenhout, ex-membre du gouvernement provisoire, et Cloux, lieutenant de vaisseau. Il a annoncé à ces messieurs qu'il les constituait en Conseil de gouvernement et qu'ils auraient à se réunir, lorsqu'ils seraient convoqués pour délibérer sur les affaires qui leur seraient soumises. Il a ajouté que, toutes les fois que des affaires se rattacheraient à un service particulier ou à une spécialité, le chef de ce service ou les officiers compétents pourraient être appelés au conseil, par le président, comme membres consultants.

Le Gouverneur a, en outre, donné l'ordre à M. Boutet, commis de marine de 2e classe, de remplir les fonctions de secrétaire du conseil, et de se charger, en cette qualité, de la rédaction des procès-verbaux des séances.

Après la constitution du conseil, les arrêtés suivants ont été pris.

LES

ARRÊTÉS DU GOUVERNEUR.

ARRÊTÉ N° 1

CONCERNANT LA COMPÉTENCE DES JUGES DE PAIX EN MATIÈRE DE CONTRAVENTION (*).

[15 nov. 1843.]

Abrogé. (Voir l'arrêté du 13 avril 1845, n° 51.)

NOTA.—*Se reporter à la table des arrêtés, où ces actes sont classés par numéros d'ordre.*

(*) Nous. Gouverneur des Établissements français dans l'Océanie ;

Considérant que l'introduction des boissons enivrantes dans les îles de la Société est une cause incessante de troubles et de désordres :

Que ces boissons sont prohibées par les lois du pays maintenues par nous :

Considérant que la compétence des juges de paix. telle qu'elle est fixée par le règlement du 14 octobre 1843, portant organisation de la justice aux îles Marquises, ne permet pas de réprimer d'une manière prompte et efficace les contraventions commises par les fraudeurs aux îles de la Société ;

Que d'ailleurs les bases sur lesquelles on s'est appuyé pour fixer les amendes à prononcer par le juge de paix sont tout-à-fait en désaccord avec les usages et coutumes de ces dernières îles ;

Attendu l'urgence, et sans préjudice de toutes autres mesures qui pourront être ultérieurement prises ;

Après en avoir délibéré en conseil de gouvernement.

ARRÊTONS :

ARTICLE PREMIER. Les juges de paix des îles de la Société connaîtront en premier et dernier ressort de toutes les contraventions aux lois et règlements sur l'introduction. la vente ou la détention illicite des vins. eau-de-vie et autres liqueurs spiritueuses et enivrantes, lorsque le montant de l'amende à prononcer ne dépassera pas deux cents francs.

ART. 2. Ils connaîtront des mêmes contraventions, mais en premier ressort seulement, lorsque le montant de l'amende sera de plus de deux cents francs.

ART. 3. Ces contraventions seront punies d'une amende dont le maximum sera de quinze francs par quatre litres de liquides. Si les quantités saisies n'atteignent pas quatre litres, l'amende restera néanmoins la même

ART. 4. Ces amendes seront partagées par tiers entre la Caisse coloniale, les capteurs et le juge. En aucun cas, la somme revenant à ce dernier ne pourra dépasser deux cents francs.

ART. 5. Les autres attributions des juges de paix restent telles qu'elles sont définies dans les lois françaises, et particulièrement dans celle du 23 mai 1838.

Cependant, pour toutes les contraventions autres que celles prévues dans le présent arrêté, les juges de paix pourront prononcer des amendes dont le maximum est fixé à trente francs.

Papeete, le 15 novembre 1843.

Signé : BRUAT

ARRÊTÉ N° 2

CONCERNANT LA RÉPRESSION DES DÉSORDRES CAUSÉS PAR LA VENTE DES LIQUIDES (*).

[15 novembre 1843.]

Abrogé. (Voir l'arrêté du 10 mai 1845, n° 54.)

ARRÊTÉ N° 2 *bis*

FIXANT LE COURS DE LA PIÈCE DE CINQ FRANCS DANS LES ILES DE LA SOCIÉTÉ.

Nous, Gouverneur des Établissements français de l'Océanie,

Considérant que, dans les transactions qui se font dans le pays, pour achat de vivres, de denrées, et généralement toutes les opérations de commerce, même avec les étrangers, la pièce de cinq francs est reçue au même taux que la piastre forte ;

Que, quand on a voulu imposer à la piastre forte le cours de cinq francs quarante centimes, les négociants ou fournisseurs qui avaient soumissionné pour cent francs ont demandé cent huit francs ;

Qu'il est de notre intérêt de conserver à notre monnaie la plus forte valeur qu'elle ait acquise ;

Le Conseil du gouvernement entendu ;

ARRÊTONS :

La pièce de cinq francs, monnaie de France, sera étalon de monnaie à Taïti, et aura une valeur égale à la piastre forte dans les transactions du gouvernement, et dans tous les paiements à effectuer par le trésorier de la colonie.

Le présent arrêté sera adressé à M. le Chef du service administratif, qui y donnera cours.

Fait à Papeete, le 20 novembre 1843.
Signé : BRUAT.

ARRÊTÉ N° 3

PORTANT CRÉATION DES TRIBUNAUX CIVILS ET DES CONSEILS DE GUERRE (**).

[1er décembre 1843.]

Abrogé. (Voir les arrêtés du 13 avril 1845, n°s 49, 50 et 51.)

(*) Nous, Gouverneur des Établissements français dans l'Océanie ;

Considérant les désordres causés par la vente du vin, de l'eau-de-vie et des autres boissons enivrantes ;

ARRÊTONS :

Toute maison dans laquelle on débitera lesdites boissons aux indigènes sera fermée sur-le-champ.

Si, d'ici huit jours, les désordres n'ont pas cessé, on emploiera des moyens de répression plus rigoureux.

Papeete, le 15 novembre 1843.
Signé : BRUAT.

(**) Au nom de Louis-Philippe Ier, roi des Français ;

Nous, Gouverneur des Établissements français dans l'Océanie ;

ARRÊTÉ N° 4.

CONCERNANT LA PERCEPTION DES AMENDES (*)

[30 décembre 1843]

Abrogé. (Voir la loi xxii° du code taïtien de 1845.)

Vu l'ordonnance du roi du 28 avril 1843 ;

Attendu la nécessité d'assurer l'administration de la justice dans les îles de la Société ;

ARRÊTONS :

ARTICLE PREMIER. Les conseils de guerre connaîtront, dans les possessions françaises dans l'Océanie :

1° Des délits et crimes commis par tous individus, français et étrangers ;

2° Des délits et crimes commis par les habitants contre la sûreté de la colonie ou contre les personnes et les propriétés des français et des étrangers.

A l'égard des délits et crimes entre les habitants, ils continueront jusqu'à nouvel ordre, à être jugés par les usages locaux, sauf au Gouverneur à intervenir, quand il le croira convenable, comme modérateur des peines prononcées.

ART 2. Les peines prononcées par les conseils de guerre seront à l'option du juge, soit celles qui résultent du code métropolitain de 1810, modifié par la loi du 28 avril 1832, soit celles qui se ont établies par les arrêtés locaux.

ART. 3. En cas de condamnation par les conseils de guerre à une peine afflictive ou infamante, le Gouverneur ordonnera l'exécution de l'arrêt, ou prononcera le sursis, lorsqu'il y aura lieu de recourir à la clémence royale.

ART. 4. Pour les jugements des procès civils autres que ceux des naturels, qui seront soumis à un juge et à un grand-juge nommés par le Gouverneur, et pris parmi les naturels, il sera créé a Papeete :

1° Un juge de paix à la nomination du Gouverneur ;

2° Un tribunal de 1re instance, composé :

   Du Commandant particulier, président ;

   De deux employés du Gouvernement ;

   Et d'un chef du pays (dans les causes mixtes) ;

3° Un conseil d'appel, composé :

   Du Gouverneur, président ;

   Du Chef du service de santé ;

   Du Chef du service administratif ;

   Et (dans les causes mixtes) d'un grand-chef du pays,

   Et d'un raatira-fenua.

ART. 5. Le juge de paix et le juge du pays jugeront, chacun en ce qui le concerne, en premier et dernier ressort, jusqu'à la concurrence de la valeur de deux cents francs en principal de la demande, et de d ux cents francs d'amende pour toutes les contraventions relatives à la contrebande de guerre, la vente des vins et des spiritueux.

Lorsque la valeur principale de la demande ou les amendes dépasseront les sommes ci-dessus spécifiées, l'appel pourra être porté devant le tribunal de 1re instance.

Le juge de paix s'adjoindra le juge du pays, mais il prononcera seul dans les causes mixtes.

ART. 6. Le tribunal de 1re instance jugera en premier et dernier ressort, jusqu'à la valeur de deux mille francs en principal de la demande, et de quatre mille francs d'amende pour toutes les contraventions relatives à la contrebande de guerre et à la vente des vins et des spiritueux.

ART. 7. Le recours en cassation sera toujours ouvert contre les arrêts du conseil d'appel.

ART. 8. Le juge du pays appliquera les lois taïtiennes, modifiées soit par des arrêtés locaux, soit par les usages du pays.

ART. 9. En matière de crimes et délits commis entre naturels, ou en cas de contestation pour la possession des terres également entre les naturels, on pourra appeler des décisions du juge ordinaire des naturels aux grands-juges du pays, dans les limites fixées par l'Art. 5.

ART. 10. Le juge de paix, les tribunaux de 1re instance et le conseil d'appel appliqueront les lois civiles françaises, modifiées soit par des ordonnances royales, soit par des arrêtés locaux, soit par les usages du pays.

ART. 11. Le Gouverneur enverra en surveillance, dans un lieu qu'il déterminera, ou même renverra de la colonie, toute personne qui tiendra une conduite contraire au bon ordre ou à nos intérêts politiques.

Papeete, le 1er décembre 1843.

Signé : BRUAT.

(*) Nous, Gouverneur des Établissements français dans l'Océanie ;

Considérant l'incertitude qui a régné

ARRÊTÉ N° 5.

DROITS DU COMMISSAIRE DE POLICE.

Nous, Gouverneur des Établissements français de l'Océanie,

Voulant assurer les lois et règlements de police en vigueur dans la colonie,

ARRÊTONS :

Le maréchal-des-logis, faisant fonctions de Commissaire de police, pourra, sans aucun ordre écrit, pourvu qu'il soit revêtu de ses insignes, faire ouvrir et visiter tout lieu public dans lequel il soupçonnera quelque contravention aux lois et règlements.

Fait à Papeete, le 4 janvier 1844.

Signé : BRUAT.

ARRÊTÉ N° 6.

CONCERNANT LA CONSTATATION DES TITRES DES PROPRIÉTAIRES DE BESTIAUX.

Nous, Gouverneur des Établissements français de l'Océanie,

Considérant la nécessité d'assurer d'une manière stable et exacte les titres de propriété des possesseurs de bestiaux ;

Considérant que les mesures à prendre, dans ce but, intéressent également l'ordre public et une bonne administration de la justice ;

Qu'il est important de faire cesser l'état d'incertitude qui règne à cet égard et qui peut faire naître des contestations,

ARRÊTONS :

Tous les possesseurs de bœufs, vaches, génisses et veaux, sont tenus, d'ici le 15 février, de faire déposer leurs titres chez M. Mœrenhout, membre du Conseil de gouvernement, en y ajoutant les renseignements nécessaires pour faire reconnaître leur propriété.

Chaque année, à la même époque, tout propriétaire de bétail sera obligé de se présenter, ou se faire représenter par un délégué, à Pape-

pour la perception des amendes depuis l'établissement du gouvernement français à Taïti;

Considérant qu'il est nécessaire d'assurer l'entière exécution des jugements prononcés par les tribunaux indigènes;

Le Conseil de gouvernement entendu;

ARRÊTONS :

Dans tous les districts d'Eimeo et de Taïti, les amendes prononcées par les juges seront perçues dans les formes indiquées par la loi du pays.

La portion de ces amendes revenant précédemment à Pomare, sera recueillie par le juge du district, au profit du trésor public.

Tous les mois, ce juge fera parvenir ces produits d'amende au Gouverneur, envers qui il sera responsable.

Les chefs de district tiendront la main à la stricte exécution des jugements prononcés, de quelque nature qu'ils soient.

Ils seront chargés de veiller à l'exécution du présent arrêté.

Papeete, le 30 décembre 1843.

Signé : BRUAT.

ete, pour former une commission de propriétaires qui servira à éclairer le Gouvernement sur les droits de chacun.

Toute personne qui ne se sera pas présentée ou fait représenter, sera regardée comme renonçant à tout droit de propriété sur le bétail.

Fait à Papeete, le 15 janvier 1844.

Signé : BRUAT.

ARRÊTÉ N° 7.

CONCERNANT L'EXPROPRIATION POUR CAUSE D'UTILITÉ PUBLIQUE.

Nous, Gouverneur des Établissements français de l'Océanie,

Considérant que, lorsqu'il s'agit d'expropriation pour cause d'utilité publique, soit de maisons, soit de terrains, il n'est pas encore possible d'appliquer, aux îles de la Société, les principes de la législation française sur la matière ;

Considérant que, sur les points que nous occupons dans les îles de la Société, les besoins de l'armée et de l'administration ont un caractère d'urgence qu'ils ne peuvent avoir en France ; qu'ainsi il y a lieu d'abréger ici les formalités ailleurs et en pareil cas prescrites ;

Considérant spécialement qu'il y a nécessité absolue à ne pas interrompre le travail destiné à assurer les positions et les communications de l'armée une fois qu'il en est ordonné ;

Considérant aussi que ces travaux, en consolidant notre Établissement dans les îles de la Société, tendent à ouvrir aux colons et habitants de toutes classes, de nouvelles sources de prospérité ;

Considérant qu'il est d'une stricte justice que les charges des travaux profitables à tous, soient aussi supportées par tous ;

Voulant régler enfin tout ce qui est relatif aux achats de terrains et de maisons nécessaires pour l'exécution des plans de défense ou de communications,

Le Conseil de gouvernement entendu,

ARRÊTONS :

ART. 1er. L'expropriation pour cause d'utilité publique sera prononcée par arrêté du Gouverneur, délibéré en Conseil de gouvernement.

ART. 2. L'arrêté d'expropriation sera notifié administrativement au propriétaire exproprié, avec invitation de dire, dans le délai de deux jours, s'il entend céder sa propriété de gré à gré.

ART. 3. Il sera prévenu, en même temps et dans tous les cas, que l'administration a fait choix d'un expert qui sera nominativement indiqué, à l'effet de procéder contradictoirement à l'estimation de la propriété, et d'en fixer le prix, payable en traites sur le Trésor.

Aʀᴛ. 4. Le propriétaire exproprié ou un expert désigné par lui par un acte spécial, et l'expert désigné par l'administration, devront se trouver sur les lieux dans un délai de cinq jours, à partir de la susdite notification, pour procéder à l'estimation.

Aʀᴛ. 5. Si les deux experts s'accordent, la vente de l'immeuble sera consommée par un acte administratif, dont l'enregistrement aura lieu sans frais.

Aʀᴛ. 6. Si les deux experts ne s'accordent pas, ou si l'expert du propriétaire ne paraît pas au jour indiqué ; ou si enfin le propriétaire, étant absent, n'a pas pu nommer un expert, le juge de paix, à la requête de l'administration, nommera d'office, dans les vingt-quatre heures, un expert qui sera chargé de procéder seul à l'estimation.

Aʀᴛ. 7. L'expertise prendra pour base le contrat de vente, le prix de la location des maisons ; et, de plus, en ce qui concerne les terrains, la valeur de ceux qui leur sont contigus ou de même nature. Son estimation sera considérée comme un arbitrage; elle sera définitive et sans appel.

Aʀᴛ. 8. Les cas de plus-value ne devront s'entendre que des améliorations matérielles, et non de celles qui résulteraient d'une extension d'occupations militaires qui auraient augmenté la valeur des propriétés.

Aʀᴛ. 9. L'expert nommé par le juge de paix devra déposer, dans un délai de trois jours, son procès-verbal d'estimation mentionnant les bases sur lesquelles elle a été faite.

Ce procès-verbal sera fait en deux expéditions, dont l'une sera remise au propriétaire et l'autre déposée dans les archives du domaine.

Aʀᴛ. 10. Le jugement portant fixation d'indemnité une fois rendu, l'administration se mettra en possession de l'immeuble exproprié, après avoir délivré au propriétaire un titre qui constate sa créance.

Aʀᴛ. 11. Toutes les fois que, par suite d'un arrêté délibéré en Conseil de gouvernement et publié dans les formes voulues, il sera ouvert une route nouvelle, les propriétaires des terrains traversés devront être dépossédés des portions qu'elle devra comprendre.

Aʀᴛ. 12. Dans le cas de l'article précédent, la plus-value pour les avantages acquis aux terrains restants, sera considérée comme une compensation de toute indemnité pour les terrains qui seront occupés par la route ou fouillés pour emprunt de matériaux nécessaires à sa confection.

Toutefois, s'il y avait lieu de démolir des maisons, murs ou constructions publiques quelconques, l'expertise en serait faite dans les formes voulues et prescrites ci-dessus ; et, dans ce cas, la plus-value entrerait toujours en déduction de l'indemnité stipulée.

Fait à Papeete, le 15 janvier 1844.

Signé : **BRUAT**.

ARRÊTÉ N° 8.

EXPROPRIATION DE L'HOTEL FRANKLIN.

Nous, Gouverneur des Établissements français de l'Océanie,

Vu notre arrêté du 15 janvier 1844, sur l'expropriation pour cause d'utilité publique ;

Vu le rapport que nous a adressé M. le directeur du génie, exposant la nécessité où se trouve le Gouvernement d'occuper définitivement les terrains, emplacements et constructions destinés à assurer le service public et la sécurité de nos établissements ;

Considérant que la propriété de MM. John Hamer, Zacharie Rogers et Georges Caïn, située à Papeete, est dans le cas prévu par les documents précités,

Le Conseil de gouvernement entendu,

ARRÊTONS :

ART. 1er. La propriété de MM. John Hamer, Zacharie Rogers et Georges Caïn, située à Papeete, près les casernes d'infanterie, sera soumise à l'expropriation pour cause d'utilité publique.

ART. 2. On suivra, pour les formalités à remplir les prescriptions de l'arrêté du 15 janvier 1844.

ART. 3. M. le directeur du génie et l'administration de la marine sont chargés, chacun en ce qui le concerne, de l'exécution du présent arrêté.

Fait à Papeete, le 21 janvier 1844.

Signé : BRUAT.

ARRÊTÉ N° 9

AUTORISANT LES PAIEMENTS SUR BONS PROVISOIRES.

Nous, Gouverneur des Etablissements français de l'Océanie,

Considérant que, dans un grand nombre de circonstances, il est indispensable de rémunérer sur-le-champ les services rendus ;

Considérant que les formes administratives, tout en assurant la régularité de la comptabilité, pourraient, par les longueurs qu'elles occasionnent en matière de paiement, priver la colonie des services que l'espoir d'une prompte récompense décide seul les indiens à rendre,

ARRÊTONS :

M. le trésorier des Établissements français de l'Océanie est autorisé à payer sur bon provisoire, délivré par un fonctionnaire de la colonie et approuvé par le Gouverneur, les dépenses imprévues, de toute nature, qui nécessiteront un prompt paiement.

M. le chef du service administratif prendra les mesures nécessaires pour que la régularisation de ces dépenses ait lieu à la fin de chaque mois.

Le présent arrêté sera communiqué à MM. les chefs de services de l'Établissement.

Fait à Papeete, le 24 janvier 1844.

Signé : BRUAT.

ARRÊTÉ N° 10

CONCERNANT LA VENTE DES TERRAINS ET AUTRES IMMEUBLES (*).

[26 janvier 1844.]

Abrogé. (Voir l'arrêté du 13 octobre 1845, n° 61.)

(*) Nous, Gouverneur des Établissements français dans l'Océanie,

Considérant que jusqu'à ce jour, la vente des terrains, constructions et autres propriétés immobilières, situées dans l'île de Taïti, n'a été soumise qu'à des règles vagues et mal définies ;

Considérant que les droits des contractants peuvent, par défaut de forme, se trouver compromis et que des fraudes peuvent résulter de l'irrégularité des titres ;

Voulant remédier à cet état de choses et faciliter les transactions en assurant les droits réciproques des parties ;

Le Conseil de gouvernement entendu,

ARRÊTONS :

ART. 1er. Aucune vente, cession, donation d'immeuble ou location de plus d'une année, ne pourra avoir lieu sans que le directeur du domaine ait été prévenu au moins dix jours avant la conclusion du marché.

ART. 2. Dans tous les cas, d'après le rapport qui lui en sera fait, le Gouverneur se réserve le droit, soit de s'opposer à la vente, soit de se substituer à l'acheteur, en acceptant les conditions du contrat.

ART. 3. Aucune vente d'immeubles ne sera valable, si les conditions du marché ne sont préalablement établies dans un contrat qui fera connaître la propriété vendue, le prix d'achat et les noms des contractants.

ART. 4. Si la vente est faite par un indien, le juge du district où la propriété est située signera l'acte de vente pour certifier qu'elle appartenait bien au vendeur.

ART. 5. Si le vendeur est français ou étranger, les formalités prescrites par le présent article seront remplies par le juge de paix européen.

ART. 6. Tout acte de vente devra, pour être exécutoire, être enregistré dans les huit jours qui suivront sa passation chez le directeur du domaine, qui fera mention de l'enregistrement sur le contrat.

ART. 7. Les parties contractantes qui négligeront de remplir dans les délais fixés les formalités ci-dessus prescrites, ne pourront produire leurs titres en justice qu'après avoir payé un droit égal au cinquième du prix d'achat de l'immeuble, si ce prix est payable comptant.

Le droit à percevoir sera du double de la rente si le prix est payable en rente. En recevant le montant de ces droits, le directeur du domaine enregistrera le contrat.

ART. 8. Tout contrat de vente antidaté sera nul de plein droit, et les contractants seront condamnés à une amende de *mille à cinq mille francs*, sans préjudice de toutes autres peines prévues par la loi.

ART. 9. La moitié de l'amende sera dévolue à la personne qui aura fait connaître le délit.

ART. 10. (a) M. le directeur du domaine n'enverra les rapports de vente et de location au Gouverneur qu'après que M. le directeur du génie, chargé des ponts et chaussées, y aura mis son visa et ses observations.

M. le directeur du domaine fera connaître aux constructeurs les projets de voirie du gouvernement.

Papeete, le 26 janvier 1844.

Signé : BRUAT.

(a) NOTA. — Ce dernier article n'a été rendu exécutoire qu'à dater du 8 avril.

ARRÊTÉ N° 11.

RÈGLEMENT DE PORT ET PÉNALITÉS RELATIVES AUDIT RÈGLEMENT (*).

[18 février 1844.]

Le présent règlement a été imprimé et livré à la publication. Il reste déposé au secrétariat du gouvernement, à la direction du port et aux archives du gouvernement.　　　Signé : BRUAT.

(*) RÈGLEMENT DE PORT.

BATIMENTS AU LONG COURS.

ART. 1er. Nul bâtiment naviguant au long cours ne pourra, à moins d'une permission spéciale ou pour cause de force majeure, mouiller dans d'autres ports des possessions françaises que ceux qui sont désignés. Ces ports sont, pour les Iles de la Société, Papeete, Taonoa, et Fatohai.

ART. 2. Aucun bâtiment ne communiquera avec la terre avant d'avoir reçu une embarcation du stationnaire.

Le pilote seul pourra être admis à bord antérieurement ; il préviendra le bâtiment qu'il ne doit communiquer avec personne, avant l'arrivée du canot du stationnaire et que ce canot seul a droit de lui adresser des questions. A Taonoa, le pilote sera chargé de communiquer le règlement de port ; son embarcation portera le pavillon français. A Papeete le règlement sera communiqué par le stationnaire.

ART. 3. Toute embarcation d'un navire qui n'entre pas, doit, avant de communiquer avec la terre, ou les navires sur rade, avoir passé à bord du stationnaire et avoir obtenu permission de communiquer. En cas d'infraction, le canot sera arrêté, et passible d'une amende de cent francs à mille francs.

ART. 4. Le canot du stationnaire fera raisonner le bâtiment. Après avoir reçu sa déclaration, qu'il écrira, et celle sur l'état sanitaire du navire, il lui donnera ou lui refusera la liberté de communiquer avec la terre, et lui fera connaître aussi si le capitaine doit aller voir le commandant de la rade.

ART. 5. Dès que le bâtiment sera mouillé, s'il est en libre pratique, et que le temps ou une circonstance majeure n'y mette pas obstacle, le capitaine se rendra chez le directeur du port et lui remettra son manifeste en gros, signé par lui, pour les objets qui entrent affranchis, et adressera dans les quarante-huit heures l'état détaillé des munitions et armes de guerre, des spiritueux de toutes espèces, des liqueurs enivrantes qui sont prohibées, et des vins, bière, etc., qui ne peuvent se vendre qu'en gros aux personnes patentées ou munies de permissions spéciales.

ART. 6. Le capitaine déclarera le nombre d'hommes embarqués, celui des passagers, les lieux d'où ils viennent, et ne pourra les débarquer qu'après avoir reçu la permission du directeur du port.

Les bâtiments français et ceux qui n'auront pas de consul déposeront leur rôle d'équipage chez l'employé du commissariat chargé du service administratif, qui les leur remettra la veille de leur départ.

Les mutations et apostilles seront faites par ce fonctionnaire, qui devra être prévenu deux jours avant le départ du bâtiment.

ART. 7. Le capitaine signera une déclaration, portant qu'il a été prévenu que la vente des munitions de guerre, fusils, poudre, salpêtre, armes de toutes espèces, est prohibée, ainsi que celle des spiritueux ; que la vente des vins, bière ne peut avoir lieu qu'à des personnes patentées ou munies de permissions spéciales, et après avoir fait connaître l'heure et le lieu où le débarquement doit s'opérer et les personnes qui ont acheté.

ART. 8. Le capitaine reconnaîtra aussi qu'on lui a donné connaissance des amendes qu'il encourt si ses déclarations sont fausses, inexactes, ou s'il viole les articles du règlement.

ART. 9. Si les amendes imposées ne sont pas payées dans les cinq jours qui suivront celui où elles auront été prononcées, partie du chargement sera vendue pour les couvrir ; le navire sera retenu dans le cas où la vente de la cargaison ne suffirait pas.

ART. 10. Si les vins qu'on débarquera sont alcoolisés en surabondance, ils seront confisqués ; une commission de trois membres prononcera sur leur qualité.

Cette commission sera composée d'un officier, d'un chirurgien, et d'un négociant.

ART. 11. Si une embarcation porte, sans y être autorisée, des marchandises prohibées ou des vins, de la bière, etc., elle sera arrêtée ; un procès-verbal sera

ARRÊTÉ N° 12.

DÉFENSE D'ABATTRE DES VACHES JEUNES OU PLEINES.

Nous, Gouverneur des Établissements français de l'Océanie,

Considérant que la reproduction de la race bovine dans les Iles de la Société, en assurant les approvisionnements de la Colonie, devient un objet d'utilité publique ;

Que la multiplication des bestiaux, dans ces îles, intéresse également à un haut point le commerce et l'agriculture,

dressé et les amendes prononcées suivant le règlement ; les marchandises et l'embarcation seront confisquées.

Art. 12. Si les fraudeurs font résistance, ils seront traduits devant les tribunaux civils ; s'il y a blessure, devant les tribunaux criminels.

Art. 13. Les bâtiments qui n'auront de liquide que pour leur consommation feront une déclaration détaillée de leur approvisionnement en ce genre dans les quarante-huit heures qui suivront leur mouillage. Ils ne seront tenus à aucune autre formalité ; mais s'ils sont surpris fraudant ou cherchant à frauder, ils paieront une amende double de celle qui doit être prononcée dans les cas ordinaires de fraude.

Art. 14. Les bâtiments qui déclareront des marchandises prohibées ou des marchandises qui ne peuvent se vendre qu'en gros et à des personnes patentées, pourront les faire mettre sous scellés, ou, s'ils le préfèrent, ils auront un garde dans le cas où les marchandises seraient au delà des besoins du bord.

Art. 15. Nulle embarcation ne poussera sans que ce garde ne se soit assuré qu'il ne s'embarque frauduleusement aucune des marchandises ci-dessus spécifiées. Le garde sera nourri par le bâtiment, qui lui paiera en outre deux francs par jour.

Art. 16. Les droits de pilotage seront payés comme il suit, et aucun pilote ne sera admis s'il n'est patenté par le gouvernement :

Les droits de pilotage pour les navires marchands seront de soixante-quinze centimes par pied pour l'entrée et autant pour la sortie.

Les navires de guerre paieront : bricks et corvettes, soixante francs ; grandes corvettes, quatre-vingt-dix francs ; frégates, cent-vingt francs.

Art. 17. Les capitaines seront tenus de changer de mouillage si le capitaine de port l'exige ; et ils devront s'affourcher quand on l'ordonnera.

Art. 18. Tout navire auquel on aura refusé la libre pratique mouillera dans la partie ouest de la baie en face de la batterie de côte.

Art. 19. Les bâtiments ne pourront prendre du lest qu'aux endroits désignés par le directeur du port, et ils ne devront pas en jeter à la mer en rade. Le directeur leur fera connaître le point où ils pourront déposer leur lest, s'ils en ont à débarquer. Le capitaine déclarera quelle est la quantité de lest qu'il a et celle qu'il veut prendre.

Art. 20. Aucun lestage ou délestage ne sera fait sans qu'une voile ou un prélard ne soit disposé de manière à empêcher le lest de tomber à la mer, entre le bâtiment et le bateau qui le reçoit ou le donne.

Art. 21. Tous les hommes des équipages devront être rentrés à leur bord au coup de canon de retraite ; ils ne pourront descendre avant la diane.

Ceux qui seront trouvés à terre dans l'intervalle des deux coups de canon seront arrêtés, et ne pourront être rendus à leur bord que lorsqu'ils auront payé une amende de dix francs par homme pour frais d'emprisonnement et de cinquante centimes par jour pour leur nourriture.

Art. 22. Les personnes des équipages qui seront arrêtées à quelque heure que ce soit, faisant du bruit et causant du désordre, seront passibles des mêmes peines.

Art. 23. Les capitaines qui, par circonstances, voudraient revenir après l'heure indiquée à l'article 21, devront débarquer et pousser de la cale qui leur sera indiquée d'avance.

Art. 24. Toute embarcation qui accostera la nuit à une autre cale sera arrêtée et le propriétaire condamné à une amende ; s'il y a des marchandises prohibées elle sera confisquée, ainsi que les marchandises.

Art. 25. Il est défendu aux capitaines de navire de vendre, ou permettre qu'il

Le Conseil de gouvernement entendu,

ARRÊTONS :

ART. 1er. Nul ne pourra abattre ou faire abattre aucune vache dont les cornes accuseront moins de six anneaux.

ART. 2. Toute vache pleine, quel que soit son âge, ne pourra être abattue.

ART. 3. Les contrevenants seront passibles d'une amende de cent francs pour la première fois, et de deux cents francs en cas de récidive.

Fait à Papeete, le 1er février 1844.

Signé : BRUAT.

soit vendu, par le moyen de leurs embarcations, toute espèce de marchandises, sur quelque autre point de la côte que ceux où les bâtiments pourront mouiller ; ce commerce est réservé au cabotage.

ART. 26. Les pirogues ne pourront accoster la nuit, de huit heures à cinq heures du matin, que devant les habitations de leurs propriétaires et lorsqu'elles ne seront montées que par des naturels.

ART. 27. Il est formellement interdit de recevoir des femmes indiennes à bord des bâtiments, à moins d'une permission du directeur de la police indigène. Cette permission n'est valable que depuis huit heures du matin jusqu'à cinq heures du soir.

ART. 28. Aucun navire ne pourra élonger d'amarres de manière à gêner la circulation, soit à terre, soit en rade.

ART. 29. Les capitaines devront présenter au stationnaire avant leur appareillage un permis, délivré par le capitaine du port, constatant qu'ils ont rempli les formalités prescrites par le règlement.

DES CABOTEURS.

ART. 30. Le cabotage des îles sera fait exclusivement par les bâtiments portant pavillon français : aucun caboteur ne pourra naviguer s'il n'a un pavillon, une permission du Gouverneur et un rôle d'équipage, qui devra être signé par le chef du service administratif et sur lequel tous les passagers devront être portés.

Tout caboteur fera au stationnaire une déclaration verbale de tous les points où il a relâché et de ce qui est venu à sa connaissance qui mérite d'être rapporté.

ART. 31. Cette même déclaration sera faite à la direction du port, qui l'écrira sur le registre des bâtiments du cabotage. Le capitaine fera connaître en même temps le nombre et le nom des passagers qu'il a à son bord. Ces passa-

gers pourront descendre de suite, à moins d'ordres contraires ; mais les Européens qui ne sont pas résidants à Papeete devront se présenter immédiatement chez l'officier chargé de la police européenne. Les autres et les naturels se borneront à donner à la direction du port leur adresse, et seront tenus de se rendre chez le directeur de la police européenne ou indigène aussitôt qu'ils en seront requis.

ART. 32. Les caboteurs devront faire connaître leur départ à la direction du port vingt-quatre heures à l'avance. Ils ne recevront aucun passager blanc sans l'autorisation de l'officier chargé de la police européenne, et les passagers indigènes sans celle de l'officier chargé de la police indigène. Le rôle devra être arrêté au moment du départ par le chef d'administration. Le capitaine sera tenu de prendre les lettres au port, deux heures avant son départ. Il donnera un reçu de celles du gouvernement si on le demande.

ART. 33. Avant d'appareiller le navire devra être muni d'un permis du directeur du port ; il devra remettre ce permis au stationnaire au moment du départ.

ART. 34. Les caboteurs pourront seuls, avec une autorisation de la direction du port, transporter, vendre et acheter sur les différents points de la côte ; ceux qui seront surpris faisant le commerce des liqueurs prohibées ou de vin seront privés de leur autorisation, sans préjudice de toutes autres peines portées par les règlements.

ART. 35. Les caboteurs ne pourront transporter les marchandises dont la vente n'est pas libre, telles que celles portées aux articles 5 et 7 des bâtiments au long cours, sans être munis d'une demande de la personne pour laquelle est faite l'acquisition. Cette demande sera approuvée par le Commandant particulier.

ART. 36. Les embarcations de Papee-

ARRÊTÉ N° 13

CONCERNANT LES MARCHANDISES DITES CONTREBANDE DE GUERRE.

Nous, Gouverneur des Établissements français de l'Océanie,
Le Conseil de gouvernement entendu ;

ARRÊTONS :

ART. 1er. Tout capitaine de navire, en entrant dans un des ports des Iles de la Société, devra remettre, aussitôt son arrivée, à bord du stationnaire, le manifeste des armes et munitions de guerre qu'il a à son bord.

te porteront un numéro blanc sur un champ noir ; celles de Punaauia et au delà, jusqu'à l'isthme, seront numérotées en blanc sur un champ vert ; celles de Matavai et au delà, jusqu'à l'isthme, en noir sur fond blanc ; celles de Taiarabu seront en noir sur champ vert, et celles d'Eimeo en blanc sur fond rouge.

ART. 37. Les capitaines sont les seuls qui puissent se charger des lettres à leur retour ; ils remettront le sac à la direction du port qui en fera la distribution.

ART. 38. Toutes les embarcations, sauf les pirogues, devront être déclarées au port. Elles seront inscrites sur un registre spécial où seront mentionnés les noms des propriétaires. La direction du port leur donnera un numéro qu'elles seront tenues de faire peindre conformément à l'article 36. Toute embarcation qui, quinze jours après la publication du présent règlement, sera trouvée sans numéro, sera confisquée, à moins qu'elle ne vienne des parties de l'île qui n'en ont pas encore eu connaissance ; dans ce cas elles seront retenues jusqu'à ce qu'elles aient pris leur numéro. Aucune excuse ne sera admise un mois après la publication de l'arrêté.

ART. 39. Les embarcations qui sortent de Papeete ou qui entrent devront passer à bord du stationnaire pour dire où elles vont ou d'où elles viennent.

ART. 40. Le stationnaire, pour être connu de tous, portera un guidon en tête du mât de misaine.

Fait à Papeete, le 18 février 1844.
Le Gouverneur des Établissements français de l'Océanie,   BRUAT.

ARRÊTÉ X.

Le Gouverneur des Établissements français de l'Océanie,

Considérant qu'il est urgent d'établir d'une manière fixe et stable la police de la navigation et la régularité des opérations commerciales dans les ports des îles de la Société ;

Considérant que la répression du commerce illicite et de l'introduction des marchandises prohibées ne peut être qu'avantageuse aux intérêts de la colonie et des navigateurs ; que les avantages que doit procurer l'établissement d'un port franc seront d'autant plus sentis qu'on sévira plus sévèrement contre les fraudeurs ;

Considérant que pour assurer l'exécution ponctuelle des règlements et arrêtés il est indispensable d'infliger aux contrevenants des peines sévères et en rapport avec la législation et les coutumes de tous les pays civilisés ;

Le Conseil de gouvernement entendu,

ARRÊTE :

Les juges de paix paraphent le registre de la douane, reçoivent l'avis des procès-verbaux, jugent toutes les contraventions qui n'emportent pas l'emprisonnement pour plus de six jours. A quelque somme que les confiscations, les amendes, les dommages et intérêts puissent s'élever, les saisies seront opérées par les agents de la direction du port ou par la police européenne ou indigène (procès-verbal de saisie ou de contravention sera immédiatement dressé). Dans les lieux où il n'y a point de juges de paix, le juge du district en remplira les fonctions pour les affaires de douane.

Les délinquants peuvent transiger avec la douane, avant que l'affaire ait été portée en justice.

La caution est admise, sauf cas de révolte contre l'autorité.

Les jugements des juges de paix seront soumis à l'opposition et à l'appel, dans les cas prévus, devant le tribunal civil, dans le délai de huit jours.

Le délai sera augmenté d'un jour par six milles de distance du lieu où le jugement aura été rendu au siège du tribunal civil.

Le jugement du tribunal civil est soumis à l'opposition et à l'appel dans les cas prévus.

Art. 2. D'après les quantités présentées sur le manifeste, l'autorité décidera si ces armes et munitions doivent être débarquées et retenues en dépôt ou si elles peuvent rester à bord du navire.

Art. 3. Dans le dernier cas, le capitaine, en partance, devra représenter les quantités qu'il avait en arrivant ou justifier de leur légitime emploi ; faute par lui de satisfaire à cette condition, il sera condamné à une amende de mille à cinq mille francs, sans préjudice de toutes autres peines qui pourront lui être infligées pour l'emploi illégal desdites armes et munitions.

Art. 4. Si les marchandises ou approvisionnements sont en dépôt,

Le délai d'appel est de dix jours. L'affaire doit être jugée dans le mois.

Toute infraction au règlement de port dont la pénalité n'est pas fixée sera punie d'une amende de dix à cinquante francs. En cas de récidive, l'amende sera de cinquante francs à deux cents francs.

Tout caboteur ou embarcation qui aura des marchandises prohibées sans permission ou manifeste et qui louvoiera à un rayon moindre de douze milles marins de la côte, ou qui sera mouillé sur un point des îles, sera confisqué.

Tout bâtiment au long cours qui dans ce rayon ne remettra pas copie du manifeste de la cargaison, s'il est sommé de le remettre, ou qui ne l'aura pas remis en rade dans le délai fixé par le règlement de port, sera condamné à une amende de mille francs et à la confiscation des marchandises prohibées ou celles dont la vente n'est pas libre.

Tout bâtiment au long cours qui aura fait une fausse déclaration pour les marchandises prohibées ou celles dont la vente n'est pas libre sera passible d'une amende de mille à cinq mille francs, et la marchandise sera confisquée.

Toute marchandise dont on tentera le déchargement en fraude sera confisquée, et le bâtiment paiera une amende de mille à cinq mille francs. L'embarcation sera confisquée.

Tout bâtiment saisi en fraude en récidive, sera confisqué.

Toute négligence dans le lestage ou délestage sera punie d'une amende de trente à cinquante francs. L'amende sera la même pour prendre du lest autre part que dans les lieux désignés.

Tout bâtiment qui jettera son lest dans la rade sera puni d'une amende de cinq mille francs. En cas de récidive il y aura saisie et confiscation.

Les embarcations des caboteurs ou qui ne sont pas du pays qui seront prises à faire du commerce hors de la rade où ils sont mouillés, seront passibles d'une amende de cinq cents francs à mille francs, et en récidive ils seront confisqués.

Tout caboteur naviguant sans pavillon et sans papiers sera passible d'une amende de cinq mille francs, et en récidive il sera confisqué.

Tout bâtiment qui aura obtenu le pavillon français et qui en mettrait un autre dans le courant de la navigation sera confisqué. Un tiers du produit de la vente sera remis aux personnes qui auront fait connaître le fait. Le capitaine ne pourra plus commander des bâtiments du pays.

Tout capitaine caboteur qui chercherait à introduire des passagers en fraude sera puni d'une amende de cinquante à deux cents francs et privé pendant un an de la permission de commander.

Les capitaines au long cours qui auront des passagers qui ne seraient pas sur le rôle, ou qu'ils ne déclareraient pas avant de mouiller, seront soumis à une amende de deux cents à deux mille francs

Les capitaines qui dans les quarante-huit heures n'auront pas rendu compte de la désertion ou de l'absence des matelots seront punis d'une amende de deux cents à cinq cents francs, et leur bâtiment retenu pendant cinq jours au plus, pour que l'autorité puisse faire rechercher les déserteurs.

Ils paieront huit piastres pour frais d'arrestation de chaque déserteur, deux piastres pour frais d'emprisonnement et un réal par jour pour leur nourriture.

Tout homme qui manquera son navire sera condamné à six mois de détention, pendant lesquels il sera assujéti à un travail régulier pour le service de la colonie.

Fait à Papeete, le 25 janvier 1844.

Le Gouverneur des Établissements français de l'Océanie,

BRUAT.

ils seront rendus lorsque le bâtiment appareillera pour reprendre la mer.

Les frais de débarquement et de rembarquement seront à la charge du capitaine.

Art. 5. Tout capitaine qui ne satisferait pas aux prescriptions du présent arrêté, ou qui ferait des déclarations fausses ou inexactes, pourra être condamné à une amende de dix mille à vingt mille francs ; et s'il est reconnu coupable d'avoir trafiqué de contrebande de guerre, le navire et la cargaison seront confisqués, sans préjudice de toutes autres peines prévues par la loi.

Art. 6. Les capitaines devront prévenir de leur départ le commandant du stationnaire quarante-huit heures à l'avance.

Art. 7. Les conseils de guerre connaîtront des contraventions prévues par le présent arrêté.

Fait à Papeete, le 12 février 1844.

Signé : BRUAT.

ARRÊTÉ N° 14.

DÉCLARANT LA MISE EN ÉTAT DE SIÉGE DE PAPEETE (*).

[2 mars 1844.]

Abrogé. (Voir l'arrêté du 10 mai 1845, n° 54.)

(*) Le Gouverneur absent, le Commandant particulier des Iles de la Société,

ORDONNE CE QUI SUIT :

Art. 1er. Jusqu'au retour de S. Exc. monsieur le Gouverneur, les Établissements de la baie compris entre la pointe des Cocotiers et la caserne de l'Uranie sont déclarés en état de siége.

Art. 2. Tout résidant européen ou indien doit être rentré dans son habitation au coup de canon de retraite et n'y recevoir personne après cette heure.

Art. 3. Depuis le coup de canon de retraite jusqu'à celui de diane, les patrouilles commandées par un officier et les rondes de police commandées par le commissaire de police pourront se faire ouvrir ou ouvrir de vive force et visiter en détail toute maison qui leur paraîtra suspecte ou dans laquelle on soupçonnera une réunion de personnes autres que celles qui habitent la maison.

Art. 4. Au coup de canon de retraite tous les feux des cases indiennes doivent s'éteindre.

Art. 5. Les embarcations des bâtiments étrangers, à quelque nation qu'ils appartiennent, doivent avoir quitté le rivage au coup de canon de retraite, emmenant avec elles toutes les personnes de leurs embarcations et tous les passagers descendus à terre dans la journée. Il est interdit à tout officier, matelot ou passager d'avoir à terre un logement de nuit.

Art. 6. D'un coup de canon à l'autre, les bâtiments étrangers sont prévenus qu'en outre des coups de feu auxquels ils exposeraient leurs hommes en envoyant un canot à terre, l'équipage du canot sera arrêté et l'embarcation immédiatement sabordée et détruite.

Art. 7. Si les patrouilles ou rondes de gendarmerie trouvent dans les maisons qu'elles visiteront des personnes qui ne les habitent pas, en outre de l'arrestation de ces personnes, de celle du propriétaire, de la confiscation ou de la destruction immédiate de tout vin, alcool ou autres esprits, les maisons pourront être détruites et leurs matériaux transportés à la convenance du Commandant particulier pour construire des corps de garde, magasins ou abris utiles à la garnison.

Art. 8. Soit que l'Établissement conserve sa tranquillité ou qu'il vienne à

ARRÊTÉ N° 14 *bis*

CONCERNANT LA DÉTENTION D'ARMES OU MUNITIONS.

Nous, Gouverneur des Établissements français de l'Océanie,
Le Conseil de gouvernement entendu,

ARRÊTONS :

Tout négociant ou particulier, détenteur d'armes, poudre ou munitions quelconques, devra, dans les vingt-quatre heures qui suivront la publication du présent arrêté, en faire la déclaration au directeur des affaires européennes.

Il est accordé un délai d'un jour, par trois myriamètres, aux personnes qui n'habitent pas Papeete, pour faire ladite déclaration.

Les objets pourront ou être mis sous le séquestre dans un lieu désigné par l'autorité, ou placés sous scellés chez le propriétaire même.

Fait à Papeete, le 27 mars 1844.

Signé : BRUAT.

ARRÊTÉ N° 15.

CARTES DE CITOYEN.

Nous, Gouverneur des Établissements français de l'Océanie,
Le Conseil de gouvernement entendu,

ARRÊTONS :

ART. 1er. Il sera délivré par les soins de M. le Commandant parti

être troublé de nuit pour une cause quelconque, il est expressément défendu aux Européens et indiens de sortir de chez eux. Ceux qui ne se conformeraient pas à cet ordre s'exposeraient à recevoir le feu d'une patrouille.

ART. 9. Les agents de la police indigène qui devront veiller la nuit seront rendus chaque soir à 7 heures à la caserne de gendarmerie, d'où ils ne sortiront, pour leur service, qu'accompagnés d'un gendarme français.

ART. 10. Messieurs les employés de l'Établissement que leur service ou tout autre motif appellera hors de chez eux après la retraite devront se faire accompagner d'une lumière.

ART. 11. Au coup de canon de retraite, toutes les baleinières, canots et pirogues appartenant aux résidants et aux indiens devront être halés à terre à 10 longueurs d'embarcation, au moins, de la haute mer; toute embarcation trouvée à flot après huit heures sera sabordée ou détruite.

ART. 12. Toutes les baleinières, embarcations, pirogues armées par des indiens ou en contenant, qui voudront entrer dans la baie ou qui voudront en sortir pendant la journée, devront accoster le stationnaire afin qu'on les visite, pour s'assurer qu'elles ne contiennent ni vins ni alcools, ni munitions de guerre, ni armes, ni rien de suspect.

ART. 13. Les embarcations des bâtiments de guerre français qui voudront venir à terre ou y stationner après la retraite, devront se munir d'une lumière, ainsi que messieurs les officiers de la flotte.

ART. 14. Il est défendu aux Européens et indiens de tirer des coups de fusil ou de faire partir des boîtes, soit de jour, soit de nuit, sur tout l'espace mis en état de siége. Les contrevenants seront immédiatement arrêtés, leurs armes saisies et leurs maisons fouillées.

Papeete, le 2 mars 1844.

Le Commandant particulier des Iles de la Société,

Signé : D'AUBIGNY.

Approuvé :
Le Gouverneur,

Signé : BRUAT.

culier, à tous les habitants européens, résidant à Papeete, une carte de citoyen ; cette carte sera envoyée à domicile.

Ceux qui n'en auront pas reçu devront les réclamer. Faute de pouvoir présenter cette carte à l'autorité, on pourra être expulsé de la colonie.

Art. 2. Les Européens arrivant, outre les formalités déjà prescrites, devront se procurer à la police une carte de sûreté, faute de quoi ils ne pourront séjourner. S'ils obtiennent l'autorisation de s'établir dans l'île, ils recevront une carte de citoyen.

Art. 3. L'hôtelier, ou teneur de maisons, devra ouvrir, chez lui, un registre sur lequel seront portées, jour par jour, les personnes qu'il loge.

Il devra aussi indiquer la date du jour d'entrée et de sortie de ces personnes.

Fait à Papeete, le 8 avril 1844.
Signé : BRUAT.

ARRÊTÉ No 16

CONCERNANT LES BOISSONS ET LA RÉINTÉGRATION DES ANCIENS CONSTABLES.

Nous, Gouverneur des Établissements français de l'Océanie,
Vu les désordres causés par l'abus des liqueurs fortes et d'autres causes,

ARRÊTONS :

Les constables qui existaient anciennement seront rétablis, si les chefs les trouvent capables ; ils recevront pour appointements une partie des amendes. Ceux déjà nommés par le gouvernement n'auront droit qu'à la solde qui leur est allouée.

Fait à Papeete, le 12 mai 1844.
Signé : BRUAT.

ARRÊTÉ No 17

RELATIF AUX FRAIS DE JUSTICE DE LA JUSTICE DE PAIX.

Nous, Gouverneur des Établissements français de l'Océanie,
Considérant que les procès entre les habitants non indigènes donnent lieu à des frais que la colonie ne doit et ne peut supporter,
Le Conseil de Gouvernement entendu,

ARRÊTONS :

Art. 1er. Dans les procès entre les habitants non indigènes de la colonie, les frais de procédure et de greffe, devant la justice de paix, sont provisoirement fixés à quinze francs pour chaque cause.

La partie condamnée supportera ces frais dont le montant sera versé, entre les mains du trésorier colonial, dans les quarante-huit heures qui suivront le prononcé du jugement.

Art. 2. Lorsqu'il y aura lieu de partager les dépens, le juge de paix en fixera la répartition, et il en sera fait mention à la suite de la sentence.

Art. 3. Le juge de paix fera connaître les dépens prononcés dans chaque audience et les noms des débiteurs au trésorier colonial, qui se pourvoira près de qui de droit pour en suivre le recouvrement.

Fait à Papeete, le 14 mai 1844.

Signé : BRUAT.

ARRÊTÉ N° 18

DÉCLARANT LA SAISIE ET LA CONFISCATION DE LA PROPRIÉTÉ DU SIEUR VICTOR CHANCEREL (*).

[11 mars 1844.]

(Transitoire.)

ARRÊTÉ N° 19

CONCERNANT LA LIQUIDATION DES AFFAIRES DU SIEUR VICTOR CHANCEREL (**).

[18 mars 1844.]

(Transitoire.)

(*) Nous, Gouverneur des Établissements français de l'Océanie,

En vertu de l'article 7 de l'arrêté de M. le Commandant particulier des Iles de la Société, en date du 3 mars 1844, sur la mise en état de siège de Papeete ;

Vu la contravention signalée dans le procès-verbal dressé par le commissaire de police,

ARRÊTONS :

Art. 1er. La propriété du sieur Victor Chancerel, restaurateur à Papeete, sera saisie et confisquée au profit de l'État.

M. le directeur de la police européenne, M. le directeur du génie et M. Graton, chargé du service administratif à Papeete, procéderont à la visite des lieux et à l'estimation des constructions et dresseront procès-verbal de leurs opérations.

Art. 2. Il en sera adressé une expédition à M. le directeur des domaines, qui conservera dans ses bureaux les plans et devis estimatifs de la propriété saisie au profit de l'État.

Papeete, le 11 mars 1844.

Signé : BRUAT.

(**) Nous, Gouverneur des Établissements français de l'Océanie,

Sur le rapport qui nous a été fait par M. le Commandant particulier des Iles de la Société, que le nommé Victor Chancerel, ex-restaurateur à Papeete, dont les propriétés ont été saisies et confisquées, conformément aux prescriptions de l'arrêté sur la mise en état de siège, avait, avant la mesure dont il vient d'être l'objet, des dettes dont le montant est plus considérable que la valeur des propriétés saisies ;

Considérant qu'il ne serait pas juste de faire supporter aux créanciers du sieur Chancerel les peines que ce dernier s'est seul attirées ;

Après en avoir délibéré en Conseil de gouvernement,

ARRÊTONS :

Art. 1er. Il sera fait une cession au profit des créanciers du sieur Victor Chancerel, de toutes sommes à lui dues par le gouvernement, à quelque titre et pour quelque cause que ce soit. Le montant de l'estimation faite par la commission désignée par notre arrêté, en date du 11 du présent mois, sera versé entre les mains de M. le juge de paix des Iles de la Société, chargé d'en régler la répartition entre les créanciers, ainsi que de toutes autres sommes dues par l'État audit sieur Chancerel.

Papeete, le 18 mars 1844.

Signé : BRUAT

ARRÊTÉ N° 20

CONCERNANT LES COUPS ET BLESSURES INVOLONTAIRES.

Nous, Gouverneur des Établissements français de l'Océanie,

Considérant que la loi taïtienne ne contient, relativement aux cas d'homicide, blessures et coups involontaires, que des dispositions mal définies et ne s'appliquant qu'à certains cas ;

Considérant qu'il importe cependant de réprimer sévèrement les abus qui peuvent donner lieu à de tels accidents ;

Le Conseil de gouvernement entendu,

ARRÊTONS :

ART. 1er. Quiconque, par maladresse, imprudence, inattention, négligence ou inobservation des règlements, aura commis involontairement un homicide, ou en aura été involontairement la cause, sera puni d'un emprisonnement de trois mois à deux ans, et d'une amende de cinquante francs à six cents francs.

ART. 2. S'il n'est résulté, du défaut d'adresse ou de précaution, que des blessures ou coups, l'emprisonnement sera de six jours à deux mois et l'amende de seize à cent francs.

ART. 3. Le meurtre, ainsi que les blessures et les coups, sont excusables, s'ils ont été provoqués par des coups ou violences graves envers les personnes.

ART. 4. Les peines prononcées par les articles 1 et 2 du présent arrêté sont applicables indépendamment de tous dommages-intérêts qui pourront être demandés par la partie lésée ou par la famille du décédé, lorsqu'il y aura meurtre.

Fait à Papeete, le 25 mai 1844.
Signé : BRUAT.

ARRÊTÉ N° 21

PORTANT RÈGLEMENT DE VOIRIE.

Nous, Gouverneur des Établissements français de l'Océanie,

Vu le rapport de M. le directeur du génie, en date du 20 mars 1844 ;

Attendu qu'il est urgent de fixer, par un arrêté, les règlements de voirie auxquels les habitants de Papeete doivent désormais se conformer ;

Le Conseil de gouvernement entendu,

ARRÊTONS :

ART. 1er. Aucune construction ne devra être élevée dans la baie de Papeete, sans l'approbation du directeur du génie (1).

---

(1) Toute demande devra être adressée par écrit au bureau du génie, où l'on pourra prendre connaissance des plans d'alignement.

Art. 2. Pour toute case ou maison en dehors de l'alignement déterminé, aucun travail extérieur ne pourra être fait. Si de grosses réparations étaient nécessaires, la case ou la maison serait démolie ou reportée en arrière.

Art. 3. Les clôtures des habitations, sur la plage, qui sont en dehors de l'alignement, seront enlevées avant le 1er juillet 1844.

Art. 4. Toute demande de construction sur les nouvelles rues ou places pourra être accordée, en exigeant toutefois du constructeur l'obligation de faire la demi-largeur de la route sur toute la longueur de sa maison.

Art. 5. Nul ne pourra boucher ou encombrer les sources, ou les rives des cours d'eau, sans autorisation préalable du directeur du génie. Les sentiers devront avoir quatre mètres au moins et les routes huit mètres.

Art. 6. En cas de refus d'un propriétaire de se conformer à l'arrêté ci-dessus, l'autorité pourra faire exécuter les travaux nécessaires, et les frais qui en résulteront seront à la charge du propriétaire.

Papeete, le 25 mai 1844.

Signé : BRUAT.

ARRÊTÉ N° 21 *bis*

RELATIF A LA PRODUCTION DES TITRES DE PROPRIÉTÉ PAR LES HABITANTS NON INDIGÈNES.

Nous, Gouverneur des Établissements français de l'Océanie,

Vu notre arrêté du 26 janvier 1844, concernant la vente des terrains et immeubles ;

Considérant qu'il est urgent de compléter les dispositions de cet arrêté, et de mettre un terme aux marchés frauduleux dont les propriétaires de terrains sont souvent victimes ;

Que, pour obtenir ce résultat, il est nécessaire de régler définitivement l'état de la propriété, et de vérifier les titres et contrats ayant une date antérieure à l'arrêté précité du 26 janvier ;

Le Conseil de gouvernement entendu,

ARRÊTONS :

Art. 1er. Tous les habitants non indigènes, possédant des propriétés dans les quartiers de Papeete, Paofai, Faaa, Taunoa et Papaoa, devront, dans les huit jours qui suivront la publication de cet arrêté, faire, devant M. le directeur des domaines, la déclaration des terrains et autres immeubles dont ils sont possesseurs, et justifier, par titres et contrats, de la légitimité de leurs droits.

Art. 2. Les propriétaires qui ne rempliront pas, dans le temps fixé, les formalités prescrites, seront passibles d'une amende de deux cents à deux mille francs.

Art. 3. Les terrains dont les propriétaires ne se seront pas fait reconnaître dans le mois seront considérés comme propriétés de l'État, et pourront, après le jugement de confiscation prononcé à la requête du directeur des domaines, être employés à tel usage que l'autorité jugera convenable.

Art. 4. M. le directeur du domaine est chargé de l'exécution du présent arrêté, qui sera affiché et publié dans le journal de la colonie.

Fait à Papeete, le 25 mai 1844.

Signé : BRUAT.

ARRÊTÉ N° 22

CONCERNANT LES INDIVIDUS IVRES OU CAUSANT DU DÉSORDRE APRÈS LA RETRAITE (*).

[18 juin 1844.]

Abrogé. (Voir l'arrêté du 10 mai 1845, n° 54.)

ARRÊTÉ N° 23

INTERDIT LA CIRCULATION DANS LE DISTRICT D'ARUE.

Nous, Gouverneur des Établissements français de l'Océanie,

Considérant que les environs de la Pointe Vénus et de la vallée de Papenoo servent de refuge à tous les déserteurs dont l'arrestation devient de plus en plus difficile,

Le Conseil de gouvernement entendu,

ARRÊTONS :

Art. 1er. Tout individu non indigène, étranger au district d'Arue, qui sera rencontré dans les limites de ce district sans une permission écrite, sera arrêté comme déserteur.

(*) Nous, Gouverneur des Établissements français dans l'Océanie,

Considérant que d'après l'usage et les lois du pays toute personne en état d'ivresse et troublant la tranquillité publique, après avoir été préalablement incarcérée, paie deux piastres d'amende et, pour frais de nourriture, un nombre de réaux égal au nombre de jours d'emprisonnement ;

Mais considérant que l'article 7 de la mise en état de siége légalise la saisie des maisons qui reçoivent clandestinement des logeurs, ou dans lesquelles se débitent des boissons après la retraite, et que les complices de ces délits doivent aussi participer à leur punition,

ARRÊTONS :

A l'avenir et tant que durera l'état de siége, tout individu saisi après la retraite, pour ivresse ou désordre quelconque, paiera une amende dont le minimum est fixé à quatre piastres et le maximum à vingt, sans préjudice des peines prononcées par les lois en raison des actes et circonstances aggravantes qui pourront avoir motivé l'arrestation du prévenu.

Papeete, le 18 juin 1844.

Signé : BRUAT.

Art. 2. Tout indien qui traversera le district d'Arue pour se rendre à Hapape ou au-délà, sans être porteur d'une autorisation écrite, devra être arrêté par les soins de l'autorité locale.

Art. 3. Chaque personne arrêtée paiera une amende de huit piastres (quarante francs) au profit des capteurs.

Fait à Papeete, le 20 juin 1844.

Signé : BRUAT.

ARRÊTÉ N° 24

PORTANT CRÉATION D'UN TRIBUNAL CORRECTIONNEL SPÉCIAL POUR LES OUVRIERS CIVILS (*).

[16 juin 1844.]

Abrogé. (Voir les arrêtés du 13 avril 1845, nos 49, 50 et 51.)

ARRÊTÉ N° 25

PORTANT RÈGLEMENT SUR LES PATENTES.

Nous, Gouverneur des Établissements français de l'Océanie,

Vu la nécessité de régulariser le commerce et de donner à chacun les sûretés et garanties nécessaires, soit pour l'achat, soit pour la vente,

Le Conseil de gouvernement entendu,

ARRÊTONS :

Art. 1er. Tout habitant de Taïti, y faisant un commerce ou y exerçant une profession quelconque, devra en faire la déclaration, par écrit et en français, au directeur des affaires européennes, avant le 20 juillet prochain, pour qu'il lui soit délivré une patente.

(*) Nous, Gouverneur des Établissements français dans l'Océanie,

Considérant que les ouvriers engagés par le gouvernement pour le service des Établissements français dans l'Océanie ne peuvent être considérés comme militaires pour les délits commis, et par conséquent recevoir les peines infligées aux soldats;

Considérant, en outre, que les mêmes ouvriers ne peuvent être, non plus, regardés comme des résidants dans les Établissements, et par conséquent rentrer sous la juridiction du juge de paix;

Le Conseil de gouvernement entendu,

ARRÊTONS :

M. Cloux, lieutenant de vaisseau, chargé de la police européenne à Papeete, statuera sur les délits commis par les ouvriers civils des Établissements français de l'Océanie pour tout ce qui concerne les délits civils.

Papeete, le 16 juin 1844.

Signé : BRUAT.

ART. 2. Les droits de patente se paieront d'après le tarif ci-dessous:

PATENTES DE 1re CLASSE.

*Négociants consignataires: Négociants vendant **en gros** et **en détail**.*

Trois cent soixante et quinze francs (75 piastres.)

Les négociants payant patente de première classe ne pourront vendre de vin sans une autorisation particulière, pour laquelle ils devront payer cent vingt-cinq francs par an.

Les commissaires-priseurs, indépendamment d'un cautionnement de dix mille francs (2,000 piastres), payés en argent ou hypothéqués sur propriétés dont la valeur aura été constatée par le domaine, seront soumis à un droit de patente de cinq cents francs (100 piastres.)

Ils ne pourront exiger plus de cinq pour cent du produit de la vente, et plus de deux et demi pour droit de garantie, lorsque le paiement sera à terme.

Leur nombre ne dépassera pas trois.

PATENTES DE 2e CLASSE.

Négociants vendant plus particulièrement en détail.

Deux cent cinquante francs (50 piastres.)

Ils ne pourront vendre de vin sans une patente particulière, pour laquelle ils devront payer cent vingt-cinq francs.

PATENTES D'OUVRIERS.

Ouvriers de profession, les chefs d'atelier de toutes professions.

Cent vingt-cinq francs (25 piastres).

Tout individu exerçant plus d'une profession devra payer patente et demie.

Aucun capitaine de bâtiment ne pourra s'établir à terre, ou débiter sa cargaison, soit à bord, soit à terre, sans prendre une patente, qui sera toujours de première classe et pour laquelle il paiera année entière.

Il ne pourra vendre de vin sans une autorisation spéciale, qui sera soumise au même droit que celle des négociants résidants.

PATENTES DE RESTAURANTS ET CAFÉS.

1re CLASSE.

Trois cent soixante et quinze francs (75 piastres).

Si, indépendamment du restaurant, on veut tenir une maison où l'on reçoive les ouvriers, matelots, soldats, etc., la patente sera augmentée de soixante et quinze francs (15 piastres).

IIe CLASSE.

Taverne ou maison dans laquelle on reçoit les ouvriers, matelots, etc.

Deux cent cinquante francs (50 piastres).

Art. 3. Tout individu convaincu d'avoir fait le commerce ou exercé une profession, sans s'être muni d'une patente, paiera une amende qui sera de deux à cinq fois le prix de la patente dont il aurait dû se pourvoir.

Art. 4. Les patentes devront se payer par trimestre et d'avance, c'est-à-dire dans les premières semaines de janvier, avril, juillet et octobre.

Le dernier trimestre de l'année sera le seul à acquitter pour 1844 ; il sera perçu au bureau du directeur des domaines.

Art. 5. Toute personne qui prendra une patente après le commencement du trimestre paiera la partie proportionnelle à dater du jour de l'ouverture de sa maison.

M. le directeur des affaires européennes est autorisé à faire telle diminution qu'il jugera convenable dans le tarif applicable aux individus, qui justifieront de l'impossibilité où ils sont d'acquitter les droits fixés. L'arrêté pris à ce sujet sera motivé et mentionné dans la patente et approuvé par nous. -

La diminution ne pourra jamais être de plus de moitié.

Les redevables en retard seront contraints. Ils seront, en conséquence, avertis par le directeur des domaines ; dix jours après l'avertissement, le paiement sera poursuivi par la saisie et la vente des marchandises et meubles des contribuables.

Tout individu qui expose des marchandises en vente, dans quelque lieu que ce soit, est tenu d'exhiber sa patente, toutes les fois qu'il en est requis par le juge de paix, le commissaire de police, etc., etc.

Fait à Papeete, le 26 juin 1844.

Signé : **BRUAT.**

ARRÊTÉ N° 26

PORTANT NOMINATIONS DE JUGES, DE GREFFIERS ET D'UN PROCUREUR DU ROI PRÈS LES TRIBUNAUX CIVILS (*).

[6 juillet 1844.]

Abrogé. (Voir les arrêtés du 13 avril 1845, n°^s 49, 50 et 51.)

(*) Nous, Gouverneur des Établissements français dans l'Océanie,
Conformément aux dispositions de l'ordonnance royale du 28 avril 1843, sont nommés,
Pour le tribunal de première instance des Iles de la Société :
MM. D'Aubigny, Commandant particulier des Iles de la Société, président;

MM. Graton, chargé du service administratif, juge;

Cloux, lieutenant de vaisseau, directeur de la police européenne, juge;

De St-Aubin, écrivain de l'administration de la marine, greffier;

De Ginoux, procureur du Roi.

ARRÊTÉ N° 27

FIXANT LES JOURS D'AUDIENCE DES TRIBUNAUX.

Nous, Gouverneur des Établissements français de l'Océanie,

Vu l'article 7 de l'Ordonnance royale du 28 avril 1843,

ARRÊTONS :

Le tribunal de 1re instance des Iles de la Société siégera trois fois par mois, de dix jours en dix jours, les 1, 11 et 21.

Si un de ces jours tombait le dimanche, l'audience serait renvoyée au lendemain.

Fait à Papeete, le 6 juillet 1844.

Signé : **BRUAT.**

ARRÊTÉ N° 28

FIXANT L'ÉTENDUE DE LA JURIDICTION DU JUGE DE PAIX DES ILES DE LA SOCIÉTÉ (*).

[18 juillet 1844.]

Abrogé. (Voir l'arrêté du 13 avril 1845, n° 51.)

ARRÊTÉ N° 29

PORTANT FIXATION DES FRAIS DE JUSTICE DEVANT LE TRIBUNAL CIVIL (**).

[5 août 1844.]

Abrogé. (Voir l'arrêté du 18 septembre 1845, n° 58.)

Pour le conseil d'appel :
MM. Bruat, Gouverneur, président;
    De Cugis, chef du service administratif, juge;
    Lesson, chef du service de santé, juge;
    Vergès, écrivain de l'administration de la marine, greffier;
    De Ginoux, procureur du Roi.
Papeete, le 6 juillet 1844.

Signé : BRUAT.

(*) Nous, Gouverneur des Etablissements français dans l'Océanie,

Vu l'article 7 de l'ordonnance royale du 28 avril 1843;

Considérant qu'il est essentiel que la justice soit rendue aux étrangers habitant dans des parties des Iles de la Société où il n'y a pas de juges européens nommés;

Le Conseil de gouvernement entendu,

ARRÊTONS :

Jusqu'à nouvel ordre, le juge de paix de Papeete prononcera en premier ressort sur les contestations qui s'élèveront entre les résidants étrangers dans les Iles de la Société.

Papeete, le 18 juillet 1844.

Signé : BRUAT.

(**) Nous, Gouverneur des Établissements français dans l'Océanie,

Vu l'article 7 de l'ordonnance royale du 28 avril 1843;

Considérant que dans toute affaire civile portée devant les tribunaux de la colonie, la justice entraîne à des frais qu'il convient de faire supporter aux parties;

Après en avoir délibéré en Conseil de gouvernement,

ARRÊTONS :

ART. 1er. Toutes les fois qu'un procès aura été porté devant le tribunal civil, la partie condamnée paiera pour frais et dépens la somme de cinquante francs à deux cent cinquante francs, suivant le jugement rendu et le chiffre fixé par le tribunal.

ART. 2. Ladite somme sera exigible dans le délai de huit jours après le jugement.

ART. 3. Le montant des frais des jugements prononcés par le tribunal sera versé à la caisse municipale par les soins du greffier qui en tiendra registre.

Papeete, le 5 août 1844.

Signé : BRUAT.

ARRÊTÉ N° 30

CONCERNANT LES BOUCHERS ET BOULANGERS QUI REFUSENT DE VENDRE.

Nous, Gouverneur des Établissements français de l'Océanie,

Vu l'art. 7 de l'Ordonnance royale du 28 avril 1843,

Le Conseil de gouvernement entendu,

ARRÊTONS :

Les bouchers et boulangers sont tenus de vendre aux personnes qui se présentent l'argent à la main, ou qui sont en compte courant avec eux et acquittent régulièrement ce compte, ce dont le livre de vente fait foi.

L'ordre de numéro dans lequel les acheteurs se présentent doit être observé pour le tour de vente, sans qu'il soit permis de l'intervertir ou de refuser la vente, tant qu'il se trouve une pièce de viande ou un pain dans le magasin et la maison où le vendeur a fait élection de domicile commercial,

Tout boucher ou boulanger qui voudra augmenter le prix de la viande ou du pain sera tenu d'en faire, quinze jours à l'avance, la déclaration, par écrit, à M. le Commandant particulier, qui jugera des motifs, et donnera ou refusera son approbation.

Les contrevenants au présent arrêté, traduits devant le juge de paix, seront condamnés à une amende de cent francs pour la première fois.

Ladite amende pourra, suivant l'appréciation du juge, être augmentée de cinquante francs à chaque récidive.

Fait à Papeete, le 19 août 1844.

Signé : **BRUAT.**

ARRÊTÉ N° 31

ORDONNANT LA CIRCULATION DE LA MONNAIE DE BILLON.

Nous, Gouverneur des Établissements français de l'Océanie,

Vu l'art. 7 de l'Ordonnance royale du 28 avril 1843,

Le Conseil de gouvernement entendu,

ARRÊTONS :

ART. 1er. Les pièces de cinq et dix centimes seront admises comme appoints dans les paiements.

ART. 2. Toutes les personnes qui exercent un commerce patenté ne pourront se dispenser de les recevoir.

ART. 3. Le lundi de chaque semaine, depuis sept jusqu'à neuf heures du matin, on pourra se présenter au trésor, pour échanger cette monnaie contre des piastres, à raison de cinq cents centimes par piastre.

Fait à Papeete, le 25 août 1844.

Signé : **BRUAT.**

ARRÊTÉ No 32

AUTORISANT LES MILITAIRES A DÉPOSER LEURS ÉCONOMIES AU TRÉSOR.

Nous, Gouverneur des Établissements français de l'Océanie,

Désirant aider, autant que possible, les hommes prévoyants qui veulent se ménager des économies sur les produits d'un travail honorable et profitable au pays :

Après en avoir conféré avec M. le chef du service administratif et M. le trésorier de la colonie ;

En vertu de l'article 7 de l'Ordonnance royale du 28 avril 1843,

Le Conseil de gouvernement entendu,

ARRÊTONS :

ART. 1er. Les militaires et ouvriers civils pourront déposer au trésor leurs économies ; ils ne pourront y toucher que les premiers samedis de chaque trimestre, de midi à deux heures.

A leur départ pour France, leur argent leur sera remis en traites ou en numéraire.

ART. 2. Les militaires et employés civils qui désireraient envoyer de l'argent en France, seront libres de le verser au trésor qui le fera passer à la Caisse des gens de mer, à Paris, où leurs délégués pourront le toucher en se conformant aux règles établies.

Papeete, le 7 septembre 1844.

Signé : BRUAT.

ARRÊTÉ N° 33

RÉGLANT LES DISPOSITIONS DES VENTES ET LOCATIONS DE TERRAINS.

(Les art. 1, 2, 3 et 4 de cet arrêté sont abrogés par celui du 13 octobre 1845, n° 61).

ART. 5. Toute décision des assemblées indigènes aux débats desquelles assisteront des blancs sans l'autorisation écrite du Gouverneur, seront nulles de plein droit, leur intervention étant illégale et nuisible.

ART. 6. Tout blanc qui ne se rendrait pas à l'injonction des juges assemblés y sera contraint par la force, et passible d'une amende de vingt-cinq à cent francs et d'un emprisonnement d'un à trois jours. Cette peine sera prononcée séance tenante par les juges.

Fait à Papeete, le 1er octobre 1844.

Signé : BRUAT.

ARRÊTÉ No 34

CONCERNANT LES COMMISSAIRES-PRISEURS

Nous, Gouverneur des Établissements français de l'Océanie,

Le Conseil de gouvernement entendu,

ARRÊTONS :

Les commissaires-priseurs des Iles de la Société, nommés par le gouvernement, devront toujours, dans les ventes à l'enchère dont ils sont chargés, se servir, pour la première mise à prix et l'adjudication définitive, de la langue du vendeur et de celle du pays, tout en ayant la latitude d'employer toute autre langue, dans le cours de la vente, pour l'intelligence de chacun.

Fait à Papeete, le 3 octobre 1844.

Signé : BRUAT.

ARRÊTÉ No 35

PORTANT EXPROPRIATION POUR CAUSE D'UTILITÉ PUBLIQUE.

Nous, Gouverneur des Établissements français de l'Océanie,

Vu les rapports de M. le directeur du génie, en date du 20 mai et 16 octobre 1844 ;

Considérant qu'il est urgent d'établir des communications entre la plage et la grande route en arrière, ainsi que des relations continues entre les divers bâtiments sur la rue de la plage ;

En vertu de l'article 7 de l'Ordonnance royale du 28 avril 1843 ;

Le Conseil de gouvernement entendu :

ARRÊTONS :

Sont expropriés pour cause d'utilité publique :

1o Les propriétaires du terrain compris entre le consulat américain et les casernes de la 30ᵉ compagnie d'infanterie de marine, à l'effet d'établir une rue entre les deux grandes communications de Papeete ;

2o Les propriétaires du terrain compris entre la rue projetée, la plage, et le ruisseau du gouvernement jusqu'à la rue nouvelle, pour qu'il soit possible d'élever; sur cet emplacement, les bâtiments jugés nécessaires aux besoins de la colonie.

Il sera pourvu à la notification et à l'éxécution de cet arrêté, conformément aux formes indiquées dans notre arrêté du 15 janvier 1844, publié dans le journal de la colonie du 2 juin 1844.

Fait à Papeete, le 21 octobre 1844.

Signé : BRUAT.

ARRÊTÉ No 36.

PORTANT RÈGLEMENT POUR LE PROTECTORAT DE L'ARCHIPEL DES ÎLES GAMBIER.

Nous, Gouverneur des Établissements français de l'Océanie,

En vertu des pouvoirs qui nous ont été conférés ;

Voulant, autant que possible, mettre notre délégué aux îles Gambier à même de maintenir l'ordre et la tranquillité dans les îles sur lesquelles s'étend notre protectorat,

De concert avec Grégoire Maputeo, roi des îles Gambier,

ARRÊTONS :

ART. 1ᵉʳ. La vente des spiritueux et des marchandises dites de contrebande de guerre, est prohibée dans l'archipel des Gambier. Notre délégué pourra néanmoins accorder des permissions spéciales et temporaires.

Art. 2. La vente des vins sera permise en se conformant aux règlements établis par notre délégué, qui pourra néanmoins la restreindre ou l'interdire totalement, s'il le juge convenable.

Art. 3. Toute marchandise dont on tentera le débarquement en fraude sera confisquée, et le bâtiment paiera une amende de mille à cinq mille francs. L'embarcation sera confisquée.

Art. 4. Les autres marchandises seront introduites en franchise.

Art. 5. L'embarquement de la nacre et des autres produits de l'île sera soumis à un droit perçu au profit du roi. Il lui sera facultatif de remplacer ce droit par une taxe fixée d'après le nombre d'indiens employés à la pêche.

Le roi aura droit à la moitié des frais de pilotage.

Art. 6. Aucun indien ne pourra embarquer, soit pour le pêche, soit pour toute autre navigation, sans l'autorisation du roi ou des personnes aptes à donner ces permissions.

Tout indien, âgé de moins de dix-huit ans, devra, en outre, être muni d'une permission de ses parents.

Art. 7. Tout capitaine de bâtiment qui contreviendra aux dispositions de l'article précédent, sera passible d'une amende de cinq cents à mille francs par chaque indien embarqué illégalement.

Art. 8. Il ne pourra être débarqué aucun passager aux îles Gambier, sans l'autorisation du délégué du Gouverneur.

Toute contravention de ce genre sera punie d'une amende de cent à cinq cents francs.

Art. 9. Tout étranger, arrivant aux Gambier, devra signer une déclaration portant que, s'il tient une conduite contraire au bon ordre et à la tranquillité, conduite dont notre délégué sera seul appréciateur, il devra quitter l'île à ses frais à la première réquisition qui lui en sera faite, sans avoir droit à aucune indemnité.

Art. 10. Notre délégué aux îles Gambier est autorisé à faire tous règlements, à prendre tous arrêtés que nécessiteront les circonstances et les besoins du pays.

Les arrêtés seront rendus provisoirement exécutoires du jour de leur publication ; mais ils devront nous être adressés par les premiers navires qui se présenteront, pour être soumis à notre approbation.

Art. 11. Des copies du présent règlement, certifiées par notre délégué, seront remises au pilote et à l'officier de port nommé par le roi, qui devront en donner connaissance aux capitaines des bâtiments qui toucheront aux Gambier ou feront le commerce dans ces îles.

Art. 12. Les attributions du juge de paix des îles de la Société sont conférées à notre délégué aux îles Gambier.

Fait à Papeete, le 12 décembre 1844.

Signé : BRUAT.

ARRÊTÉ No 37

ADMISSION DES MARINS DE TOUTES LES NATIONS DANS LES HOPITAUX DES ÉTABLISSEMENTS.

Nous, Gouverneur des Établissements français de l'Océanie,

Désirant favoriser, autant que possible, le commerce de toutes nations dans nos Établissements, et rendre nos ports de l'Océanie des lieux de protection et de secours,

Le Conseil de gouvernement entendu,

ARRÊTONS :

Les marins de toutes les nations pourront être admis dans les hôpitaux des Établissements français de l'Océanie. Les capitaines des navires de commerce, sans exception de nationalité, qui voudront faire traiter leurs malades dans ces hôpitaux, paieront la journée de traitement à raison de cinq francs nets (1 piastre).

En cas de départ d'un navire laissant des hommes aux hôpitaux, les capitaines seront tenus de verser au trésor le montant de quarante journées de traitement qui compteront du jour où ils auront pris leurs expéditions au bureau de l'inscription maritime ou chez leur consul.

Ce versement se fera sur pièces dressées par le commissaire, conformément au règlement sur le service des hôpitaux.

Fait à Papeete, le 18 décembre 1844.

Signé : BRUAT.

ARRÊTÉ No 38

PORTANT CRÉATION D'UN TRIBUNAL DE 1re INSTANCE A NUHIVA (ILES MARQUISES).

Nous, Gouverneur des Établissements français de l'Océanie,

Vu l'ordonnance du Roi, concernant l'administration de la justice aux îles-Marquises et les pouvoirs spéciaux qui nous y sont accordés,

Le Conseil de gouvernement entendu,

ARRÊTONS :

Il sera créé à l'Établissement français de Nuhiva (îles Marquises) un tribunal de 1re instance, composé de :

MM. le Commandant particulier, *président ;*
     du Chargé du service administratif, *juge ;*
     du Chirurgien chargé du service de santé, *juge ;*
     d'un Greffier à la nomination du président.

Ce tribunal étendra sa juridiction sur tout l'archipel des îles Marquises.

Fait à Papeete, le 18 décembre 1844.

Signé : BRUAT.

ARRÊTÉ No 39

FIXANT LES FRAIS DE JUSTICE DEVANT LA COUR D'APPEL.

Nous, Gouverneur des Établissements français de l'Océanie,

Considérant que, dans toute affaire civile portée devant les tribunaux de la colonie, la justice entraîne à des frais qu'il convient de faire supporter aux parties,

Le Conseil de gouvernement entendu,

ARRÊTONS :

ART. 1er. Toutes les fois qu'un procès aura été porté devant la Cour d'appel, la partie condamnée paiera, pour frais et dépens, la somme de deux cents à cinq cents francs.

ART. 2. Ladite somme sera exigible dans le délai de huit jours après le jugement rendu.

Le défaut de paiement entraînera la contrainte par corps.

ART. 3. Le montant des frais des jugements prononcés par le tribunal sera versé à la caisse municipale par les soins du greffier, qui en tiendra registre.

Fait à Papeete, le 22 décembre 1844.

Signé : BRUAT.

ARRÊTÉ No 40.

FIXANT LES JOURS D'AUDIENCE DE LA COUR D'APPEL.

Nous, Gouverneur des Établissements français de l'Océanie

ARRÊTONS :

La cour d'appel des Établissements français de l'Océanie siégera les 15 et 30 des mois d'avril, août et décembre de chaque année.

Fait à Papeete, le 22 décembre 1844.

Signé : BRUAT.

Certifié conforme :

L'Ordonnateur,

T. NESTY.

PAPEETE, le 2 janvier 1864 (*).

(*) Cette date est celle de la réception de la réédition des ARRÊTÉS aux Archives.

LES
ARRÊTÉS DU GOUVERNEUR.

ARRÊTÉ N° 41

DÉTERMINANT L'IMPORTANCE QUE DEVRONT AVOIR LES PROCÈS OU CONTRAVEN-
TIONS DE DOUANES POUR ÊTRE PORTÉS DEVANT LA COUR D'APPEL (*).

[3 janvier 1845.]

Abrogé. (Voir l'arrêté du 13 avril 1845, n° 51.)

ARRÊTÉ N° 42.

DÉFENSE AUX ÉTRANGERS D'ASSISTER AUX ASSEMBLÉES INDIGÈNES.

Nous, Gouverneur des Établissements français de l'Océanie,

Considérant que la présence des étrangers dans les assemblées porte à la fois préjudice à l'ordre et aux vrais intérêts des indigènes ;

Afin d'éviter toute équivoque sur les termes de notre arrêté du 1er octobre 1844 ;

Vu l'article 7 de l'Ordonnance royale du 28 avril 1843,

Le Conseil de gouvernement entendu,

ARRÊTONS :

Les articles 5 et 6 de notre arrêté du 1er octobre précité sont appli-
cables à tous les étrangers qui, sans notre autorisation, assisteront à des assemblées où se traitent les affaires du pays, quel que soit d'ailleurs l'objet de la délibération.

Papeete, le 6 janvier 1845.

Signé : BRUAT.

(*) Nous, Gouverneur des Établissements français de l'Océanie,

Vu l'article 7 de l'Ordonnance royale du 28 avril 1843 ;

Le Conseil de gouvernement entendu,
ARRÊTONS :

Jusqu'à ce qu'il soit statué définitivement par un arrêté d'ensemble sur l'ad-
ministration de la justice dans les Iles de la Société, les causes jugées en première instance ne seront sujettes à l'appel que quand elles auront pour objet une valeur de plus de *deux mille francs* ou de *quatre mille francs*, s'il s'agit d'une contravention pour contrebande, fraude ou débit de boissons et autres marchandises dont la vente est soumise à la surveillance de la police.

Papeete, le 3 janvier 1845.

Signé : BRUAT.

ARRÊTÉ N⁰ 43

CONCERNANT L'ABATAGE DES BESTIAUX.

Nous, Gouverneur des Établissements français de l'Océanie,

Voulant empêcher la destruction du gros bétail dans les Iles de la Société ;

Considérant que, dans les chasses faites à ces animaux, il s'en perd toujours un grand nombre de blessés, et dont la mort ignorée, loin de profiter à la colonie, diminue d'autant les ressources ;

Considérant, en outre, que, contrairement à notre arrêté du 1er février 1844, il se tue des vaches pleines ou dont les cornes ont moins de six anneaux ;

En vertu de l'article 7 de l'Ordonnance royale du 28 avril 1843,

Le Conseil de gouvernement entendu,

ARRÊTONS :

Il est défendu de vendre et d'apporter en ville de gros bétail, tué ailleurs qu'à Papeete.

Les contrevenants seront passibles d'une amende de dix à vingt piastres, et l'acheteur sera passible de la même amende.

Fait à Papeete, le 6 janvier 1845.

Signé : BRUAT.

ARRÊTÉ N⁰ 44

PORTANT CAUTIONNEMENT POUR L'ABATAGE DES BESTIAUX.

Nous, Gouverneur des Établissements français de l'Océanie, Commissaire du Roi près la Reine des Iles de la Société,

Vu l'article 7 de l'Ordonnance royale du 28 avril 1843,

De concert avec le Régent, le Conseil de gouvernement entendu,

ARRÊTONS :

En attendant qu'une commission, qui doit se réunir ultérieurement, ait statué sur les droits des propriétaires de bestiaux, toute personne qui voudra faire abattre des bœufs devra déposer entre les mains du trésorier colonial une caution de cent cinquante francs, dont il sera donné reçu.

Il sera loisible aux personnes qui ne pourront donner cette caution, d'y suppléer en fournissant une déclaration écrite, acceptée par le trésorier, d'un résidant notable qui s'engagera pour elles.

Les déclarations seront également déposées au Trésor, où il en sera tenu enregistrement. Les cautions sont destinées à indemniser les véritables propriétaires en cas de fraude de la part des vendeurs de bestiaux.

Les bouchers qui abattront des bœufs, vaches ou veaux, avant que le commissaire de police ait constaté que les formalités ont été remplies, seront passibles d'une amende de cinq cents francs et la viande tuée en fraude sera confisquée.

Fait à Papeete, le 14 janvier 1845.

Le Régent,   Le Commissaire du Roi,
     Signé : PARAITA.   Signé : BRUAT.

ARRÊTÉ N° 45

CONVOCATION D'UNE ASSEMBLÉE DES PROPRIÉTAIRES DE BESTIAUX.

Nous, Gouverneur des Établissements français de l'Océanie, Commissaire du Roi près la Reine des Iles de la Société,

Vu l'article 7 de l'Ordonnance royale du 28 avril 1843 ;

Vu l'arrêté du 15 janvier 1844, annonçant qu'une assemblée générale des propriétaires de bestiaux sera convoquée pour statuer, chaque année, sur la validité des titres de propriété,

De concert avec le Régent, le Conseil de gouvernement entendu,

ARRÊTONS :

ART. 1er. L'assemblée ci-dessus mentionnée sera convoquée et se réunira à Papeete, le 27 du présent mois, dans l'ancienne maison du gouvernement, et sous la présidence de M. Mœrenhout, membre du Conseil de gouvernement.

ART. 2. Cette assemblée nommera une Commission, composée de quatre membres, pour examiner les titres qui ont été produits.

Aussitôt que cette Commission sera nommée, le président lui remettra les pièces dont il est dépositaire et résignera ses fonctions.

ART. 3. La Commission entrera immédiatement en fonctions ; elle prononcera séparément, et par écrit, sur la validité de chaque titre, et déclarera la part de bestiaux non marqués à laquelle chaque requérant a droit.

ART. 4. En cas de partage des voix dans la Commission, le tribunal civil prononcera sur la validité des titres.

Remise sera faite au greffe des pièces fournies par les propriétaires ou se disant tels.

La simple majorité suffira pour que la décision de la Commission soit définitive.

Fait à Papeete, le 15 janvier 1845.

Le Régent,   Le Commissaire du Roi,
     Signé : PARAITA.   Signé : BRUAT.

ARRÊTÉ N° 46.

DISPOSITIONS SUPPLÉMENTAIRES AU RÈGLEMENT DE PORT.

Nous, Gouverneur des Établissements français de l'Océanie, Commissaire du Roi près la Reine des Iles de la Société,

En vertu de l'article 7 de l'Ordonnance royale du 28 avril 1843,

Le Conseil de gouvernement entendu,

ARRÊTONS :

ART. 1er. Aucun résidant, étranger à Taïti, ne pourra quitter l'île sans prévenir M. le Directeur des Affaires européennes, huit jours à l'avance.

ART. 2. Aucun capitaine ne pourra recevoir de lettres directement. Il devra les prendre à la Direction du Port, deux heures seulement avant son départ.

ART. 3. Il est également défendu à tous les gens de l'équipage de se charger de lettres. Chaque capitaine est responsable pour son équipage. La contravention aux articles précités sera punie d'une amende de deux cents à quatre cents francs.

Tout passager qui sera porteur de lettre, ou en recevra, sera passible de la même amende.

Fait à Papeete, le 22 janvier 1845

Signé : BRUAT.

ARRÊTÉ N° 47

CRÉANT UNE CHARGE D'HUISSIER A PAPEETE.

Nous, Gouverneur des Établissements français de l'Océanie, Commissaire du Roi près la Reine des Iles de la Société,

Vu l'article 7 de l'Ordonnance royale du 28 avril 1843, et la dépêche du Ministre de la Marine et des Colonies, en date du 16 juin suivant ;

Vu l'article 13 de la loi du 9 juillet 1836,

Le Conseil de gouvernement entendu,

ARRÊTONS :

ART. 1er. Il est créé, près les tribunaux civils des Iles de là Société, une charge d'huissier-audiencier ; cette charge sera remplie par le nommé Roger, sergent au 1er régiment d'infanterie de marine, faisant fonctions, à Papeete, de maréchal-des-logis de gendarmerie.

ART. 2. Les émoluments de l'huissier-audiencier seront fixés conformément aux prescriptions de la loi, et liquidés par le tribunal suivant la forme ordinaire.

ART. 3. Le présent arrêté, rendu exécutoire à compter de ce jour, sera inséré au prochain numéro du journal *l'Océanie française.*

Fait à Papeete, le 17 mars 1845.

Signé : BRUAT.

ARRÊTÉ N° 48

DÉCLARANT L'ILE DE RAIATEA EN ÉTAT DE BLOCUS.

Nous, Gouverneur des Établissements français de l'Océanie, Commissaire du Roi près la Reine des Iles de la Société, commandant la subdivision navale de l'Océan Pacifique,

Attendu que la reine Pomare, en réunissant autour d'elle les chefs principaux des îles sous le vent, accompagnés de gens armés, a commis à la fois un acte d'hostilité contre la France et d'ingratitude envers le Roi, dont la clémence et la protection l'ont suivie, même après ses fautes ;

Attendu qu'en refusant de recevoir les lettres et les présents que S. M. lui a adressés, elle a fait preuve d'un dédain injurieux pour le Monarque qui la couvre de sa protection;

Attendu que nous avons acquis la preuve que la reine Pomare a écrit à Taïti, aux chefs qui se sont réunis dans les deux camps de Papenoo et de Punavia, pour les engager à continuer à rester ainsi armés et à ne pas se séparer; que ces communications sont toutes dans un but opposé au rétablissement de la paix ;

Attendu que l'île de Raiatea a été le théâtre de violences commises sous les yeux de la Reine Pomare, contre les indigènes qui, en acceptant le pavillon du Protectorat, ont rempli un devoir, puisque ce pavillon n'a fait que remplacer celui de Taïti qui y était arboré anciennement;

Attendu que ce sont les habitants de Raiatea qui, sous les ordres de Teriitaria, se sont rendus à Huahine, pour y abattre le pavillon du Protectorat;

En vertu des pouvoirs qui nous sont conférés par l'article 7 de l'Ordonnance royale du 28 avril 1843;

De concert avec le Régent, le Conseil de gouvernement entendu,

ARRÊTONS :

L'ile de Raiatea est déclarée en état de blocus.

Les lois et règlements sur la matière seront appliqués à tout navire ou embarcation qui tenterait de violer le blocus.

Fait à Papeete, le 15 avril 1845.

Le Régent, Le Commissaire du Roi,
Signé : PARAITA. Signé : BRUAT.

ARRÊTÉ N° 49

Nous, Gouverneur des Établissements français de l'Océanie, Commissaire du Roi près la Reine des Iles de la Société,

---

(1) *ORDONNANCE DU ROI concernant l'administration de la justice aux îles Marquises et les pouvoirs spéciaux du Gouverneur.*

PARIS, le 28 avril 1843.

LOUIS-PHILIPPE, Roi des Français,

Attendu la nécessité d'assurer l'administration de la justice dans notre nouvelle possession des îles Marquises, et d'investir le Gouverneur de certains pouvoirs spéciaux;

Sur le rapport de notre Ministre Secrétaire d'État de la Marine et des Colonies,

NOUS AVONS ORDONNÉ ET ORDONNONS CE QUI SUIT :

ART. 1er. Les conseils de guerre connaîtront, aux îles Marquises :

1° Des délits et crimes commis par tous individus français et étrangers;

2° Des délits et crimes commis par les habitants contre la sûreté de la colonie ou contre les personnes et les propriétés des Français et des étrangers.

A l'égard des crimes et délits entre les habitants, ils continueront, jusqu'à nouvel ordre, d'être jugés d'après les usages locaux, sauf au Gouverneur à intervenir, quand il le jugera convenable, comme modérateur des peines prononcées.

ART. 2. Les peines prononcées par les conseils de guerre seront, à l'option du juge, soit celles qui résultent du Code pénal militaire et du Code pénal métropolitain de 1810, modifié par la loi du 28 avril 1832, soit celles qui seront établies par les arrêtés locaux prévus à l'article 7 ci-après.

ART. 3. En cas de condamnation, par les conseils de guerre, à une peine afflictive ou infamante, le Gouverneur ordonnera l'exécution de l'arrêt, ou prononcera le sursis lorsqu'il y aura lieu de recourir à la clémence royale.

ART. 4. Pour le jugement des procès civils autres que ceux entre habitants, lesquels seront jugés d'après les usages locaux, il sera créé :

1° Dans le chef-lieu de la colonie, ainsi que dans l'établissement secondaire, deux tribunaux de 1re instance, composés chacun du Commandant particulier et de deux employés du gouvernement à la nomination du Gouverneur;

2° Au chef-lieu, un conseil d'appel composé du Gouverneur, président; du Chef du service administratif et du chirurgien en chef.

Les tribunaux civils jugeront, en premier et dernier ressort, jusqu'à la valeur de cinq cents francs.

Le recours en cassation sera ouvert contre les arrêts du conseil d'appel.

ART. 5. Les tribunaux de première instance et le conseil d'appel appliqueront les lois civiles françaises, modifiées soit par des ordonnances royales, soit par des arrêtés locaux, soit par les usages du pays.

ART. 6. Le Gouverneur aura la faculté :

1° A l'égard des fonctionnaires et agents du gouvernement qui tiendraient une conduite contraire au bon ordre ou à nos intérêts politiques, de les suspendre de leurs fonctions avec privation de moitié de leur traitement, ou même, si la gravité du cas l'exigeait, de les renvoyer en France pour rendre compte de leur conduite à notre Ministre de la Marine et des Colonies;

2° A l'égard de tous autres, y compris les indigènes, de les mettre en surveillance dans une localité déterminée, ou même de les expulser de la colonie.

ART. 7. Le Gouverneur est autorisé à faire tous règlements ou arrêtés nécessaires à la marche du service administratif comme à l'intérêt du bon ordre et de la sûreté de la colonie, et à déterminer, pour la sanction de ses arrêtés, les pénalités que réclameraient l'urgence et la gravité des circonstances.

Il ne pourra, toutefois, si ce n'est en cas de guerre, établir des peines afflictives et infamantes.

Dans les cas prévus par le premier alinéa du présent article, par l'article 3 et par l'article 6, en tant qu'il s'appliquera à des Français ou à des étrangers, le

Considérant qu'il est urgent de régulariser, dans les Iles de la Société, l'administration de la justice, et qu'il est convenable de prendre pour base de cette administration les Ordonnances en vigueur dans nos autres Établissements,

Vu le dernier paragraphe du traité du Protectorat, relatif aux résidants étrangers des Iles de la Société;

Vu les actes des 7 et 8 janvier 1845, délibérés et arrêtés en Assemblée générale des Chefs des Iles de la Société;

De concert avec le Régent, le Conseil de gouvernement entendu,

Arrétons :

Art. 1er. L'Ordonnance du 28 avril 1843, concernant l'administration de la justice aux îles Marquises, et les pouvoirs spéciaux du Gouverneur, est rendue applicable aux Iles de la Société.

Art. 2. Afin que ladite Ordonnance soit portée à la connaissance de chacun, elle sera insérée au journal l'*Océanie française*.

Art. 3. Nos précédents arrêtés concernant l'administration de la justice, sont et demeurent abrogés en ce qu'ils ont de contraire aux dispositions de l'Ordonnance précitée.

Fait à Papeete, le 13 avril 1845.

Le Régent,   Le Commissaire du Roi,

    Signé : PARAITA.   Signé : BRUAT.

ARRÊTÉ No 50

PORTANT MODIFICATION POUR LES ILES DE LA SOCIÉTÉ DE L'ORDONNANCE ROYALE DU 28 AVRIL 1843.

Nous, Gouverneur des Établissements français de l'Océanie, Commissaire du Roi près la Reine des Iles de la Société,

En vertu de l'article 7 de l'Ordonnance royale du 28 avril 1843, rendue applicable aux Iles de la Société ;

Attendu que les bases fixées par ladite Ordonnance, pour établir la compétence des tribunaux civils et militaires aux îles Marquises, ne sont pas en rapport avec l'état des personnes et de la propriété dans les Iles de la Société ;

Que les sommes auxquelles on s'est arrêté pour déterminer la com

---

Gouverneur prendra, mais sans être tenu de s'y conformer, l'avis d'un Conseil d'administration dont la composition sera réglée ultérieurement.

Art. 8. Notre Ministre de la Marine et des Colonies est chargé de l'exécution de la présente Ordonnance.

Signé : LOUIS-PHILIPPE.

    Par le Roi :

  Le Ministre Secrétaire d'État de la Marine et des Colonies,

    Signé : Amiral Roussin.

pétence des tribunaux civils, fixées arbitrairement pour les Marquises, ne sont plus en harmonie avec le cours des valeurs à Taïti ;

Que pour éviter la présentation d'un trop grand nombre d'affaires au même tribunal, et, par suite, des lenteurs dans la distribution de la justice, il importe de modifier, pour les Iles de la Société, quelques dispositions de ladite Ordonnance,

De concert avec le Régent, le Conseil de gouvernement entendu,

ARRÊTONS :

ART. 1er. L'article 1er de l'Ordonnance royale du 28 avril 1843, commençant ainsi : « Les conseils de guerre connaîtront, » etc., et finissant par ces mots : « comme modérateur des peines prononcées, » est et demeure modifié de la manière suivante :

Les conseils de guerre connaîtront aux îles de la Société :

1° Des crimes commis par tous individus français et étrangers ;

2° Des crimes commis par les habitants contre la sûreté de la colonie ou contre les personnes et les propriétés des Français et étrangers.

A l'égard des crimes et délits commis entre les habitants, ils continueront, jusqu'à nouvel ordre, d'être jugés par les usages locaux, sauf au Gouverneur à intervenir, s'il le juge convenable, comme modérateur des peines prononcées.

ART. 2. L'article 4 de la même Ordonnance commençant par ces mots : « Pour le jugement des procès civils, » et finissant par ceux-ci : « contre les arrêts du Conseil d'appel, » est et demeure modifié de la manière suivante :

Pour le jugement de toutes les infractions que les lois punissent de peines correctionnelles, et qui sont qualifiées délits, ainsi que pour les procès civils qui ne sont pas de la compétence du juge de paix, et autres que ceux entre habitants, lesquels seront jugés d'après les usages locaux, il est créé dans les Iles de la Société :

1° Un tribunal de 1re instance, dont la composition sera déterminée par le Gouverneur, et qui, selon les circonstances, se constituera soit en tribunal civil, soit en tribunal de police correctionnelle, conformément aux prescriptions du code métropolitain ;

2° Un Conseil d'appel qui prononcera sur l'appel des jugements rendus en premier ressort par le tribunal de 1re instance.

Le tribunal de 1re instance des Iles de la Société jugera, en premier et dernier ressort, pour les procès civils, depuis la valeur de deux cents francs jusqu'à celle de deux mille francs ; en matière correctionnelle, ses arrêts ne seront sujets à l'appel que lorsque la peine prononcée dépassera quinze jours de prison ou deux mille francs d'amende.

Le recours en cassation sera toujours ouvert contre les arrêts du Conseil d'appel.

Fait à Papeete, le 13 avril 1845.

Le Régent,   Le Commissaire du Roi,

  Signé : PARAITA.   Signé : BRUAT.

ARRÊTÉ N° 51.

ORGANISATION DE LA JUSTICE DE PAIX DANS LES ILES DE LA SOCIÉTÉ.

Nous, Gouverneur des Établissements français de l'Océanie, Commissaire du Roi près la Reine des Iles de la Société,

En vertu de l'article 7 de l'Ordonnance royale du 28 avril 1843, concernant l'administration de la justice et les pouvoirs spéciaux du gouverneur ;

Attendu que le grand nombre de procès, contraventions et délits qui sont journellement portés devant les tribunaux, ont rendu nécessaire l'institution d'une justice de paix dans les Iles de la Société ;

Attendu qu'il importe d'établir, d'une manière fixe et stable, la compétence de ce tribunal, et de régler les attributions du juge de paix conformément aux lois françaises et à celles du pays ;

De concert avec le Régent, le Conseil de gouvernement entendu,

ARRÊTONS :

ART. 1er. Il est institué, à Papeete, un juge de paix, qui, jusqu'à nouvel ordre, exercera sa juridiction sur tout l'archipel des Iles de la Société.

ART. 2. Il rendra seul la justice dans les matières de sa compétence, sans assistance de greffier et sans ministère public.

Il fera, lorsqu'il y aura lieu, les actes de la compétence du greffier. Les citations qui doivent être faites à la requête du ministère public seront données à la requête du juge de paix.

ART. 3. Le ministère d'huissier, pour les citations, ne sera pas non plus nécessaire ; toutefois le juge de paix pourra requérir les agents de la force publique, pour l'assister dans ses opérations.

ART. 4. Le juge de paix connaîtra, en premier et dernier ressort, de toutes les actions civiles, personnelles et mobilières, et des actions commerciales lorsque la valeur principale de la demande n'excédera pas deux cents francs.

Il connaîtra également jusqu'à la valeur de deux cents francs, en principal, exprimée dans la demande :

1° Des actions pour dommages faits, soit par les hommes, soit par les animaux, aux champs, jardins, fruits et récoltes, pêcheries, produits et engins de pêche ;

2° Des déplacements de bornes, des usurpations de terre, arbres, haies, fossés, clayonnages et autres clôtures, grèves et autres emplacements ; des entreprises sur les cours d'eau servant à l'arrosement des propriétés, et de toutes autres actions possessoires ;

3° Des réparations locatives des maisons et cases, des embarcations et agrès ;

4° Des indemnités prétendues par le locataire pour non-jouissance, et des dégradations alléguées par le propriétaire ;

5° Du paiement des salaires des gens de travail, des gages des domestiques et de l'exécution des engagements respectifs des maîtres et de leurs domestiques ou gens de travail, des patrons et marins engagés.

Art. 5. Le juge de paix connaîtra, en premier et dernier ressort, de toutes les contraventions qui lui seront dénoncées par l'autorité locale, autant que les peines à infliger ne dépasseront pas cinq jours d'emprisonnement ou deux cents francs d'amende.

Art. 6. Il connaîtra, en premier ressort seulement :

1° De toutes les actions judiciaires énoncées à l'art. 4 qui auront pour objet une valeur au dessus de deux cents francs et au-dessous de quatre cents francs ;

2° Des contraventions prévues par les arrêtés locaux, entraînant de deux cents à quatre cents francs d'amende ;

3° De toutes les contraventions de douane qui n'emportent pas l'emprisonnement pour plus de cinq jours, à quelque somme que les confiscations, amendes et dommages et intérêts puissent s'élever.

Art. 7. Dans les matières civiles qui excéderont sa compétence, le juge de paix remplira les fonctions de conciliateur, ainsi qu'il est réglé par le Code de procédure.

Art. 8. Le tribunal de paix connaîtra des contraventions de police simple, telles qu'elles sont définies par le chap. Ier du titre Ier du livre 2 du Code d'instruction criminelle.

Sont considérés comme contraventions de police simple, outre les faits énoncés dans le chapitre précité du Code d'instruction criminelle et au livre 4 du Code pénal, ceux prévus par les règlements de police émanés de l'autorité locale, lorsque le maximum de la peine prononcée par ces règlements n'excèdera pas cinq jours d'emprisonnement ou cent francs d'amende.

Art. 9. La contrainte par corps aura lieu pour le paiement de l'amende.

Néanmoins le condamné ne pourra être, pour cet objet, détenu plus de quinze jours, s'il justifie de son insolvabilité.

Art. 10. Le tribunal de paix se constituera en justice de paix, pour prononcer sur les matières civiles et commerciales énoncées aux articles 4 et 7; et en tribunal de police, pour prononcer sur les contraventions énoncées aux articles 5 et 8.

Art. 11. Le juge de paix exercera les fonctions qui lui sont attribuées par le titre 2 du livre 1er du Code civil, sur les actes de l'état civil; par le titre 8 du même livre, sur l'adoption et la tutelle officieuses; par le titre 10, sur la minorité, la tutelle et l'émancipation; par le livre du Code de procédure civile concernant les procédures relatives à l'ouverture d'une succession, et par le titre 3 du Code de commerce, sur les faillites et banqueroutes.

Art. 12. Indépendamment des fonctions qui lui sont attribuées par le Code civil, et par les Codes de procédure, de commerce et d'instruction criminelle, le juge de paix recevra les affirmations des procès-verbaux, procédera à la visite des navires et remplira toutes autres fonctions judiciaires, lorsque les lois, ordonnances ou règlements en vigueur dans la colonie lui en auront spécialement attribué le droit.

Art. 13. En cas de décès ou d'empêchements légitimes du juge de paix, il sera remplacé par un suppléant désigné spécialement, à cet effet, par le Gouverneur.

Art. 14. Dans les causes entre Français, entre étrangers, ou entre Français et étrangers, les lois françaises modifiées par les arrêtés du Gouverneur, Commissaire du Roi, seront seules appliquées par le juge de paix.

Dans les procès mixtes, il appliquera, selon les circonstances, les lois françaises, les arrêtés locaux ou les lois indigènes.

Dans ces dernières causes, le juge de paix s'adjoindra le juge indien.

Art. 15. Les audiences seront publiques; les jugements et arrêts seront prononcés publiquement.

Ils seront toujours motivés.

Art. 16. Les parties seront tenues de s'expliquer avec modération devant le juge, et de garder, en tout, le respect qui est dû à la justice; si elles y manquent, le juge les y rappellera, d'abord, par un avertissement; en cas de récidive, elles pourront être condamnées à une amende qui n'excèdera pas la somme de dix francs.

Art. 17. Dans les cas d'insulte ou irrévérence grave envers le juge, il en dressera procès-verbal et pourra condamner à un emprisonnement de trois jours au plus.

Art. 18. Les jugements prévus par les deux précédents articles seront exécutoires sur-le-champ.

Art. 19. Tous les trois mois, en temps ordinaire, et plus souvent, si les circonstances l'exigent, le juge de paix, ou son suppléant, se transportera à Moorea pour y statuer, dans les mêmes formes et de la même manière qu'à Papeete, sur les affaires de sa compétence qui pourront être pendantes.

Fait à Papeete, le 13 avril 1845.

Le Régent,   Le Commissaire du Roi,
Signé : PARAITA.   Signé : BRUAT.

ARRÊTÉ N° 52.

RÈGLEMENT D'ADMINISTRATION PUBLIQUE FIXANT LA COMPOSITION DE LA COUR D'APPEL, DES TRIBUNAUX DE Ire INSTANCE ET DE PAIX AUX ILES DE LA SOCIÉTÉ.

Les tribunaux d'appel, de Ire instance et de paix, des Iles de la Société, seront composés de la manière suivante :

Cour d'Appel.

M. Bruat, Gouverneur, Commissaire du Roi, *président ;*
M. Lesson, Chef du service de santé, *juge ;*
M. de Cugis, Chef du service administratif, *juge ;*
M. Raimbault, Directeur du génie, *juge suppléant ;*
M. Vergez, écrivain de marine, *greffier.*

Tribunal de Première Instance.

M. Cloux, lieutenant de vaisseau, membre du Conseil de gouvernement, *président ;*
M. de La Massue, Trésorier colonial, *juge ;*
M. Graton, commis de marine de Ire classe, *juge ;*
M. de Carpegna, enseigne de vaisseau, directeur du port, *juge suppléant ;*
M. Lebeau, chirurgien de 2e classe, *juge suppléant ;*
M. A. de St-Aubin, écrivain de la marine, *greffier.*

Justice de Paix.

M. Fergus, juge de paix des Iles de la Société.

En cas d'absence ou d'empêchement du président du tribunal de Ire instance, il sera remplacé par le juge le plus élevé en grade.

Soit qu'il juge correctionnellement ou en matières civiles, le tribunal de Ire instance sera toujours composé de trois juges.

Les cinq juges désignés ci-dessus, le président excepté, feront, à tour de rôle, et chacun pendant trois mois, les fonctions de ministère public près les tribunaux des Iles de la Société.

Le président désignera, au commencement de chaque trimestre, le juge appelé à remplir ces fonctions et le juge suppléant qui devra le remplacer.

Dans les causes mixtes, c'est-à-dire où les intérêts des indigènes seront engagés avec ceux des Français ou des étrangers, la composition des tribunaux sera modifiée de la manière suivante :

Si l'affaire est portée devant la Cour d'appel, par l'adjonction du Régent et du président de la Haute-Cour indigène ; et en cas d'empêchement de l'un des deux, par l'adjonction d'un grand-juge nommé par le Régent et agréé par le Commissaire du Roi.

Si l'affaire est de la compétence du tribunal de 1re instance, par l'adjonction de deux raatira-fenua (juges de district) également nommés par le Régent et agréés par le Commissaire du Roi.

S'il s'agit d'une affaire de justice de paix, par l'adjonction du juge taïtien de Papeete au juge de paix.

Fait à Papeete, le 13 avril 1845.

Le Régent,   Le Commissaire du Roi,
Signé : PARAITA.   Signé : BRUAT.

ARRÊTÉ N° 53

ABROGEANT L'ÉTAT DE SIÉGE.

Nous, Gouverneur des Établissements français de l'Océanie, Commissaire du Roi près la Reine des Iles de la Société,

De concert avec le Régent, le Conseil de gouvernement entendu,

ARRÊTONS :

L'arrêté du 2 mars 1844, déclarant la mise en état de siége des Établissements compris, à Taïti, entre la pointe des Cocotiers et la caserne de l'Uranie, est et demeure abrogé.

Le présent arrêté sera exécutoire à compter du 12 mai 1845.

Fait à Papeete, le 8 mai 1845.

Le Régent,   Le Commissaire du Roi,
Signé : PARAITA.   Signé : BRUAT.

ARRÊTÉ N° 54

RÈGLEMENT DE POLICE.

Nous, Gouverneur des Établissements français de l'Océanie, Commissaire du Roi près la Reine des Iles de la Société,

Vu notre arrêté du 8 mai 1845, abrogeant celui du 2 mars 1844 ;

Attendu qu'il importe de remplacer, par des mesures de police, les prescriptions exceptionnelles contenues dans l'arrêté du 2 mars 1844, et de réunir, en un seul corps de règlement, les ordres et arrêtés de

police que les circonstances ont exigés depuis la création de l'Établissement,

De concert avec le Régent, le Conseil de gouvernement entendu,

Arrêtons :

CHAPITRE PREMIER.

SECTION PREMIÈRE.

Art. 1er (1). Il est défendu de se baigner nu sur la plage, dans toute la partie de la baie qui est habitée.

Art. 2. Il est défendu de laver sur les ponts et de mettre du linge au sec sur les barrières et entourages d'autrui.

Art. 3. Nul ne pourra tirer des coups de fusil, dans l'espace compris entre le camp de l'Uranie et la rivière de Pape-Ava, sans une autorisation du directeur des affaires européennes, visée par la place.

Art. 4. Toute personne désirant sortir des limites ci-dessus fixées, avec des armes à feu, devra également être munie d'une autorisation de M. le directeur des affaires européennes.

Art. 5. Tout travail qui pourra troubler le repos des voisins est interdit pendant la nuit, d'un coup de canon à l'autre.

Art. 6. Il est formellement défendu de jeter des morceaux de verre sur la voie publique ou dans les ruisseaux ; ils devront être transportés dans le lieu désigné par le commissaire de police.

Art. 7. Nul ne pourra laisser séjourner dans les cours, jardins ou dépendances de sa maison, non plus que sur la partie de la voie publique qui l'avoisine, des immondices pouvant porter atteinte à la salubrité publique.

Art. 8. Les propriétaires ou locataires de maisons devront, au moins le vendredi de chaque semaine, faire nettoyer la partie de la voie publique le long de laquelle s'étend leur habitation ; ils devront, toutes les fois que la chose sera nécessaire et au premier avertissement qui leur sera donné à cet effet, faire enlever les herbes et plantes qui encombreront la route le long de leur enclos.

Art. 9. Il est défendu d'encombrer la voie publique en y laissant, sans nécessité absolue, des matériaux qui empêchent ou diminuent la liberté du passage.

Art. 10. Il est expressément défendu de déposer des matériaux sur la voie publique, sans avoir prouvé que l'on est dans la nécessité de

---

(1) Dans l'extrait de ce règlement, publié avec la traduction des lois indigènes de 1845, on a changé le numérotage des articles : une nouvelle série a été établie pour éviter toute confusion de la part des juges indigènes. La série suivie dans cette édition est celle de l'arrêté original déposé aux archives.

les déposer ailleurs et sans avoir obtenu l'autorisation du commissaire de police.

Art. 11. Il est défendu de dégrader ou détériorer la voie publique et de détruire les plantations faites sur les routes ou sur les places.

Art. 12. Tout acte susceptible de porter atteinte à la morale publique ou de causer du scandale, toute querelle, tout tapage, susceptibles de troubler la tranquillité et le bon ordre, sont formellement interdits.

Art. 13. Les gens ivres, étrangers ou indigènes, qui causeront du désordre ou deviendront un objet de scandale par leur nudité et leurs actes, seront mis en prison jusqu'à ce que leur ivresse soit passée, sans préjudice de l'amende.

Art. 14. Nul ne pourra, en cas d'urgence, d'incendie, d'inondation ou autre calamité publique, ainsi que dans les cas de pillage, flagrant délit ou exécution militaire, refuser le secours dont il aura été requis.

Art. 15. Nul ne pourra refuser les pièces de monnaie française, qui ne seront ni fausses ni altérées, pour la valeur qu'elles auront dans l'Établissement.

Art. 16. Il est défendu de pénétrer dans les propriétés encloses ou cultivées, et d'y cueillir des fruits.

Art. 17. Les arbres qu'une marque particulière désignera comme réservés, devront être respectés, lors même qu'ils ne se trouveront pas dans une propriété close.

Art. 18. Toute contravention aux articles ci-dessus sera punie de cinq à vingt francs d'amende; et en récidive, de vingt à cinquante francs.

SECTION DEUXIÈME.

Art. 19. Au coup de canon de retraite, les matelots de tous les bâtiments en rade devront avoir quitté la plage pour retourner à leurs bords; ils ne pourront descendre à terre avant le coup de canon de diane. Ceux qui armeront les embarcations de l'État, ou celles des navires de commerce autorisées à séjourner à terre jusqu'à neuf heures trois-quarts, ne pourront s'éloigner ou circuler dans l'intérieur, sous les peines fixées par les arrêtés de M. le Gouverneur.

Art. 20. Toute embarcation d'un bâtiment de commerce, stationnant à terre après le coup de canon de retraite, sans autorisation et à une autre cale que celle située devant la caserne de la 30e compagnie, sera conduite à la gendarmerie, où elle sera retenue jusqu'au lendemain matin, sans préjudice des peines qui pourront être ultérieurement prononcées par le juge de paix, et qui ne pourront excéder vingt francs d'amende ou cinquante francs en récidive.

Art. 21. Au coup de canon de retraite, la circulation est interdite à tout indigène n'exerçant pas un emploi public ; ceux qui seront trouvés, après huit heures, sur la voie publique seront conduits en prison, d'où ils ne sortiront qu'après avoir payé les frais, fixés par la loi à dix francs.

Art. 22. Les étrangers autorisés à séjourner à Papeete et les indigènes remplissant des fonctions publiques à Taïti, ne pourront circuler, après le coup de canon de retraite, sans s'être précautionnés d'un fanal allumé. Toute contravention entraînera, outre l'arrestation, cinquante francs d'amende.

Art. 23. L'article 22 est de rigueur pour MM. les officiers et employés. Pourront seuls circuler sans fanal ceux qui pourront donner le mot de ralliement.

Art. 24. Au coup de canon de retraite, les établissements publics devront être fermés. Seront seuls exceptés les trois restaurants agréés par le gouvernement comme restaurants des employés de la colonie, qui pourront rester ouverts jusqu'à neuf heures. Toute infraction, outre la fermeture pour quinze jours ou un mois de l'établissement, entraînera une amende de vingt-cinq à cinquante francs, et en récidive, l'amende sera de cinquante à deux cents francs avec suppression de la patente.

Art. 25. Le Cercle de Taïti pourra rester ouvert jusqu'à dix heures du soir, et plus tard, avec une permission spéciale du directeur des affaires européennes.

Art. 26. Il est défendu aux personnes à cheval de galoper dans l'enceinte de Papeete, depuis l'espace compris entre le camp de l'Uranie et le pont de la rivière de Pape-Ava, sur la route de Papaoa.

Les contrevenants seront passibles de vingt francs d'amende, sans préjudice de dommages-intérêts envers toute partie civile, s'il y a lieu.

Art. 27. Aucun étranger ne pourra venir établir son domicile à Papeete, ou y séjourner pendant quelque temps que ce soit, sans en avoir obtenu l'autorisation et fait connaître son domicile. Toute contravention sera punie de vingt à cent francs d'amende.

Art. 28. Tout résidant de Papeete qui aura logé chez lui un étranger, qui ne sera pas muni d'une autorisation de séjourner à Papeete, sera puni d'une amende de quarante à deux cents francs.

Art. 29. Nul ne pourra laisser des pirogues ou des embarcations halées sur la plage, pendant la nuit, sous peine de dix francs d'amende ou de confiscation de l'embarcation, si elle n'est pas réclamée dans les huit jours qui suivront la constatation de la contravention.

Art. 30. Il est défendu d'abattre des bestiaux en tout autre lieu que celui désigné par la police. Toute contravention sera punie de vingt-cinq à cinquante francs d'amende, et, en récidive, de cinquante à cent francs.

Art. 31. Aucune vache ne pourra être abattue sans que le commissaire de police n'ait vérifié son âge. Les contrevenants seront punis de cent francs d'amende, et de trois cents francs en récidive.

Art. 32. Les entrailles et immondices de toute espèce, provenant de l'abatage des bestiaux, devront être transportées, en canot, au-delà du banc et jetées à la mer, sous peine de cinq à dix francs d'amende, et, en récidive, de dix à trente francs.

Art. 33. La vente ou mise en vente des viandes avariées ou de comestibles gâtés, sera punie d'une amende de vingt-cinq à cinquante francs, et en récidive, de cinquante à deux cents francs.

Art. 34. Les farines avariées, saisies chez les boulangers, seront confisquées et détruites, sans préjudice de trente à quatre-vingts francs d'amende par cinquante kilogrammes de farine trouvée chez eux. L'amende restera la même si les quantités de farines avariées sont au-dessous de cinquante kilogrammes.

Art. 35. Les vins falsifiés seront saisis et répandus ; les propriétaires et détenteurs, renvoyés devant le Tribunal correctionnel, en vertu des dispositions de l'article 318 du Code pénal.

Art. 36. Les boulangers devront nettoyer et entretenir leurs fours, de manière à éviter les accidents du feu. Ce nettoyage aura lieu au moins une fois par mois, et sera notifié au commissaire de police sous peine de dix à vingt frances d'amende, et en récidive, de vingt à soixante francs.

Art. 37. Les maisons de jeu sont défendues.

Art. 38. Nul ne pourra placer d'affiches ou de placards sans l'autorisation du directeur des affaires européennes, sous peine de dix à vingt francs d'amende et de la suppression des placards, sans préjudice de toutes autres poursuites auxquelles pourront donner lieu la nature des affiches.

Art. 39. Tout individu qui aura enlevé ou déchiré les affiches apposées par ordre ou avec l'autorisation de l'autorité, sera condamné de vingt à cinquante francs d'amende, et en récidive, de cinquante à cinq cents francs.

Art. 40. Tout individu qui, sans provocation, aura proféré, contre quelqu'un, des injures autres que celles prévues par la loi du 26 mai 1819, sera puni de dix à quarante francs d'amende.

Art. 41. Les propos tenus en public, qui seront jugés susceptibles de troubler le bon ordre ou de porter atteinte au respect dû à l'autorité, seront punis de cinquante à deux cents francs d'amende et d'un à trois jours d'emprisonnement, et en récidive, de deux cents à cinq cents francs d'amende et de trois à cinq jours d'emprisonnement, lorsqu'ils ne rentreront pas dans un des cas prévus par la loi du 26 mai 1819.

Dispositions Générales.

Art. 42. Les peines ci-dessus, contre toutes les contraventions de police, devront être prononcées sans préjudice de dommages et intérêts qui pourraient être réclamés, dans certains cas, par les parties lésées.

Art. 43. L'emprisonnement pendant cinq jours au plus pourra être prononcé, pour récidive, dans tous les cas mentionnés dans le présent chapitre.

Art. 44. Toute violation, en récidive, des articles 11, 15, 29, 32, 33, 36, 39 et 40, entraînera toujours la peine de l'emprisonnement pendant un jour au moins et cinq jours au plus.

Art. 45. Les amendes prononcées par le juge de paix, pour toutes contraventions au présent règlement, seront exigibles dans les quarante-huit heures qui suivront le jugement.

Faute de paiement dans le délai prescrit, un commandement sera adressé au condamné, et, cinq jours après ce commandement, il sera contraint par corps.

Art. 46. Le livre 4 du Code pénal métropolitain reste applicable pour tous les cas non prévus dans le présent règlement.

CHAPITRE II.

Règlement pour la Police des Liquides.

SECTION PREMIÈRE.

Alcools.

Art. 47. La vente des liqueurs alcooliques est prohibée dans les Iles de la Société ; cependant le membre du conseil, directeur des affaires européennes, pourra donner aux personnes qui lui présenteront des garanties de moralité suffisantes, l'autorisation d'en acheter à bord des bâtiments sur rade.

Art. 48. Toute personne qui aura vendu des liqueurs alcooliques, outre la confiscation de celles qu'on pourrait trouver chez elle, paiera de quinze à trente francs d'amende par quatre litres de liqueurs spiritueuses trouvés et vendus chez elle. Si les quantités saisies sont au-dessous de quatre litres, l'amende restera néanmoins la même.

Art. 49. Toute personne chez laquelle on trouvera des liqueurs alcooliques, sans qu'elle puisse prouver avoir eu la permission de s'en procurer, outre la confiscation des alcools, paiera de cinq à quinze

francs d'amende par quatre litres de liquide. Toute fraction au-dessous
de quatre litres entraînera la même amende.

ART. 50. Les personnes autorisées à avoir en magasin des liqueurs
fermentées ou enivrantes, ne pourront les vendre en quantité moindre
de douze bouteilles.

ART. 51. Elles devront tenir un registre, soumis au visa du commissaire de police, sur lequel seront portées toutes les boissons qui entreront dans leurs magasins et celles qui en sortiront.

ART. 52. Elles ne pourront vendre, quelque boisson que ce soit,
qu'aux personnes qui leur présenteront un permis signé du membre du
conseil, directeur des affaires européennes. Lorsque ces personnes
tiendront un établissement public, le permis devra être visé par le
commissaire de police.

ART. 53. Les permis doivent être conservés par le vendeur ; ils lui
serviront à justifier de l'emploi des liquides portés sur le registre dont
il est parlé à l'article 51.

ART. 54. Toute contravention aux articles de la section 1re entraînera
une amende de cinquante à cent francs, et en récidive, de cent à cinq
cents francs.

SECTION DEUXIÈME.

Restaurants et Établissements publics.

ART. 55. Les restaurateurs, excepté ceux reconnus par le gouvernement comme restaurateurs des employés de l'Établissement, ne pourront avoir chez eux aucun spiritueux, sous peine des amendes portées
ci-dessus et d'avoir leur établissement fermé.

ART. 56. Il est défendu à tout chef d'établissement public de vendre,
sur le comptoir, du vin, de la bière, ou d'autres boissons spiritueuses
ou fermentées ; ils seront seulement autorisés à en servir, à table, aux
personnes qui voudront manger chez eux. Toute contravention sera
punie de cinquante à cent francs d'amende, et en récidive, de cent à
deux cents francs ; l'établissement pourra toujours être fermé par ordre
de l'autorité.

ART. 57. Les logeurs et aubergistes devront tenir un registre sur
lequel seront portés les noms et qualités, dates d'entrée et de sortie,
des personnes qui auront logé ou couché chez eux. Ils devront le présenter au commissaire de police, toutes les fois qu'ils en seront requis.

Toute contravention sera punie de dix à vingt francs d'amende, et
en récidive, de vingt à quarante francs.

ART. 58. Les aubergistes et logeurs seront responsables de tous désordres qui se commettront, chez eux, par suite d'ivresse ; ils ne pour-

ront recevoir, chez eux, aucun pensionnaire ou locataire, que les individus munis d'une autorisation pour séjourner dans l'Établissement.

Toute contravention sera punie de cinquante à deux cents francs d'amende, et en récidive, de deux cents à cinq cents francs et de deux jours d'emprisonnement.

Art. 59. La peine de l'emprisonnement, pendant cinq jours au plus, pourra toujours être prononcée, en récidive, pour les personnes et dans les cas mentionnés dans le présent chapitre.

CHAPITRE III.

Poudre et Munitions de guerre.

Art. 60. Nul ne pourra avoir, en magasin, de la poudre, des armes ou des munitions de guerre, sans une autorisation spéciale qui ne sera délivrée que sur la remise d'une facture, en double expédition, des articles que l'on voudra emmagasiner.

Art. 61. Aucun des articles désignés ci-dessus ne pourra être vendu qu'à des personnes munies d'une autorisation signée du membre du conseil, directeur des affaires européennes.

Art. 62. Toute personne autorisée à avoir en magasin les articles désignés ci-dessus, devra tenir un registre sur lequel seront portées toutes les armes et munitions qu'elle aura été autorisée à avoir en depôt.

Art. 63. Elle devra porter, sur ce registre, les noms de tous ceux à qui elle aura vendu des armes et munitions, et la date de la vente. Le commissaire de police pourra, toutes les fois qu'il le jugera convenable, vérifier et viser ce registre.

Art. 64. Les permis délivrés aux acheteurs devront être conservés par le vendeur, pour justifier de l'emploi des objets qui ne seront plus en magasin ; ils devront être représentés au commissaire de police, lorsqu'il voudra vérifier et viser le registre mentionné dans l'article 62.

Art. 65. Toute contravention au présent chapitre sera punie d'une amende de mille à cinq mille francs, sans préjudice de toutes autres peines correctionnelles qui pourraient être infligées.

Dispositions transitoires.

Art. 66. Tous les arrêtés et réglements de police antérieurs sont et demeurent abrogés, en ce qu'ils ont de contraire aux dispositions qui précèdent.

Art. 67. Le présent arrêté sera exécutoire à partir du lundi 12 mai 1845.

Fait à Papeete, le 10 mai 1845.

Le Régent,   Le Commissaire du Roi,

Signé : PARAITA.   Signé : BRUAT.

ARRÊTÉ N° 55

PORTANT EXPROPRIATION, POUR CAUSE D'UTILITÉ PUBLIQUE, DES TERRAINS NÉCESSAIRES AUX FORTIFICATIONS DE L'EST ET DE L'OUEST.

Nous, Gouverneur des Établissements français de l'Océanie, Commissaire du Roi près la Reine des Iles de la Société,

Vu le rapport de M. le directeur du génie, en date du 10 juin 1845, portant qu'il y a nécessité que les deux zônes de terrains suivant les lignes de fortifications de l'est et de l'ouest, indispensables pour l'exécution des travaux de défense, soient acquises par l'État ;

Vu les instructions de M. le Ministre de la Marine et des Colonies, en date du 28 avril 1843, relatives aux expropriations de terrains dans les Établissements français de l'Océanie ;

Vu l'arrêté du 15 janvier 1844, fixant le mode de procéder aux expropriations pour cause d'utilité publique dans lesdits Établissements,

Après en avoir conféré en Conseil d'administration, le Conseil de gouvernement entendu,

ARRÊTONS :

ART. 1er. Il sera immédiatement et conformément aux règles tracées par l'arrêté susdaté, procédé à l'expropriation pour cause d'utilité publique, des deux zônes de terrains nécessaires aux fortifications de l'est et de l'ouest, et déterminées dans le plan déposé à la direction du génie.

ART. 2. M. le directeur du génie et M. le directeur du domaine sont chargés, chacun en ce qui le concerne, de l'exécution du présent arrêté.

Fait à Papeete, le 15 juin 1845.

Signé : BRUAT.

ARRÊTÉ N° 56

FIXANT LE MODE D'EXÉCUTION DE L'ARRÊTÉ DU 15 JANVIER 1844, SUR L'EXPROPRIATION POUR CAUSE D'UTILITÉ PUBLIQUE.

Nous, Gouverneur des Établissements français de l'Océanie, Commissaire du Roi près la Reine des Iles de la Société,

ARRÊTONS :

ART. 1er. Le directeur des services du génie et des ponts-et-chaussées, le chef du service administratif, le directeur des domaines et le juge de paix sont chargés de l'exécution de l'arrêté du 15 janvier 1844, sur l'expropriation pour cause d'utilité publique.

ART. 2. Toutes les fois que, pour le service du gouvernement, il y aura lieu de déclarer l'expropriation de maisons, terrains ou immeubles quelconques, le directeur du génie adressera au Gouverneur un rapport où seront énoncés les motifs de l'expropriation ; il y joindra un plan des immeubles à exproprier.

Art. 3. D'après les conclusions de ce rapport, l'expropriation sera prononcée, ainsi qu'il est réglé par l'article 1er de l'arrêté du 15 janvier 1844.

Art. 4. Aussitôt après, il sera, par les soins de M. le directeur des domaines, procédé à la publication, par voie d'affiches, de l'arrêté d'expropriation, en se conformant, du reste, lorsqu'il y aura lieu, aux dispositions de l'article 2 de l'arrêté du 13 janvier 1844.

Art. 5. M. le directeur du génie présentera deux experts, parmi lesquels le directeur des domaines choisira celui qui doit, contradictoirement avec l'expert du propriétaire, procéder à l'estimation de la propriété.

Art 6. Si les deux experts s'accordent, la vente de l'immeuble sera consommée par un acte administratif, passé dans la forme ordinaire, par les soins du commissariat de la marine.

Art. 7. Si les experts ne s'accordent pas, on suivra la marche tracée par les articles 6, 7, 8 et 9 de l'arrêté du 15 janvier 1844.

Art. 8. Dans le cas prévu par l'article 6, le juge de paix, à la requête du directeur des domaines, nommera d'office, dans les vingt-quatre heures, l'expert chargé de procéder seul à l'estimation.

Art. 9. Le titre de créance à délivrer, après l'entrée en possession, sera rédigé et remis, par M. le directeur des domaines, au propriétaire exproprié.

Fait à Papeete, le 15 juin 1845.

Signé : BRUAT.

ARRÊTÉ N° 57

MODIFIANT L'ARTICLE 22 DU RÈGLEMENT DE POLICE.

Nous, Gouverneur des Établissements français de l'Océanie, Commissaire du Roi près la Reine des Iles de la Société,

Sur la proposition de M. le directeur des affaires européennes,

De concert avec le Régent, le Conseil de gouvernement entendu,

ARRÊTONS :

L'article 22 du règlement de police du 10 mai 1845, ainsi conçu :

« Les étrangers autorisés à séjourner à Papeete et les indigènes remplissant des fonctions publiques à Taïti, ne pourront circuler, après le coup de canon de retraite, sans s'être précautionnés d'un fanal allumé.

« Toute contravention entraînera, outre l'arrestation, cinquante francs d'amende. », est et demeure, à compter de ce jour, modifié de la manière suivante :

Les étrangers autorisés à séjourner à Papeete et les indigènes remplissant des fonctions publiques à Taïti, ne pourront circuler, après le coup de canon de retraite, sans s'être précautionnés d'un fanal allumé.

Toute contravention entraînera, outre l'arrestation, une amende de dix à cinquante francs.

Fait à Papeete, le 25 août 1845.

Le Régent,   Le Commissaire du Roi,

Signé : PARAITA.   Signé : BRUAT.

ARRÊTÉ N° 58

FIXANT LES FRAIS DE JUSTICE POUR LE TRIBUNAL DE Iʳᵉ INSTANCE.

Nous, Gouverneur des Établissements français de l'Océanie, Commissaire du Roi près la Reine des Iles de la Société,

Considérant que, dans toute affaire civile portée devant les tribunaux de la colonie, la justice entraîne à des frais qu'il convient de faire supporter aux parties ;

Attendu que les frais fixés par l'arrêté du 5 août ne sont pas en rapport avec les dépenses occasionnées à l'Établissement par l'administration de la justice ;

En vertu de l'article 7 de l'ordonnance royale du 28 avril 1843,

Le Conseil de gouvernement entendu,

ARRÊTONS :

ART. 1er. Lorsqu'un procès aura été porté devant le tribunal de 1re instance, la partie condamnée paiera, pour dépens, une somme dont le tribunal fixera le chiffre, mais qui ne pourra être moindre de cent francs ni excéder deux cent cinquante francs.

ART. 2. Ladite somme sera exigible dans le délai de huit jours après le jugement. Le défaut de paiement entraînera la contrainte par corps.

ART. 3. Le montant des frais des jugements prononcés par le tribunal sera versé à la caisse municipale par les soins du greffier qui en tiendra registre.

ART. 4. Notre arrêté en date du 5 août, portant fixation des frais de justice, est et demeure abrogé.

Fait à Papeete, le 18 septembre 1845.

Signé : BRUAT.

ARRÊTÉ N° 59

PORTANT ORGANISATION D'UN TRIBUNAL DE JUSTICE DE PAIX ET DE POLICE DANS L'ILE DE HUAHINE.

Conformément aux ordres de M. le Gouverneur des Établissements français de l'Océanie, Commissaire du Roi près la Reine des Iles de la Société ;

En vertu des pouvoirs conférés par lui au capitaine de corvette commandant le *Phaëton*, les dispositions suivantes seront provisoirement exécutées dans l'île de Huahine :

Art. 1er. Il est institué dans l'île de Huahine un tribunal de justice de paix et de police, composé comme suit :

MM. Ricardi, délégué du Gouverneur, juge de paix;

J. Beach, résidant américain, juge adjoint;

J. Paynter, résidant anglais, juge adjoint.

Art. 2. Le tribunal aura sous sa juridiction les résidants français et étrangers établis dans l'île de Huahine.

Il se constituera en tribunal de justice de paix pour juger les actions civiles, soit personnelles, soit mobilières, et les actions commerciales.

Il se constituera en tribunal de police pour juger les contraventions et les délits qui lui seront dénoncés par l'autorité locale.

Art. 3. Le tribunal constitué en justice de paix, connaîtra, en premier et dernier ressort, de toutes actions civiles et commerciales, lorsque la valeur principale de la demande n'excédera pas deux cents francs.

Pour toute demande au-delà de deux cents francs, le tribunal prononcera, en premier ressort, sauf appel devant le tribunal de 1re instance séant à Papeete.

Art. 4. Le tribunal, constitué en tribunal de police, connaîtra de toutes les contraventions pour lesquelles les peines à infliger ne dépasseront pas cinq jours d'emprisonnement et deux cents francs d'amende.

Pour les délits et les contraventions dont les peines dépasseront les limites fixées ci-dessus, le tribunal jugera en premier ressort, et sauf appel devant le tribunal de 1re instance de Papeete.

Art. 5. Dans les cas de crimes qui, par leur nature, sont de la compétence des conseils de guerre, le tribunal déléguera un de ses membres pour suivre l'instruction de l'affaire et recueillir tous les détails propres à éclairer les tribunaux séant à Papeete.

Art. 6. Dans les contestations civiles, le tribunal appliquera les lois françaises et les arrêtés de M. le Gouverneur.

Dans les jugements des délits ou des contraventions, il appliquera, selon le cas, les lois françaises, les lois indigènes actuellement en vigueur dans l'île de Huahine et les arrêtés du Gouverneur, Commissaire du Roi.

Art. 7. Le tribunal rendra justice, dans les matières de sa compétence, sans assistance de greffier et sans ministère public.

Les actes qui sont à la charge du greffier seront faits, à tour de rôle, par les deux juges. Le juge de paix fera les citations qui sont à la requête du ministère public.

Art. 8. Dans les contestations civiles ou dans les contraventions de police et délits, si un indigène et un Français ou un étranger se trouvent en cause, le tribunal s'adjoindra deux juges indigènes, et, suivant le cas, appliquera les lois françaises, les arrêtés du Gouverneur Commissaire du Roi, et les lois du pays.

Art. 9. Les audiences du tribunal seront publiques; les arrêts motivés et rendus à la majorité des voix; ils seront enregistrés sur un registre tenu à cet effet et déposé chez le juge de paix. Les juges signeront tous.

Fait à Huahine, le 22 août 1845.

Le capitaine de corvette commandant le *Phaëton,*

Signé : Maissin.   Approuvé :

Le Gouverneur, Commissaire du Roi,

Signé : BRUAT.

ARRÊTÉ N° 60

PORTANT RÈGLEMENT DES ATTRIBUTIONS DU DÉLÉGUÉ DU GOUVERNEUR, COMMISSAIRE DU ROI, A HUAHINE.

Conformément aux ordres de M. le Gouverneur des Établissements français de l'Océanie, Commissaire du Roi près la Reine des îles de la Société;

En vertu des pouvoirs conférés, par lui, au capitaine de corvette commandant le *Phaëton,* les dispositions suivantes seront provisoirement exécutées dans l'île de Huahine :

En outre des fonctions attribuées à M. le délégué du Gouverneur par l'acte de sa nomination, en date du 24 janvier 1845, et des instructions qui y étaient jointes, lesquelles concernent les affaires extérieures et les relations du gouvernement protecteur avec les autorités locales, les devoirs et droits suivants seront encore dans ses attributions :

1° Le délégué de M. le Gouverneur sera président du tribunal de justice de paix et de police, institué par l'arrêté provisoire du 22 août 1845;

2° Il exercera, comme président de ce tribunal, les fonctions attribuées aux juges de paix par le titre 2 du livre 1er du Code civil, sur les actes de l'état civil; par le titre 8 du même livre, sur l'adoption et la tutelle officieuses; par le titre 10, sur la minorité, la tutelle et l'émancipation; par le livre 2 du Code de procédure civile concernant les procédures relatives à l'ouverture des successions, et par le titre 3 du Code de commerce, sur les faillites et banqueroutes;

3° Il recevra au greffe du tribunal de justice de paix et de police, l'enregistrement de tous les actes auxquels les résidants pourraient avoir intérêt à donner cette garantie;

4° Il exercera, à l'égard des navires qui viendront au mouillage, les

8

droits de directeur du port et de commissaire de l'inscription maritime;
il visitera les rôles, donnera les permis pour les passagers, veillera à
l'exécution des règlements de port, et prendra, en général, toutes les
mesures administratives nécessaires pour assurer la régularité du service
maritime conformément aux arrêtés de M. le Gouverneur.

Fait à Huahine, le 22 août 1845.

Le capitaine de corvette commandant le *Phaëton*,

Signé : MAISSIN   Approuvé :

Le Gouverneur, Commissaire du Roi,

Signé : BRUAT.

ARRÊTÉ N° 61.

FIXANT LE MODE DE VENTE, DONATION OU LOCATION A LONG TERME DES TERRAINS
APPARTENANT AUX INDIGÈNES, ET CÉDÉS A DES FRANÇAIS OU ÉTRANGERS.

Nous, Gouverneur des Établissements français de l'Océanie, Commissaire du Roi près la Reine des Iles de la Société,

Vu la loi 26e du Code taïtien de 1842;

Vu la loi 12e du même code de 1845, concernant les ventes, locations et donations de terrains ;

Vu nos arrêtés des 26 janvier et 1er octobre 1844, nos 10 et 33, au
sujet des mêmes ventes et locations ;

Attendu qu'il est opportun de compléter les mesures ordonnées par
ces arrêtés et de faciliter les transactions, en assurant les droits réciproques des contractants ;

Vu l'article 7 de l'Ordonnance royale du 28 avril 1843,

De concert avec le Régent, le Conseil de gouvernement entendu,

ARRÊTONS :

TITRE PREMIER.

Formalités à suivre avant de passer l'acte.

ART. 1er. Aucune vente, donation d'immeuble ou location à long
terme, ne pourra avoir lieu entre indigènes et Français, ou indigènes et
étrangers, sans que le directeur des domaines et de l'enregistrement
n'ait été prévenu dix jours avant la conclusion du contrat, et sans que
la vente, location ou donation, n'ait été rendue publique par l'apposi-
tion des affiches légales, à Papeete et au lieu de la transaction, pendant ces mêmes dix jours.

ART. 2. Dans tous les cas, le Gouverneur, Commissaire du Roi, se
réserve le droit, soit de s'opposer à la vente, location ou donation, soit
de se substituer à l'acheteur ou au locataire, en acceptant les conditions du contrat.

Art. 3. Les jours d'affiches compteront à partir de celui où elles auront été apposées à Papeete.

Le juge de district signera l'affiche pour constater qu'elle lui a été communiquée, et en donnera connaisance au chef.

Art. 4. Les dix jours écoulés, le juge, s'il n'y a pas de réclamations, signera le contrat, en y écrivant la mention suivante : « Il n'a été fait « aucune réclamation sur cette transaction, et je crois que le nommé « . . . . , indigène, est le vrai propriétaire de l'im- « meuble vendu, loué ou donné. » ou que « les nommés . . . . « indigènes, sont les vrais propriétaires de l'immeuble vendu, loué ou « donné. »

Art. 5. S'il y a des réclamations ou que le juge ait des doutes sur la validité des titres, il demandera au juge de district de convoquer les hui-raatira, qui jugeront conformément à la 26e loi du code de 1842.

Ils rendront leur jugement par écrit ; ce jugement sera signé, au moins, par quatre hui-raatira et le juge.

Art. 6. Le jugement sera conçu en ces termes : « Nous, les auto- « rités, le juge et les constables du district de . . . . , décla- « rons, après un mûr examen, que la propriété (la nommer et donner « les limites) appartient au nommé (mettre le nom ou les noms des « propriétaires), indigène, qui, seul, a le droit d'en disposer, » ou « aux nommés . . . . , indigènes, qui, seuls, ont le « droit d'en disposer. »

Art. 7. S'il s'élève une nouvelle contestation sur ce jugement, la personne qui se croira lésée pourra demander au Régent que l'affaire soit portée à la session trimestrielle des toohitu (grands-juges), et le directeur des affaires indigènes veillera à ce qu'elle reçoive la suite convenable.

Cette demande devra, sous peine de déchéance, être faite dans les trois mois qui suivront le jugement des hui-raatira.

Art. 8. Le Gouverneur, Commissaire du Roi, devra toujours être prévenu de la convocation des toohitu, et aucune session extraordinaire de ce tribunal ne pourra avoir lieu si elle n'est autorisée par lui.

Art. 9. Les parties intéressées seront prévenues, huit jours à l'avance, par le juge de district, de l'assemblée des hui-raatira et de celle des toohitu.

Art. 10. Les toohitu devront statuer sur les causes qui leur seront soumises, à leur plus prochaine assemblée trimestrielle et conformément à la loi 26e du Code de 1842.

Art. 11. Le jugement écrit sera signé par tous les juges présents. Il devra être conçu en ces termes : « Nous, les soussignés, grands-juges,

« déclarons, après un mûr examen, que la propriété (la nommer et
« donner les limites) appartient au nommé (mettre le nom), indigène,
« qui, seul, a le droit d'en disposer. » ou « aux nommés (mettre les
« noms), indigènes, qui, seuls, ont le droit d'en disposer. »

Art. 12. Ce jugement devra être envoyé au directeur de l'enregistrement par le juge de district.

Il en sera de même pour le jugement des hui-raatira.

Art. 13. Si l'un des toohitu est intéressé dans l'affaire, il pourra
défendre ses droits, mais il ne pourra ni juger ni signer.

Il en sera de même au tribunal des hui-raatira.

Art. 14. L'accomplissement des formalités ci-dessus précitées est
de rigueur pour la validité des ventes, locations ou donations, entre indigènes et Français ou indigènes et étrangers.

TITRE II.

Formalités pour la passation et l'enregistrement de l'acte.

Art. 15. Les contractants devront, en outre, se conformer aux dispositions suivantes : Toute vente, location à long terme ou donation,
doit être stipulée dans un acte écrit, daté et signé, au moins, par deux
témoins.

Cet acte sera dressé en double expédition : l'une en langue taïtienne,
l'autre en français ; cette dernière expédition sera seule enregistrée.

Art. 16. Cet acte énoncera les noms des contractants ; le nom, l'étendue et les limites de la propriéte cédée ; le prix convenu et les autres conditions du marché.

Art. 17. S'il y a eu jugement pour constater les titres des propriétaires, copie en sera jointe au contrat.

Art. 18. L'acte devra être déposé à l'enregistrement dans les huit
jours qui suivront sa passation, et devra préalablement être soumis aux
visa du directeur du génie et du Gouverneur, Commissaire du Roi.

Art. 19. Il sera enregistré sommairement, sans frais ; mais si l'acquéreur, locataire ou donateur le demande, il sera enregistré textuellement, et cet enregistrement se paiera à raison de dix francs par
acte et par chaque pièce annexée qu'on voudra faire inscrire.

Art. 20. Les acquéreurs qui négligeront de remplir, dans les délais
fixés, les formalités ci-dessus prescrites, ne pourront produire leurs titres, en justice, qu'après avoir payé sept pour cent du prix de l'achat
de l'immeuble, ou du prix d'estimation si c'est une donation.

Le droit à percevoir sera égal à six mois de la rente capitalisée, au
taux de quatorze pour cent, si le prix est payable en rente.

En recevant le montant de ces droits, le directeur de l'enregistrement enregistrera le contrat.

ART. 21. Tout contrat de vente, location ou donation, antidaté, sera nul de plein droit, et les contractants seront condamnés à une amende de mille à cinq mille francs, sans préjudice de toute autre peine prévue par la loi.

La moitié de l'amende sera dévolue à la personne qui aura fait connaître le délit.

TITRE III.

Formalités pour le Cadastre.

ART. 22. Si la propriété est entre Faaa et Haapape, ces deux districts compris, l'acquéreur, locataire ou donataire, devra accompagner l'acte d'un plan figuratif du terrain.

ART. 23. Ce plan sera dressé par les arpenteurs du gouvernement ; il devra être porté sur le livre du cadastre, tenu au domaine, et porter un numéro d'ordre.

ART. 24. Les personnes dont les contrats sont déjà enregistrés sommairement et qui en demanderont l'enregistrement textuel, ne pourront l'obtenir qu'en se conformant aux prescriptions de l'article précédent.

ART. 25. Il sera alloué à l'arpenteur, par le propriétaire du terrain, la somme de dix francs par hectare et celle de dix francs par myriamètre, pour indemnité de route et de déplacement.

TITRE IV.

Réserves en faveur des ayant-droits non connus, lorsqu'il n'y a pas eu jugement.

ART. 26. La vente et la location d'un immeuble ne pourront être définitives qu'après une location préalable de quatre années, afin que, s'il se présentait une personne élevant des prétentions, elle pût faire valoir ses droits.

Ces ventes et locations auront leur plein et entier effet à l'expiration des quatre années de location, sans qu'il y ait besoin d'un nouveau contrat.

Quand il y aura vente, il sera stipulé de la location et de la vente par ce seul et même contrat.

ART. 27. Si, pendant ces quatre années de location, une personne élève des prétentions sur la propriété, elle sera admise à les faire valoir et s'adressera à cet effet au juge du district.

L'affaire suivra son cours, ainsi qu'il est prescrit au titre Ier, à moins qu'il n'y ait déjà eu jugement des toohitu ; dans ce cas, il ne pourra y avoir d'autre recours que celui prévu par le titre VII du présent arrêté.

Art. 28. Si la réclamation a été faite avant l'expiration de la première
année, et qu'elle ait été reconnue juste, le réclamant pourra exiger la
remise de la propriété ; mais, cette première année écoulée, il ne pourra
prétendre qu'à se substituer au vendeur, en acceptant toutes les conditions du contrat, dont il ne pourra, en aucun cas, annuler l'effet vis-
à-vis du preneur.

Art. 29. Dans l'un et l'autre cas, le premier vendeur restera responsable, par devers les parties lésées, de tous dommages-intérêts ; et, s'il
y a fraude, il sera passible de toutes autres peines prévues par la loi.

TITRE V.

Contestations pour les limites des propriétés.

Art. 30. Lorsqu'il y aura eu des discussions sur les limites des propriétés, entre indigènes et Français ou étrangers, elles seront soumises
au juge de paix et au juge de district qui prendront l'avis des hui-raatira.

Art. 31. Le jugement prononcé par ces deux juges sera soumis à
l'appel dans les cas prévus par l'arrêté du 13 avril, sur l'organisation
de la justice de paix.

TITRE VI.

Exécution des jugements.

Art. 32. Si, dans le courant de la première année de location, un
jugement des toohitu établit les droits d'un propriétaire autre que celui
qui a effectué la vente, location ou donation, ce jugement sera renvoyé
au directeur de l'enregistrement qui le fera signifier au Français ou à
l'étranger dont le contrat doit être annulé.

Art. 33. Si le véritable propriétaire veut rentrer en possession, en
annulant les premières conventions, il s'adressera au tribunal de 1re
instance, qui statuera sur la demande en s'appuyant sur la décision des
toohitu.

Art. 34. Le tribunal notifiera son arrêt au directeur de l'enregistrement, qui opérera les mutations en conséquence sur ses registres.

Art. 35. Si la réclamation n'a été faite qu'après l'expiration de la
première année de location, le jugement sera également renvoyé au directeur de l'enregistrement, que le fera signifier au preneur pour qu'il
ait à faire rectifier son contrat de vente ou location, conformément au
jugement des toohitu.

TITRE VII.

Cas de vices de formes.

Art. 36. La loi 26e de 1842 et le présent arrêté prescrivent des
formes protectrices pour les intéressés et sans lesquelles les jugements

ne peuvent avoir de valeur. Dans le cas où ces formes auraient été omises, les parties pourront en référer au Commissaire du Roi et au Régent, qui pourront, en cas d'omission des formes prescrites, soumettre de nouveau l'affaire aux toohitu.

TITRE VIII.
Dispositions générales.

ART. 37. Notre arrêté du 26 janvier 1844, n° 10, et les articles 1, 2, 3 et 4 de celui du 1er octobre suivant, n° 33, sont et demeurent abrogés.

ART. 38. Le présent arrêté sera exécutoire à partir du 1er novembre 1845.

Fait à Papeete, le 13 octobre 1845.

Le Régent,   Le Commissaire du Roi,
    Signé : PARAITA.   Signé : BRUAT.

ARRÊTÉ N° 62
PRESCRIVANT AUX COMMERÇANTS D'AVOIR DES LIVRES DE COMMERCE.

Nous, Gouverneur des Établissements français de l'Océanie, Commissaire du Roi près la Reine des Iles de la Société,

En vertu des dispositions de l'article 7 de l'Ordonnance royale du 28 avril 1843, rendue applicable aux Iles de la Société,

Le Conseil de gouvernement entendu,

ARRÊTONS :

ART. 1er. Tout commerçant est tenu d'avoir un livre-journal qui présente, jour par jour, ses dettes actives et passives ; les opérations de son commerce ; ses négociations ; acceptations, ou endossements d'effets, et, généralement, tout ce qu'il reçoit et paie, à quelque titre que ce soit, et qui énonce, mois par mois, les sommes employées à la dépense de sa maison.

Il est tenu de mettre en liasse les lettres missives qu'il reçoit, et de copier sur un registre celles qu'il envoie.

ART. 2. Il est tenu de faire, tous les ans, sous seing privé, un inventaire de ses effets mobiliers, et de ses dettes actives et passives, et de les copier, année par année, sur un registre spécial à ce destiné.

ART. 3. Le livre-journal et le livre des inventaires seront cotés, paraphés et visés, une fois l'année, par le juge de paix.

Les commerçants seront tenus de les conserver pendant dix années.

ART. 4. Les livres de commerce régulièrement tenus peuvent être admis, par le juge, pour faire preuve, entre commerçants, pour faits de commerce.

Art. 5. Les livres de commerce pour lesquels on n'aura pas suivi les formalités ci-dessus prescrites ne pourront faire foi en justice au profit de ceux qui les auront tenus, sans préjudice de ce qui est réglé, dans le Code de commerce, au livre des faillittes et banqueroutes.

Art. 6. La communication des livres et inventaires ne peut être ordonnée, en justice, que dans les affaires de succession, communauté, partage de société, et en cas de faillite.

Art. 7. Dans le cours d'une contestation, la représentation des livres peut être ordonnée, même d'office, par le juge, à l'effet d'en extraire ce qui concerne le différend.

Art. 8. Si la partie, aux livres de laquelle on offre d'ajouter foi, refuse de les présenter, le juge peut déférer le serment à l'autre partie.

Art. 9. Le présent arrêté sera exécutoire à partir du 1er janvier 1846, et tout commerçant qui, à cette époque, ne se serait pas mis en mesure de s'y conformer, s'exposerait, en cas de faillite, à encourir les peines prévues par le Code de commerce.

Fait à Papeete, le 14 octobre 1845.

Signé : BRUAT.

Certifié conforme :

L'Ordonnateur,

T. NESTY.

Papeete, le 25 janvier 1864 (*).

(*) Cette date est celle de la réception de la RÉÉDITION DES ARRÊTÉS aux Archives.

PAPEETE. — IMPRIMERIE DU GOUVERNEMENT.

LES
ARRÊTÉS DU GOUVERNEUR.

ARRÊTÉ N⁰ 63

RENDANT EXÉCUTOIRES, A COMPTER DU 1er NOVEMBRE 1845, LES LOIS INDIGÈNES VOTÉES AU MOIS DE MAI 1845 (1).

Nous, Gouverneur des Établissements français de l'Océanie, Commissaire du Roi près la Reine des Iles de la Société,

Vu les lois indigènes votées dans les assemblées des 2, 5, 6, 7 et 8 mai 1845 ;

Vu la décision prise, sur la proposition du Régent, dans l'Assemblée du 2 mai, conférant au Gouverneur, Commissaire du Roi, le droit de sanctionner ou de rejeter les lois indigènes ;

En vertu de l'article 7 de l'Ordonnance royale du 28 avril 1843, rendue applicable aux Iles de la Société.

De concert avec le Régent, le Conseil de Gouvernement entendu,

ARRÊTONS :

ARTICLE UNIQUE. Les lois indigènes votées, à Papeete, dans les Assemblées du mois de mai 1845, sanctionnées par le Gouverneur, Commissaire du Roi, et le Régent, seront rendues exécutoires le 1er novembre 1845 (2).

Fait à Papeete, le 23 octobre 1845.

Le Régent,	Le Commissaire du Roi,
Signé : PARAITA.	Signé : BRUAT.

(1) *Note de janvier 1864.* — Ces lois ont été imprimées en français et en taïtien dans la colonie.

Elles se trouvent publiées dans le t. X de la *Revue coloniale*, année 1846, pages 345 à 410. — C'est par erreur que ces deux publications comprennent *au nombre des Arrêtés du Gouverneur, Commissaire du Roi près la Reine des Iles de la Société, qui ont reçu force de loi dans les assemblées des législateurs tenues aux mois de janvier et de mai 1845, et sont devenus de véritables lois pour ces terres de la Société,* les arrêtés datés du

10 mai 1845, n° 54;
25 août 1845, n° 57;
18 septembre 1845, n° 58;
13 août 1845, n° 61;

les assemblées dont il est question plus haut s'étant terminées le 8 mai 1845.

C'est le 6 janvier 1845 que M. le Gouverneur Bruat a pris le titre de Commissaire du Roi près de la Reine des Iles de la Société.

(2) Voir page 73 et suivantes.

ARRÊTÉ No 64

PORTANT CONCESSION PAR L'ÉTAT DES IMMEUBLES DOMANIAUX SITUÉS DANS LA VALLÉE SAINTE-AMÉLIE.

Nous, Gouverneur des Établissements français de l'Océanie, Commissaire du Roi près la Reine des Iles de la Société,

Considérant que le terrain domanial situé dans la vallée Sainte-Amélie est propre à l'agriculture et bien disposé pour l'emplacement d'un village;

Qu'il importe d'y appeler une population laborieuse qui mette ces terres en rapport ;

Vu les demandes formées par les ouvriers civils à la solde du gouvernement, et la proposition de M. le directeur du génie et des ponts-et-chaussées ;

Considérant que des concessions ont été faites, à titre provisoire, à ces mêmes ouvriers, sur ledit terrain, et qu'ils ont reçu l'autorisation d'y élever, à leurs frais, des habitations ;

Considérant la justice et la nécessité de donner aux concessionnaires la propriété définitive des terrains sur lesquels ils ont élevé ou élèvent des constructions;

Vu l'article 7 de l'Ordonnance royale du 28 avril 1843,

Le Conseil de gouvernement entendu :

ARRÊTONS :

ART. 1er. Les habitations formant le village Sainte-Amélie et leurs dépendances seront concédées d'après les clauses et conditions suivantes:

Le village Sainte-Amélie sera composé de maisons construites par les ouvriers civils.

Les travaux seront exécutés par eux pendant les heures où ils ne sont pas employés pour le service de l'Établissement, avec des matériaux fournis par l'État et suivant un dessin du directeur du génie.

ART. 2. Les concessionnaires n'auront droit à aucun supplément de solde pour ces constructions.

ART. 3. Pendant toute la durée de leur engagement avec l'État, les concessionnaires jouiront de la partie de maison et de terrain qui leur sera concédée.

Art. 4. La nue-propriété de cet immeuble leur sera acquise lorsqu'ils auront cessé de travailler pour le compte de l'État, s'ils ne sont congédiés pour inconduite; mais ils ne pourront céder cette propriété, à quel titre que ce soit, si le nouveau preneur n'est agréé par le Gouverneur, Commissaire du Roi.

ART. 5. Toutefois, pour devenir définitivement propriétaire de l'immeuble concédé, chaque ouvrier devra avoir accompli un engagement de cinq années ou être resté domicilié, à Taïti, deux ans, après avoir accompli un engagement de trois années seulement, si le Gouverneur, Commissaire du Roi, avait jugé convenable de réduire à ce terme la durée de son engagement.

Fait à Papeete, le 22 octobre 1845.

Signé : BRUAT.

ARRÊTÉ N° 65

FIXANT LES LIMITES DE LA VILLE DE PAPEETE.

Nous, Gouverneur des Établissements français de l'Océanie, Commissaire du Roi près la Reine des Iles de la Société,

Vu notre arrêté du 25 mai 1844, portant règlement sur les constructions à établir dans la baie de Papeete ;

Attendu que ledit arrêté n'a pas déterminé les limites de la ville de Papeete,

Vu l'article 7 de l'Ordonnance royale du 28 avril 1843 ;

Après en avoir conféré avec M. le directeur du génie,

De concert avec le Régent, le Conseil de gouvernement entendu,

ARRÊTONS :

La ville de Papeete s'étendra, en suivant la plage, depuis et y compris le camp de l'Uranie, à l'ouest, jusque et y compris la pointe des Cocotiers à l'est.

Elle sera limitée, d'un côté, par la mer ; de l'autre, depuis le jardin public, par le pied des mornes, jusqu'au ruisseau de Pape-Ava à la hauteur du blockhaus de la 30e, et depuis ce ruisseau, par une ligne qui joindrait le pont sur le Broom-road, à l'extrémité de la première crique sur la route de Taunoa, à partir de la pointe des Cocotiers.

En conséquence, toutes les dispositions de notre arrêté du 25 mai 1844, portant règlement de voirie, seront applicables dans les limites ci-dessus déterminées.

Fait à Papeete, le 30 octobre 1845.

Le Régent,   Le Commissaire du Roi,
Signé : PARAITA.   Signé : BRUAT.

ARRÊTÉ N° 66.

CONDITIONS EXIGÉES POUR SÉJOURNER OU RÉSIDER DANS LES ILES DE LA SOCIÉTÉ.

Nous, Gouverneur des Établissements français de l'Océanie, Commissaire du Roi près la Reine des Iles de la Société,

Sur la proposition de M. le directeur des affaires européennes ;

Vu l'article 7 de l'Ordonnance royale du 28 avril 1843,
Le Conseil de gouvernement entendu,

Arrêtons :

Art. 1er. Tout individu, français ou étranger, débarquant à Papeete, devra se munir d'un permis de séjour qui sera délivré par M. le directeur des affaires européennes, sur la présentation de certificats satisfaisants ou sur la caution d'un résidant notable.

Art. 2. Ce permis de séjour sera valable pour six mois.

A l'expiration de ce terme, il sera échangé contre une carte de résidence définitive, s'il n'existe aucun motif d'exclusion contre la personne qui la sollicitera.

Art. 3. Il est expressément défendu, à tous résidants français ou étrangers, de recevoir à leur service ou d'employer dans les Établissements, à quelque titre que ce soit, des individus qui ne seraient munis ni d'un permis ni d'une carte de résidence ou ne justifieraient pas d'une année de séjour dans l'île sans que leur conduite, pendant ce temps, ait occasionné des plaintes contre eux.

Art. 4. Toute contravention aux présentes dispositions entraînera une amende de cent à cinq cents francs, sans préjudice de toutes autres peines prévues par les lois et arrêtés, au sujet de la désertion et du vagabondage.

Fait à Papeete, le 10 novembre 1845.

Signé : BRUAT.

———

ARRÊTÉ N° 67

FIXANT LE RAPPORT DE LA RENTE AU CAPITAL DANS LES ILES DE LA SOCIÉTÉ.

Nous, Gouverneur des Établissements français de l'Océanie, Commissaire du Roi près la Reine des Iles de la Société,

Attendu que, dans un grand nombre de contrats pour cessions de propriétés foncières, les paiements sont stipulés en rentes ;

Attendu que, quand des contestations sur des transactions de cette nature sont portées devant les tribunaux, il est indispensable, pour déterminer la compétence, de fixer la valeur du capital par rapport à la rente ;

Attendu que cette nécessité se fait également sentir en matière d'expropriation publique, lorsqu'il s'agit de régler les indemnités ;

Vu l'article 7 de l'Ordonnance royale du 28 avril 1843, rendue applicable aux Iles de la Société,

De concert avec le Régent, le Conseil de Gouvernement entendu,

ARRÊTONS :

Dans les Iles de la Société, le capital d'une rente sera représenté par six fois la valeur de cette rente.

Fait à Papeete, le 12 novembre 1845.

Le Régent,
Signé : PARAITA.

Le Commissaire du Roi,
Signé : BRUAT.

ARRÊTÉ N° 68

FIXANT LES CONDITIONS D'ADMISSION ET DE SÉJOUR DES COLONS MILITAIRES DANS LES ILES DE LA SOCIÉTÉ.

Nous, Gouverneur des Établissements français de l'Océanie, Commissaire du Roi près la Reine des Iles de la Société,

Attendu qu'il existe dans les Iles de la Société, et particulièrement à Taïti, de vastes étendues de terrains qui ne peuvent être mises en culture faute de bras ;

Attendu que la nouvelle situation politique et commerciale du pays a créé des besoins auxquels les ressources actuelles ne peuvent suffire ;

Considérant que, dans l'intérêt du commerce et de l'agriculture, il importe de faciliter l'établissement, dans les Iles de la Société, d'une population laborieuse qui exploite le sol et rétablisse l'équilibre entre la production et la consommation ;

Vu les instructions de M. le Ministre de la Marine et des Colonies, en date du 28 avril 1843 ;

Vu notre ordre du 21 de ce mois autorisant les militaires libérés du service ou rappelés en France à solliciter des concessions de terrains ;

Vu l'article 7 de l'Ordonnance royale du 28 avril 1843,

Le Conseil de gouvernement entendu,

ARRÊTONS :

ART. 1er. Les militaires qui, en vertu des dispositions de notre ordre du 21 de ce mois, resteront dans les Établissements français de l'Océanie en qualité de colons, recevront la ration pendant les cinq mois qui suivront leur libération du service.

ART. 2. Ces colons ne pourront, sous aucun prétexte, faire le commerce des liquides en gros ou en détail.

Art. 3. Des terrains domaniaux leur seront concédés gratuitement pendant trois années.

A leur entrée en jouissance, ils recevront un titre provisoire, qui leur sera remis par le directeur des domaines, et qui pourra, ultérieurement, être échangé contre un titre de propriété définitive, ainsi qu'il sera expliqué à l'article suivant.

Art. 4. A l'expiration des trois premières années, les concessionnaires pourront continuer à jouir du terrain qui leur aura été affecté, en payant annuellement, à titre de rente, le dixième des déboursés opérés par la caisse municipale pour achat dudit terrain.

Mais, s'ils le préfèrent, les concessionnaires pourront devenir propriétaires définitifs, en remboursant intégralement le montant des dépenses faites pour l'achat de la propriété qu'ils exploitent.

Le remboursement devra être opéré dans le courant de la quatrième année de jouissance.

Art. 5. Cette vente sera consacrée par un acte administratif dont l'enregistrement littéral aura lieu sans frais.

Art. 6. Les concessionnaires, ainsi devenus propriétaires définitifs, ne pourront disposer de leur terrain, à titre de vente, donation ou location, sans le consentement du Gouverneur, que trois ans après leur inscription au domaine en qualité de propriétaires définitifs.

Art. 7. Les lots à concéder seront faits et distribués par les soins de personnes désignées par le Gouverneur.

Art. 8. Chaque colon recevra, sur la présentation de son titre provisoire, deux pelles, deux pioches et une hache, achetées sur les fonds de la caisse municipale.

Art. 9. Le terrain concédé devra être défriché et mis en culture pendant la première année de la concession.

Les colons qui ne satisferont pas à cette condition pourront être dépossédés sans avoir droit à aucune indemnité.

Art. 10. Chaque colon sera tenu de planter trente arbres de haute futaie par hectare de terrain concédé.

Art. 11. Les colons ne pourront, en aucun cas, même lorsqu'ils seront devenus propriétaires définitifs, s'opposer à ce qu'il soit pratiqué, sur leur terrain, des fossés et rigoles destinés à conduire l'eau dans les propriétés qui ne toucheront pas à la rivière.

Art. 12. Ces cours d'eau ne pourront être détournés ou modifiés, en quoi que ce soit, sans une permission de l'autorité compétente.

Chaque colon sera tenu, sous l'inspection du génie militaire, d'entretenir les fossés et rigoles passant sur sa propriété.

Art. 13. Les concessionnaires seront admis à l'hôpital et soignés aux frais de l'État.

Toutefois, lorsqu'ils seront atteints de maladies vénériennes, ils paieront une rétribution d'un franc par jour.

Art. 14. Si, avant d'être devenu propriétaire définitif, un colon méritait, par sa mauvaise conduite, d'être renvoyé de la colonie, son terrain serait remis au domaine, sans que le concessionnaire ait droit à aucune indemnité.

Cependant, si le colon avait fait élever quelques constructions, il pourrait ou les vendre ou les faire enlever.

Art. 15. Les colons militaires qui, à quelque époque que ce soit, voudront opérer leur retour en France, seront rapatriés à la ration et aux frais de l'État.

Fait à Papeete, le 26 novembre 1845.

Signé : BRUAT.

ARRÊTÉ N° 69.
MODIFICATION A L'ARRÊTÉ DU 13 AVRIL 1845.

Nous, Gouverneur des Établissements français de l'Océanie, Commissaire du Roi près la Reine des Iles de la Société,

Vu la nécessité d'assurer la marche de la justice et de maintenir le bon ordre ;

En attendant qu'il en ait été décidé par M. le Ministre de la Marine et des Colonies ;

Vu l'article 7 de l'Ordonnance royale du 28 avril 1843,

ARRÊTONS :

Aux dispositions de l'article 1er de l'arrêté du 13 avril 1845, portant modification, pour les Iles de la Société, de l'Ordonnance royale du 28 avril 1843, il sera ajouté ce qui suit ;

Les Conseils de guerre des Iles de la Société connaîtront, en outre, de tous les délits, de quelque nature qu'ils soient, qui, aux termes des dispositions du Code métropolitain, et notamment du Code de la presse et autres modes de publication, sont, en France, du ressort des Cours d'assises.

Fait à Papeete, le 18 décembre 1845.

Signé : BRUAT.

ARRÊTÉ N° 70.
MODIFICATION A L'ARTICLE 24 DU RÈGLEMENT DE POLICE.

Nous, Gouverneur des Établissements français de l'Océanie, Commissaire du Roi près la Reine des Iles de la Société,

Par suite d'une faute de copiste, l'article 24 du règlement de police n'a pas été publié conformément au texte déposé aux archives ;

En conséquence, sur le rapport de M. le directeur des affaires européennes, présenté en Conseil de gouvernement,

ARRÊTONS :

L'article 24 du règlement de police, tel qu'il a été publié et rendu exécutoire, le 10 mai dernier, est abrogé et remplacé par ce qui suit :

ART. 24. Au coup de canon de retraite, tous les établissements publics devront être fermés.

Seront seuls exceptés les trois restaurants agréés par le gouvernement comme restaurants des employés de la colonie, qui pourront rester ouverts jusqu'à neuf heures.

Toute infraction, outre la fermeture pour quinze jours ou un mois, entraînera une amende de vingt-cinq à cinquante francs ; et en récidive, l'amende sera de cinquante à deux cents francs avec suppression de la patente.

Fait à Papeete, le 20 décembre 1845.

Signé : BRUAT.

ARRÊTÉ N° 71

PORTANT DÉFENSE DE DÉPASSER LA MONTAGNE DE TAAHARA SANS UNE AUTORISATION.

Nous, Gouverneur des Établissements français de l'Océanie, Commissaire du Roi près la Reine des Iles de la Société,

Vu l'article 7 de l'Ordonnance royale du 28 avril 1843, rendue applicable aux Iles de la Société,

Le Conseil de gouvernement entendu,

ARRÊTONS :

ART. 1er. Jusqu'à nouvel ordre, aucun résidant français ou étranger ne pourra dépasser la montagne de Taahara, sans être muni d'une autorisation de M. le directeur des affaires européennes.

ART. 2. Tout contrevenant sera arrêté et passible d'une amende de cinquante francs et d'un emprisonnement de deux à cinq jours.

En récidive, l'amende sera portée à cent francs et l'emprisonnement ne pourra être moindre de cinq jours.

ART. 3. Le présent arrêté sera exécutoire, à compter du 5 janvier 1846.

Fait à Papeete, le 26 décembre 1845.

Signé : BRUAT.

LOIS

RÉVISÉES

DANS L'ASSEMBLÉE DES LÉGISLATEURS

Au mois de mai de l'année 1845,

POUR LA CONDUITE DE TOUS,

SOUS

LE GOUVERNEMENT DU PROTECTORAT

DANS LES TERRES DE LA SOCIÉTÉ.

PAPEETE,

IMPRIMERIE TYPOGRAPHIQUE DU GOUVERNEMENT.

1845.

10

[Extrait de la *Revue coloniale*, année 1846, tome X, pages 345 à 356.]

CODE DES LOIS DE TAÏTI.

Procès-verbaux (1) des délibérations du Conseil de Gouvernement, relatives aux lois votées dans les Assemblées législatives de Taïti, au mois de mai 1845.

Le 7 juillet 1845 (2) et les jours suivants, le Conseil de gouvernement étant assemblé au lieu ordinaire de ses séances, M. le Gouverneur, Commissaire du Roi, a exposé : qu'aux termes d'une proposition faite par le Régent des Iles de la Société, dans la séance législative du 2 mai dernier, proposition qui a été adoptée par un vote unanime de l'Assemblée, toutes les lois de Taïti, avant d'être rendues exécutoires, devraient désormais recevoir la sanction du Gouverneur, Commissaire du Roi ;

Que des modifications importantes ayant été apportées au Code taïtien de 1842, par l'Assemblée législative du mois de mai 1845, ces modifications et les lois nouvelles qui ont été proposées et votées étaient aujourd'hui soumises à son approbation ;

Qu'en conséquence, il désirait qu'il fût procédé, en Conseil du gouvernement, à l'examen scrupuleux de ces nouvelles dispositions législatives ;

Que, quelle que fût d'ailleurs l'imperfection des autres parties du Code taïtien, il ne pouvait être question d'y apporter de modifications, puisque l'Assemblée législative est dissoute.

Par ces motifs, le Gouverneur, Commissaire du Roi, fait commencer la lecture des nouvelles lois, article par article, et invite les membres du Conseil à présenter leurs observations au fur et à mesure de cette lecture.

Il résulte de ces observations, les décisions suivantes, adoptées en Conseil.

LOI Ire. — Sur le meurtre.

Les modifications introduites dans cette loi sont sans importance.

Elles sont réduites : 1° à ajouter à l'article 5 le mot *Français*. Cette qualification ne doit pas être confondue avec celle d'étranger, la seule présentée d'abord par la loi ;

2° Après ces mots : « Le Roi des Français, » on ajoutera ceux-ci : « ou en son nom. »

Le Conseil a pensé que le droit de grâce étant une prérogative royale, le Commissaire du Roi ne pouvait être, en ces occasions, que l'interprète de Sa Majesté.

Les modifications apportées à cette loi par l'Assemblée législative, ne portant d'ailleurs que sur l'article 1er de la loi de 1842, il y aura lieu de le subdiviser en cinq articles, et de placer à la suite les dispositions de l'ancienne loi qui n'ont pas été changées.

LOIS IIe et IIIe. — Sur les spiritueux étrangers, le vin, etc.

En conséquence du vote de l'Assemblée législative, le Conseil a chargé M. le Directeur des affaires indigènes de rassembler les documents qui doivent être traduits en taïtien et tenir lieu des lois IIe et IIIe de 1842.

Ces documents seront imprimés et reliés à la suite du Code de 1845.

LOI V^e. — Sur les spiritueux fabriqués à Taïti, etc.

Les désordres graves et nombreux auxquels a donné lieu le funeste penchant des indigènes pour les boissons spiritueuses, les exemples frappants que l'on a chaque jour sous les yeux des excès auxquels ce penchant les entraîne, ont dû décider le Conseil à repousser cette loi tout entière, sans même essayer d'y introduire des modifications.

En conséquence, le Gouverneur, Commissaire du Roi, a refusé sa sanction, et décidé

---

(1) *Note de janvier* 1864. — On a cru utile de faire précéder la réédition des lois de 1845 par les procès-verbaux des délibérations du Conseil de gouvernement relatives aux lois votées dans les Assemblées législatives de Taïti, au mois de mai 1845.

(2) C'est par erreur qu'on a imprimé « le 7 juin » dans la *Revue coloniale* ; le manuscrit original porte 7 juillet 1845.

que la loi V^e de 1842 resterait en vigueur jusqu'à ce qu'une nouvelle Assemblée ait jugé à propos d'y apporter des modifications.

LOI VIe. — Sur la musique et la danse.

Le Conseil n'a vu aucun inconvénient à permettre que les jeunes gens des deux sexes se livrassent publiquement, avec modération et décence, aux danses du pays; il y en aurait eu, au contraire, à proscrire entièrement ces danses; car la défense aurait été éludée; les danseurs se seraient retirés dans le fond des vallées et s'y seraient livrés aux scènes de désordre et de scandale si souvent reproduites sous l'empire de la VIe loi de 1842.

Toutefois, comme il importe de réprimer le désordre qui pourrait se manifester, un article (l'article 3) sera introduit et prononcera des pénalités contre les fauteurs de troubles.

Si ces troubles prenaient un caractère grave, les chefs auraient le droit de suspendre provisoirement les danses.

LOI VIIe. — Sur l'adultère.

L'article 1er de cette loi, telle qu'elle était présentée par l'Assemblée, a paru devoir être supprimé comme entrant dans des détails inutiles. Les personnes intéressées à la bonne conduite des filles ou des femmes mariées, c'est à dire les parents ou les maris, sont restés chargés de poursuivre le libertinage et de veiller à la moralité de leur famille.

Les dispositions de cette loi laissaient trop à la merci des étrangers la considération et la discipline intérieure des familles.

On a obvié à cet inconvénient, en ajoutant un article (article 3), où il est formellement établi que les parties intéressées pourront seules poursuivre les personnes accusées d'adultère, tout en conservant à l'autorité le droit d'intervenir, si la morale publique est attaquée. Dans un pays où l'autorité des parents sur les enfants est si souvent méconnue, il était indispensable de donner aux premiers un appui qui rendît cette autorité efficace.

L'Article 5 de la loi a été complété dans ce but.

Le Conseil a pensé que l'article 4 de la loi, proposé par l'Assemblée, ne généralisait pas assez; il l'a remplacé par l'article 6, en conservant, du reste, les mêmes pénalités.

Les articles 5 et 6 de la loi votée par l'Assemblée ont été supprimés, parce qu'ils ne faisaient que répéter les 1er et 3e articles. La loi prévoyait ainsi des cas particuliers, après avoir statué sur la généralité.

LOI VIIIe. — Sur le mariage.

Le mot « Français » a été ajouté à ceux d'*étranger* et d'*indigène* pour les causes qui ont été déjà exposées. Il était important, en effet, que dans un établissement sous le Protectorat de la France, le titre de Français ne fût pas entièrement assimilé à celui d'étranger.

La première rédaction disait, qu'une fois mariés, les époux ne pouvaient plus se séparer : puis, un peu plus loin, elle reconnaissait un cas de séparation. On a dû faire disparaître cette inconséquence, en ajoutant, dans le courant de l'article 1er, « sauf les cas prévus ci-dessous. »

Le même article établissait que le divorce pouvait avoir lieu au bout de trois années d'absence du mari, sans tenir compte des causes et circonstances de l'absence.

Le Conseil a cru devoir apporter quelques entraves à la trop grande facilité avec laquelle les époux se quittent et contractent de nouvelles alliances; il a exigé, en conséquence, que, pour être valable, le divorce fût prononcé par les tribunaux indigènes, qui, en certains cas, pourront ne pas prononcer la dissolution du premier mariage.

L'article 2 de cette loi, rédigé par l'Assemblée, rentrait dans les cas prévus par la VIIe loi; il a dû être supprimé et remplacé par l'article 2 du texte imprimé, qui met les femmes indigènes et leurs enfants à l'abri des spoliations dont elles pourraient être victimes.

Des faits de tous les jours, dont les indigènes sont victimes, ont déterminé le Conseil à introduire dans la loi cet article, qui s'éloigne un peu des habitudes du pays.

LOI XIIe. — Sur les donations, ventes et locations.

Les articles 2 et 3 de cette loi (première rédaction) ont paru désormais sans utilité; on les a supprimés et remplacés par des articles qui rendent obligatoires les formalités prescrites par les arrêtés du Commissaire du Roi, à qui restera le droit de régler cette matière, souvent si épineuse.

Quelques termes ont été changés pour la clarté de la rédaction.

Dans leurs précédentes assemblées, les chefs avaient sanctionné les arrêtés du Gouverneur, Commissaire du Roi, et leur avaient donné force de loi : il restait à consacrer les mesures qui avaient été prises pour se procurer les terrains nécessaires à l'Établissement.

Les ventes jusqu'à ce jour effectuées contrairement aux dispositions du code de 1842 seblaient, en effet, illégales. L'article 5 de la loi y a pourvu, et a mis l'administration à l'abri de toutes réclamations ou demandes exagérées qui pourront être ultérieurement faites.

LOI XVI⁰. — Sur l'homme qui abandonne sa femme et la femme qui abandonne son mari.

Pour éviter l'abus que les indigènes seraient trop portés à faire de cette loi, le Conseil a pensé qu'il était convenable que la séparation ne pût avoir lieu que devant le juge.

Ici, comme pour les cas d'adultère ou de libertinage dans l'intérieur des familles, le Conseil a pensé que les poursuites ne devaient avoir lieu que sur la demande de l'un des époux.

Dans toutes les affaires domestiques, à moins de sévices ou de désordres graves pouvant porter atteinte à la tranquillité ou à la morale publiques, la justice ne doit intervenir qu'avec les plus grands ménagements et lorsqu'elle est requise par les intéressés.

LOI XVII⁰. — Sur les torts, préjudices, causés à autrui et sur les mauvais traitements.

L'Assemblée avait confondu dans une même loi le faux témoignage et les mauvais traitements que l'on fait subir à autrui.

Il a semblé plus logique au Conseil de diviser cette loi en deux parties : l'une, formant la XVIIe loi, prévoit les torts et mauvais traitements envers autrui ; l'autre, la loi XVIIe *bis*, fixe les pénalités à infliger aux calomniateurs et aux faux-témoins.

L'article 4 de la loi à sanctionner est devenu l'article 2 dans la rédaction du Conseil; la pénalité infligée par cet article a été modifiée, et la faculté de prononcer un emprisonnement de un an à six mois a été donnée au juge.

Il a paru au Conseil que, quelles que fussent d'ailleurs les idées du peuple de Taïti sur le viol, un semblable crime devait être puni d'une peine corporelle.

Un paragraphe, celui qui, dans le texte imprimé, parle des Français et des étrangers, a été introduit par le Conseil, afin qu'il fût bien établi que toutes les fois que des Français ou des étrangers seraient en cause, la répression appartiendrait au pouvoir protecteur.

LOI XVII⁰ *bis*. — Sur la calomnie et le faux témoignage.

Cette loi ne se trouve pas dans le texte manuscrit, par les motifs qui viennent d'être énoncés.

L'article 1er de cette loi remplace l'article 1er de la loi XVIIe votée par l'Assemblée. La pénalité a été modifiée de manière à laisser au juge plus de liberté et plus de facilité pour apprécier les circonstances de la cause.

L'article 4 introduit par le Conseil a pour but d'atteindre, ainsi que le faisait l'ancienne loi, les personnes qui, avec connaissance de cause, accuseraient faussement quelqu'un en justice.

Dans ce cas, la peine sera celle infligée aux calomniateurs.

On a jugé convenable de laisser aux juges la faculté de condamner à l'emprisonnement dans les circonstances graves.

LOI XVIII⁰. — Sur le jour du Sabbat, etc.

L'Assemblée avait tenu peu de compte de la nécessité d'observer les pratiques religieuses.

Le Conseil a cru devoir essayer d'arrêter cette tendance et prononcer au moins un blâme contre l'indifférence religieuse que la première rédaction paraissait consacrer.

L'Assemblée avait abrogé les articles de la XVIIIe loi de 1842 qui prescrivent aux parents d'envoyer leurs enfants à l'école. Le Conseil a cru devoir les rétablir.

LOI XIX⁰. — Sur le vol.

L'ordre des articles de cette loi n'a pas été maintenu par le Conseil. Ainsi l'article premier du texte imprimé était le dernier de la loi votée par l'Assemblée. Il se trouvait ainsi mêlé aux articles sur le vol avec effraction, avec lesquels il n'a aucun rapport.

Dans l'article 2, on a voulu généraliser la pénalité qui devra être appliquée pour tous les vols ordinaires; elle se composera de dommages-intérêts proportionnés à la valeur de l'objet volé, et d'une amende également en rapport avec cette valeur. La récidive devra être punie de l'emprisonnement, et à la troisième fois le juge condamnera à l'exil.

Dans le cas d'effraction, on a cru devoir ajouter un an d'emprisonnement aux pénalités infligées pour le vol ordinaire.

LOI XX⁰. — Sur le dommage fait à la propriété d'autrui.

La pénalité de la première rédaction était de cent francs d'amende pour tous les cas.

Le Conseil a trouvé plus rationnel de fixer la peine à cinquante francs pour le premier jour, pendant lequel on emploierait indûment le cheval, et à vingt-cinq francs pour chacun des jours suivants (article 2).

Pour se conformer, autant que possible, aux

tendances des législateurs, on s'est efforcé de prévoir les divers cas qui peuvent se présenter lorsqu'on se sert d'un cheval, et fixer les pénalités en conséquence.

La rédaction de l'Assemblée fixait, en cas de mort du cheval, ou de sa mise hors de service, une amende de cinq cents francs. Le Conseil a trouvé plus naturel de fixer d'abord une indemnité en raison de la valeur de l'animal, et exiger ensuite une amende répartie entre le propriétaire lésé et les personnes contribuant à la répression.

L'article 5 de l'Assemblée a été supprimé comme inutile. Il prévoyait le cas où un individu frappait un cheval, lorsqu'il était monté, et faisait jeter le cavalier à terre : cela rentre dans le cas des blessures graves ou injures faites à autrui et est prévu par la loi XVIIe bis.

LOI XXIIe. — Sur la valeur des amendes.

La plupart des indigènes revêtus de fonctions savent écrire ; en conséquence, le Conseil a pensé qu'il était convenable de faire tenir par le juge de district un registre sur lequel les amendes seront inscrites. C'est la seule garantie qu'on puisse exiger. La personne chargée de tenir ce registre devra apporter elle-même les amendes ; elle sera plus à même que qui que ce soit de donner les explications que l'on pourrait désirer.

Cette loi renferme le mode de répartition des amendes et des frais d'arrestation ; elle lève, par conséquent, toutes les difficultés qui ont pu se présenter relativement à la part qui revient aux mutoi, et celle qui est attribuée aux constables (imiroa). Ces deux classes d'agents ne doivent pas être confondues.

Le mutoi est l'agent de police subalterne et actif, celui qui fait les rondes, les arrestations, etc. ; c'est, en un mot, le gendarme du pays.

L'imiroa signale au juge les contraventions, les délits ; c'est un officier de paix qui assiste les juges dans leurs fonctions. Cette institution a beaucoup d'analogie avec celle des constables anglais. La 1re classe d'agents reçoit une solde de la caisse municipale (10 francs par mois) et a droit à une portion des amendes et des frais d'arrestation. Les imiroa n'ont pas de solde fixe ; ils ont droit seulement, dans les proportions indiquées par la loi, à une portion des amendes prononcées par le juge. Leurs fonctions sont surtout honorifiques.

LOI XXIIIe. — Sur la nomination des officiers publics.

Le Conseil a jugé nécessaire de faire confirmer par le Régent et le Commissaire du Roi, les nominations des mutoi ; on évitera ainsi les mutations fréquentes que nécessiteraient de mauvais choix. Le droit du Commissaire du Roi, de révoquer les juges, avait déjà été proclamé dans une précédente Assemblée ; on ne fait ici que le consacrer en l'inscrivant dans la loi.

LOI XXXe. — Sur les personnes qui n'accompliront point les peines à elles imposées.

Cette loi a été purement et simplement confirmée par le Conseil et sanctionnée par le Commissaire du Roi.

LOI XXXIe. — Sur les jugements.

Le Conseil a pensé que, dans l'intérêt de l'ordre et de l'administration de la justice, le Régent devait avoir le droit de convoquer les Toohitu, aussi souvent qu'il le jugerait convenable, lorsqu'il s'agirait de siéger au criminel. Un paragraphe qui lui confère ce pouvoir a été introduit. On a pensé devoir rappeler dans cette loi que tous les Français et étrangers ne sont justiciables que des tribunaux français. L'assemblée des chefs avait, du reste, pris l'initiative à cet égard.

DISPOSITIONS GÉNÉRALES.

Le but de l'Assemblée législative de 1845 a été de réformer celles des lois de Taïti dont l'esprit et les dispositions paraissaient être en désaccord avec les formes du gouvernement actuel. On ne pouvait donc laisser en vigueur les articles des anciens codes qui se seraient trouvés en opposition avec les nouvelles lois. Leur annulation a dû être écrite dans la loi, pour que les juges indigènes n'y rencontrassent pas une source de difficultés.

Le présent procès-verbal a été adopté et clos en séance, le 25 juillet 1845.

Signé : BRUAT.
AMALRIC.
MŒRENHOUT.
P. CLOUX.
Signé : BOUTET, secrétaire.

Assemblée des chefs et juges indigènes, réunie le 31 juillet 1845, pour entendre la lecture des lois votées par l'assemblée législative du mois de mai précédent, et sanctionnées par le gouverneur, commissaire du roi.

Le 31 juillet 1845, les chefs, juges et principales autorités de Taïti et de Moorea, étant assemblés en présence du Conseil du gouvernement, présidé par M. le Gouverneur, Commissaire du Roi, l'orateur officiel du Gouvernement, Mare, a pris la parole au nom du Commissaire du Roi, et prononcé le discours suivant :

« Le Gouverneur est charmé de se retrouver au milieu de vous, et de pouvoir vous annoncer qu'il a l'espoir le plus fondé que les troubles qui ont eu lieu sont sur le point de disparaître.

« Il est d'opinion que du moment où ceux qui ont occasionné ces troubles auront la conviction que l'Angleterre ne leur portera aucun secours (ce que le gouvernement de la Grande-Bretagne a déclaré formellement au gouvernement français, dont il a reconnu tous les droits), tout le monde se ralliera au gouvernement du Protectorat ; et nous n'aurons plus qu'à nous occuper ensemble des moyens d'assurer la prospérité du pays et le bonheur du peuple.

« Le Gouverneur, Commissaire du Roi, compte sur votre concours pour obtenir ce résultat. La première condition à obtenir pour atteindre ce but, c'est le respect à la loi. Il est dans vos attributions de faire celles qui vous régissent.

« Dans votre dernière assemblée, vous avez examiné les lois que vous vouliez réviser. Le Gouverneur et son conseil s'en sont occupés ensuite, longtemps et avec soin, et ont consulté le Régent, toutes les fois qu'ils ont eu besoin d'être éclairés sur les coutumes du pays.

« Le gouvernement protecteur a accepté les nouvelles lois, sauf celles sur les liqueurs fabriquées dans le pays.

« Le Gouverneur s'est décidé à refuser sa sanction à cette loi, à la suite du grand nombre de plaintes que lui ont transmises les hommes respectables de ces îles, Taïtiens et étrangers.

« Au lieu de faire de la boisson pour la consommation de la famille, et d'en user sobrement, on s'est remis, comme par le passé, à se réunir en foule pour boire, et les plus grands désordres ont eu lieu. Des enfants ont été abandonnés par leurs mères ; quelques maris ont compromis par leurs excès la vie de leurs femmes ; les chefs et les juges sont restés sans pouvoir.

« Le Commissaire du Roi n'a pu voir ces désordres d'un œil sec, et il a refusé sa sanction à la loi. Dans toutes les autres, il n'a fait que les changements indiqués, et il a maintenu l'esprit qui présidait à la réforme, en adoucissant les peines et les amendes. »

Le chef Tate a répondu au Gouverneur, et a demandé que l'on commençât sur-le-champ la lecture des lois révisées et sanctionnées par le Commissaire du Roi.

Cette lecture a été faite par l'organe de M. Darling, interprète du gouvernement.

Elle n'a donné lieu qu'à un petit nombre d'observations qui ont été immédiatement prises en considération. Plusieurs passages du texte taïtien, qui étaient obscurs ou généralisaient trop la pensée, ont été modifiés sur la demande du chef Tairapa ; des exemples ont été cités et ajoutés au texte pour en faciliter l'interprétation.

Ce même chef aurait voulu que la VIIe loi (sur l'adultère) imposât aux femmes qui se prostituent l'obligation de payer une amende en argent.

M. le Directeur des affaires indigènes a répondu que ce n'était qu'après avoir bien réfléchi que le Commissaire du Roi avait proposé de leur faire faire de la tapa (étoffe du pays). En effet, comment les femmes condamnées pourraient-elles payer l'amende ? Pour y parvenir, elles devraient se prostituer de nouveau ; et la loi, loin d'arrêter l'immoralité, en ferait ainsi une nécessité.

Les chefs acceptent avec empressement cette explication fondée sur des motifs qu'ils n'avaient pas prévus.

Après la lecture de la XVIIIe loi (sur le jour du sabbat et l'enseignement des enfants) le juge Taamu demande si les deux dimanches doivent être également observés. M. le Directeur des affaires indigènes fait remarquer que la loi ne concerne pas les Français et les étrangers, et qu'il ne peut, par conséquent, être question que du dimanche de Taïti, samedi français.

L'orateur Mare exprime la crainte que l'article 4 de la loi n'impose aux parents des obligations qu'ils ne puissent remplir. Il est effrayé de la responsabilité qu'on leur donne, eu égard aux moyens qu'ils ont de se faire obéir. Cette observation a été prise en considération par l'Assemblée tout entière, qui a adopté une nouvelle rédaction. Cet amendement, sanctionné par le Commissaire du Roi, forme l'article 4 du texte imprimé (loi XVIIIe).

Sur la proposition du même membre, l'Assemblée décide qu'un article sera ajouté à la loi XXe (sur le dommage fait à la propriété d'autrui) afin de protéger les propriétaires indigènes contre les mauvais traitements et les rapines auxquels ils sont si souvent exposés.

Cet article, le 1er de la loi, a été sanctionné par le Commissaire du Roi.

Le grand-juge Pec croit que des mesures devraient être prises pour forcer les propriétaires de chevaux à veiller sur ces animaux qui causent de grands dommages dans les propriétés cultivées.

Il voudrait que tous les indigènes et résidants étrangers fussent obligés de faire comme les officiers français, qui ont des écuries où ils logent et nourrissent leurs chevaux.

L'adoption de l'article 7 (loi XXe) a été la conséquence de cette proposition, que l'Assemblée n'a pas cru devoir accepter tout entière.

La lecture des lois s'étant terminée sans nouvelles observations, M. le Directeur des affaires indigènes a annoncé qu'on allait s'occuper, sur-le-champ, de l'impression des nouvelles lois, et qu'elles seraient immédiatement après rendues exécutoires et adressées par le Régent à tous les districts.

Fait et clos en séance, les jour, mois et an que d'autre part.

Les membres du Conseil,

Signé : BRUAT.

AMALRIC.

MŒRENHOUT.

P. CLOUX.

Signé : BOUTET, secrétaire.

EXTRAIT DU PROCÈS-VERBAL

De la séance tenue le 2 mai 1845

PAR L'ASSEMBLÉE LÉGISLATIVE DES CHEFS INDIGÈNES.

. . . .

PARAITA, *Régent.* « Avant de commencer l'examen de nos lois, j'ai
« quelque chose d'important à vous soumettre.

« Il me semble qu'aujourd'hui, vivant sous le Gouvernement du
« Protectorat, nous devons confier au Gouverneur, qui est ici le repré-
« sentant de LOUIS-PHILIPPE, le droit d'approuver ou de rejeter les
« lois que nous faisons, et je crois qu'aucune loi ne doit être mise en
« vigueur sans la sanction du Gouverneur, Commissaire du Roi.

« Si vous approuvez cette mesure, que chacun lève la main en signe
« d'assentiment. » *(Tous lèvent la main.)*

Pour extrait :

Le Commis de Marine, Secrétaire-Archiviste,

Signé : BOUTET.

Moi, dont le nom est écrit ci-après, interprète du gouvernement, je
fais savoir que j'assistais à cette Assemblée, et je témoigne que ces paroles ont été véritablement prononcées par le Régent, et que tous les
chefs et personnes d'autorité, réunis à cette séance, y ont donné leur
assentiment.

Signé : ADAM J. DARLING,
Interprète.

LOIS

RÉVISÉES

DANS L'ASSEMBLÉE DES LÉGISLATEURS

Au mois de mai de l'année 1845.

I.

DU MEURTRE ET DES COUPS OU BLESSURES PORTÉS VOLONTAIREMENT.

ART. 1er. Si un homme en tue un autre dans ce gouvernement du Protectorat, que ce soit quelqu'un de sa famille ou tout autre, — avec le désir véritable et l'intention réelle de tuer, — et si la victime meurt, le *coupable* sera jugé et condamné. — Voilà *quelle sera* la peine du meurtrier : être pendu jusqu'à ce qu'il soit mort.

ART. 2. On amènera cet homme à Papeete pour le juger. — Le Régent fera connaître et dira aux Sept *Grands-Juges*, ainsi qu'à tous les officiers publics, de venir, à Papeete, au jugement de ce meurtrier. Et lorsque les Sept seront réunis ainsi que les officiers publics, alors on jugera et on condamnera ; et, lorsque la peine aura été prononcée, les Sept et le juge (1) écriront au Régent, et s'il lui convient que *le coupable* soit pendu, il sera pendu ; sinon, il ne le sera point.

ART. 3. De même, les pères et mères, et les parents ou les autres personnes qui donneront la mort aux enfants nouveaux-nés, et ceux qui attenteront aussi à la vie des enfants non mis au monde, dans le sein *de leur mère*, ceux-là seront également des meurtriers : on les jugera comme tels, et ils seront condamnés à la peine d'être pendus jusqu'à ce qu'ils soient morts.

ART. 4. A Papeete seront jugés et pendus tous les meurtriers de tous

---

(1) Président.

les districts de Taïti et de Moorea. — Que l'on ne pende point en un lieu et en un autre ; — et que ce soit seulement lorsque tous les officiers publics de Taïti et de Moorea seront réunis.

Art. 5. Si c'est un naturel qui tue un autre naturel, le Régent Paraita sera celui qui diminuera la peine. — S'il convient au Régent que *le coupable* soit pendu, il sera pendu ; s'il lui convient qu'il soit déporté sur une autre terre, il sera déporté ; — s'il lui convient aussi d'annuler la peine, il pourra le faire.

Pour tous les hommes qui tueront des Français ou des étrangers, que ce soit un naturel, un Français ou un étranger, — le Roi des Français sera celui qui annulera la peine, — ou bien son Représentant, établi à Taïti, *agissant* au nom du Roi.

Art. 6. *De l'homme qui ne sera pas mort à la suite de ses blessures.* — Si une personne quelconque en maltraite une autre avec l'intention de la tuer, *soit* en la frappant avec une pierre ou avec un bâton, la blessant avec un sabre ou avec un couteau, ou accomplissant tout autre acte susceptible de causer la mort; si, par le fait d'une circonstance étrangère intervenant, la personne maltraitée est sauvée, et si pourtant elle a reçu quelques blessures ou souffert d'une façon quelconque, — on jugera et on condamnera à une amende l'homme qui se sera rendu coupable de ces mauvais traitements (Français, étrangers ou Taïtiens). Voilà l'amende qui lui sera imposée : 160 dollars. — 100 pour la personne blessée (il devra payer aussi le temps du blessé, si la maladie est longue, et les frais de guérison); 20 dollars pour le gouvernement protecteur ; 20 dollars pour le gouverneur du lieu où ce crime aura été commis, et 20 dollars pour les imiroa.

Si *c'est* un Français, ou un étranger, qui ait accompli ce délit, en argent seulement *sera payée* son amende de 160 dollars ; — si c'est un naturel, 160 dollars seront aussi son amende, qui pourront être payés en objets de bonne qualité, tels qu'il convient à la loi, soit en argent, en cochons, en huile, jusqu'à la valeur de 160 dollars.

Si cette amende n'est pas promptement payée et que la personne maltraitée désire *être dédommagée* par du travail, il en sera ainsi : l'homme jugé travaillera jusqu'à concurrence d'une valeur exactement correspondante à 160 dollars. — Que les objets défectueux ou de peu de valeur ne soient point reçus par les officiers publics en paiement de l'amende imposée pour ce délit.

Art. 7. *Concernant l'homme qui est mort sans que celui qui l'a maltraité ait eu l'intention de tuer.* — Si un homme en frappe un autre de la main, ou avec un bâton, ou fait tomber une autre personne dans la mer, ou accomplit tout autre acte hostile, sans avoir aucunement l'intention de tuer la personne maltraitée *par lui* ; si les personnes désignées pour remplir les fonctions d'imiroa pensent que ce n'est point avec le désir de donner la mort que cet homme a agi, il sera jugé et condamné, et voilà *quelle sera* sa peine : être déporté sur *Maatea* pour y rester jusqu'à sa mort. — S'il est rappelé plus tard par le Régent, il pourra revenir.

Si les juges veulent infliger cette peine de la déportation sur *Maatea* aux Français et aux étrangers qui se seront rendus coupables de ce délit de voies de fait *commises* sans intention de tuer, et pourtant suivies de mort, — il sera à leur disposition d'agir ainsi.

Art. 8. *Des personnes maltraitées par autrui.* — Si quelqu'un est frappé avec un bâton ou avec la main, ou blessé à coups de pierre ou par tout autre acte du même genre, correspondant à de véritables mauvais traitements, — dans un lieu solitaire ou en public, — celui qui aura accompli de tels actes, en maltraitant quelqu'un autre, sera jugé. C'est à la personne maltraitée de conduire celui qui s'est livré envers elle à de mauvais traitements en présence du juge ; et si elle ne le conduit pas au juge afin qu'il soit jugé, n'importe, cela la regarde. — Si *l'accusé* est amené *devant le juge*, s'il est jugé et si l'on connaît certainement qu'il est coupable, on le condamnera à une amende de 20 dollars : *dont* 11 dollars pour la personne maltraitée, 3 pour le gouvernement protecteur, 3 dollars pour le gouverneur du lieu où s'est accompli le délit, et 3 dollars pour les imiroa.

Cette amende de 20 dollars sera la même pour les Français, les étrangers et les naturels qui se rendront coupables de ce fait. — *L'amende* des naturels pourra être payée en objets de valeur tels qu'il convient à la loi ; on devra régler avec soin *la nature et la qualité de ces objets,* de manière à représenter la somme de 20 dollars : dont 11 pour la personne blessée, 3 pour le gouvernement protecteur, 3 pour le gouverneur du lieu où le délit a été commis, et 3 dollars aux imiroa, comptés sur les objets remis en amende.

Art. 9. Si un homme marié attente à la vie d'un homme ayant réellement pris sa femme, avec l'intention formelle de le tuer, cet homme mourant par suite, le meurtrier sera jugé et condamné. Voilà quelle sera sa peine : il sera pendu ainsi qu'il est prescrit à l'article 2 pour meurtre véritable.

Si le mari d'une femme frappe l'homme qui aura pris sa femme, sans avoir l'intention de le tuer, et que pourtant cet homme meure par suite de son fait, le meurtrier sera jugé et condamné. Voilà quelle sera sa peine : la déportation sur *Maatea*, ainsi qu'il est prescrit à l'article 7 de la présente loi.

Mais les simples coups et les blessures légères, et tous les actes sans gravité qui ne peuvent être considérés comme tentatives de meurtre, et n'auront point causé la mort ni aucune blessure grave, ne donneront pas lieu à mettre en jugement l'homme marié *qui s'en sera rendu coupable*, celui qui aura pris la femme d'un autre ayant eu, par ce fait, un tort très-grave *à son égard*.

La femme mariée également qui se sera rendue coupable de ce crime *de tentative de meurtre*, et qui aura tué la femme prise par son mari, sera jugée *et condamnée* conformément à l'article 1ᵉʳ ou à l'article 7, suivant que la nature de son délit se rapportera à l'un ou à l'autre de ces articles. — Pour les blessures de peu de gravité, elle ne sera point jugée ; cela aura résulté de l'amertume de son cœur (1), cette autre femme ayant pris son mari. — Au moment où l'on verra ces deux personnes, alors seulement il sera permis *de se livrer* à ces actes *de vengeance* modérée. — S'ils sont surpris par d'autres et arrivés sous le coup de la loi, on ne pourra alors agir ainsi : la loi seule aura son action.

Aʀᴛ. 10. Les hommes qui auront commis, à Taïti, un délit encourant la peine de la déportation sur l'île de Maatea, qui y auront été transportés et qui se rendront de nouveau coupables sur cette île de délits punis par le bannissement, et les habitants de Maatea qui commettront de pareils délits, seront bannis à Matahiva, ou dans quelque autre île éloignée, et abandonnés là jusqu'à leur mort.

II ᴇᴛ III.

SUR LES SPIRITUEUX ÉTRANGERS, LE VIN ET TOUTE PRÉPARATION ÉTRANGÈRE SUSCEPTIBLE DE PRODUIRE L'IVRESSE.

Pour ce qui concerne les spiritueux étrangers et tous les vins, ainsi que toute chose d'origine étrangère susceptible d'enivrer, on devra se conformer aux Commandements (2) du Commissaire du Roi des Français, qui seront traduits en langue indigène et remplaceront la 2ᵉ et la 3ᵉ lois de l'année 1842 ; — ils seront envoyés à tous les juges.

IV.

SUR LA VENTE DES OBJETS DE TOUTES SORTES.

Cette loi n'ayant pas été révisée dans l'Assemblée des Législateurs en cette année 1845, les juges observeront encore les prescriptions de la loi 4ᵉ, sur les ventes, établie en l'année 1842, excepté dans les dispositions qui ne s'accorderaient pas avec ces nouvelles lois.

---

(1) *Ioino aau.*
(2) Arrêtés.

V.

SUR LES SPIRITUEUX FABRIQUÉS A TAITI ET DANS TOUTES LES TERRES COMPRISES DANS CE GOUVERNEMENT.

La loi nouvelle révisée dans l'Assemblée des législateurs en cette présente année 1845, n'ayant pas été approuvée par le Commissaire du Roi, elle est annulée, et les juges devront suivre la loi 5ᵉ, concernant les spiritueux fabriqués dans ces îles, établie en l'année 1842.

VI.

SUR LES UPAUPA (LA MUSIQUE ET LES DANSES).

Art. 1ᵉʳ. Cette nouvelle loi annule la 6ᵉ loi établie en l'année 1842. — Toutes les upaupa sont permises ; on pourra danser et faire des gestes. — A huit heures du soir, toutes les upaupa devront finir.

Art. 2. Que l'on ne se découvre point en état de nudité et que personne ne se montre avec indécence ; — c'est là une mauvaise chose interdite par la présente loi. — Celui qui agira ainsi sera jugé et condamné ; que ce soit un homme ou une femme, voilà quelle sera la peine *infligée :* une amende de 3 dollars : un dollar pour le gouvernement protecteur, un dollar pour le gouverneur du lieu auquel *le coupable* appartiendra véritablement, un dollar pour les imiroa.

Art. 3. Toute personne qui produira le trouble par des danses répréhensibles, comme les danses excitant à la débauche, au vol, à l'ivresse, ou faisant naître des rixes et susceptibles de corrompre les jeunes gens (1), ou tout acte produisant le trouble. — Toute personne qui se rendra coupable de pareils actes *sera renvoyée* par les mutoi qui lui diront de se retirer ; cette personne sera aussi jugée et condamnée. Voilà quelle sera sa peine : 50 brasses de route ou bien tout autre travail pour le gouvernement.

Si le trouble s'élève dans un district, par le fait des danses et upaupa *et que des désordres* pareils à ceux qui ont été désignés ci-dessus *soient produits*, les chefs de ce district y interdiront les upaupa et remettront le soin *de cette affaire* entre les mains du Commissaire du Roi des Français et du Régent.

VII.

SUR L'ADULTÈRE.

Art. 1ᵉʳ. Si un homme marié commet l'adultère avec une femme mariée, ils seront jugés et condamnés : Voilà quelle sera l'amende im-

---

(1) *Faaino i te maitai o te feia api*, rendre mauvais le bien des personnes jeunes.

posée à l'homme : 5 cochons, *dont* 3 pour le mari de la femme prise par lui, un pour le gouvernement protecteur et un pour les imiroa. Si *cet homme* ne peut fournir de cochons, l'amende sera payée en argent, et sera de 10 dollars ; — il accomplira, en outre, pour le gouvernement, un travail de 40 brasses de route en longueur sur 3 brasses de largeur. — Voilà quelle sera l'amende de la femme : *elle sera payée* en argent, et sera de 10 dollars : 5 dollars et demi pour la femme de l'homme qu'elle aura pris, un dollar et demi pour le gouvernement protecteur, un dollar et demi pour le gouverneur de sa véritable terre, un dollar et demi pour les imiroa.

Art. 2. Si un homme marié prend une femme non mariée, et si une femme mariée commet l'adultère avec un homme non marié, ils seront jugés et condamnés. On suivra, dans *l'application* de leur peine, les prescriptions de l'article 1er de la présente loi.

Art. 3. Les personnes offensées (1) par ce fait pourront seules faire naître un jugement pour l'adultère, excepté dans le cas où une action très mauvaise et honteuse (2) aurait été accomplie en public, — alors les officiers publics pourront provoquer le jugement des personnes coupables.

Art. 4. Toutes les femmes qui se rendront à bord des bâtiments, sans en avoir obtenu l'autorisation, seront coupables d'après cette loi : on jugera la femme qui agira ainsi et on lui imposera une peine. Voilà quelle sera sa peine : *fournir* 10 brasses d'étoffe indigène.

Art. 5. Toute personne, homme ou femme, convaincue d'avoir accompli des actes d'entremettage envers quelqu'un autre, soit en paroles ou de toute autre façon, sera jugée et condamnée à l'amende. Voilà quelle sera son amende : 7 cochons, *dont* 2 pour le mari de la femme *entraînée à des actes* coupables, 2 pour la femme de l'homme adultère, 1 pour le gouvernement protecteur, 1 pour le gouverneur de sa propre terre et 1 pour les imiroa ; si l'amende se paie en argent, elle sera de 16 dollars : 5 pour la femme de l'homme coupable *d'adultère*, 5 pour le mari de la femme devenue coupable, 2 pour le gouvernement protecteur, 2 pour le gouverneur de sa propre terre et 2 pour les imiroa.

Si l'une seule des personnes servies par l'entremetteur est mariée, l'amende de celui-ci sera de 5 cochons, *dont* 2 pour la personne offensée *par ce fait*, 1 pour le gouvernement protecteur, 1 pour le gouverneur de sa propre terre et 1 pour les imiroa.

Si c'est un homme non marié et une femme non mariée entre lesquels

----

(1) *Te feia hamani ino hia,* les personnes maltraitées, ayant éprouvé un dommage, les parties intéressées.
(2) *Te ino rahi haama,* le mal grand, faisant honte ; action scandaleuse.

l'entremettage a été accompli, on devra remettre la portion d'amende attribuée aux personnes offensées *par le fait de l'entremetteur*, aux parents de la fille qui aura été entraînée à la débauche.

Toute personne qui se rendra coupable pour la seconde fois de ce fait d'entremettage sera encore jugée et condamnée à la peine indiquée ci-dessus; elle sera, en outre, emprisonnée, à cause de la récidive, et restera 15 jours en prison. — Si le juge pense que ce nombre de jours n'est pas suffisant, il pourra l'augmenter jusqu'à deux mois.

Et si cette personne se rend de nouveau coupable de ce fait, pour la troisième fois, voilà qu'elle sera sa peine : être déportée sur quelque autre terre.

Art. 6. Les enfants restent sous la surveillance de leurs parents. — Que les parents ne laissent point leurs enfants aller de côté et d'autre : ils doivent les garder avec soin ; et si les enfants n'écoutent pas les bons avis de leurs parents et que ceux-ci ne puissent réprimer leurs désordres, ils devront le faire connaître aux officiers publics. — Les parents pourront toujours provoquer le jugement de ceux qui font croître le mal dans leur famille, que ce soit une personne étrangère ou bien un membre de cette même famille.

VIII.

DU MARIAGE ENTRE LES FRANÇAIS, LES ÉTRANGERS ET LES NATURELS.

Cette loi nouvelle abroge la 8e loi établie en l'année 1842 : elle autorise le mariage des Français et des étrangers avec les naturels.

Art. 1er. Si un Français ou un étranger désire épouser une femme indigène, et si une Française ou une étrangère désire épouser un naturel, ils pourront le faire, et devront se conformer exactement aux lois françaises et taïtiennes concernant le mariage; et, lorsque le mariage sera fait, ils ne pourront être séparés que par la mort de l'un d'eux, excepté dans les circonstances indiquées ci-dessous.

Si un Français ou un étranger épouse une femme indigène, s'il part ensuite pour une terre étrangère, abandonnant sa femme à Taïti, et s'il ne revient pas et n'écrit aucune parole à sa femme, — cette femme attendra trois années, et, s'il n'est point revenu, alors elle pourra demander que leur séparation soit prononcée. — Le juge recevra cette demande et s'enquérera avec soin, de *manière à pouvoir en apprécier la nature* ; il convient d'y consentir et il convient aussi d'y mettre opposition, suivant la nature et les circonstances de cette affaire d'après lesquelles on devra se guider.

Art. 2. Tous les biens apportés en mariage par la femme seront laissés à elle et aux enfants, et il ne sera jamais permis au mari de vendre ou de donner à quelqu'un autre les biens de sa femme. Si la famille de cette femme donne quelque autre valeur ou propriété au mari, il pourra alors la vendre, si la vente en est autorisée dans la parole écrite constatant ce don particulier.

IX.

DU MARIAGE ENTRE LES NATURELS.

Cette loi n'ayant pas été révisée dans l'Assemblée des Législateurs en cette présente année 1845, les juges observeront encore les prescriptions de la loi 9ᵉ sur le mariage, établie en l'année 1842, excepté dans ce qui ne s'y accorderait point avec ce Code nouveau.

X.

CONCERNANT LES COCHONS QUI VONT DANS LES MONTAGNES JUSQUE DANS LES VALLÉES DE FÉI.

Cette loi n'ayant pas été révisée dans l'Assemblée des Législateurs en cette présente année 1845, les juges suivront encore la loi 10ᵉ concernant les cochons qui vont dans les vallées de féi de propriétaires différents, établie en l'année 1842, sauf les dispositions qui ne s'accorderaient pas avec ce Code nouveau.

XI.

DE CEUX QUI MARCHENT ET SURVEILLENT DURANT LA NUIT ET QUI ONT ÉTÉ APPELÉS MUTOI.

Cette loi n'a pas été révisée dans l'Assemblée des Législateurs en cette présente année 1845; les juges suivront encore la loi 11ᵉ sur les mutoi, sauf en ce qui ne s'y accorderait pas avec ce Code nouveau.

XII.

CONCERNANT LES DONATIONS, LES VENTES ET LES LOCATIONS DE TERRES ET DE MAISONS.

Cette loi annule les lois 12 et 13 établies en l'année 1842.

ART. 1ᵉʳ. Les propriétaires de terrains et les propriétaires de maisons pourront donner, vendre et louer, une partie ou le tout de leurs terres ou de leurs maisons, à qui bon leur semblera. — Ils devront toutefois se conformer, dans la donation, la vente ou la location, aux articles 2 et 3 de la présente loi.

ART. 2. Aucun naturel ne pourra vendre, louer à long terme (1), ou

---

(1) *Traduction littérale :* « Louer en longue location. »

donner sa terre ou sa maison, à un Français ou à un étranger, sans se conformer aux arrêtés du Commissaire du Roi des Français, le Gouverneur

Art. 3. Les locations de terres ou de maisons qui dépasseront cinq années, et celles qui, sans atteindre à cinq années, peuvent être renouvelées suivant le désir du locataire, seront considérées comme locations à long terme.

Art. 4. Les ventes, donations, et les locations à long terme de terres ou de maisons, qui ont été conclues depuis l'établissement de ce gouvernement du Protectorat et qui ont été réellement écrites dans le livre des propriétés territoriales, sont positivement établies.

Art. 5. Tous les terrains qui ont été nécessaires au gouvernement du Protectorat, pour son établissement, appartiennent à ce gouvernement. — Si un propriétaire dit que l'un de ces terrains lui appartient et si l'on reconnaît qu'il lui appartienne réellement, il recevra un paiement pour ce terrain. — La somme à payer sera réglée d'après le prix de vente ou de location des terres lors de l'établissement du gouvernement du Protectorat.

XIII.

SUR L'INTERDICTION DE LOUER DES TERRES AUX ÉTRANGERS.

L'ancienne loi 13e est abrogée par la nouvelle loi 12, établie en cette année 1845, et imprimée ci-dessus; les juges et tous les hommes observeront avec soin cette nouvelle loi pour toute location de terres.

XIV.

DE LA CULTURE DES TERRES.

Cette loi n'ayant pas été révisée dans l'Assemblée des Législateurs en cette année 1845, les juges devront suivre la loi 14e sur la culture établie en l'année 1842, sauf en ce qui ne s'y accorderait pas avec ce Code nouveau.

XV.

CONCERNANT LES HOMMES MARIÉS ET LES FEMMES MARIÉES.

Cette loi n'ayant pas été révisée dans l'Assemblée des Législateurs en cette année 1845, les juges devront suivre la loi 15e établie en l'année 1842, sauf en ce qui ne s'y accorderait pas avec ce Code nouveau.

XVI.

CONCERNANT L'HOMME QUI ABANDONNE SA FEMME ET LA FEMME QUI ABANDONNE SON MARI.

Art. 1er. Que, dans aucun cas, le mari n'abandonne sa femme ;

que la femme, non plus, n'abandonne point son mari, sans *que l'un ou l'autre ait commis* une faute reconnue par le juge.

Si *l'un des deux époux* abandonne l'autre, les officiers publics, quand ils en seront requis par la personne abandonnée, le conduiront en présence du juge, et le juge le réprimandera et l'avertira de ne point agir ainsi. — S'il s'obstine encore dans son abandon et n'écoute aucunement l'avertissement du juge, les officiers publics le conduiront de nouveau en présence de celui-ci, et si la personne abandonnée demande qu'on le juge, le juge prendra et jugera celui *des époux* qui aura abandonné l'autre, et lui imposera une peine. Voilà quelle sera sa peine : celui qui abandonne paiera à l'époux abandonné quatre dollars par mois, jusqu'à ce qu'il retourne auprès de lui ou d'elle. — Si ces quatre dollars ne sont pas régulièrement payés tous les mois, la personne condamnée à les payer sera conduite en prison pour y rester jusqu'à ce quelle ait complètement satisfait à cette amende.

Art. 2. Si la femme d'un homme meurt; s'il reste une sœur plus jeune de cette femme, et s'ils désirent se marier, ils pourront le faire, de même pour une sœur aînée.

XVII.

CONCERNANT LES TORTS ET PRÉJUDICES CAUSÉS A QUELQU'UN, AINSI QUE LES MAUVAIS TRAITEMENTS EXERCÉS ENVERS AUTRUI.

Art. 1er. Que, dans aucun cas, un homme marié ne maltraite sa femme, soit en la battant, soit en la bannissant au loin, soit en lui faisant souffrir la faim, etc. — Si un mari agit ainsi, il devra être jugé et condamné, à moins que sa femme ne s'oppose au jugement. Voilà quelle sera sa peine : une *tâche de* route pour le gouvernement, de 20 brasses de longueur sur trois de largeur.

S'il résulte une maladie des blessures, ou si la femme *maltraitée* meurt par suite de ces mauvais traitements, le juge imposera à cet homme, coupable de mauvais traitements, les peines qui ont été indiquées, dans la loi 1re, pour le meurtre et les coups et blessures portés à autrui.

Art. 2. Si un homme use de violence envers une femme, comme de la prendre à la gorge pour l'empêcher de crier ou en employant quelque autre moyen, pour obtenir l'accomplissement de ce qu'il désire, il sera coupable d'après la présente loi : — cet homme sera jugé, et il lui sera imposé une peine. Voilà quelle sera sa peine : *il paiera une amende de* 20 dollars à la femme maltraitée par lui, et si le juge pense que cette somme et trop faible, il pourra l'augmenter jusqu'à 60 dollars. Cet homme sera aussi retenu en prison pendant un mois ; et si le juge pense que ce nombre de jours n'est pas suffisant, il pourra l'augmenter jusqu'à six mois, en réglant avec soin la durée de l'emprisonnement d'après la gravité du crime.

Art. 3. Qu'aucun homme ne forme de mauvais desseins dans ce gouvernement du Protectorat, comme d'offenser ou de maltraiter le Commissaire du Roi des Français, le Régent de Taïti et les personnes puissantes dans ce gouvernement, ou d'incendier la maison d'autrui, de commettre le meurtre, et tous les autres grands crimes qui pourraient être projetés. — Si quelqu'un agit ainsi, il sera jugé et condamné à une peine. Voilà quelle sera sa peine : la déportation sur Maatea. Lorsque la peine aura été prononcée, on écrira au Régent, et s'il lui convient que *le coupable* soit banni, il sera banni; sinon, il ne le sera pas.

Pour tous ces délits, indiqués dans le présent article, de mauvais desseins *formés* contre les Français et les étrangers, soit par des naturels, soit par des Français, soit par des étrangers, ce sera le Roi des Français qui annulera la peine ; ou bien son Représentant, demeurant à Taïti, *agissant* au nom du Roi.

XVII *bis.*

SUR LA CALOMNIE ET LE FAUX TÉMOIGNAGE.

Art. 1er. Qu'aucun homme ne prononce des paroles fausses susceptibles de faire tort à la bonne réputation et aux intérêts de quelqu'un autre. Si *une personne* agit ainsi, elle sera jugée et condamnée, selon qu'il est indiqué aux articles 2e, 3e et 5e de cette présente loi.

Art. 2. Si une personne en calomnie une autre, par une fausse accusation de quelque grand crime, tels que le meurtre, le vol et tout autre grand crime, voilà quelle sera sa peine : *une amende à payer*, en argent, *de* 60 dollars : 42 dollars pour la personne à laquelle elle aura porté préjudice, 6 dollars pour le gouvernement protecteur, 6 dollars pour le gouverneur de sa propre et véritable terre, 6 dollars pour les imiroa.

Le juge pourra diminuer cette amende jusqu'à 20 dollars, en la réglant avec soin suivant la nature et les circonstances du délit. On observera toujours dans le partage de cette amende, les *proportions* qui ont été indiquées ci-dessus.

Art. 3. Si une personne en accuse faussement une autre d'un crime moins grave que ceux désignés à l'article 2, comme si on accuse faussement un homme d'avoir pris une femme ou *d'avoir commis* tout autre délit d'une même gravité, — voilà quelle sera la peine infligée a celui qui aura agi ainsi : *une amende de* 20 dollars : 11 pour la personne faussement accusée, 3 pour le gouvernement protecteur, 3 pour le gouverneur du lieu auquel appartient véritablement *le coupable* et 3 pour les imiroa.

Le juge peut encore diminuer cette amende jusqu'à 12 dollars, en se conformant toujours avec soin à la nature et aux circonstances du délit; le partage sera fait ainsi qu'il a été indiqué ci-dessus.

ART. 4. Qu'aucun homme n'accuse faussement quelqu'un autre dans un jugement, avec la connaissance de la fausseté de ses propres paroles. Celui qui aura agi ainsi aura calomnié ; le juge se réglera pour la peine à lui imposer sur la nature de sa calomnie, ainsi qu'il est indiqué aux articles 2, 3, et 4 de cette loi.

ART. 5. Pour tous les délits indiqués ci-dessus, le juge pourra toujours, en se réglant sur la gravité de la faute *commise*, infliger encore cette autre peine : retenir l'homme coupable en prison pendant 15 jours ; et si le juge pense que ces 15 jours sont *un laps de temps* trop court, il pourra allonger *la durée de l'emprisonnement* jusqu'à trois mois.

XVIII.

SUR LE JOUR DU SABBAT ET L'ENSEIGNEMENT DES ENFANTS.

Cette loi nouvelle abroge la loi 18e *établie en l'année* 1842.

ART. 1er. L'homme qui n'ira point à la maison de prière écouter la parole de Dieu aura tort, — mais la loi n'exige point de lui qu'il s'y rende. — Si quelques personnes désirent aller dans une maison de prière différente pour entendre leur doctrine, cela est à leur choix, et cette présente loi ne les inquiétera en aucune façon pour cela.

ART. 2. Si quelqu'un accomplit les travaux non permis durant le jour du sabbat, tels que cultiver la terre, construire des maisons, faire des enclos, pêcher, construire des pirogues, fabriquer de l'huile, et transporter des objets dans un lieu et dans un autre pour les vendre, ainsi que tous travaux considérables, etc., etc.; — *si quelqu'un agit ainsi*, on le jugera et il lui sera imposé une peine. Voilà quelle sera la peine imposée aux hommes : un travail de route de 30 brasses en longueur sur 3 brasses de largeur. — La peine imposée aux femmes sera une amende, en argent, de 3 dollars : un dollar pour le gouvernement protecteur, un dollar pour le gouverneur de sa propre terre, un dollar pour les imiroa.

Mais tous les travaux légers, tels que se baigner, faire cuire des aliments, se promener, ramer en canot ou en pirogue, et tous les petits travaux qu'il convient d'accomplir le jour du sabbat, n'auront aucune suite, et cette loi ne s'en occupera point.

ART. 3. *Concernant les Enfants.* — Ceux qui mettent au monde et ceux qui nourrissent des enfants doivent remplir avec soin leurs devoirs *paternels*. — Que les enfants ne soient point retenus dans les maisons des personnes étrangères : qu'ils demeurent dans la maison de leurs propres parents. — L'homme qui tentera de retenir dans sa maison les enfants de quelqu'un autre, sans que cela lui ait été dit par les parents véritables de ces enfants, sera coupable ; cet homme qui aura retenu des enfants en un même lieu pour qu'ils y commettent du désordre sera jugé et condamné à accomplir un travail de 50 brasses de route. — Mais la réunion pour l'enseignement de la parole de Dieu est une chose convenable.

Art. 4. Les parents et ceux qui nourrissent des enfants qui ne s'acquitteront pas régulièrement du soin de conduire leurs enfants dans leur propre maison et à l'école, et qui ne veilleront pas à ce qu'ils s'y rendent réellement, afin d'apprendre la lecture, l'écriture et la parole de Dieu, — ces parents auront tort.

Les enfants doivent aller à l'école jusqu'à leur quatorzième année, ou bien jusqu'à ce qu'ils sachent lire et écrire ; — et si les parents désirent les y conduire encore après, jusqu'à ce qu'ils connaissent les nombres, cela est à leur disposition. — Les parents qui ne s'acquitteront pas de ce devoir seront avertis par les officiers publics d'envoyer leurs enfants à l'école ; et s'ils n'écoutent point *cet avertissement*, les officiers publics conduiront ces parents en présence du juge, et celui-ci les réprimandera. — Les officiers publics veilleront à ce que leurs enfants se rendent à l'école.

Art. 5. Si les enfants se montrent paresseux pendant quelques jours et ne se rendent pas à l'école, les officiers publics iront à leur recherche et les y ramèneront. — Ceux qui enseignent chercheront alors quelques petits moyens de leur faire honte et de les encourager à ne point manquer à l'école. — Les enfants eux-mêmes devront prendre soin de ne pas y manquer, afin que leurs parents n'aient point à souffrir de leur négligence. — Qu'ils se rendent régulièrement à l'école, telle est la chose convenable.

XIX.

SUR LE VOL.

Art. 1er. Si un homme vole quelques fruits ou denrées alimentaires dans l'enclos de quelqu'un autre, et si le propriétaire de ces denrées le désire, cet homme sera jugé et il lui sera imposé une peine. Si les denrées soustraites sont en petite quantité, il donnera deux cochons, ou bien, en argent, 5 dollars ; si ces denrées sont en quantité considérable, le voleur donnera 4 cochons au propriétaire ; sinon, en argent, 10 dollars.

Aʀᴛ. 2. Lorsque des objets auront été volés, le voleur devra restituer ces objets volés par lui ; ou, sinon, les payer de façon que le paiement soit d'une valeur égale à celle de l'objet enlevé. — Ce voleur sera aussi jugé et condamné. Voilà quelle sera sa première peine ; il devra fournir deux objets par chaque objet volé. — Si l'objet volé par lui est de peu de valeur et ne représente pas, doublé, l'équivalent de 3 dollars, le voleur remettra 3 dollars. — Voilà quelle sera sa seconde peine : — le voleur paiera au propriétaire de l'objet volé *un dédommagement pour* le tort causé à ce propriétaire par le fait du vol. — Le juge réglera, avec soin, les valeurs qui devront être payées pour ces dommages. — Que, dans aucun cas, ces valeurs ne soient inférieures à celle de l'objet volé.

Si cet homme vole de nouveau, il sera encore condamné aux différentes peines indiquées ci-dessus ; on le condamnera, en outre, à la peine de l'emprisonnement pendant 15 jours ; et si le juge pense que ce nombre de jours soit insuffisant, il pourra l'augmenter jusqu'à trois mois.

Si cet homme s'obstine encore dans le vol, et s'il se rend coupable de ce fait pour la troisième fois, il sera encore jugé et condamné. Voilà quelle sera sa peine : il sera banni. — Le bannissement durera une année, et si le juge pense que ce temps soit trop court, il pourra l'augmenter jusqu'à cinq années.

Aʀᴛ. 3. Que les imiroa ne saisissent point les propriétés des parents des personnes condamnées, qu'ils ne leur parlent point *à cet égard*. — Eux-mêmes porteront leurs regards sur leur parent ; et sinon, n'importe. — Les injonctions des imiroa devront s'adresser à la personne condamnée, et leur saisie *devra s'effectuer sur des objets à elle appartenant*. Et si le voleur ne possède aucun objet susceptible d'être pris en paiement pour satisfaire à son amende, cette amende sera payée par un travail exécuté au profit du propriétaire des objets volés, en réglant avec soin la grandeur de ce travail d'après celle de l'amende.

Aʀᴛ. 4. Si un homme brise et force la maison d'un autre, dans le but de voler, il sera jugé et on lui imposera une peine. Voilà quelle sera sa peine : on le retiendra en prison pendant une année ; il sera condamné également aux peines indiquées dans l'article 2 de cette loi.

Aʀᴛ. 5. Si un homme vient, durant la nuit, forcer la maison de quelqu'un autre, — l'homme de la maison cherchera les moyens qui lui conviendront pour sa défense et celle de sa famille ; et si le voleur est tué par lui dans cette défense, n'importe sa mort, la loi n'inquiétera point cet homme pour cela. — Si le voleur n'est point tué, il sera jugé et condamné selon ce qui est prescrit à l'article 3 de la présente loi.

XX.

SUR LE DOMMAGE FAIT A LA PROPRIÉTÉ D'AUTRUI.

Art. 1er. Toutes les maisons sont sacrées : on ne doit point y produire de désordre ni en inquiéter les habitants. — Qu'aucune personne, soit française, soit étrangère ou indigène, ne pénètre à l'intérieur d'un enclos ou dans la maison de quelqu'un autre, sans le consentement du propriétaire de l'enclos ou de la maison. Si quelqu'un agit ainsi et ne s'éloigne point, lorsque le propriétaire de l'enclos ou de la maison le lui dira, il sera jugé et condamné à une amende. Voilà quelle sera son amende : un dollar, et si le juge pense qu'un dollar soit trop peu, il pourra augmenter *cette amende* jusqu'à *la somme de* 4 dollars. — Et si, 48 heures étant écoulées, cette amende n'a point encore été payée, on retiendra en prison, pendant un jour, la personne qui aura été condamné ; et si le juge pense que ce *temps* soit trop court, il pourra prolonger la durée de l'emprisonnement jusqu'à trois jours.

Si cette personne n'écoute point les paroles du propriétaire de l'enclos ou de la maison, et qu'il soit nécessaire d'user de moyens de vigueur pour l'éloigner, son amende sera de 4 dollars ; et si le juge pense que cette somme soit trop faible, il pourra l'augmenter jusqu'à 10 dollars. *Cette personne subira* encore une autre peine, celle de l'emprisonnement pendant trois jours ; et si le juge pense que ce *nombre de jours* soit insuffisant, il pourra l'augmenter jusqu'à 5 jours. — *Le coupable subira*, en outre, toutes les autres peines que prescrivent les lois et qu'il se sera attiré lui-même pour ne les avoir point suivies.

Art. 2. Si quelqu'un prend le cheval d'un autre sans que le propriétaire le sache, soit pour le monter, soit pour l'atteler à une voiture, — *la personne qui aura pris ce cheval* sera jugée et condamnée à une amende. Voilà quelle sera son amende : 10 dollars. — 7 dollars pour le propriétaire du cheval, 1 dollar pour le gouvernement protecteur, 1 dollar pour le gouverneur de sa propre et véritable terre, 1 dollar pour les imiroa. Cette amende de 10 dollars est pour un seul jour. — Si ce cheval reste longtemps entre les mains de la personne qui l'aura pris à tort, — soit deux ou trois jours, — on infligera à cette personne une nouvelle amende, *qui sera de 5 dollars* pour chacun de ces jours.

Art. 3. Si quelqu'un prend le cheval d'un autre et en fait usage, sans le consentement du propriétaire, et que ce cheval meure, ou soit blessé de telle façon à ne pouvoir plus remplir aucun travail, — l'homme qui en aura fait usage sera jugé et il lui sera imposé une peine. Voilà quelle sera sa peine : il paiera la valeur véritable de ce cheval au propriétaire, et, de plus, 30 dollars pour le dommage, — *dont 15 au* propriétaire, 5 au gouvernement protecteur, 5 au gouverneur de sa propre et véritable terre, et 5 aux imiroa.

Si le mal qu'a éprouvé l'animal est léger, et s'il se rétablit, on réglera avec soin l'amende selon la gravité des dommages.

Art. 4. Si une personne loue le cheval de quelqu'un autre et maltraite ce cheval, avec l'intention réelle de le mettre en mauvais état, cette personne sera jugée et il lui sera imposé une peine ; — on réglera sa peine d'après le dommage causé à ce cheval. — Si le cheval devient boiteux ou malade, quoique traité avec soin par la personne qui l'aura loué, cette personne ne sera point condamnée.

Art. 5. Tout homme qui tuera des animaux appartenant à d'autres personnes sans qu'il y ait eu aucun tort du côté de ces bestiaux, — soit un bœuf, un cheval, un cochon ou tout autre animal; soit une poule et tout oiseau *élevé pour servir de* nourriture ; — *tout homme qui se rendra coupable de ce fait* sera jugé et condamné à une amende. — On réglera, avec soin, la valeur de cette amende suivant celle des animaux tués par lui et le dommage causé au propriétaire.

Art. 6. Si un homme maltraite des animaux appartenant à d'autres personnes, dans l'intérieur de son propre enclos ; soit en les blessant à coups de hache, les transperçant avec une pique ou par tout autre moyen, les imiroa iront voir la clôture ; — si c'est une bonne clôture, *suffisamment élevée* et n'étant brisée en aucun endroit, le propriétaire de l'enclos n'aura point eu tort : — il ne devra pas être jugé. — Mais si c'est une clôture mauvaise, basse et faible, l'homme qui aura blessé ces bestiaux sera coupable : il sera jugé et condamné. Voilà quelle sera sa peine : il paiera au propriétaire des bestiaux le dommage qu'il lui aura causé, — la valeur à payer devant être soigneusement réglée d'après le préjudice réel.

Art. 7. Si un animal franchit une clôture de 5 pieds de haut et pénètre dans un enclos, on jugera le propriétaire de cet animal et il devra payer les dégâts commis. Le chef des mutoi ou bien deux imiroa régleront la valeur des dommages causés par cet animal.

Si un animal brise une clôture solide et en bon état, quoique n'atteignant pas cinq pieds d'élévation, le propriétaire de l'animal paiera également le dommage fait à la clôture et aux propriétés renfermées dans l'enclos.

XXI.

SUR LES IMPOSITIONS ANNUELLES.

Cette loi n'a pas été révisée dans l'Assemblée des Législateurs en cette présente année 1845.

XXII.

CONCERNANT LES VALEURS PROVENANT DES AMENDES.

ART. 1er. Les hommes désignés comme gardiens des valeurs *provenant des amendes* dans tous les districts, et les juges également de chaque district, écriront avec soin toutes les amendes imposées par ceux-ci ; et lorsque ces valeurs *provenant des* amendes seront apportées à Papeete, on devra apporter en même temps le livre *dans lequel elles auront été enregistrées.*

ART. 2. Tous les districts de Taïti et Moorea réuniront, avec soin, les produits des amendes. — Le gouverneur du district choisira un homme pour être le gardien de ces valeurs *provenant* des amendes.

Tous les trois mois, le produit des amendes ainsi que l'argent provenant des arrestations et des emprisonnements, dans tous les districts, devront être apportés à Papeete, et le Régent, une personne nommée par le Commissaire du Roi des Français, et l'homme qui aura été choisi pour apporter ces valeurs provenant des amendes avec le livre sur lequel elles seront enregistrées, partageront ces valeurs ainsi qu'il suit :

Les amendes provenant de jugements *seront ainsi divisées :* une part pour le gouvernement protecteur, une part pour le gouverneur du district, une part pour les imiroa de ce même district.

L'argent provenant des arrestations et des emprisonnements sera ainsi partagé : deux parts pour le gouvernement protecteur, une part pour les mutoi du district *où ces valeurs auront été réunies.*

ART. 3. Si l'homme qui aura été désigné comme gardien de ces valeurs en vole une partie, ou si une partie de ces valeurs se perd entre ses mains, cet homme devra payer tout ce qui aura été perdu ou dérobé par lui.

XXIII.

CONCERNANT LA NOMINATION DES OFFICIERS PUBLICS DANS CE GOUVERNEMENT.

Le Commissaire du Roi des Français et le Régent de Taïti nommeront les sept *Grands-Juges* (1); ils nommeront également les juges de district. — Le gouverneur et le juge de chaque district nommeront les imiroa de leur propre district.

Le gouverneur et le juge choisiront les mutoi parmi les hommes d'une bonne conduite. — Ces mutoi ne devront pas être précipitamment nommés et revêtus de leur grade : — lorsqu'ils auront été agréés par le Régent de Taïti et le Commissaire du Roi des Français, alors seulement ils seront établis comme mutoi.

---

(1) Toohitu.

Le Commissaire du Roi des Français pourra retirer son office au juge de district qui ne remplira pas avec soin les devoirs de son grade.

XXIV.

CONCERNANT LES PÊCHEURS.

XXV.

CONCERNANT LES DETTES NON PAYÉES.

XXVI.

SUR LES TERRES EN LITIGE.

XXVII.

DE LA DEMEURE DE LA REINE.

XXVIII.

SUR LE PILOTAGE ET L'ANCRAGE DES BATIMENTS.

XXIX.

SUR LES NAVIRES APPORTANT DES MALADIES CONTAGIEUSES.

Ces lois n'ayant pas été révisées dans l'Assemblée des Législateurs en cette année 1845, les juges devront se conformer aux anciennes lois 24, 25, 26, 27, 28 et 29, établies en l'année 1842, sauf en ce qui ne s'y accorderait point avec ce Code nouveau.

XXX.

CONCERNANT LES PERSONNES QUI N'ACCOMPLIRONT POINT LES PEINES QUI LEUR AURONT ÉTÉ IMPOSÉES.

Si une personne n'accomplit point sa peine ou ne paie pas l'amende à laquelle elle aura été condamnée, les officiers publics iront lui signifier d'accomplir *cette peine* ou de payer cette amende ; et si elle ne l'accomplit pas ou ne la paie point encore, les officiers publics la prendront et la conduiront en prison, et cette personne ne sera point remise en liberté, à moins qu'elle ne consente à accomplir sa peine ou à payer son amende.

XXXI.

CONCERNANT LES JUGEMENTS.

Toute personne qui sera jugée dans l'un des districts de Taïti et de Moorea, le sera par le juge du district.

Si la personne jugée rappelle de ce jugement, elle devra en appeler au Régent, et le Régent choisira deux Toohitu et deux juges de district pour juger cette personne. — Que le Régent ne choisisse point le juge de district par lequel elle aura été jugée d'abord.

Si cette personne jugée en appelle de nouveau, elle devra encore en appeler au Régent, et le Régent choisira trois grands juges pour la juger.

Les jugements des Sept auront lieu quatre fois dans une année : aux mois de janvier, avril, juillet et octobre. Le Régent leur fera connaître lorsqu'ils devront venir pour un jugement.

Pour tous les grands crimes, le Régent pourra dire aux Grands-Juges de venir à toutes les époques qui lui conviendront.

Tous les grands crimes, tels que l'assassinat suivi de mort, la rébellion contre le gouvernement, les mauvais desseins contre le Régent ou toute personne puissante de Taïti, et tous les autres grands crimes, lorsqu'il n'y entrera ni Français ni étrangers, seront jugés par les Sept.

Toutes les prescriptions des anciennes lois qui ne s'accordent point avec ce Code nouveau et avec les arrêtés du Commissaire du Roi des Français et du Régent sont ici annulées.

Amis,

Gouverneurs, Chefs et Propriétaires, Officiers publics et tous les hommes de ces terres,

Voici les nouvelles lois que vous devez suivre : ce sont les lois qui ont été révisées dans l'Assemblée des Législateurs en cette année 1845. Les arrêtés du Gouverneur, Commissaire du Roi près la Reine de ces terres de la Société, qui ont tous été établis avec force de loi dans cette Assemblée des Législateurs, seront imprimés en langue indigène et seront envoyés dans toutes les terres *rangées* sous ce gouvernement, afin que tous les hommes connaissent ces lois et ces arrêtés. — Ils seront aussi donnés à tous les juges, afin qu'ils se conforment dans leurs jugements à ce Code nouveau. — Gardez avec soin et suivez fidèlement ces présentes lois qui ont été établies pour le bien de ces terres ; observez aussi la parole de Dieu ; ne produisez point le trouble, et réglez vos actions *de manière à concourir* tous à la production du bien général.

Voilà ma parole à vous tous, *hommes de* Taïti, Moorea et *de ces* terres de la Société, en vous remettant ces lois.

Soyez sauvés par le vrai Dieu.

Le Régent de Taïti,

Signé : PARAITA.

Sanctionné :

Le Gouverneur, Commissaire du Roi des Français,

Signé : BRUAT (1).

DÉCLARATION

DE QUELQUES CHEFS ET LÉGISLATEURS, CERTIFIANT LA DÉCISION PRISE DANS L'ASSEMBLÉE DU **8** JANVIER 1845.

Nous, dont les noms sont écrits ci-dessous, faisons savoir que, dans l'Assemblée *tenue* dans la maison du gouvernement, le 8 janvier 1845, — sur la proposition de Taamu, les gouverneurs et les juges de Taïti et Moorea ont adopté et ont demandé, au Gouverneur, qu'il laissât subsister les dispositions établies par ses arrêtés et qu'elles demeurassent avec la même force et la même valeur que les lois antérieurement établies pour cette terre.

Nous faisons également connaître que les gouverneurs de ces deux terres ont demandé que les appointements des juges de district soient payés par le gouvernement protecteur.

Nous faisons savoir encore, que les gouverneurs et les juges de Taïti et Moorea ont demandé au Gouverneur que, si un juge n'observait point ses devoirs dans l'exercice de ses fonctions, il lui retirât son grade, et qu'aucun juge ne pût être nommé sans la sanction du Gouverneur, Commissaire du Roi.

Papeete, le 9 janvier 1845.

Signé : PARAITA, Régent;

MARE, orateur;

TAAMU, juge.

Moi, dont le nom est écrit ci-après, interprète du gouvernement protecteur, je fais savoir que j'assistais à cette Assemblée, et que les chefs et personnes d'autorité qui y étaient réunis ont réellement demandé l'adoption des différentes mesures indiquées dans cet écrit.

Signé : ADAM J. DARLING,

Interprete.

(1) Voir l'arrêté de promulgation du 23 octobre 1845, page 65 de ce volume.

ARRÊTÉS DU GOUVERNEUR

AYANT REÇU FORCE DE LOI EN JANVIER ET MAI **1845**.

ARRÊTÉ N° 7

SUR L'EXPROPRIATION POUR CAUSE D'UTILITÉ PUBLIQUE.

[15 janvier 1844.]

Voir page 7.

ARRÊTÉ N° 20

SUR LES COUPS ET BLESSURES INVOLONTAIRES.

[20 mai 1844.]

Voir page 20.

ARRÊTÉ N° 21

PORTANT RÈGLEMENT DE VOIRIE.

[25 mai 1844.]

Voir page 20.

ARRÊTÉ N° 30

PORTANT AMENDE CONTRE LES BOUCHERS ET BOULANGERS QUI REFUSENT
DE VENDRE.

[19 août 1844.]

Voir page 27.

ARRÊTÉ N° 33

RÉGLANT LES DISPOSITIONS DES VENTES ET LOCATIONS DE TERRAINS.

[1er octobre 1844.]

Voir page 28.

ARRÊTÉ N° 39

FIXANT LES FRAIS DE JUSTICE DEVANT LA COUR D'APPEL.

[22 décembre 1844.]

Voir page 32.

ARRÊTÉ N° 40

CONCERNANT LA COUR D'APPEL.

[22 décembre 1844.]

Voir page 32.

ARRÊTÉ No 42

CONCERNANT L'INTERDICTION DES FRANÇAIS ET DES ÉTRANGERS DANS LES ASSEMBLÉES INDIENNES.

[6 janvier 1845.]

Voir page 33.

ARRÊTÉ No 43

CONCERNANT L'ABATAGE DES BESTIAUX.

[6 janvier 1845.]

Voir page 34.

ARRÊTÉ N° 51

CONCERNANT L'ORGANISATION DE LA JUSTICE DE PAIX.

[13 avril 1845.]

Voir page 41.

ARRÊTÉ No 52

FIXANT LA COMPOSITION DE LA COUR D'APPEL, DES TRIBUNAUX DE 1re INSTANCE ET DE PAIX.

[13 avril 1845.]

Voir page 44 (1).

---

(1) *Note de février* 1864.—On n'a pas reproduit les quatre arrêtés mentionnés au bas de la page 65 de ce volume; ces arrêtés sont du

10 mai 1845, n° 54;
25 août 1845, n° 57;
18 septembre 1845, n° 58;
13 octobre 1845, n° 61.

ERRATUM.

A la note au bas de la page 65, présente livraison, au lieu de « 13 août 1845, n° 61, » lisez : « 13 octobre 1845, n° 61. »

Certifié conforme :

L'Ordonnateur,

T. NESTY.

PAPEETE, le 20 février 1864 (*).

(*) Cette date est celle de la réception de la RÉÉDITION DES ARRÊTÉS aux Archives.

PAPEETE. — IMPRIMERIE DU GOUVERNEMENT.

LES

ARRÊTÉS DU GOUVERNEUR.

ARRÊTÉ N° 72

ABROGE LES DISPOSITIONS DE L'ARRÊTÉ DU 14 JANVIER 1845, POUR TAIARAPU, ET LES CÔTES SUD ET OUEST DE TAHITI, DEPUIS LA PRESQU'ILE JUSQU'A FAAA EXCLUSIVEMENT.

Nous, Gouverneur des Établissements français de l'Océanie, Commissaire du Roi près la Reine des Iles de la Société,

Attendu que les assemblées des propriétaires de bestiaux ont constaté et reconnu, en ce qui concerne Taiarapu et les côtes S. et O. de Taïti, depuis la presqu'île jusqu'à Faaa non compris, les titres et droits de chacun d'eux sur le bétail non marqué qui se trouve dans ces parties de l'île ;

Qu'en conséquence notre arrêté du 14 janvier 1845, n° 44, imposant l'obligation de déposer une caution de cent cinquante francs pour abattre les bestiaux sans marque, devient sans objet pour ces districts,

De concert avec le Régent, le Conseil de gouvernement entendu,

ARRÊTONS :

ART. 1er. Les dispositions de notre arrêté du 14 janvier 1845, précité, ne seront plus applicables aux propriétaires de bestiaux de Taiarapu et des districts des côtes S. et O. de Taïti, depuis la presqu'île jusqu'à Faaa exclusivement.

ART. 2. Toutefois, pour jouir du bénifice du présent arrêté, les personnes qui conduiront du bétail à Papeete devront être munies d'un certificat du chef du district où ce bétail a été pris, faisant connaître le nom de ce même district.

Fait à Papeete, le 10 janvier 1846.

Le Régent,
Signé : PARAITA.

Le Commissaire du Roi,
Signé : BRUAT.

ARRÊTÉ N° 73.

EMBARGO SUR LES BATIMENTS MOUILLÉS DANS LE PORT DE HUAHINE.

Nous, Gouverneur des Établissements français de l'Océanie, Commissaire du Roi près la Reine des Iles de la Société,

Attendu que le commandant de nos bâtiments de guerre à Huahine doit, dans l'intérèt de nos nationaux et des autres résidants étrangers établis sur ce point, être muni de pouvoirs spéciaux qui lui permettent d'arrêter les communications qui, dans un but d'hostilités, pourraient s'établir entre les navires et les indigènes ;

En vertu de l'article 7 de l'Ordonnance royale du 28 avril 1843, rendue applicable aux Iles de la Société,

Le Conseil de gouvernement entendu,

ARRÊTONS :

M. le Commandant des bâtiments de guerre français aux Iles sous le vent est autorisé à mettre l'embargo sur tous les bâtiments actuellement mouillés dans le port de Huahine et sur ceux qui pourront y entrer ultérieurement.

Il lèvera l'embargo lorsqu'il le jugera convenable.

Fait à Papeete, le 19 janvier 1846.

Signé : BRUAT.

ARRÊTÉ N° 74

MODIFIE LES DISPOSITIONS DE L'ARTICLE 1er DE L'ARRÊTÉ DU 18 SEPTEMBRE 1845.

Nous, Gouverneur des Établissements français de l'Océanie, Commissaire du Roi près la Reine des Iles de la Société,

En vertu des dispositions de l'article 7 de l'Ordonnance royale du 28 avril 1843,

De concert avec le Régent, le Conseil de gouvernement entendu,

ARRÊTONS :

ARTICLE UNIQUE. Par dérogation aux dispositions de l'article 1er de notre arrêté du 18 septembre 1845, les dépens à imposer aux parties devant les tribunaux correctionnels pourront être réduits jusqu'à cinquante francs.

Fait à Papeete, le 21 janvier 1846.

Le Régent,   Le Commissaire du Roi,
Signé : PARAITA.   Signé : BRUAT.

ARRÊTÉ N° 75

PORTANT RÈGLEMENT SUR LE RÉGIME DE LA COMPAGNIE INDIGÈNE.

Nous, Gouverneur des Établissements français de l'Océanie, Commissaire du Roi près la Reine des Iles de la Société,

Vu l'importance d'avoir des forces disponibles pour seconder les mutois sur tous les points où ils pourront rencontrer de la résistance dans l'exercice de leurs fonctions ;

Afin d'éviter les appréhensions et les craintes que font naître, chez les naturels, les mouvements de troupes européennes ;

En vertu des pouvoirs qui nous sont conférés par l'article 7 de l'Ordonnance royale du 28 avril 1843, rendue applicable aux Iles de la Société;

Après en avoir délibéré en Conseil de gouvernement et d'administration, et de concert avec le Régent,

ARRÊTONS :

Formation et Incorporation.

ART. 1er. Il sera créé, pour coopérer au service avec les troupes européennes, une compagnie d'indigènes, dont jusqu'à nouvel ordre, l'effectif ne devra pas dépasser trente hommes, non compris le *raatira* ou chef.

Cette compagnie se composera de deux sergents, quatre caporaux, un tambour et vingt-trois hommes ; elle sera commandée par un *raatira*.

ART. 2. Un officier français, désigné par nous, avec le titre d'*Officier Commandant*, sera chargé de recevoir les engagements, qui ne devront pas être contractés pour moins de six mois, et prendra toutes les mesures nécessaires pour l'incorporation des hommes, pour l'organisation de la compagnie et pour son administration.

Un sous-officier d'infanterie de marine sera attaché à la compagnie indigène, sous les ordres directs de l'officier commandant. Il sera agréé par nous, sur un état de proposition dressé par l'officier commandant et contenant les observations de M. le Commandant du bataillon d'infanterie de marine.

Ce sous-officier sera chargé des détails relatifs au service intérieur, à l'administration et à l'instruction des hommes.

Comptabilité et solde.

ART. 3. La compagnie indigène sera portée sur un contrôle séparé et payée mensuellement, par les soins du bureau des Revues, sur états émargés et dans les formes usitées.

ART. 4. La solde des indigènes composant la compagnie sera fixée comme suit :

Raatira ou chef, par mois......................	103 fr. 09 c. *brut.*	
Sergent......... id...........................	38	14
Caporal......... id...........................	25	77
Soldat......... id...........................	20	62

Pour subvenir à l'entretien et au renouvellement des effets d'habille-ment et de linge et chaussure, il sera fait, sur la solde de chaque homme, une retenue mensuelle, qui sera, pour les sergents, de sept francs, et, pour les caporaux et soldats, de cinq francs.

Ces sommes resteront en caisse chez l'officier commandant, pour être employées, par lui, selon les besoins de l'homme au nom duquel elles seront inscrites.

En cas de cessation de service ou de désertion d'un homme, la som-me qui se trouve en caisse à son nom fera retour au Trésor.

Hôpital.

Art. 5. Les hommes de la compagnie indigène seront admis à l'hô-pital comme tous les militaires. Il leur sera fait, par jour, une retenue, savoir :

Pour les sergents	1 fr.	0310
les caporaux	0	6873
les soldats	0	5454

Vivres.

Art. 6. Les vivres seront fournis à la compagnie indigène par les soins de l'administration de la marine.

La ration sera composée ainsi qu'il suit :

Pain	750 grammes par jour.
Eau-de-vie	12 centilitres... id.
Légumes secs	120 grammes ... id.
Lard salé (*)	180.... id...... id.
Café	20.... id...... id.
Sucre	20.... id...... id.

ASSAISONNEMENTS.

Sel	24 grammes par jour.
Huile d'olive	6...id....... id.

Habillement, linge et chaussure.

Art. 7. Il sera fourni à chaque homme de la compagnie indigène :

Deux vestes blanches,	Une paire de souliers,
Deux pantalons blancs,	Une casquette,
Trois chemises blanches,	Une trousse garnie,
Une chemise de laine bleue,	Une cravate noire,
	Une paire de guêtres blanches.

Art. 8. Les effets ci-dessus détaillés seront donnés, comme première mise, par les soins du magasin général. Ils seront confectionnés par les ouvriers du bataillon expéditionnaire, sur les indications fournies par l'officier commandant.

Il sera pourvu au remplacement et à l'entretien de ces effets à la charge des hommes et comme il est dit à l'article 4.

(*) Les dimanches, lundis, mercredis et jeudis.

Armement et équipement.

Art. 9. L'armement et l'équipement se composeront :

1º D'un fusil à percussion avec sa baïonnette ;

2º D'un sabre d'infanterie pour les sous-officiers et caporaux ;

3º D'une cartouchière.

Nomination de l'officier commandant.

Art. 10. M. Mariani, capitaine au corps royal d'état-major, remplira, dès à présent et jusqu'à nouvel ordre, les fonctions définies par l'art. 2 du présent arrêté.

Art. 11. M. le Commandant du bataillon expéditionnaire, M. le Chef du service administratif et M. le Capitaine d'état-major Mariani, sont chargés, chacun en ce qui le concerne, de l'exécution du présent arrêté.

Fait à Papeete, le 9 février 1846.

Le Régent,   Le Commissaire du Roi,

Signé : PARAITA.   Signé : BRUAT.

ARRÊTE Nº 76.

CRÉATION D'UN EMPLOI DE BRIGADIER DE LA DOUANE.

Nous, Gouverneur des Établissements français de l'Océanie, Commissaire du Roi près la Reine des Iles de la Société,

Vu la nécessité de mettre un terme à l'introduction en fraude, dans les Établissements, des marchandises prohibées ;

Attendu que les contraventions de cette nature, commises jusqu'à ce jour, doivent être attribuées surtout à l'absence d'un agent capable de diriger convenablement les visites à bord des bâtiments, et de veiller à l'observation, sur rade, des règlements et arrêtés ;

En vertu de l'art. 7 de l'Ordonnance royale du 28 avril 1843, rendue applicable aux Iles de la Société ;

Le Conseil de gouvernement entendu,

ARRÊTONS :

Art. 1er. Il est créé, à Papeete, un emploi de brigadier de la douane.

Le titulaire de cet emploi portera les insignes des brigadiers de la douane en France.

Il sera sous les ordres immédiats du Directeur du port et de la douane ; il aura, sous les siens, les canotiers du port pour ce qui concernera le service de la douane.

Art. 2. Le brigadier veillera à l'exécution des règlements de port et de douane, sur rade et sur la plage.

Art. 3. Il pourra, dans l'exercice de ses fonctions, requérir le concours de la police européenne ou indigène, et pourra être requis par elles selon les circonstances.

Art. 4. Le brigadier et ses préposés auront serment en justice, et leurs procès-verbaux feront foi jusqu'à inscription de faux.

Fait à Papeete, le 15 février 1846.

Signé : BRUAT.

ARRÊTÉ N° 77.

REMBOURSEMENT A L'ÉQUIPAGE DE LA CLÉMENTINE DE LA VALEUR DES EFFETS QU'IL A PERDUS DANS LE NAUFRAGE DE CE BATIMENT.

Nous, Gouverneur des Établissements français de l'Océanie, Commissaire du Roi près la Reine des Iles de la Société,

Vu la dépêche ministérielle du 17 mai 1845 qui prescrit de rembourser, à l'équipage de la goëlette de la colonie *la Clémentine*, la valeur des effets et du savon qu'il a perdus au moment du naufrage de cette goëlette sur les récifs de Faana, presqu'île de Taiarapu ;

Vu l'article 208 du règlement du 31 octobre 1840, et l'article 33 du règlement du 9 mars 1843 sur le service financier des Iles Marquises

En vertu de l'article 7 de l'Ordonnance royale du 28 avril 1843, rendue applicable aux Iles de la Société,

Le Conseil de gouvernement entendu,

ARRÊTONS :

Il sera payé aux onze officiers-mariniers, marins et mousses, de la *Clémentine*, désignés dans l'état arrêté, le 5 octobre 1844, par M. le chargé du service administratif à Papeete, et approuvé par M. le Ministre de la Marine et des Colonies, le 17 mai 1845, une somme brute de quatre cent quatre-vingt-dix-huit francs cinq cent soixante-seize millièmes, pour la valeur des effets et du savon qu'ils ont perdus, dans le naufrage de cette goëlette, à Faana, le 8 septembre 1844.

Cette dépense sera imputée sur les fonds de l'Exercice 1845 sous le titre : *Dépenses des Exercices clos.*

Fait à Papeete, le 15 février 1846.

Signé : BRUAT.

ARRÊTÉ N° 78

RÈGLEMENT DE PORT POUR MOOREA.

Nous, Gouverneur des Établissements français de l'Océanie, Commissaire du Roi près la Reine des Iles de la Société,

Vu l'article 7 de l'Ordonnance royale du 28 avril 1843, rendue applicable aux Iles de la Société.

Le Conseil de gouvernement entendu,

ARRÊTONS :

ART. 1er. Nul bâtiment au long cours ne pourra, à moins d'une autorisation spéciale et pour cause de force majeure, mouiller sur un autre point de l'île de Moorea, que le port de Papetoai.

ART. 2. Lorsque le pilote se présentera au large pour entrer un navire, il devra s'informer, avant de monter à bord, s'il n'y existe aucune maladie contagieuse, telle que choléra, fièvre jaune, petite vérole ou autres ; sur la réponse négative du capitaine, il entrera son navire en l'avertissant qu'il ne peut communiquer avec la terre qu'après avoir reçu le canot du port. Si des maladies contagieuses existent ou ont existé à bord, il signifiera au capitaine qu'il ait à continuer sa route ou à se rendre à Papeete. Si le bâtiment était entré sans pilote, le maître de port devra prendre les mêmes précautions, et faire partir le navire dans le plus bref délai possible.

ART. 3. Aussitôt que le bâtiment sera mouillé, l'embarcation du port se rendra à bord, remettra au capitaine le présent règlement. Le capitaine, avant de communiquer avec la terre, devra se rendre chez le maître de port et lui remettre immédiatement son manifeste.

ART. 4. S'il possède à bord des armes ou munitions de guerre, et des liquides prohibés, tels que rhum, eau-de-vie, genièvre, etc., etc., en dehors de ceux nécessaires à la consommation de son équipage, il lui sera signifié de prendre le large dans le plus bref délai ; et si, par une circonstance quelconque, il est dans l'impossibilité de le faire immédiatement, il remettra, dans les douze heures, un état détaillé de tous les objets ci-dessus désignés, et recevra, à bord, un garde qu'il nourrira et pour lequel il paiera une piastre par jour. Le bâtiment ne pourra communiquer avec la terre pendant tout le temps de cette relâche forcée ; le capitaine pourra seul descendre chez le maître de port pour remplir les formalités exigées.

ART. 5. Le maître de port visera l'état détaillé qui lui sera remis par le capitaine et en enverra une copie au directeur du port de Papeete, par la plus prochaine occasion ; il vérifiera, s'il le juge nécessaire, l'exactitude des déclarations qui lui auront été faites, et s'assurera, par une visite minutieuse, qu'il n'a été débarqué aucune des marchandises prohibées portées sur le manifeste.

ART. 6. Tout capitaine qui serait convaincu d'avoir fait une déclaration inexacte, ou qui ne pourrait représenter les armes ou munitions de guerre portées sur son manifeste, ou celles qu'il avait à bord lors de l'arrivée au port, sera passible d'une amende de dix à vingt mille francs; et, s'il est reconnu coupable d'un trafic de contrebande de guerre, le navire et la cargaison seront confisqués, sans préjudice de toutes autres peines prévues par la loi.

Art. 7. Tout bâtiment qui aura débarqué, en fraude, les liquides prohibés désignés à l'article 4, sera passible d'une amende de mille à cinq mille francs. A défaut de paiement, la cargaison et le navire serviront de gage.

Art. 8. Les capitaines ne pourront vendre aucune liqueur enivrante, telle que vin, bière, etc., qu'aux personnes munies d'une autorisation du chef, visée par le maître de port. Toute contravention sera punie de cent à mille francs d'amende, selon la quantité des liquides vendus. Toute embarcation trouvée faisant la fraude ou la contrebande sera confisquée avec tout ce qu'elle contient.

Art. 9. Le capitaine sera responsable de tout commerce défendu fait à bord, par quelque personne que ce soit, et signera une déclaration ainsi conçue : « Je soussigné déclare avoir été averti que la vente des « armes et munitions de guerre, aussi bien que celle des liqueurs alcoo- « liques, est prohibée dans les Iles de la Société, et que l'on m'a notifié « les pénalités que fait encourir la violation de cette défense. »

Art. 10. Le capitaine déclarera le nombre d'hommes embarqués à son bord et celui de ses passagers ; il ne pourra débarquer personne à Moorea sous aucun prétexte. Tout individu trouvé à terre, sans autorisation, sera considéré comme déserteur ou vagabond, et, dans ce dernier cas, passible des peines prévues par les arrêtés qui règlent la matière et retenu en prison jusqu'à ce qu'il puisse être envoyé à Papeete. Le capitaine restera responsable des contraventions de ses matelots et passagers.

Art. 11. Les capitaines devront rendre compte au maître de port, dans les vingt-quatre heures, de la désertion ou l'absence des personnes embarquées à leur bord, sous peine de deux à cinq cents francs d'amende.

Ils paieront huit piastres pour frais d'arrestation de chaque déserteur, deux piastres pour frais d'emprisonnement et un réal par jour pour frais de nourriture.

Art. 12. Nulle embarcation ne pourra circuler après huit heures et avant quatre heures du matin ; les hommes trouvés pendant cet intervalle seront arrêtés, et ne pourront être rendus à leur bord qu'après avoir payé deux piastres de frais d'arrestation et un réal par jour pour frais de nourriture.

Art. 13. Tout bâtiment qui jettera son lest dans la rade sera puni d'une amende de cinq mille francs ; en récidive, il sera confisqué. Toute négligence dans le lestage ou délestage sera punie d'une amende de trente à cinquante francs.

Art. 14. Les capitaines devront déposer, chez le maître de port, les lettres et paquets dont ils sont porteurs ; ils empêcheront leurs matelots ou passagers de se charger de lettres ou paquets pour des particuliers, et resteront solidaires pour toute contravention de ce genre, qui sera punie de mille francs d'amende ; ils ne pourront, sous peine de la même amende, recevoir d'autres lettres ou paquets que ceux qui leur seront remis, au départ, par le maître de port.

Art. 15. Il est défendu de recevoir des femmes indiennes à bord, sans une autorisation du chef ou du maître de port.

Art. 16. Les capitaines préviendront le maître de port vingt-quatre heures avant leur départ.

Art. 17. Si un capitaine n'acceptait pas la juridiction des indiens, il devrait attendre l'arrivée du juge de paix, que le maître de port ferait immédiatement demander à Papeete. Mais si un capitaine voulait se soustraire à l'action de la justice, soit en sortant du port sans autorisation, soit en employant la violence, la force devrait être employée, le bâtiment conduit à Papeete, et le coupable condamné à une amende de mille à cinq mille francs, sans préjudice des autres peines prévues par la loi.

Art. 18. Toute contravention aux règles établies, dont la pénalité n'est pas fixée, sera punie de dix à cinquante francs d'amende, et, en récidive, de cinquante à deux cents francs.

Art. 19. Les droits de pilotage pour les navires marchands seront de 3 fr. 75 cent. par pied, pour l'entrée et autant pour la sortie.

Les navires de guerre étrangers paieront :

Brigs et Corvettes	60 fr.
Grandes Corvettes	90
Frégates et Vaisseaux	120

Art. 20. Les navires qui entrent et sortent sans pilote paieront la moitié des droits de pilotage.

Les caboteurs ne paieront que s'ils demandent le pilote.

CABOTEURS.

Art. 21. Nul caboteur ne communiquera avec la terre avant de s'être rendu chez le maître de port ; il lui fera une déclaration verbale de tous les points où il a relâché, lui remettra les lettres qui lui auront été confiées, et ne devra se charger que de celles qui lui seront remises par lui au moment de son départ.

Art. 22. Aussitôt qu'un navire caboteur sera mouillé, le capitaine remettra au maître de port un état des liquides qu'il a à bord pour la consommation de son équipage. Cet état sera visé et enregistré sommairement sur un registre *ad hoc*. S'il avait des liquides prohibés à bord, il devrait exhiber une autorisation, autrement les liquides seraient saisis, et avis serait donné, à Papeete, le plus promptement possible.

Art. 23. Les caboteurs préviendront de leur départ vingt-quatre heures à l'avance. Lorsque le maître de port le jugera convenable, il vérifiera la consommation des spiritueux qui aura été faite à bord, et, s'il découvre quelque fraude, il poursuivra d'office le délinquant devant les tribunaux.

Art. 24. Tout caboteur convaincu d'avoir fait la fraude, ou la contrebande, sera passible des peines applicables aux bâtiments au long-cours.

Art. 25. Les caboteurs ayant tous des expéditions prises à Papeete ne pourront se prévaloir de leur ignorance des règlements établis, et resteront soumis, dans tous les ports des Iles de la Société, au règlement en vigueur au chef-lieu de l'Établissement.

Fait à Papeete, le 1er mars 1846.

Signé : BRUAT.

ARRÊTÉ N° 78 *bis*

CONCERNANT LA PROHIBITION DE LA VENTE DE L'EAU-DE-VIE ET AUTRES LIQUEURS ALCOOLIQUES.

Nous, Gouverneur des Établissements français de l'Océanie, Commissaire du Roi près la Reine des Iles de la Société,

Attendu qu'il est venu à notre connaissance que des liqueurs spiritueuses, prohibées par les lois, étaient vendues aux indigènes ;

Attendu que, dans les circonstances où se trouve le pays, il importe de réprimer sévèrement un trafic illicite qui peut amener de grandes perturbations et compromettre la sûreté de l'Établissement ;

Vu l'article 7 de l'Ordonnance royale du 28 avril 1843, rendue applicable aux Iles de la Société ;

Après en avoir conféré en Conseil de gouvernement,

ARRÊTONS :

Art. 1er. Jusqu'à nouvel ordre, le fait d'avoir vendu de l'eau-de-vie ou autres boissons prohibées, sera qualifié délit.

Art. 2. Toute personne contre laquelle une plainte régulière aura été dressée, pour vente de liqueurs prohibées, sera arrêtée préventivement et détenue jusqu'à ce que les tribunaux aient prononcé.

Art. 3. Toute personne convaincue de la vente desdites boissons sera condamnée à trois mois d'emprisonnement, indépendamment de l'amende prononcée par l'article 48 du règlement de police.

Art. 4. La caution ne sera pas admise dans les cas prévus par le présent arrêté.

Fait à Papeete, le 7 avril 1846.

Signé : BRUAT.

ARRÊTÉ N° 79.

MARQUES DISTINCTIVES DONNÉES AUX INDIGÈNES QUI RECONNAISSENT LE PROTECTORAT.

Nous, Gouverneur des Établissements français de l'Océanie, Commissaire du Roi près la Reine des Iles de la Société,

Vu l'état de guerre existant dans l'île de Taïti ;

Attendu que, pour prévenir des accidents et dans l'intérêt même de la sécurité de nos Établissements, il importe de donner des marques distinctives aux indigènes qui reconnaissent le Protectorat ;

Vu l'article 7 de l'Ordonnance royale du 28 avril 1843, rendue applicable aux Iles de la Société,

De concert avec le Régent, le Conseil de gouvernement entendu,

ARRÊTONS :

ART. 1er. Il sera délivré, par les soins de la Majorité, des marques distinctives aux hommes indigènes qui reconnaissent le gouvernement du Protectorat.

ART. 2. Tout indigène qui circulera, dans l'espace compris entre les avant-postes, sans être revêtu de ces marques, sera arrêté et conduit à la Majorité pour y être reconnu.

ART. 3. Tout indigène convaincu d'avoir porté, sans autorisation, les marques distinctives du Protectorat, sera arrêté et condamné à cinquante francs d'amende et de deux à cinq jours d'emprisonnement, ou à l'une de ces deux peines seulement, suivant l'appréciation du juge.

ART. 4. Le juge de paix et le juge indien réunis connaîtront des faits prévus par le précédent article.

ART. 5. Si les marques distinctives ont été prises dans un but coupable, l'emprisonnement sera de six mois à deux ans.

ART. 6. Tout individu coupable d'avoir donné, sans autorisation du Gouverneur, les marques distinctives, sera passible d'une amende de cinq cents francs à mille francs, et d'un emprisonnement de quinze jours à un mois.

Fait à Papeete, le 18 avril 1846.

Le Régent,   Le Commissaire du Roi,

Signé : PARAITA.   Signé : BRUAT.

ARRÊTÉ N° 80

LEVANT LE BLOCUS DE RAIATEA.

Nous, Gouverneur des Établissements français de l'Océanie, Commissaire du Roi près la Reine des Iles de la Société, commandant la subdivision navale,

Attendu que la paix a été conclue dans le groupe N.-O. des Iles de la Société ;

Vu l'article 7 de l'Ordonnance royale du 28 avril 1843, rendue applicable aux Iles de la Société ;

De concert avec le Régent, le Conseil de gouvernement entendu,

ARRÊTONS :

Art. 1er. Le blocus de l'île Raiatea est levé.

Art. 2. Notre arrêté du 15 avril 1845, n° 48, est et demeure abrogé.

Art. 3. Le présent arrêté sera rendu immédiatement exécutoire.

Fait à Papeete, le 19 avril 1846.

Le Régent,   Le Commissaire du Roi,

Signé : PARAITA.   Signé : BRUAT.

ARRÊTÉ N° 81.

ÉMISSION DE TRAITES, DITES TRAITES DE BORD.

Nous, Gouverneur des Établissements français de l'Océanie, Commissaire du Roi près la Reine des Iles de la Société,

Attendu que les quatre premiers mois de l'Exercice 1846 viennent de s'écouler, sans qu'il soit arrivé de France des traites ou du numéraire pour le service de la colonie ;

Attendu que les sommes actuellement en caisse sont insuffisantes pour les besoins du service courant, et qu'il est indispensable, pour se procurer le numéraire nécessaire aux petits paiements journaliers, d'émettre des traites ;

Vu l'impossibilité de mettre en circulation les triplicata de traites accompagnant la dépêche du 30 septembre 1845, n° 470, tant que les primata et duplicata de ces dites traites ne seront pas arrivés ;

Vu l'urgence et l'indispensable nécessité de subvenir aux besoins du service ;

En vertu de l'article 7 de l'Ordonnance royale du 28 avril 1843, rendue applicable aux Iles de la Société ;

D'après l'avis unanime du Conseil d'administration auquel a été appelé M. le Trésorier des Établissements,

ARRÊTONS :

Le Trésorier des Établissements français de l'Océanie émettra pour cinquante mille francs de traites, dites *traites de bord*.

M. le Chef du service administratif et M. le Trésorier colonial sont chargés, chacun en ce qui le concerne, de l'exécution du présent arrêté.

Fait à Papeete, le 23 avril 1846.

Signé : BRUAT.

ARRÊTÉ N° 82.

FONCTIONNAIRE CHARGÉ D'ÉTABLIR LES ACTES AUTHENTIQUES.

Nous, Gouverneur des Établissements français de l'Océanie, Commissaire du Roi près la Reine des Iles de la Société,

Attendu qu'il n'existe, dans les Établissements français de l'Océanie, aucune personne chargée de remplir les fonctions de notaire ;

Considérant la nécessité de pourvoir provisoirement à l'exercice de ces fonctions ;

Vu l'article 7 de l'Ordonnance royale du 28 avril 1843, rendue applicable aux Iles de la Société,

Le Conseil de gouvernement entendu,

ARRÊTONS :

Le commis de marine, remplissant les fonctions d'officier de l'état-civil, fera désormais, pour les Français et les étrangers, résidant à Taïti, les mêmes actes authentiques qu'il dresse pour les personnes appartenant aux services publics.

Fait à Papeete, le 30 avril 1846.

Signé : BRUAT.

ARRÊTÉ N° 83.

CRÉATION D'UN TRIBUNAL SPÉCIAL APPELÉ A PRONONCER SUR LA VALIDITÉ ET LA RÉPARTITION DES PRISES FAITES SUR L'ENNEMI.

Nous, Gouverneur des Établissements français de l'Océanie, Commissaire du Roi près la Reine des Iles de la Société,

En vertu des pouvoirs qui nous sont conférés,

ARRÊTONS :

ART. 1er. Lorsque des prises auront été faites sur l'ennemi et que des contestations s'élèveront pour leur distribution, il y sera pourvu de la manière suivante :

Si la réclamation est faite par des indigènes contre des indigènes, les juges des districts décideront ;

Si la contestation s'élève entre Français ou étrangers, la répartition sera faite par MM. Cloux, lieutenant de vaisseau, et Mariani, capitaine d'état-major, délégués par nous à cet effet ;

Enfin, si la contestation s'élève entre des Français ou étrangers et des indigènes, les juges français et indigènes se réuniront pour faire la répartition de la prise.

ART. 2. Si les réclamations ont lieu à Papeete, MM. Cloux et Mariani seront remplacés par le juge de paix.

ART. 3. Si parmi les objets capturés il en est qui soient reconnus comme ayant été enlevés à des étrangers, à des Français ou à des indigènes alliés, par les insurgés, ils seront rendus à leur propriétaire, qui devra donner aux capteurs un dédommagement égal au quart de la valeur de l'objet retrouvé.

Art. 4. Le Gouverneur, Commissaire du Roi, se réserve le droit de déclarer propriétés de l'État les prises qu'il jugera utiles au service de l'armée. — Un juste dédommagement sera accordé aux capteurs,

Art. 5. Les indigènes alliés ne pourront réclamer, comme leur propriété, des prises faites sur des gens de leur famille faisant partie de l'armée insurgée.

Bivouac de Papenoo, le 17 mai 1846 (1).

Signé : BRUAT.

ARRÊTÉ N° 84.

ÉMISSION DE TRAITES, DITES TRAITES DE BORD.

Nous, Gouverneur des Établissements français de l'Océanie, Commissaire du Roi près la Reine des Iles de la Société,

Attendu que les cinq premiers mois de l'exercice 1846 se sont écoulés, sans qu'il soit arrivé de France des traites ou du numéraire pour le service de la colonie ;

Attendu que les sommes actuellement en caisse sont loin de suffire aux achats des denrées de première nécessité dont le paiement ne peut être retardé sans un surcroît de dépenses pour le budget colonial;

Attendu qu'il résulte des situations présentées par M. le Chef du service administratif, qu'une somme de trois cent mille francs est aujourd'hui indispensable pour assurer l'approvisionnement en vivres et subvenir au service courant ;

---

(1) ORDRE.

Nous, Gouverneur des Établissements français de l'Océanie, Commissaire du Roi près la Reine des Iles de la Société,

Vu l'article 3 de notre arrêté du 17 mai dernier, n° 83 ;

Attendu qu'il importe de favoriser les travaux des personnes qui font des fournitures de vivres frais aux troupes expéditionnaires,

ORDONNONS :

Toute personne qui, pendant le cours des expéditions, prendra ou tuera des animaux, errant en liberté, dont la viande pourra être distribuée en rations, devra en faire la remise aux agents des subsistances, qui leur donneront en échange un certificat constatant la nature et la quantité de viande livrée.

Sur la présentation de ces certificats, l'administration des subsistances dressera des états comptables, au moyen desquels il sera donné suite au paiement.

Il est entendu que, si les animaux livrés appartenaient à des Français, à des étrangers ou à des indigènes alliés, le paiement devrait être fait aux véritables propriétaires, qui, aux termes de notre arrêté du 17 mai, donneraient aux capteurs un quart du montant des livraisons.

Il sera procédé d'après ces bases au paiement des fournitures de viande fraîche faites à la colonne expéditionnaire de Punaavia, depuis le 1er juin dernier.

Fait à Papeete, le 1er août 1846.

Signé : BRUAT.

Vu l'urgence et en vertu de l'article 7 de l'Ordonnance royale du 28 avril 1843, rendue applicable aux Iles de la Société ;

Après avoir pris l'avis du Conseil d'administration,

ARRÊTONS :

M. le Trésorier des Établissements français de l'Océanie émettra pour trois cent mille francs de traites, dites *traites de bord.*

M. le Chef du service administratif et M. le Trésorier colonial sont chargés, chacun en ce qui le concerne, de l'exécution du présent arrêté.

Fait à Papeete, le 5 juin 1846.

Signé : BRUAT.

ARRÊTÉ N° 85.

VERSEMENT DÉFINITIF AU TRÉSOR D'UNE CAUTION FOURNIE PAR LES GENS DE BORABORA (DISTRICTS DE FAANUI).

Nous, Gouverneur des Établissements français de l'Océanie, Commissaire du Roi près la Reine des Iles de la Société,

Attendu qu'une somme de mille quatre cent cinquante francs a été déposée, par les gens de Faanui (Borabora), entre les mains de M. le Commandant de l'*Uranie,* en garantie du maintien du *statu quo* à Borabora ;

Que cette même somme a été, par les soins de M. le Commandant de l'*Uranie,* mise en dépôt chez M. le Trésorier colonial ;

Attendu que, depuis cette époque, les habitants de Faanui, loin d'observer le *statu quo,* ont, au contraire, commis de nouveaux actes d'hostilités, et attaqué, à main armée, nos alliés de Vaitape qui ont dû chercher un refuge à bord de nos bâtiments de guerre ;

Considérant que, par le seul fait de cette violation de leur parole, les gens de Faanui perdent toute espèce de droit sur le dépôt remis à M. le Commandant de l'*Uranie* ;

En vertu de l'article 7 de l'Ordonnance royale du 28 avril 1843, rendue applicable aux Iles de la Société,

Le Conseil de gouvernement entendu,

ARRÊTONS :

ART. 1er. La somme de mille quatre cent cinquante francs, montant de la caution fournie par les habitants des districts de Faanui (île de Borabora), est confisquée au profit de l'État.

ART. 2. Il en sera fait recette au trésor, suivant les régles administratives.

Art. 3. M. le Chef du service administratif et M. le Trésorier colonial sont chargés, chacun en ce qui le concerne, de l'exécution du présent arrêté.

Fait à Papeete, le 22 juin 1846.

Signé . BRUAT.

<hr>

ARRÊTÉ N° 86

SUR LA QUOTITÉ DES FRAIS D'ARRESTATION, ET LEUR MODE DE PERCEPTION ET DE DISTRIBUTION.

Nous, Gouverneur des Établissements français de l'Océanie, Commissaire du Roi près la Reine des Iles de la Société,

Vu l'importance de compléter et de réunir, en un seul arrêté, les décisions qui fixent, pour Papeete, la quotité des frais d'arrestation et leur mode de perception et de distribution ;

En vertu de l'article 7 de l'Ordonnance royale du 28 avril 1843, rendue applicable aux Iles de la Société,

Le Conseil de gouvernement entendu :

ARRÊTONS :

Art. 1er. Toute personne arrêtée pour violation d'un article du règlement de police ou pour contravention à un règlement quelconque, lorsque ces violation ou contravention n'entraîneront pas jugement, devra payer dix francs pour frais d'arrestation, et soixante-deux centimes (un réal) pour frais de nourriture.

Toutefois, les matelots des bâtiments de guerre français et les indigènes ne paieront que cinq francs pour frais d'arrestation.

Les premiers ne paieront pas de frais de nourriture.

Art. 2. Les frais d'arrestation seront partagés de la manière suivante : deux tiers au trésor, un tiers aux polices européenne et indigène.

Art. 3. Les amendes provenant de condamnations prononcées par le juge de paix ou le juge indien de Papeete, seront partagées comme suit :

Deux tiers des amendes prononcées par le juge de paix au trésor, un tiers à la gendarmerie.

Deux tiers des amendes prononcées par le juge indien au trésor ; un tiers à la police indigène.

Art. 4. Les sommes provenant des ventes d'objets confisqués seront partagées par moitié entre le trésor et les capteurs.

Lorsque le saisi aura été condamné à une amende, la police conservera ses droits au tiers de cette amende, lors même que, par des considérations de compétence, l'affaire aurait été portée devant un autre tribunal que celui de la justice de paix.

Fait à Papeete, le 1er juillet 1846 (1).

Signé : BRUAT.

(1) *EXTRAIT d'une lettre du Gouverneur, Commissaire du Roi, à M. le Chef du service administratif, portant* règlement sur le mode d'administration et de comptabilité à établir, pour faire rentrer, sous le régime de l'Ordonnance royale du 31 mai 1838, les recettes intérieures des Établissements français de l'Océanie.

MONSIEUR,

Après avoir examiné les mesures que vous m'avez proposées, dans votre lettre du 30 juin dernier, pour l'application des prescriptions de la dépêche ministérielle du 3 janvier 1846 (*Colonies. — Bureau des Finances et Approvisionnements),* j'ai décidé que l'excédant des recettes de l'ex-caisse municipale serait versé au trésor, ainsi que vous l'avez expliqué, et aussitôt que le tribunal aurait réglé ses comptes.

Pour l'avenir, afin de régulariser les recettes locales autant que la situation actuelle du pays, la législation et les mœurs indigènes le permettent, MM. les Directeurs des affaires européennes et des affaires indigènes veilleront à l'exécution des dispositions que je vais indiquer.

Affaires Européennes. — Frais d'arrestation et de nourriture. — En ce qui concerne les frais d'arrestation et les frais de nourriture que le commissaire de police est chargé de percevoir, conformément à l'article 6 de la XIe loi de 1842, à l'article 15 du règlement de police et à mon arrêté du 1er juillet 1845, cet agent tiendra un registre spécial (modèle n° 1) qui sera toujours soumis à la vérification de l'administration, et qui, à la fin de chaque mois, sera, en outre, vérifié et arrêté par le directeur des affaires européennes. — Extrait de ce registre, signé par le commissaire de police, visé et certifié par le directeur des affaires européennes, sera mensuellement remis à l'administration pour être annexé à l'ordre de recette passé au nom du commissaire de police.

Amendes et dépens prononcés par le Juge de Paix. — Pour les amendes et dépens prononcés en justice de paix, après chaque jugement, avis des condamnations sera donné, par le juge, au directeur des affaires européennes et au commissaire de police.

Ce dernier sera chargé de faire le recouvrement des amendes et dépens ; il en tiendra un enregistrement (modèle n° 2, qui sera certifié véritable, en fin de mois, par le juge de paix et le directeur des affaires européennes. — On agira, du reste, pour les pièces à fournir à l'appui de l'ordre de recette, comme il vient d'être expliqué à l'article des *arrestations et frais de nourriture.*

Avant de faire opérer le versement au trésor, M. le Directeur des affaires européennes prélèvera sur les sommes perçues dans le mois celles qui, conformément aux lois du pays et aux arrêtés, sont attribuées aux agents de police. Les sommes ainsi retenues figureront, pour mémoire, sur l'état annexé à l'ordre de recette.

Amendes et dépens prononcés par les autres tribunaux. — Les amendes et dépens prononcés par les autres tribunaux de la colonie, seront versés au trésor, sur exécutoire de jugements, par les soins du greffier du tribunal, conformément aux dispositions des arrêtés n° 39 et 58. — Extrait du jugement en vertu duquel le versement aura lieu sera délivré à l'administration pour être annexé à l'ordre de recette passé au nom du greffier. — Cet extrait sera visé par le président du tribunal qui aura connu de l'affaire.

Recettes provenant des indigènes. — En ce qui touche les amendes et frais d'arrestations qui proviennent de la justice et de la police indigène, il est de toute impossibilité d'obtenir, et, par conséquent, il serait inutile d'exiger des pièces en forme, justificatives des recettes faites par les agents indigènes, et par eux versées au trésor dans les proportions indiquées par la XXIIe loi du Code taitien de 1845.

Pour suppléer, autant que possible, à ce manque de forme, M. le Directeur des affaires indigènes, entre les mains de qui les chefs et juges de tous les districts de Taïti et de Moorea ont toujours versé les fonds qui formaient autrefois une partie des revenus de la caisse municipale, continuera à percevoir ces recettes dont

ARRÊTÉ N° 87

FIXANT LE MODE DE PAIEMENT DES DROITS DE GREFFE.

Nous, Gouverneur des Établissements français de l'Océanie, Commissaire du Roi près la Reine des Iles de la Société,

Vu l'opportunité de décharger le trésor des frais divers qu'entraîne l'administration de la justice, et de fixer le mode de perception et la quotité des droits de greffe à percevoir ;

Vu le rapport de M. le Président du tribunal de 1re instance, en date du 24 juillet 1846 :

En vertu de l'article 7 de l'Ordonnance royale du 28 avril 1843; rendue applicable aux Iles de la Société,

Le Conseil de gouvernement entendu,

ARRÊTONS :

ART. 1er. Il sera perçu, à partir du 1er août prochain, au profit de

---

il tiendra enregistrement (modèle n° 3). Chaque chef, juge ou agent, opérant le versement, émargera vis à vis de la somme inscrite pour en certifier l'exactitude.

Après avoir, en présence de qui de droit, distribué aux chefs, mutoi et imiroa, la part qui leur revient sur les amendes et frais d'arrestation, M. le Directeur des affaires indigènes fournira trimestriellement, à l'administration, un relevé de son registre où figureront, pour mémoire, les sommes prélevées, et qui servira à établir et à appuyer l'ordre de recette passé au nom du directeur.

Ces dispositions principales, à l'occasion desquelles vous aurez à vous entendre avec MM. les Directeurs pour les questions de détail, me paraissent satisfaire complètement, en ce qui concerne les affaires européennes, et, autant que possible, pour les affaires indigènes, aux exigences des prescriptions ministérielles et d'une bonne administration.

J'approuve, du reste, les propositions que vous m'avez faites au sujet du mode de vente des objets provenant de confiscation.

M. l'Administrateur de la caisse municipale a dû, sur l'invitation que je lui en ai adressée, vous faire connaître toutes les dépenses qui, d'après mes ordres, ont été, jusqu'à ce jour, imputées sur les fonds de ladite caisse. — Le Ministre consacrant au budget, ainsi que vous l'avez remarqué, les dépenses qui étaient acquittées par cette caisse, je vous retourne les projets de budget que vous m'avez soumis et auxquels vous voudrez bien faire les modifications que j'y ai indiquées.

Les greffiers des tribunaux seront payés sur exécutoires de jugements et d'après une taxe spéciale qui me sera proposée par M. le Président du tribunal civil, et qui vous sera communiquée après avoir été arrêtée en conseil.

Patentes. — Les mesures que vous m'avez proposées concernant les patentes sont depuis longtemps mises à exécution. L'arrêté du 26 juin, n° 25, place les patentes dans les attributions du directeur des affaires européennes, qui a pris toutes les dispositions nécessaires pour que cette partie du service soit régulièrement établie.

La commission que vous me proposez de nommer ne pourrait donc que consacrer ce qui a été réglé par mon arrêté du 26 juin précité.

Toutefois, cette branche de recettes devant, comme toutes les autres, être soumise au contrôle de l'administration, j'ai décidé que toutes les patentes délivrées par le directeur des affaires européennes seraient visées par le chef du service administratif, qui en tiendra un double rôle, ainsi que cela avait lieu à la caisse municipale, et au moyen duquel il pourra suivre les recouvrements à faire par le trésorier. Recevez, etc.

Signé : BRUAT.

Fait à Papeete, le 6 juillet 1846.

MM. les greffiers du tribunal de 1re instance et de la Cour d'appel des
Iles de la Société, des droits de greffe d'après le tarif suivant :

Droit de mise au rôle............................ 5 fr. »
Procès-verbaux, procès-verbaux d'interrogatoire, actes, rapports,
    jugements, interlocutoires, etc.....................(le rôle). 1 50
Grosses ; expéditions des jugements civils, correctionnels ou de
    commerce ....(le rôle). 2 »
Enregistrement des jugements et actes du tribunal ....(le rôle). 2 »
Exécutoire des frais et dépens .... 4 »

Frais divers et éventuels :

Enregistrement d'actes particuliers, certificats de navigabilité,
    copies conformes, etc. ....(le rôle). 2 »
Droit de dépôt de titres, d'actes, etc., au greffe....(pour chacun). 3 »

Art. 2. Le montant de ces droits, fixé par exécutoire du tribunal,
signé du Président, sera perçu par les soins du greffier du tribunal qui
aura connu de l'affaire ; il sera versé au trésor à la fin de chaque mois,
après avoir été soumis au visa du chef du service administratif.

Art. 3. Les greffiers toucheront au trésor le montant des droits de
greffe sur bon du président et sur présentation de l'exécutoire.

Ces bons seront remis, à la fin du mois, à M. le Chef du service administratif qui fera régulariser la dépense.

Art. 4. Les sommes acquises par les greffiers, dans le courant du
mois de juillet 1846, et qui devaient être payées sur les fonds de la
caisse municipale, aujourd'hui supprimée, seront imputées sur le budget des Établissements *(Service intérieur)*.

Fait à Papeete, le 31 juillet 1846.

Signé : **BRUAT.**

ARRÊTÉ N⁰ 88

ORDONNANT LA MISE SOUS LE SÉQUESTRE DE TERRAINS APPARTENANT A
DES INSURGÉS.

Nous, Gouverneur des Établissements français de l'Océanie, Commissaire du Roi près la Reine des Iles de la Société,

Vu l'utilité de compléter l'acquisition des terrains destinés à être
distribués aux colons militaires, et de rendre l'État propriétaire de tout
l'espace qui s'étend des deux côtés du Broom-road, depuis la rivière de
Fautahua jusqu'à la propriété du S^r Le Rouge ;

Attendu que, dans le courant du mois de février dernier, les indiens
Iporo, Hiro et Ao, propriétaires d'une partie de ces terrains, étaient
déjà en arrangement avec le Domaine pour la cession du terrain, à eux
appartenant, compris dans l'espace désigné ci-dessus

Attendu que ces indiens, à la suite de l'attaque du 20 mars dernier, se sont retirés parmi les insurgés ; qu'ils arrêtent, par leur absence, la conclusion de cette affaire, et qu'il devient impossible de traiter avec eux de gré à gré,

Sur la proposition du Régent, le Conseil de gouvernement entendu,

ARRÊTONS :

ART. 1er. Les terrains portés sur le plan annexé au marché conclu avec les indiens Paraita, Tariirii, Paete, Paipai, Paoa, etc., comme appartenant aux nommés Iporo, Hiro et Ao, et enclavés dans les terrains acquis pour le compte de l'État, sont séquestrés et seront remis au Domaine.

ART. 2. Il sera statué ultérieurement, s'il y a lieu, sur les réclamations pécuniaires qui pourraient être faites par les propriétaires, s'ils se présentent pour conclure le marché commencé.

Fait à Papeete, le 5 août 1846.

Le Régent,   Le Commissaire du Roi,
Signé : PARAITA.   Signé : BRUAT.

ARRÊTÉ No 89

PORTANT DÉFENSE DE LAISSER ERRER LES CHÈVRES ET CHEVREAUX.

Nous, Gouverneur des Établissements français de l'Océanie, Commissaire du Roi près la Reine des Iles de la Société,

Vu les dommages causés aux plantations qui ornent la voie publique et aux propriétés particulières, par les chèvres errantes ;

Attendu que ces animaux doivent être nourris par ceux qui retirent bénéfice de leur possession ;

En vertu de l'article 7 de l'Ordonnance royale du 28 avril 1843, rendue applicable aux Iles de la Société,

Le Conseil de gouvernement entendu,

ARRÊTONS :

ART. 1er. Il est défendu de laisser errer les chèvres et chevreaux. Ceux qui seront rencontrés en liberté, dans l'espace compris entre le camp de l'Uranie et la Pointe des Cocotiers, seront saisis et mis en fourrière.

ART. 2. Si, dans les vingt-quatre heures qui suivront la mise en fourrière, les chèvres ou chevreaux saisis ne sont pas réclamés au commissaire de police, ce dernier les fera remettre à la direction des subsistances, où ils seront tués et dépouillés.

ART. 3. Un quart de la viande sera remis aux capteurs ; les trois autres quarts donnés à l'hôpital.

ART. 4. Si le propriétaire des chèvres ou chevreaux saisis vient les réclamer avant l'expiration du délai fixé à l'article 2, ils lui seront rendus moyennant une amende fixée à dix francs.

Art. 5. Le présent arrêté sera exécutoire à partir du 17 septembre 1846.

Fait à Papeete, le 9 septembre 1846.

Signé : BRUAT.

ARRÊTÉ N° 90

PORTANT DÉFENSE DE COMMUNIQUER AVEC LES INDIENS INSURGÉS.

Le Gouverneur des Établissements français de l'Océanie, Commissaire du Roi près la Reine des Iles de la Société, et le Régent des Iles de la Société,

Considérant que les relations et communications qui s'établissent, pendant la guerre, entre les insurgés et les indigènes alliés sont nuisibles aux intérêts politiques du pays et ne peuvent que retarder la pacification ;

Considérant qu'au moyen de ces communications, les insurgés peuvent se procurer les objets de première nécessité, dont ils manquent dans les vallées, et faire des achats d'armes et de munitions ;

Après avoir pris l'avis du Conseil de gouvernement, et des principaux chefs et juges, réunis en assemblée générale, le 10 septembre 1846,

ARRÊTENT :

Art. 1er. Les communications avec les insurgés sont défendues.

Les personnes qui vivent sous le gouvernement du Protectorat ne pourront, sous aucun prétexte, se rendre aux camps ou réunions des insurgés, et ces derniers ne pourront être reçus dans les districts soumis au Protectorat qu'aux conditions suivantes :

Nul ne sera reçu s'il ne fait sa soumission au gouvernement du Protectorat.

Seront admis à faire leur soumission :

1° Ceux qui rentreront avec leurs armes ;

2° Ceux qui rentreront avec toute leur famille ;

3° Ceux qui, n'ayant à l'armée ni armes ni famille, viendront rejoindre leurs parents.

Art. 2. Toutefois, il sera loisible aux chefs de districts de refuser les gens qui, tout en remplissant ces conditions, leur paraîtraient dangereux.

Ils pourront aussi ne pas exiger strictement l'exécution du précédent article si les gens qui demandent à rentrer leur paraissent sincères dans leur soumission.

Si la personne qui demande à rentrer est un homme de rang ou d'autorité parmi les insurgés, le chef de district, avant de l'admettre, devra en référer au Régent et au Directeur des affaires indigènes.

Ce dernier prendra les ordres du Gouverneur, Commissaire du Roi.

ART. 3. Tous les nouveaux admis devront être portés sur une liste tenue par chaque chef de district et par chaque commandant de poste, lorsqu'il y en aura un dans le district.

Les gens des districts de Pare et de Faaa qui feront leur soumission, devront, en outre, être portés sur le registre du Directeur des affaires indigènes à Papeete.

ART. 4. Pour assurer, à Papeete, l'exécution des mesures qui précèdent, les routes ci-après désignées seront seules ouvertes à la circulation pour entrer à Papeete ou en sortir.

Du côté de l'Est,

1º La route de Fareute ;
2º La route qui longe la propriété de M. Darling ;
3º Le grand Broom-road.

Du côté de l'Ouest,

1º Les routes qui aboutissent sur le pont de la Tipae-rui, au coin du jardin des troupes ;
2º Celle qui vient de la vallée de la Reine et aboutit au terrain de la mission anglaise, en passant par-dessus la montagne.

Tout indigène tentant d'entrer à Papeete ou d'en sortir par d'autres routes que celles ci-dessus indiquées sera provisoirement mis en état d'arrestation et conduit devant le juge, qui le condamnera à une piastre d'amende, si c'est un indien du Protectorat, et le fera remettre à la disposition du Régent et du Directeur des affaires indigènes, si c'est un insurgé.

ART. 5. Toute personne qui cherchera à sortir de Papeete avec des étoffes ou effets quelconques, sans être munie d'une permission spéciale, sera arrêtée et conduite devant le juge, qui prononcera la confiscation des effets saisis, sans préjudice des peines portées à l'article 4, s'il y a lieu.

En cas de récidive, ou s'il est prouvé que les effets saisis étaient destinés aux insurgés, la personne arrêtée sera condamnée à une amende de deux à cinq piastres, indépendamment de la confiscation des effets.

Les effets saisis seront acquis aux capteurs et aux personnes qui auront dénoncé la contravention.

ART. 6. Les pirogues devront, avant de sortir de la rade, communiquer, celles qui iront du côté de l'ouest, avec la maison d'Atiau-vahine, à Paofai ; celles qui iront à l'est, avec la maison de Taamu, à Fareute, où leur contenu sera visité.

Les effets pour lesquels il n'y aurait pas de permission spéciale seront retenus.

Art. 7. Toute personne, vivant sous le Protectorat, qui recevra dans sa maison une ou plusieurs personnes, venant du Nuu, et non régulièrement admises à séjourner, devra en prévenir immédiatement le chef du district, et, en outre, à Papeete, le Directeur des affaires indigènes.

Art. 8. Toute contravention au précédent article sera punie d'une amende de deux à cinq piastres, s'il n'y a eu que négligence à remplir les formalités, et d'un emprisonnement de huit à vingt jours, s'il y a eu intention d'enfreindre le présent arrêté.

Les mêmes pénalités seront applicables aux personnes qui se seront rendues aux camps des insurgés, sans y avoir été spécialement autorisées

Art. 9. Le présent arrêté sera exécutoire à partir du 20 septembre 1846, et jusqu'à la complète pacification du pays.

Fait à Papeete, le 10 septembre 1846.

<table>
<tr><td>Le Régent,</td><td>Le Commissaire du Roi,</td></tr>
<tr><td>Signé : PARAITA.</td><td>Signé : BRUAT.</td></tr>
</table>

ARRÊTÉ N° 91

INTERDISANT, AUX FRANÇAIS ET ÉTRANGERS, LES COMMUNICATIONS AVEC LES INDIENS QUI NE RECONNAISSENT PAS LE PROTECTORAT.

Nous, Gouverneur des Établissements français de l'Océanie, Commissaire du Roi près la Reine des Iles de la Société,

Vu l'état de guerre ;

Attendu que, pour faciliter la pacification du pays, il importe d'empêcher les insurgés de se procurer les vêtements, armes, munitions et autres objets qu'ils ne peuvent renouveler qu'en communiquant avec Papeete ou les navires, soit directement, soit par des intermédiaires ;

En vertu de l'article 7 de l'Ordonnance royale du 28 avril 1843, rendue applicable aux Iles de la Société,

Le Conseil de gouvernement entendu,

ARRÊTONS :

Art. 1er. Toute communication est formellement interdite avec tous les indiens qui ne reconnaissent pas le Protectorat et avec tous les points de l'île occupés par eux, soit qu'ils y séjournent d'une manière permanente ou qu'ils n'y soient établis que provisoirement.

Toute contravention à cet article sera punie de deux cents à cinq cents francs d'amende.

Art. 2. Toute embarcation qui touchera sur un point de la côte où il n'existe pas d'autorité établie par le gouvernement du Protectorat, sans en avoir obtenu la permission par écrit, sera confisquée.

Art. 3. Les personnes qui expédieront des embarcations à Punaavia, Taiarapu, ou sur un des points occupés par le gouvernement, devront faire viser leur billet de passe à la direction du port.

Si ces embarcations portent des marchandises, des objets de trafic ou d'échanges, la facture devra être présentée au capitaine de port, qui la vérifiera, la visera et fera mention de son visa sur le billet de passe.

Cette facture, ainsi visée, sera présentée, au point d'arrivée, à l'officier commandant le poste, qui fera constater rigoureusement que rien n'a été débarqué dans le trajet.

Les embarcations passant par l'est devront faire viser leur billet par l'officier commandant le poste de Haapape.

Art. 4. Toute fraude ou tentative de fraude entraînera, outre la confiscation de l'embarcation et des marchandises, une amende de cinq cents à mille francs, et, en récidive, de mille à cinq mille francs.

La personne qui aura expédié l'embarcation sera toujours solidairement responsable de toutes amendes prononcées pour violation de l'article précédent.

Art. 5. La moitié du produit de la vente des embarcations et marchandises saisies ou des amendes prononcées par suite de contravention au présent règlement, appartiendra à celui qui aura fait connaître la contravention.

Art. 6. Toute violation en récidive des articles ci-dessus entraînera un emprisonnement de cinq jours à un mois.

Art. 7. Le présent arrêté sera exécutoire à partir du 20 septembre 1846, et jusqu'à la complète pacification du pays.

Fait à Papeete, le 10 septembre 1846.

Signé : BRUAT.

ARRÊTÉ N° 92.

DISPOSITIONS SUPPLÉMENTAIRES POUR LA RÉPARTITION DES AMENDES.

Nous, Gouverneur des Établissements français de l'Océanie, Commissaire du Roi près la Reine des Iles de la Société,

En vertu de l'article 7 de l'Ordonnance royale du 28 avril 1843, rendue applicable aux Iles de la Société,

Le Conseil de gouvernement entendu,

ARRÊTONS :

Toutes les fois qu'une contravention sera portée devant le tribunal de 1re instance, la répartition des amendes qui pourront être prononcées sera faite comme il est dit à l'article 3 de l'arrêté du 1er juillet 1846.

Fait à Papeete, le 28 septembre 1846.

Signé : BRUAT.

ARRÊTÉ N° 93

LES LIQUEURS CONTENANT PLUS DE VINGT-TROIS PARTIES D'ALCOOL SUR CENT SONT PROHIBÉES.

Nous, Gouverneur des Établissements français de l'Océanie, Commissaire du Roi près la Reine des Iles de la Société,

Considérant que, dans l'intérêt de l'ordre et de la santé publique, les spiritueux sont prohibés dans les Établissements français de l'Océanie ;

Attendu que si une exception a été faite à cette règle pour la vente des vins, cette vente est soumise à des formalités qui ont pour but de prévenir les excès qu'elle pourrait entraîner ;

Attendu que, malgré les précautions prises par l'autorité à ce sujet, la falsification des vins par l'alcool donne à craindre que le débit de cette boisson, tel qu'il a lieu aujourd'hui, n'entraîne des inconvénients aussi graves que la vente de l'alcool même ;

En vertu de l'article 7 de l'Ordonnance royale du 28 avril 1843, rendue applicable aux Iles de la Société,

Le Conseil de gouvernement entendu,

ARRÊTONS :

ART. 1er. A partir du 1er janvier 1847, les vins ou autres boissons, dont la vente sera permise, ne devront pas contenir plus de vingt-trois parties d'alcool sur cent parties de liqueur.

ART. 2. Toutes boissons contenant plus de vingt-trois parties d'alcool seront considérées comme liqueurs alcooliques et soumises aux mêmes prohibitions que ces dernières.

Fait à Papeete, le 10 octobre 1846.

Signé : BRUAT.

ARRÊTÉ N° 94

PORTANT EXPROPRIATION, POUR CAUSE D'UTILITÉ PUBLIQUE, DES TERRAINS NÉCESSAIRES A LA CONSTRUCTION D'UNE CALE DE HALAGE DANS LA BAIE DE PAPEETE.

Nous, Gouverneur des Établissements français de l'Océanie, Commissaire du Roi près la Reine des Iles de la Société,

Vu le rapport de M. l'Ingénieur des constructions navales, en date du 2 octobre 1846 ;

Attendu qu'il résulte de ce rapport que, pour la construction d'une cale de halage dans la baie de Papeete, il est indispensable de procéder à l'expropriation pour cause d'utilité publique des terrains sur lesquels cette cale doit être établie ;

Vu l'article 7 de l'Ordonnance royale du 28 avril 1843, rendue applicable aux Iles de la Société,

Le Conseil de gouvernement entendu,

Arrêtons :

Art. 1er. Il sera immédiatement procédé, suivant les formes tracées par l'arrêté du 15 janvier 1844, à l'expropriation, pour cause d'utilité publique, des terrains nécessaires à la construction d'une cale de halage dans la baie de Papeete, et dont l'étendue et l'emplacement sont déterminés dans le plan annexé au présent arrêté.

Art. 2. M. le Directeur du génie, M. le Chef du service administratif et M. le Directeur des domaines sont chargés, chacun en ce qui le concerne, de l'exécution du présent arrêté.

Fait à Papeete, le 23 octobre 1846.

Signé : BRUAT.

ARRÊTÉ N° 95

FRAPPANT DE SÉQUESTRE LES BIENS IMMEUBLES APPARTENANT A LA REINE POMARE ET AUX PERSONNES DE SA FAMILLE QUI SONT SORTIES DES ILES TAITI ET MOOREA.

Nous, Gouverneur des Établissements français de l'Océanie, Commissaire du Roi près la Reine des Iles de la Société,

Vu les délibérations du Conseil de gouvernement en date des 12 et 30 du mois d'octobre ;

Vu la lettre du Régent des Iles de la Société du 28 du même mois ;

En vertu de l'article 7 de l'Ordonnance royale du 28 avril 1843, rendue applicable aux Iles de la Société,

De concert avec le Régent, le Conseil de gouvernement entendu,

Arrêtons :

Art. 1er. Tous les biens immeubles, de quelque nature qu'ils soient, appartenant à la reine Pomare ou aux personnes de sa famille, sorties des Iles Taïti et Moorea, sont mis sous le séquestre, et ils seront régis par l'administration des domaines.

Art. 2. Les chefs et les juges de district feront connaître, le plus tôt possible, au Directeur des affaires indigènes, la situation, la nature et la consistance des immeubles dont il est ci-dessus question.

Au moyen de ces renseignements et de tous autres qu'il pourra obtenir, le Directeur des affaires indigènes dressera un état général des immeubles ci-dessus spécifiés et le fera certifier véritable par les grands-juges.

Cet état sera ensuite remis à l'administration des domaines, qui consignera, sur un registre spécial, les déclarations qui y seront contenues.

Art. 3. Les contrats de location consentis, jusqu'à ce jour, par la reine Pomare ou les personnes de sa famille, continueront à recevoir, comme par le passé, leur pleine et entière exécution.

Art. 4. Le Directeur des domaines et le Directeur des affaires indigènes sont chargés, chacun en ce qui le concerne, de l'exécution du prése nt arrêté.

Fait à Papeete, le 9 novembre 1846.

Le Régent,
Signé : PARAITA.

Signé : BRUAT.

ARRÊTÉ No 96

FIXANT LA COMPÉTENCE DES TRIBUNAUX CORRECTIONNELS DANS LES CAS DE CRIMES OU DÉLITS COMMIS PAR DES INDIGÈNES CONTRE DES FRANÇAIS OU DES ÉTRANGERS, OU DE COMPLICITÉ AVEC DES FRANÇAIS OU DES ÉTRANGERS.

Nous, Gouverneur des Établissements français de l'Océanie, Commissaire du Roi près la Reine des Iles de la Société,

Attendu que nos arrêtés sur l'administration de la justice dans les Iles de la Société, ont confié aux Conseils de guerre seuls la répression des crimes commis par les habitants contre la sûreté de la colonie, ou contre les personnes et les propriétés des Français et des étrangers ;

Attendu que l'état de la législation sur les Conseils de guerre ne permet pas de changer la composition de ces tribunaux pour y introduire des juges indigènes ;

Considérant cependant que, tant que les crimes commis par les indigènes n'intéressent pas immédiatement la sûreté des Établissements, il est juste de ne pas soustraire entièrement les prévenus à leurs juges naturels et à leur législation particulière ;

Attendu qu'il existe un Tribunal mixte appelé à prononcer dans les affaires où des indigènes sont en cause avec des Français ou des étrangers ;

En vertu de l'article 7 de l'Ordonnance royale du 28 avril 1843, rendue applicable aux Iles de la Société,

De concert avec le Régent, le Conseil de gouvernement entendu,

ARRÊTONS :

Art. 1er. Toutes les fois qu'un vol commis par des indigènes au détriment de Français ou d'étrangers, ou commis par des indigènes de complicité avec des Français et des étrangers, entrera dans le cas prévu par l'art. 383 du Code pénal, sans réunir deux des circonstances citées à l'art. 381, les prévenus devront être renvoyés devant le Tribunal correctionnel.

Les peines prononcées par le Code métropolitain seront alors remplacées par les pénalités portées à l'art. 2 de la XIXᵉ Loi du Code taïtien, sur le vol, en y ajoutant un emprisonnement de un à cinq ans, qui pourra être changé par le Gouverneur, après délibération en Conseil de gouvernement, en la peine du bannissement.

Art. 2. Le vol commis dans les cas prévus par l'art. 386 du Code pénal sera également jugé par les Tribunaux correctionnels ; la pénalité sera celle portée au premier article du présent arrêté.

L'art. 463 du Code pénal sera toujours applicable dans les cas prévus par cet arrêté.

Fait à Papeete, le 24 novembre 1846.

Le Régent,
Signé : PARAITA.

Le Commissaire du Roi,
Signé : BRUAT.

ARRÊTÉ Nᵒ 97.

ÉMISSION DE TRAITES COLONIALES S'ÉLEVANT A LA SOMME DE SOIXANTE-DIX MILLE FRANCS.

Nous, Gouverneur des Établissements français de l'Océanie, Commissaire du Roi près la Reine des Iles de la Société,

Considérant que, depuis plusieurs mois, les ressources du trésor en Océanie ne suffisent plus aux exigences du service;

Attendu que les fonds annoncés par une dépêche ministérielle du 17 mars 1846, sur l'exercice écoulé, ne sont pas encore arrivés;

Que l'administration coloniale n'a reçu aucune valeur soit en numéraire, soit en traites, sur l'exercice 1847;

Qu'il résulte de cet état de choses une gêne considérable pour le service et un préjudice réel pour le crédit de la colonie;

Attendu que le paiement de la solde est arriéré de plusieurs mois et que les officiers, particulièrement, éprouvent par le manque de numéraire les plus grandes difficultés à se procurer les objets de première nécessité;

Attendu que M. le Chef du service administratif trouve aujourd'hui sur place une certaine quantité de numéraire à un taux moins élevé que celui de Valparaiso;

Qu'il y aurait par conséquent avantage, pour le trésor, à en faire l'acquisition, mais que l'épuisement des traites sur le caissier central du trésor y met obstacle ;

Par tous ces motifs; vu l'urgence;

Vu l'article 7 de l'Ordonnance royale du 28 avril 1843,

De l'avis unanime du Conseil d'administration,

ARRÊTONS :

Il sera émis, sur l'exercice 1847, pour soixante-dix mille francs de *traites coloniales.*

M. le Chef du service administratif et M. le Trésorier sont chargés, chacun en ce qui le concerne, de l'exécution du présent arrêté,

Fait à Papeete, le 21 janvier 1847.

Signé : BRUAT.

<h2 align="center">ARRÊTÉ N° 98</h2>

FIXANT LE TAUX DE LA PIASTRE DANS LES PAIEMENTS A FAIRE AUX INDIGÈNES.

Nous, Gouverneur des Établissements français de l'Océanie, Commissaire du Roi près la Reine des Iles de la Société,

Attendu que jusqu'à ce jour les indigènes à la solde du gouvernement ont pu être payés avec des pièces de cinq francs, mais qu'aujourd'hui la rareté de cette monnaie forcera de les solder en piastres, encaissées au taux de 5 fr. 25 l'une;

Attendu qu'il importe de ne pas déprécier notre monnaie aux yeux des indigènes, en donnant à la piastre une valeur supérieure à celle de la pièce de cinq francs;

Vu l'article 7 de l'Ordonnance royale du 28 avril 1843,

De l'avis du Conseil d'administration,

ARRÊTONS :

ART. 1er. Les piastres seront données aux indigènes au taux de cinq francs l'une.

ART. 2. Les paiements n'auront lieu en piastres qu'en cas de complet épuisement des pièces de cinq francs.

ART. 3. M. le Chef du service administratif et M. le Trésorier colonial sont chargés, chacun en ce qui le concerne, de l'exécution du présent arrêté.

Fait à Papeete, le 26 janvier 1847.

Signé : BRUAT.

ARRÊTÉ N° 99.

LIMITES DES TERRAINS MILITAIRES SUIVANT LE CÔTÉ EST DE LA PLACE DE PAPEETE.

Nous, Gouverneur des Établissements français de l'Océanie, Commissaire du Roi près la Reine des Iles de la Société,

Considérant que l'obstacle continu de l'est détermine les limites de la place de Papeete, depuis le bord de la mer jusqu'au pied du morne de Faiere;

Attendu que, dans l'intérêt de la défense des Établissements aussi bien que dans l'intérêt des propriétaires, il importe de fixer d'une manière précise les limites des terrains militaires suivant le côté est de cette place;

Sur le rapport de M. le Directeur du génie;

Vu l'article 7 de l'Ordonnance royale du 28 avril 1843,

Le Conseil de gouvernement entendu,

ARRÊTONS :

1re Section. — *Terrains militaires.*

ART. 1er. Les terrains militaires comprendront :

1° La zône des fortifications, proprement dites, depuis la contrescarpe jusqu'au pied du talus de la banquette à l'intérieur;

2° Une rue intérieure dite du rempart, de dix mètres de largeur, à partir du pied de la banquette.

ART. 2. Les habitants qui auraient des maisons sur cette rue ne seront pas troublés dans la jouissance de leurs propriétés, sous la condition expresse cependant de ne point faire à ces constructions de reprises en sous-œuvre ni même de grosses réparations ou toute autre espèce de travaux confortatifs.

2e Section. — *Servitudes imposées à la propriété pour la défense de la place.*

ART. 3. Dans l'étendue de cent mètres de la crête intérieure du rempart, il ne sera bâti aucune maison ni clôture de construction, à l'exception des clôtures en haies sèches ou en planches à claire-voie, sans pans de bois ni maçonnerie, lesquelles pourront être établies librement entre ladite limite et celle du terrain militaire.

ART. 4. Dans l'étendue de deux cent cinquante mètres au-delà des fortifications, il ne sera bâti aucune maison ni clôture de maçonnerie, mais au-delà de la première zône de cent mètres, il sera permis d'élever des bâtiments et clôtures en bois et en terre, sans y employer de pierres ni de briques, et avec la condition de les démolir immédiatement à la première réquisition de l'autorité militaire, dans le cas où la place, *déclarée en état de guerre*, serait menacée d'hostilités.

Au-delà de cette distance de deux cent cinquante mètres, il sera permis d'élever toutes clôtures et constructions.

Art. 5. Le cas arrivant où la place serait déclarée en état de guerre, les démolitions qui seraient jugées nécessaires, jusqu'à la distance de deux cent cinquante mètres, ne donneront lieu à aucune indemnité en faveur des propriétaires.

Art. 6. M. le Directeur du génie est chargé de l'exécution du présent arrêté, qui sera immédiatement rendu exécutoire.

Fait à Papeete, le 28 janvier 1847.
Signé : BRUAT.

ARRÊTÉ N° 100

ABROGEANT L'ART. 3 DE L'ARRÊTÉ DU 7 AVRIL 1846, N° 78 *bis*.

Nous, Gouverneur des Établissements français de l'Océanie, Commissaire du Roi près la Reine des Iles de la Société,

Attendu que les circonstances qui ont motivé notre arrêté du 7 avril 1846, n° 78 *bis*, se sont modifiées depuis cette époque;

Vu l'article 7 de l'Ordonnance royale du 28 avril 1843, rendue applicable aux îles de la Société,

Le Conseil de gouvernement entendu,

ARRÊTONS :

L'article 3 de notre arrêté du 7 avril 1846, n° 78 *bis*, est et demeure abrogé et remplacé par les dispositions suivantes :

Toute personne convaincue de la vente de boissons prohibées sera condamnée à un emprisonnement de quinze jours à deux mois, indépendamment de l'amende prononcée par l'article 48 du règlement de police.

Fait à Papeete, le 15 février 1847.
Signé : BRUAT.

ARRÊTÉ N° 101

ABROGE LES ARRÊTÉS N° 73, 83, 90, 91 et 95.

Nous, Gouverneur des Établissements français de l'Océanie, Commissaire du Roi près la Reine des Iles de la Société,

Attendu que les circonstances de guerre qui ont motivé nos arrêtés des 19 janvier, 17 mai, 10 septembre et 9 novembre 1846, n°s 73, 83, 90, 91, et 95, n'existent plus, et que ces arrêtés sont désormais sans objet;

En vertu de l'article 7 de l'Ordonnance royale du 28 avril 1843, rendue applicable aux îles de la Société,

Le Conseil de gouvernement entendu,

ARRÊTONS :

Les cinq arrêtés ci-dessus désignés sont et demeurent abrogés.

Fait à Papeete, le 17 février 1847.

Signé : BRUAT.

Certifié conforme :

L'Ordonnateur,

T. NESTY.

PAPEETE, le 29 février 1864 (*).

______

(*) Cette date est celle de la réception de la RÉÉDITION DES ARRÊTÉS aux Archives.

______

PAPEETE. — IMPRIMERIE DU GOUVERNEMENT.

LES
ARRÊTÉS DU GOUVERNEUR.

ARRÊTÉ N° 102

ÉTAT CIVIL DES FRANÇAIS ET DES ÉTRANGERS EN CE QUI CONCERNE
LES NAISSANCES ET LES DÉCÈS.

Nous, Gouverneur des Établissements français de l'Océanie, Commissaire du Roi près la Reine des Iles de la Société,

Attendu qu'en ce qui concerne les naissances et les décès, il importe que l'état civil des Français et des étrangers soit immédiatement et régulièrement établi dans les Établissements français de l'Océanie;

Vu l'article 7 de l'Ordonnance royale du 28 avril 1843, rendue applicable aux îles de la Société,

Le Conseil de gouvernement entendu.

ARRÊTONS :

Ire Section. — Naissances.

ART. 1er. Les déclarations de naissance seront faites dans les trois jours qui suivront l'accouchement, à l'officier de l'état civil de Papeete, si l'enfant est né à Papeete; et dans le mois qui suivra la naissance, s'il est né dans quelqu'autre partie de l'île de Tahiti ou à Moorea.

ART. 2. Pour ces déclarations et pour la rédaction de l'acte de naissance on se conformera aux prescriptions des art. 56 et 57 du Code civil, mais quand l'enfant sera né hors de Papeete, par dérogation aux dispositions de l'art. 55 du même code, et vu les distances qui séparent les administrés du chef-lieu, l'enfant ne sera point présenté à l'officier de l'état civil : la déclaration de deux témoins français, étrangers ou indigènes suffira.

ART. 3. Les personnes désignées dans l'art. 56 du Code civil qui négligeraient de faire les déclarations, dans les délais voulus, seront passibles des peines prévues à l'article 346 du Code pénal.

IIᵉ *Section. — Décès.*

Art. 4. Aucune inhumation ne sera faite à Papeete sans une autorisation écrite de l'officier d'état civil, qui ne pourra la délivrer qu'après s'être conformé aux dispositions de l'art. 77 du Code civil.

Cette autorisation, qui fixera l'heure à laquelle l'inhumation devra avoir lieu, sera présentée au commissaire de police avant le départ du convoi.

Art. 5. Pour les déclarations de décès et pour la rédaction de l'acte, on se conformera aux dispositions du chapitre 4 du titre 2 du Code civil.

Art. 6. Les dispositions du 3ᵉ § de la 6ᵉ section du livre III du titre 2 du Code pénal seront applicables aux contraventions prévues par la IIᵉ section du présent arrêté, qui sera exécutoire à compter du 1ᵉʳ avril 1847.

Fait à Papeete, le 20 février 1847.

Signé : BRUAT.

ARRÊTÉ N° 103

PORTANT DÉFENSE D'EXPORTER LE GROS BÉTAIL.

Nous, Gouverneur des Établissements français de l'Océanie, Commissaire du Roi près la Reine des Iles de la Société,

Vu la nécessité de compléter les dispositions de notre arrêté du 1ᵉʳ février 1844, relatif à la reproduction de la race bovine ;

Vu l'article 7 de l'Ordonnance royale du 28 avril 1843, rendue applicable aux Iles de la Société ;

Le Conseil de gouvernement entendu :

ARRÊTONS :

Art. 1ᵉʳ. L'exportation du gros bétail provenant des îles Taïti et Moorea, est défendue sans une permission spéciale du directeur des affaires européennes.

Art. 2. Les bestiaux de la même provenance ne pourront être embarqués pour la consommation des navires, sans que le commissaire de police n'ait été prévenu et qu'il ne se soit assuré que les formalités prescrites par l'arrêté précité, du 1ᵉʳ février 1844, ont été remplies.

Art. 3. Les contrevenants seront punis d'une amende de cent francs, et en récidive, de deux cents francs.

Les vendeurs et les acheteurs seront, simultanément et solidairement, passibles de ces peines.

Art. 4. Le présent arrêté est rendu immédiatement exécutoire.

Fait à Papeete, le 17 mars 1847.

Signé : BRUAT.

ARRÊTÉ N° 104.

ÉMISSION DE TRAITES COLONIALES (400,000 FR.).

Nous, Gouverneur des Établissements français de l'Océanie, Commissaire du Roi près la Reine des Iles de la Société,

Attendu que la prolongation de séjour, dans la colonie, des troupes qui doivent opérer leur retour en France, entraînerait des dépenses de vivres considérables ;

Qu'en conséquence, il est indispensable de pourvoir immédiatement au paiement des officiers, des fonctionnaires et des troupes qui vont être embarqués, et à l'ordonnancement, par urgence, des dépenses détaillées dans la lettre de M. le Chef du service administratif, en date du 1er de ce mois ;

Attendu, cependant, que les ressources du trésor colonial sont complètement épuisées ;

Sur le rapport de M. le Chef du service administratif,

De l'avis unanime du Conseil d'administration des Établissements, auquel a été appelé M. le Trésorier colonial ;

En vertu de l'article 7 de l'Ordonnance royale du 28 avril 1843, rendue applicable aux Iles de la Société ;

ARRÊTONS :

ART. 1er. Il sera immédiatement émis pour quatre cent mille francs de traites coloniales, divisées de la manière suivante :

```
152 traites de  250 fr.....................................38,000 fr.
190   id.        500 fr.....................................95,000
 72   id.      1,000 fr.....................................72,000
 21   id.      5,000 fr....................................105,000
  9   id.     10,000 fr.....................................90,000
                                          ─────────────
                         Somme égale..........400,000 fr.
```

ART. 2. M. le Chef du service administratif et M. le Trésorier colonial sont chargés, chacun en ce qui le concerne, de l'exécution du présent arrêté.

Fait à Papeete, le 2 avril 1847.

Signé : BRUAT.

______

ARRÊTÉ N° 105

MODIFIANT LA COMPÉTENCE DU JUGE DE PAIX.

Nous, Gouverneur des Établissements français de l'Océanie, Commissaire du Roi près la Reine des Iles de la Société,

Vu l'article 7 de l'Ordonnance royale du 28 avril 1843, rendue applicable aux Iles de la Société,

Le Conseil de gouvernement entendu,

ARRÊTONS :

Les articles 6 et 8 de notre arrêté du 13 avril 1845, n° 51, sur l'organisation de la justice de paix aux Iles de la Société, sont et demeurent abrogés et remplacés par les dispositions suivantes :

ART. 6. Le juge de paix connaîtra, en premier ressort seulement, *jusqu'au taux de la compétence, en dernier ressort, des tribunaux de 1re instance :*

, 1° De toutes les actions judiciaires énoncées à l'article 4 dudit arrêté, n° 51 ;

2° Des contraventions prévues par les arrêtés locaux.

Il connaîtra également, en premier ressort, de toutes les contraventions de douane qui n'emportent pas l'emprisonnement pour plus de cinq jours, à quelque somme que les confiscations, amendes et dommages-intérêts puissent s'élever.

ART. 8. Le tribunal de paix connaîtra des contraventions de police simple, telles qu'elles sont définies par le chapitre 1er du titre 1er du livre 2 du Code d'instruction criminelle.

Sont considérés comme contraventions de police simple, outre les faits énoncés dans le chapitre précité du Code d'instruction criminelle et au livre 4 du Code pénal, ceux prévus par les règlements de police émanés de l'autorité locale, lorsque le maximum de la peine prononcée par ces règlements n'excèdera pas cinq jours d'emprisonnement ou deux cents francs d'amende.

Fait à Papeete, le 13 avril 1847.

Signé : BRUAT.

ARRÊTÉ N° 106 (*)

PORTANT CRÉATION DE DEUX MARCHÉS A PAPEETE.

Nous, Gouverneur des Établissements français de l'Océanie, Commissaire du Roi près la Reine des Iles de la Société,

Considérant qu'il est important de rendre plus faciles les transactions journalières pour la vente des aliments de première nécessité ;

Que le moyen le plus simple d'y parvenir paraît être de déterminer des emplacements où les différentes denrées puissent être réunies sans qu'il en résulte d'encombrement sur la voie publique ;

(*) *Note de mars 1864.*—Trois actes portant la date du 15 avril 1847 : *Règlement de Port et de Douane, Instructions sommaires sur le Service de la Douane, Règlement sanitaire.* ont été imprimés et publiés dans la colonie, en leur temps, en dehors du présent recueil. On les reproduit aux annexes de cette réédition.

Vu l'article 7 de l'Ordonnance royale du 28 avril 1843, rendue applicable aux Iles de la Société,

Sur la proposition de M. le Directeur du génie,

Le Conseil de gouvernement entendu,

ARRÊTONS :

ART. 1er. Il sera créé deux marchés à Papeete : l'un aux poissons ; l'autre aux fruits, légumes, volailles, etc.

ART. 2. Le marché aux poissons sera établi sur la partie saillante de la plage formé par un dépôt de sable, en avant de l'ancien cours d'eau dit Papeara.

Le marché aux fruits, légumes, volailles, etc., sera établi sur la place comprise entre la clôture nord de la propriété occupée par les bureaux de l'administration, les clôtures des propriétés occupées par MM. Touchard, J. Salmon et Hooton, et par les rues partant de la plage et aboutissant au Broom-road.

ART. 3. Il sera pourvu par les soins de qui de droit, et dans les formes ordinaires, à l'acquisition des terrains ci-dessus désignés, soit à l'amiable, soit par voie d'expropriation.

ART. 4. Des règlements ultérieurs détermineront le mode d'administration de ces marchés et les obligations des marchands qui y apporteront des denrées.

ART. 5. M. le Directeur du génie, M. le Chef du service administratif et M. le Directeur des domaines sont chargés, chacun en ce qui le concerne, de l'exécution du présent arrêté.

Fait à Papeete, le 28 avril 1847.

Signé : BRUAT.

ARRÊTÉ N° 107

PORTANT DÉFENSE DE LAISSER ERRER LES BESTIAUX DANS L'ENCEINTE DE PAPEETE.

Nous, Gouverneur des Établissements français de l'Océanie, Commissaire du Roi près la Reine des Iles de la Société,

Attendu que des inconvénients graves peuvent résulter pour les propriétés et pour les personnes de l'usage, jusqu'à ce jour suivi, de laisser errer dans l'intérieur de la ville les bestiaux de toute espèce ;

Vu l'article 7 de l'Ordonnance royale du 28 avril 1843, rendue applicable aux Iles de la Société,

Le Conseil de gouvernement entendu,

ARRÊTONS :

ART. 1er. Il est expressément défendu de laisser errer les bestiaux à

Papeete, dans l'espace compris entre le pied des montagnes et la mer et limité à l'est par la pointe Fareute et les fortifications ; à l'ouest par l'enceinte du jardin des troupes et le marais de Paofai.

ART. 2. Les chevaux, bœufs, vaches, cochons ou tous autres animaux de ce genre, qui seraient trouvés en liberté, soit sur la voie publique, soit sur les propriétés d'autrui, pourront être saisis et mis en fourrière.

Les propriétaires des bestiaux saisis seront passibles d'une amende de dix francs, sans préjudice du remboursement des frais de nourriture, qui sont fixés à deux francs cinquante centimes par jour pour chaque animal, et de toutes demandes de dommages-intérêts qui pourraient être formées par les personnes sur les propriétés desquelles les bestiaux auraient été pris.

ART. 4. Le présent arrêté sera mis à exécution, pour le gros bétail, le 20 du mois courant ; pour les cochons et autres menus bestiaux, le 1er janvier 1848.

Fait à Papeete, le 10 mai 1847.

Signé : BRUAT (*).

ARRÊTÉ N° 108

FIXANT LE COURS LÉGAL DES PIÈCES D'ARGENT ET DE CUIVRE.

(Abrogé par l'arrêté n° 125.)

Nous, Gouverneur des Établissements français de l'Océanie, Commissaire du Roi près la Reine des Iles de la Société,

Considérant que l'introduction de la monnaie française dans les établissements de l'Océanie, concurremment avec les monnaies des républiques américaines, a donné lieu à quelques difficultés de supputation qu'il importe de lever, en déterminant d'une manière précise le rapport des différentes pièces en circulation avec l'étalon de monnaie fixé par notre arrêté du 20 novembre 1843 ;

Vu l'article 7 de l'Ordonnance royale du 28 avril 1843, rendue applicable aux Iles de la Société ;

Le Conseil de gouvernement entendu,

ARRÊTONS :

Les pièces d'argent et de cuivre dont la nomenclature est ci-dessous présentée seront désormais les seules ayant cours dans les Établisse-

---

(*) *Note de mars 1864.*—C'est par erreur que dans la première édition M. Lavaud est désigné comme le signataire de cet arrêté. M. Lavaud n'est entré en fonctions que le 23 mai 1847, jour où M. Bruat a cessé les siennes.

ments, et leur valeur sera réglée au centième de l'étalon adopté, d'après le tarif suivant :

Pièces d'argent.

Demi-piastre..............................	50 centièmes.
Pièces de 2 francs........................	40
Double réal..............................	25
Franc...................................	20
Réal....................................	12 1/2
Demi-franc..............................	10
Medio..................................	6 1/4
Quart de franc...........................	5

Pièces de cuivre.

Décime.................................	2 centièmes.
Pièce de 5 centimes......................	1

Fait à Papeete, le 10 mai 1847.

Signé : BRUAT.

ARRÊTÉ N° 109

PORTANT MODIFICATION DE L'ARTICLE 5 DE L'ARRÊTÉ DU 26 JUIN 1844 (*).

Nous, Gouverneur des Établissements français de l'Océanie, Commissaire du Roi près la Reine des Iles de la Société,

Vu l'article 7 de l'Ordonnance royale du 28 avril 1843, rendue applicable aux Iles de la Société ;

Le Conseil de gouvernement entendu,

ARRÊTONS :

ART. 1er. A dater du 1er juin prochain les patentes seront délivrées par les soins de M. le Chef du service administratif. Mais aucun restaurant nouveau ne pourra être établi sans l'autorisation de M. le Gouverneur.

ART. 2. L'article 5 de l'Arrêté du 26 juin 1844 (**), n° 25, portant règlement sur les patentes, est et demeure abrogé ; il sera remplacé par les dispositions suivantes :

Toute personne qui prendra une patente, après le commencement du trimestre, paiera la partie proportionnelle depuis le jour de l'ouverture de sa maison.

M. le Chef du service administratif est autorisé à faire telle diminution qu'il jugera convenable dans le tarif applicable aux personnes, lorsqu'il sera reconnu que le peu d'importance de leur commerce peut donner lieu à réduction des tarifs fixés.

La décision prise à ce sujet sera motivée, mentionnée sur la patente et approuvée par nous.

La diminution ne pourra jamais être de plus de moitié.

Les redevables en retard seront contraints ; ils seront en conséquence avertis par les soins du chef du service administratif. Dix jours après l'avertissement, le paiement pourra être poursuivi par la saisie et la vente des marchandises et meubles du redevable.

Tout individu qui expose des marchandises en vente, dans quelque lieu que ce soit, est tenu d'exhiber sa patente toutes les fois qu'il en est requis par le juge de paix, le commissaire de police, etc., etc.

Fait à Papeete, le 31 mai 1847.

Signé : LAVAUD.

(*) *Note de mars 1864.*—C'est par erreur que la première édition indique que cet arrêté est du 24 juin 1846. Voir arrêté n° 25, page 23 de la présente réédition (26 juin 1844).

(**) La première édition reproduit ici la même erreur en ce qui concerne l'année.

ARRÊTÉ N° 110

PORTANT CRÉATION D'UN PROCUREUR DU ROI PRÈS LES TRIBUNAUX CIVILS
DES ILES DE LA SOCIÉTÉ.

Nous, Gouverneur des Établissements français de l'Océanie, Commissaire du Roi près la Reine des Iles de la Société,

Vu l'opportunité de mettre la composition des tribunaux en harmonie avec les ressources en personel qui existent dans l'Établissement ;

Vu la nécessité de faciliter la répression des crimes et délits en assurant l'action du ministère public auprès des tribunaux ;

Vu l'article 7 de l'Ordonnance royale du 28 avril 1843, rendue applicable aux Iles de la Société,

Le Conseil de gouvernement entendu,

ARRÊTONS :

ART. 1er. Par dérogation à l'arrêté N° 52, fixant la composition des tribunaux des Iles de la Société, il est créé une place de Procureur du Roi près la Cour d'appel et le Tribunal de première instance.

ART. 2. M. Dugat, officier de gendarmerie, remplira ces fonctions dans tous les cas où l'intervention du ministère public est prescrite par le Code métropolitain.

ART. 3. Il ne sera nommé dorénavant qu'un seul juge suppléant au Tribunal civil de première instance.

Fait à Papeete, le 11 juin 1847.

Signé : LAVAUD.

ARRÊTÉ N° 111.

CIRCULATION PENDANT LA NUIT.

Nous, Gouverneur des Établissements français de l'Océanie, Commissaire du Roi près la Reine des Iles de la Société,

Attendu que les circonstances qui ont motivé l'adoption de quelques-unes des dispositions de l'arrêté du 10 mai 1845, se trouvent modifiées par la pacification et l'état actuel du pays ;

Attendu, cependant, que la difficulté d'exercer une surveillance suffisante, dans un espace aussi étendu que celui qu'occupe l'Établissement de Papeete, rend indispensable qu'il soit fixé des limites à la liberté de circuler pendant la nuit ;

Vu l'article 7 de l'Ordonnance royale du 28 avril 1843, rendue applicable aux Iles de la Société ;

Le Conseil de gouvernement entendu,

ARRÊTONS :

ART. 1er. L'article 22 du règlement de police du 10 mai 1845, mo-

19

difié par l'arrêté du 25 août de la même année, est et demeure rédigé de la manière suivante :

« Les Français et étrangers autorisés à séjourner à Taïti, et les indi-
« gènes remplissant des fonctions publiques, ne pourront circuler après
« dix heures sans s'être précautionnés d'un fanal allumé. »

Art. 2. Toute contravention entraînera, outre l'arrestation, une amende de *dix* à *cinquante francs*.

Fait à Papeete, le 21 juin 1847.

Signé : LAVAUD.

ARRÊTÉ Nᵒ 112

PORTANT DÉFENSE DE VENDRE D'AUTRES VINS QUE CEUX DE FRANCE.

Nous, Gouverneur des Établissements français de l'Océanie, Commissaire du Roi près la Reine des Iles de la Société,

Attendu que le but que l'on s'était proposé dans l'arrêté du 10 octobre 1845 n'a pas été atteint ;

Attendu que l'intérêt de la santé publique, autant que le maintien du bon ordre, exige la répression complète et immédiate de la vente des liquides contenant une trop grande quantité de parties d'alcool ;

Vu l'article 7 de l'Ordonnance royale du 28 avril 1843, rendue applicable aux Iles de la Société ;

Le Conseil de gouvernement entendu,

ARRÊTONS :

Art. 1ᵉʳ. Tous les vins, autres que ceux de France, sont soumis à la même prohibition que les alcools.

Art. 2. La vente illicite, l'introduction ou la détention en fraude de tous autres vins que les vins de France, entraîneront les amendes et pénalités applicables à la vente, introduction ou détention de liqueurs spiritueuses.

Art. 3. Le présent arrêté sera exécutoire à partir du 20 juillet.

Fait à Papeete, le 16 juillet 1847.

Signé : LAVAUD.

ARRÊTÉ Nᵒ 113

RÉGLANT LA NAVIGATION AU CABOTAGE DANS LES ILES DE LA SOCIÉTÉ DÉPENDANT DU PROTECTORAT.

Nous, Gouverneur des Établissements français de l'Océanie, Commissaire du Roi près la Reine des Iles de la Société,

Vu la dépêche ministérielle du 16 juillet 1844 portant instruction sur le régime de francisation aux Iles Marquises et de la Société ;

Vu l'article 7 de l'Ordonnance royale du 28 avril 1843, rendue applicable aux Iles de la Société,

Le Conseil de gouvernement entendu,

ARRÊTONS :

ART. 1er. A partir du 1er janvier 1848, tous bâtiments caboteurs portant le pavillon français, devront être commandés par des Français.

Chaque équipage devra être composé de deux tiers de Français ou d'indiens.

ART. 2. Jusqu'à cette époque, il ne sera délivré aucun acte de francisation à tout bâtiment commandé par un étranger.

ART. 3. Le chef du service administratif à Taïti demeure chargé de l'exécution du présent arrêté.

Fait à Papeete, le 27 août 1847.

Signé : LAVAUD.

ARRÊTÉ N° 114

CONCERNANT LES INDIGÈNES QUI VEULENT SE LIVRER A LA NAVIGATION.

Nous, Gouverneur des Établissements français de l'Océanie, Commissaire du Roi près la Reine des Iles de la Société,

Attendu qu'il est dans l'intérêt de la civilisation et du commerce des Iles de la Société, placées sous le Protectorat de la France, que la navigation du cabotage soit faite en commun et exclusivement par les Français et les indigènes.

Attendu que pour parvenir à ce but, il est nécessaire de former des marins pris dans la population indigène.

Vu l'article 7 de l'Ordonnance royale du 28 avril 1843, rendue applicable aux Iles de la Société,

Le Conseil de gouvernement entendu,

ARRÊTONS :

ART. 1er. Tout indigène qui voudra servir sur les bâtiments de la colonie, l'*Ana*, la *Sultane*, la *Papeete*, etc., etc., etc., pourra se présenter devant le commissaire de l'inscription maritime qui le portera sur un rôle spécial à cet effet.

ART. 2. Tout indigène qui se présentera devra être, par son âge et sa constitution, capable d'un bon service.

Ces conditions réunies, il sera, de suite, placé sur un des bâtiments locaux.

ART. 3. La solde et la ration de vivres des indigènes embarqués seront les mêmes que pour les marins français servant sur les bâtiments de Sa Majesté.

Art. 4. M. le Chef du service administratif est chargé de l'exécution du présent arrêté.

Fait à Papeete, le 11 juin 1847.

Signé : LAVAUD.

ARRÊTÉ N° 115

CONCERNANT LES POIDS ET MESURES.

Nous, Gouverneur des Établissements français de l'Océanie, Commissaire du Roi près la Reine des Iles de la Société,

Considérant que la multiplicité des poids et mesures employés en commerce dans les îles Taïti, Moorea et autres, dépendant du gouvernement de Protectorat français, est un sujet de confusion et de difficultés dans les transactions commerciales ;

Considérant que cette même multiplicité dans les poids et mesures peut donner lieu à de graves abus et à de fréquentes erreurs ;

Vu la nécessité d'introduire dans les Établissements l'uniformité des poids et mesures employés en France, et ressortant du système métrique décimal ;

Vu l'article 7 de l'Ordonnance royale du 28 avril 1843, rendue applicable aux Iles de la Société,

Le Conseil de gouvernement entendu,

ARRÊTONS :

Première Section.

Art. 1er. A partir du 1er janvier 1848 tous poids et mesures autres que les poids et mesures établis en France, seront interdits dans les îles Taïti, Moorea et autres, dépendant du Protectorat français, sous les peines portées par l'article 479 du Code pénal.

Les poids et mesures qui ont été en usage jusqu'à ce jour chez les divers commerçants devront être déposés au magasin général de la marine pour y être détruits ou exportés.

Art. 2. Ceux qui auront des poids et mesures autres que les poids et mesures ci-dessus reconnus, dans leurs magasins, boutiques, ateliers ou maisons de commerce, ou dans les halles ou marchés, seront punis comme ceux qui les emploieront conformément à l'article 479 du Code pénal.

Art. 3. A compter de la même époque, toute dénomination de poids et mesures autres que celles portées dans le tableau annexé au présent arrêté sont interdites dans les actes publics, registres publics, annonces et affiches, dans les actes sous seing privé et autres écritures privées produits en justice.

Les officiers publics contrevenants seront passibles d'une amende de 20 francs qui sera recouvrée sur contrainte.

L'amende sera de 10 francs pour les autres contrevenants ; elle sera perçue pour chaque acte ou écriture sous signature privée. Quant aux registres de commerce, ils ne donneront lieu qu'à une seule amende pour chaque contestation dans laquelle ils seront produits.

ART. 4. Il est défendu aux juges et arbitres de rendre aucun jugement ou décision en faveur des particuliers, en faveur des actes, registres ou écrits dans lesquels les dénominations interdites par l'article précédent auraient été insérées, avant que les amendes encourues aux termes dudit article aient été payées.

2e Section. — De la vérification.

ART. 5. Afin d'éviter toute contrefaçon et toute altération, la vérification des poids et mesures destinés et servant au commerce, sera faite provisoirement par le commissaire de police et les officiers de police judiciaire à Taïti, et par un agent du gouvernement à Moorea.

ART. 6. Il sera fourni un étalon prototype de chaque poids et mesures audit commissaire de police ; un autre assortiment d'étalon prototype de chaque espèce de poids et mesures sera déposé au magasin général de l'administration.

ART. 7. Les poids et mesures nouvellement fabriqués seront délivrés au commerce, vérifiés et poinçonnés, par les soins de l'administration, quinze jours avant le 1er janvier.

Ils seront soumis à une vérification périodique, pour reconnaître si la conformité avec les étalons n'a pas été altérée.

ART. 8. Tout commerçant qui se livre à plusieurs genres de commerce devra être pourvu de l'assortiment de poids et mesures fixés pour chacun d'eux.

ART. 9. La vérification périodique se fera tous les ans.

Le commissaire de police vérificateur devra vérifier et poinçonner les poids, mesures et instruments qui lui seront exhibés.

Il fera note de tout sur un registre portatif qu'il fera émarger par l'assujéti, et si celui-ci ne sait signer il le constatera.

ART. 10. Le commissaire de police vérificateur pourra toujours faire, soit d'office, soit sur la réquisition du procureur du Roi ou sur l'ordre de toute autorité compétente, des visites extraordinaires et inopinées chez les assujétis.

ART. 11. Les balances, romaines ou autres instruments de pesage, seront soumis à la vérification primitive, et poinçonnés avant d'être exposés en vente ou livrés au public,

Ils seront inspectés dans leur usage et soumis, sur place, à la vérification périodique.

3e Section. — *Des infractions et du mode de les constater.*

Art. 12. Le commissaire de police à Taïti et l'agent du gouvernement à Moorea, vérificateur, constateront les contraventions prévues par les lois et règlements, dans les dépendances du Protectorat, au sujet de l'altération où de la défectuosité des poids et mesures. Leurs procès-verbaux feront foi en justice jusqu'à preuve du contraire.

Art. 13. Ils ne pourront exercer ces fonctions qu'après avoir prêté le serment devant le Tribunal de 1re instance, tel qu'il est prescrit par la loi du 31 août 1830.

Art. 14. Les vérificateurs saisiront tous les poids et mesures autres que ceux maintenus par le présent arrêté, ainsi que ceux qui seraient altérés ou défectueux, ou non revêtus des marques légales de la vérification.

Art. 15. Les vérificateurs dresseront leurs procès-verbaux dans les vingt-quatre heures de la contravention par eux constatée. Tout procès-verbal devra être écrit par eux et remis dans les cinq jours (pour Taïti) et dans les quinze jours (pour Moorea) qui suivront la contravention, au juge de paix, qui se conformera aux règles établies par les articles 20 et 21 du Code d'instruction criminelle.

4e Section. — *Des droits de vérification.*

Art. 16. Toute contravention aux prescriptions de la section précitée et à celles du présent arrêté, seront punies d'une amende de onze à quinze francs, sans préjudice des autres peines prononcées par les tribunaux correctionnels contre ceux qui auraient fait usage de ces faux poids et de ces fausses mesures.

Fait à Papeete, le 31 mai 1847.

Signé : **LAVAUD.**

Annexe à l'arrêté N° 115.

TABLEAU DES MESURES LÉGALES.
Loi du 18 germinal an III.

NOMS SYSTÉMATIQUES.	VALEUR.
Mesures de longueur.	
Myriamètre	10,000 Mètres.
Kilomètre	1,000 Mètres.
Hectomètre	100 Mètres.
Décamètre	10 Mètres.
Mètre	Unité fondamentale des poids et mesures (*), dix-millionième partie du quart du méridien terrestre.
Décimètre	Dixième du mètre.
Centimètre	Centième du mètre.
Millimètre	Millième du mètre.
Mesures agraires.	
Hectare	Cent ares ou 10,000 mètres carrés.
Are	Cent mètres carrés, carré de 10 mètres de côté.
Centiare	Centième de l'are ou mètre carré.
Mesures de capacité pour les liquides et les matières sèches.	
Kilolitre	1,000 litres.
Hectolitre	100 litres.
Décalitre	10 litres.
Litre	Décimètre cube.
Décilitre	Dixième du litre.
Mesures de solidité.	
Décastère	Dix stères.
Stère	Mètre cube.
Décistère	Dixième du stère.
Poids.	
Kilogramme	1,000 kilogrammes, poids du mètre cube d'eau et du tonneau de mer. 100 kilogrammes, quintal métrique. 1,000 grammes, poids dans le vide d'un décimètre cube d'eau distillée à la température de quatre degrés centigrades (**).
Hectogramme	100 grammes.
Décagramme	10 grammes.
Gramme	Poids d'un centimètre cube d'eau à quatre degrés centigrades.
Décigramme	Dixième de gramme.
Centigramme	Centième de gramme.
Milligramme	Millième de gramme.
Monnaie.	
Franc	Cinq grammes d'argent au titre de neuf dixièmes de fin.
Décime	Dixième du franc.
Centime	Centième du franc.

(*) L'étalon prototype en platine, déposé aux archives le 4 Messidor an VII, donne la longueur du mètre quand il est à la température de zéro.

(**) L'étalon prototype en platine, déposé aux archives le 4 Messidor an VII, donne dans le vide le poids légal du kilogramme.

ARRÊTÉ N° 116

Nous, Gouverneur des Établissements français de l'Océanie, Commissaire du Roi près la Reine des Iles de la Société,

Vu la nécessité de réunir dans un seul corps d'arrêtés les dispositions relatives à la police des liqueurs enivrantes en ce qui concerne les indigènes ;

Attendu que l'intérêt de la population en général, aussi bien que l'intérêt de l'ordre public, exigent et nécessitent le maintien des mesures répressives de l'ivresse et de l'abus des liqueurs spiritueuses ;

Attendu que les arrêtés du gouverneur de 1845, en apportant une modification aux pénalités fixées par les lois 2 et 3 du Code taïtien de 1842, ont laissé sur la matière un vague et une incertitude qu'il est urgent de faire cesser ;

Vu la décision prise par l'Assemblée législative de 1845, relativement aux lois 2 et 3 du Code taïtien de 1842 ;

En vertu de l'Ordonnance royale du 28 avril 1843, rendue applicable aux Iles de la Société, et de la convention du 5 août 1847 ;

De concert avec le Reine, le Conseil de gouvernement entendu,

ARRÊTONS :

ART. 1er. Toutes les fois qu'un indigène sera rencontré en état d'ivresse par un juge, un constable, un mutoi ou toute autre personne d'autorité, quels que soient les liquides à l'aide desquels cet indigène se soit enivré, il sera jugé et condamné, si c'est un homme, à faire 50 brasses de route, si c'est une femme, à faire 5 brasses de tapa.

ART. 2. Si un indigène s'enivre et trouble la tranquillité publique ou cause du scandale, il sera arrêté et conduit en prison, et lorsque son ivresse sera passée, il sera jugé et condamné, si c'est un homme, à faire 50 brasses de route et à payer dix francs pour frais d'emprisonnement, si c'est une femme, elle fera 5 brasses d'étoffe et paiera dix francs d'amende.

ART. 3. Lorsque les constables, les mutoi ou toute autre personne d'autorité, apprendront qu'il existe des liqueurs enivrantes dans un lieu quelconque, ils en rendront compte au juge et lui demanderont l'autorisation écrite d'en faire la recherche : les juges ne donneront point cette autorisation à la légère ; ils devront d'abord examiner avec soin la conduite ordinaire de la personne soupçonnée ; s'ils jugent convenable de donner l'autorisation demandée, les mutoi qui l'auront obtenue se rendront sur les lieux et, avant de commencer leurs recherches, ils s'informeront auprès du propriétaire de la maison s'il a des liqueurs chez lui et s'il peut justifier de leur provenance. S'il déclare n'en point avoir, ou s'il ne peut produire une autorisation, les mutoi lui présenteront l'écrit du juge et feront leurs perquisitions, mais en ayant soin de ne molester personne ; s'ils trouvent des boissons enivrantes, ils les saisiront, les répandront en présence du juge, devant lequel ils conduiront le coupable, qui sera condamné à payer vingt-cinq francs d'amende, et si les liquides trouvés sont prohibés, l'amende à payer sera de cinquante francs ; dans ce dernier cas, le juge devra en outre condamner le coupable à payer de cinq francs à quinze francs pour quatre bouteilles de liquide prohibé trouvées chez lui ; toute quantité au-dessous de quatre bouteilles entraînera la même amende.

Art. 4. Si un Français ou un étranger est soupçonné d'avoir chez lui des boissons enivrantes sans y avoir été autorisé et qu'il y ait sur les lieux un agent du Commissaire du Roi, les mutoi ne devront faire de perquisitions chez lui qu'après avoir averti cet agent, qui les assistera dans leurs recherches.

Art. 5. Si un Français ou un étranger est reconnu coupable d'avoir violé les règlements sur les boissons enivrantes, le juge réunira toutes les preuves de sa culpabilité et l'enverra à Papeete le plus promptement possible pour y être jugé; dans ce cas, et s'il est condamné à une amende, elle sera payée au juge du district dans lequel la contravention a été commise.

Art. 6. Si un indigène, après avoir été condamné trois fois pour ivresse, accompagnée de tapage, continue à se mal conduire et pousse au désordre par son exemple, le juge en rendra compte au chef, qui pourra proposer à la Reine de le bannir à Maatea, et, si la Reine trouve la chose convenable, cette personne pourra être bannie pour une année. Les juges devront toujours faire renvoyer dans leurs districts les personnes étrangères qui viennent se livrer à des désordres sur une autre terre que la leur.

Art. 7. Les juges se conformeront avec soin aux prescriptions de la loi 5 de 1842 sur la fabrication des boissons fermentées ; ils feront aussi surveiller par les constables les personnes condamnées à faire du travail, s'assureront par eux-mêmes que les tâches ont été faites d'une manière convenable et seront responsables de leur exécution.

Art. 8. Si les routes du district étaient dans un état satisfaisant, ou que, par un motif quelconque, il n'y eût pas à s'occuper de leur amélioration, les 50 brasses de route prescrites aux articles 1 et 2 pourront être changées contre la peine suivante: planter avec soin 50 cocotiers, dont 25 sur des terrains appartenant à la Reine et désignés par elle, et 25 sur un emplacement choisi et désigné dans chaque district par les raatira et les autorités réunies. Ces cocotiers devront être garantis des animaux et soignés par ceux qui auront été condamnés à les planter, de manière à les préserver de la destruction.

Si le district possède un terrain public réservé pour donner la nourriture aux voyageurs et visiteurs, le chef et le juge pourront ordonner la culture de cette terre en échange de la plantation de cocotiers, mais seulement dans le cas de nécessité, et si le terrain dont il s'agit est enclos (1).

ART. 9. Si la Reine ne possédait pas dans le district des terrains susceptibles de recevoir des cocotiers, la totalité serait plantée dans le lieu désigné par les raatira et les autorités.

Fait à Papeete, le 6 septembre 1847 (2).

Signé : LAVAUD.

ARRÊTÉ N° 117

RÉGLANT LE COMMERCE DE COLPORTAGE A TAITI.

Nous, Gouverneur des Établissements français de l'Océanie, Commissaire du Roi près la Reine des Iles de la Société,

Vu la nécessité de régulariser le commerce de colportage qui se fait dans l'île et de donner aux agents de la force publique les moyens de surveiller et de constater la provenance légitime des marchandises transportées ;

Vu l'article 7 de l'Ordonnance royale du 28 avril 1843, rendue applicable aux Iles de la Société,

Le Conseil de gouvernement entendu,

ARRÊTONS :

ART. 1er. Tout individu colportant des marchandises devra être muni d'une facture détaillée, signée du propriétaire de ces marchandises et visée par l'officier de gendarmerie chargé de la police européenne. Si ce commerce se fait par mer, l'embarcation devra être munie d'un permis sur lequel sera désigné son numéro, le nom du patron et le nombre d'hommes dont se compose l'armement, le tout sous peine de séquestration des marchandises et d'une amende de dix à cinquante francs.

ART. 2. Tout colporteur sera tenu d'exhiber sa facture toutes les fois qu'il en sera requis par un agent de la force publique ou une autorité constituée.

---

(1) *Note de mars* 1864. — Ce paragraphe n'existe pas dans la première édition, mais il est inscrit en marge au registre manuscrit déposé aux archives.

(2) La première édition porte la date du 16 juillet 1847 ; le registre précité donne celle du 6 septembre.

Art. 3. Ne pourront être colportées, sous peine de confiscation, que des marchandises appartenant à des personnes patentées.

Fait à Papeete, le 6 septembre 1847.

Signé : LAVAUD.

ARRÊTÉ N° 118

CONCERNANT LE MODE DE RÉGULARISATION DE TOUS ACTES D'ACHATS OU DE VENTE D'IMMEUBLES SIS A PAPEETE ET MOOREA.

Nous, Gouverneur des Établissements français de l'Océanie, Commissaire du Roi près la Reine des Iles de la Société,

Vu la nécessité de constituer la propriété sur des bases fixes et de régulariser les mutations qui s'opèrent par la transmission des immeubles acquis par des Français ou des étrangers ;

Vu l'opportunité de décharger le trésor des frais d'enregistrement et autres, qui ne peuvent rester à la charge du Directeur de l'enregistrement ;

En vertu de l'article 7 de l'Ordonnance royale du 28 avril 1843, rendue applicable aux Iles de la Société,

Le Conseil de gouvernement entendu,

ARRÊTONS :

Art. 1er. Tous actes ou contrats constatant la propriété d'immeubles sis dans les îles de Taïti et Moorea et appartenant à des Français ou à des étrangers, devront être présentés au bureau du trésorier colonial, faisant fonctions de Directeur de l'enregistrement, avant le 1er janvier prochain, pour y être enregistrés sommairement.

En l'absence d'acte ou de contrat il y sera suppléé par une déclaration du propriétaire actuel, qui devra contenir les indications nécessaires pour établir la nature de la propriété, sa provenance et le mode d'acquisition. Cette déclaration, qui devra être certifiée véritable par le juge du district, sera enregistrée sommairement comme un acte ou contrat véritable.

Art. 2. Le Directeur de l'enregistrement devra avoir un registre coté et paraphé par le président du tribunal civil ; il enregistrera sommairement sur ce registre les actes, contrats ou déclarations qui lui seront présentés. Un numéro d'ordre sera affecté à chaque enregistrement ; ce numéro et le folio du registre seront portés en marge de l'acte présenté, avec le reçu de la somme perçue pour le droit, dont il sera fait mention ci-après. La somme perçue sera également mentionnée sur le registre, au-dessous du numéro d'ordre, à la suite ou en regard de l'enregistrement.

Art. 3. L'enregistrement sommaire portera le nom du propriétaire actuel, le nom de la personne de qui il tient la propriété, à titre de don, vente ou location à long terme, et les conditions du marché. La propriété y sera désignée, en outre, de manière à ce que l'enregistrement donne les moyens de rétablir l'acte s'il venait à être perdu ou détruit.

Art. 4. L'enregistrement sommaire dont il est question ci-dessus sera soumis à un droit de *cinq francs*, et si le propriétaire désire faire enregistrer textuellement l'acte constitutif de la propriété et les pièces à l'appui, il devra payer *dix francs* par acte et par pièce enregistrée. Toute personne qui n'aurait pas fait enregistrer ses actes de propriété dans le délai prescrit ne pourra les produire en justice ou les présenter ultérieurement sans acquitter les droits fixés par l'article 6.

Art. 5. Les déclarations, actes ou contrats qui ont été enregistrés antérieurement, conformément aux prescriptions de l'arrêté du 25 mai 1844, no 21 *bis*, ne seront pas soumis à un nouvel enregistrement.

Art. 6. A dater du 1er janvier 1848, le Directeur de l'enregistrement devra prélever un droit de 5 pour °% sur le prix total de tout immeuble qui changera de propriétaire ; toutefois, si la mutation est faite entre parents elle ne donnera lieu qu'à un droit de 2 et demi pour °% ; en cas de donation, la valeur de l'immeuble donné devra être déclarée et pourra toujours être vérifiée ou constatée par rapport d'expert ; s'il s'agit d'un bail à long terme, on se basera, pour la fixation de droit, sur les prescriptions de l'arrêté du 12 novembre 1845, no 67, qui fixe le rapport de la rente au capital.

Les mutations qui pourront s'opérer entre la promulgation du présent arrêté et le 1er janvier prochain, ne donneront lieu qu'à l'acquittement du droit fixé par l'article 4. Il est bien entendu que l'enregistrement n'est exigible que pour les mutations qui ont lieu entre toutes personnes autres que des indigènes.

Art. 7. Tout acquéreur pourra exiger l'enregistrement textuel de son acte de vente, location à long terme ou donation et celui des pièces annexées ; il devra alors, indépendamment des droits proportionnés, payer un droit fixe de *dix francs* par acte et par pièce enregistrés textuellement.

Art. 8. Les frais d'enregistrement seront à la charge de l'acquéreur; ils devront être acquittés dans la huitaine qui suivra l'enregistrement.

Les redevables en retard seront contraints ; ils seront, au préalable, avertis par un commandement dressé dans les formes ordinaires. Dix jours après le commandement, le paiement sera poursuivi par toutes les voies de droit.

Art. 9. A dater du 1er janvier prochain, toute personne qui, *dix jours* après la passation d'un acte, ne l'aura pas fait enregistrer, sera, par cela même, à la diligence du Directeur de l'enregistrement, poursuivie et condamnée à une amende de *deux* à *cinq* fois la valeur du droit à acquitter.

Art. 10. Sera passible de la même amende toute personne convaincue d'avoir voulu frauder les droits, en ne portant pas, sur un acte ou contrat de vente ou location à long terme, le prix réel à raison duquel le marché aura été conclu.

Art. 11. A la fin de chaque semestre, le Directeur de l'enregistrement devra soumettre ses registres à la vérification du chef du service administratif et lui remettre un bordereau des sommes perçues pour droit de l'enregistrement. Recette en sera faite pour le compte du trésor, après qu'il aura été prélevé sur le montant une somme de *quatre cents francs* qui sera laissée au Directeur du domaine et de l'enregistrement, à titre de frais de bureau.

Art. 12. En raison de l'augmentation de travail qu'occasionnera, d'ici le 1er janvier, la régularisation de l'enregistrement, et en considération des dépenses premières que nécessite la nouvelle organisation de ce service, la fraction du dernier semestre 1847 sera considérée, pour le payement de cette indemnité, comme un semestre entier.

Art. 13. Les dispositions des articles 19 et 20 de l'arrêté nᵉ 61, en date du 13 octobre 1845, sont abrogées en ce qu'elles ont de contraire au présent arrêté.

Fait à Papeete, le 13 septembre 1847.

Signé : LAVAUD.

ARRÊTÉ Nᵒ 119.

REMBOURSEMENT A TROIS EMPLOYÉS DES ÉTABLISSEMENTS DE SOMMES RETENUES INDUMENT POUR DÉLÉGATION SUR LEURS APPOINTEMENTS.

Nous, Gouverneur des Établissements français de l'Océanie, Commissaire du Roi près la Reine des Iles de la Société,

Vu les dépêches ministérielles en date du 6 novembre 1846, nᵒ 209, et 5 février 1847, prescrivant de rembourser, à dater du 1er octobre 1846, les retenues qui auront été faites sur le traitement des sieurs Marie, chef d'atelier, et Michel, mécanicien, employés dans les Établissements français de l'Océanie ;

Vu la dépêche ministérielle du 29 janvier 1847, nᵒ 21, qui n'approuve la délégation de M. Olivier, commis principal de la marine, servant également dans lesdits établissements, qu'à partir du 1er janvier de ladite année ;

Vu l'article 208 du règlement du 31 octobre 1840 et l'article 33 du règlement du 9 mars 1843, sur le service financier des îles Marquises ;

En vertu de l'article 7 de l'Ordonnance royale du 28 avril] 1843, rendue applicable aux Iles de la Société ;

Le Conseil d'administration entendu,

Arrêtons :

Les sommes retenues indûment, pour délégation sur les appointements de MM. Olivier, commis principal de la marine, Michel, mécanicien, et Marie, chef d'atelier, employés dans les Établissements français de l'Océanie, seront remboursées aux ayant-droit, de la manière suivante, savoir :

A MM. Olivier, *Cinquante-deux francs soixante-dix-huit centimes;*
Michel, *Deux cent cinquante francs;*
Marie, *Trois cents francs.*

Cette dépense provenant d'un exercice clos, sera imputée sur l'exercice 1847.

M. le Chef du service administratif, est chargé de l'exécution du présent arrêté.

Fait à Papeete, le 11 septembre 1847.

Signé : LAVAUD.

ARRÊTÉ N° 120

ORDONNANT LE VERSEMENT A LA CAISSE DES GENS DE MER D'UNE SOMME DUE A M. MŒRENHOUT, EX-MEMBRE DU CONSEIL DE GOUVERNEMENT.

Nous, Gouverneur des Établissements français de l'Océanie, Commissaire du Roi près la Reine des Iles de la Société ;

Vu la dépêche ministérielle en date du 13 octobre 1846, n° 182, prescrivant de rembourser à M. Mœrenhout, ex-membre du Conseil de gouvernement et ex-Directeur des affaires indigènes à Taïti, les sommes qui lui ont été retenues à l'Établissement pour le payement d'une délégation faite par lui en France et qui n'a pas été payée ;

Vu l'article 208 du règlement du 31 octobre 1840 et l'article 33 du règlement du 9 mars 1843, sur le service financier des îles Marquises ;

En vertu de l'article 7 de l'Ordonnance royale du 28 avril 1843, rendue applicable aux Iles de la Société ;

Le Conseil d'administration entendu,

Arrêtons :

La somme de huit cent trente-trois francs trente-trois centimes, provenant de retenues faites en 1846 sur les appointements de M. Mœrenhout, alors membre du Conseil de gouvernement et Directeur des affaires indigènes à Taïti, pour une délégation consentie par lui et qui n'a pas été payée en France, sera versée à la Caisse des gens de mer, pour, de là, être remise à M. Mœrenhout ou à ses mandataires, ou, en cas de mort, à ses héritiers.

Cette dépense provenant de l'exercice 1846, aujourd'hui clos, sera imputée sur l'exercice 1847.

M. le Chef du service administratif demeure chargé de l'exécution du présent arrêté.

Fait à Papeete, le 2 octobre 1847.

Signé : **LAVAUD**.

ARRÊTÉ N° 121

FIXANT LE CHIFFRE ET LE MODE DE PAYEMENT DES FRAIS D'INTERPRÈTE PRÈS LES TRIBUNAUX CIVILS ET MILITAIRES A TAITI.

Nous, Gouverneur des Établissements français de l'Océanie, Commissaire du Roi près la Reine des Iles de la Société,

Le Conseil d'administration entendu,

ARRÊTONS :

ART. 1er. A dater du 1er janvier 1848, les frais d'interprète près les tribunaux des Établissements français de l'Océanie, soit militaires, soit civils, seront payés par *séance*.

ART. 2. Chaque séance d'interprète appliquée, soit à l'instruction, soit à l'audience publique, sera payée *dix francs*.

ART. 3. Le montant des frais compris dans les frais et dépens auxquels sont condamnées les parties perdantes sera payé aux ayant-droit, au trésor, comme les frais de greffiers et d'huissiers, sur bons du président du tribunal qui aura été assisté de l'interprète.

ART. 4. Toute mesure précédemment établie, en ce qui concerne les interprètes près les tribunaux, est et demeure abrogée par le présent arrêté.

Fait à Papeete, le 6 novembre 1847 (1).

Signé : **LAVAUD**.

ARRÊTÉ N° 122

ORDONNANT LE REMBOURSEMENT A DEUX EMPLOYÉS DES ÉTABLISSEMENTS, DE SOMMES RETENUES POUR DÉLÉGATIONS ET QUI N'ONT PAS ÉTÉ PAYÉES EN FRANCE.

Nous, Gouverneur des Établissements français de l'Océanie, Commissaire du Roi près la Reine des Iles de la Société,

Vu les dépêches ministérielles, en date du 12 mars, prescrivant de

----

(1) *Note de mars 1864.*—Cet arrêté, placé sous la date du 27 novembre 1847 à la première édition, est enregistré sous celle du 6 septembre 1847 au registre manuscrit déposé aux archives.

rembourser à MM. *Fonçin*, garde du génie de première classe, et *Chaze*, pharmacien de marine de troisième classe, tous deux servant en Océanie, le montant des délégations qu'ils avaient consenties et qui n'ont pas été payées en France ;

Vu l'absence de ces deux employés, qui ont effectué leur retour en France ;

Vu les dispositions de l'article 208 du règlement du 30 octobre 1840, et vu l'article 13 du règlement du 9 mars 1843, sur le service financier des îles Marquises ;

En vertu de l'article 7 de l'Ordonnance royale du 28 avril 1842, rendue applicable aux Iles de la Société ;

Le Conseil d'administration entendu,

ARRÊTONS :

Les sommes retenues indûment pour délégations sur les appointements de M. Fonçin, garde du génie de première classe, et de M. Chaze, pharmacien de marine de troisième classe, seront versées à la Caisse des gens de mer, pour être remises en France à qui de droit, de la manière suivante :

A MM. Fonçin, *trois cents francs ;*
Chaze, *six cents francs.*

Cette dépense provenant d'un exercice clos, sera imputée sur l'exercice 1847.

M. le Chef du service administratif est chargé de l'exécution du présent arrêté.

Fait à Papeete, le 6 novembre 1847 (1).

Signé : LAVAUD.

ARRÊTÉ N° 122 bis

ORDONNANT LA MISE EN CIRCULATION DES TRAITES ENVOYÉES DE FRANCE POUR SUBVENIR AUX DÉPENSES DE L'EXERCICE COURANT, ET LE REMPLACEMENT DES TROISIÈMES DES TRAITES NON ENCORE ARRIVÉES, PAR UNE DÉCLARATION DU TRÉSORIER QUI PREND L'ENGAGEMENT DE LES ANNULER AUSSITÔT LEUR ARRIVÉE.

Nous, Gouverneur des Établissements français de l'Océanie, Commissaire du Roi près la Reine des Iles de la Société,

Considérant le manque de fonds qui existe dans la Caisse coloniale et la nécessité d'y pourvoir pour acquitter les diverses dépenses de la colonie ;

---

(1) *Note de mars* 1864.— C'est par erreur que cet arrêté porte la date du 6 novembre 1848 dans la première édition ; il est inscrit sous celle du 6 novembre 1847 au registre manuscrit déposé aux archives.

Vu l'urgence ;

En vertu de l'article 7 de l'Ordonnance royale du 28 avril 1843, rendue applicable aux Iles de la Société,

Le Conseil d'administration entendu,

Arrêtons :

Art. 1er. Les traites du trésor, *primata* et *duplicata*, arrivées dernièrement de France, s'élevant à la somme de 420,000 francs, seront mises en circulation, à dater du présent jour, pour subvenir aux diverses dépenses de la colonie.

Art. 2. Il sera pourvu au remplacement des *troisièmes* au moyen d'une déclaration du trésorier colonial, par laquelle il s'engagera à annuler ces dernières aussitôt leur arrivée à Taïti, ou à les échanger au gré des porteurs contre cette déclaration si elle se trouvait encore entre leurs mains.

Art. 3. M. le Chef du service administratif et M. le Trésorier demeurent chargés, chacun en ce qui le concerne, de l'exécution du présent arrêté.

Fait à Papeete, le 13 novembre 1847 (1).

Signé : LAVAUD.

———

ARRÊTÉ N° 123

FIXANT LE MODE DE PERCEPTION DES FRAIS DE JUSTICE.

Nous, Gouverneur des Établissements français de l'Océanie, Commissaire du Roi près la Reine des Iles de la Société,

Vu les arrêtés du 14 mai 1844, du 22 décembre 1844 et du 18 septembre 1845, n°s 17, 39 et 58, fixant les frais de justice devant la justice de paix, le conseil d'appel et le tribunal de première instance ;

Vu également l'arrêté du 1er juillet 1846, n° 87, fixant le mode de paiement des droits de greffe, ainsi que la lettre du Gouverneur en date du 6 juillet 1846, portant règlement sur le mode d'administration et de comptabilité à établir pour faire rentrer sous le régime de l'Ordonnance du 31 mai 1838, les recettes intérieures des Établissements français de l'Océanie ;

Attendu qu'il y a lieu d'imposer à la partie qui succombe devant les conseils de guerre, siégeant au lieu et place des cours d'assises, le remboursement des frais de la procédure ;

Considérant que le recouvrement des frais, dépens et amendes pro-

———

(1) *Note de mars* 1864.—C'est par erreur que cet arrêté porte la date du 6 novembre 1848 dans la première édition ; il est inscrit sous celle du 13 novembre 1848 au registre manuscrit déposé aux archives.

noncés et liquidés par les conseils de guerre, le conseil d'appel, le tribunal de première instance et la justice de paix se font difficilement et d'une manière incomplète ;

Considérant qu'il est urgent d'adopter à cet égard une voie régulière et de remettre aux mains de qui de droit la poursuite en recouvrement desdits frais, dépens et amendes ;

Considérant, en outre, qu'aucune disposition n'a établi pour les Établissements français de l'Océanie le mode à suivre dans toute demande en remise de frais, amendes et autres condamnations pécuniaires prononcées au profit de l'État pour des faits concernant la vindicte publique ;

Sur le rapport de M. le Contrôleur colonial, en date du 24 novembre 1847 ;

En vertu de l'article 7 de l'Ordonnance royale du 28 avril 1843, rendue applicable aux Iles de la Société ;

Le Conseil d'administration entendu,

ARRÊTONS :

ART. 1er. A partir du 1er janvier 1848, les greffiers près les conseils de guerre, le conseil d'appel et le tribunal de première instance devront remettre au trésorier de la colonie, dans le plus bref délai, un extrait de l'ordonnance, arrêt ou jugement pour ce qui concerne la liquidation des frais, dépens et amendes prononcés par les tribunaux respectifs, ou une copie de l'état de liquidation rendue exécutoire par le président du tribunal qui aura connu de l'affaire.

Le juge de paix se conformera au présent article pour ce qui concerne les dépens prononcés par lui en conformité de l'arrêté du 14 mai 1844.

ART. 2. Les états de liquidation rendus exécutoires ainsi qu'il est dit dans l'article précédent seront visés par le chef du service administratif, lequel délivrera, pour le montant y contenu, un ordre de recette passé au nom du trésorier.

ART. 3. Le recouvrement des frais et dépens ainsi que celui des amendes sera poursuivi par toutes voies de droit, à la diligence du contrôleur colonial, en vertu des extraits et exécutoires sus-énoncés que le trésorier lui remettra à cet effet.

ART. 4. Les droits de greffe, les frais d'huissiers, d'interprètes et tous autres frais de justice dûment liquidés seront l'objet d'états spéciaux et individuels rendus exécutoires par les présidents des tribunaux compétents. Ils seront vérifiés par le Chef du service administratif qui apposera son visa au bas de l'exécutoire, et délivrera mandat du paiement sur la caisse de la colonie.

Le Chef du service administratif n'apposera de visa et ne délivrera de mandats que si les taxations comprises dans les états sus-énoncés sont conformes aux allocations règlementaires, et notamment à l'arrêté colonial du 1er janvier 1846, no 87.

Il réduira aux taux établis par lesdits règlements et arrêtés les sommes qui surpasseraient les fixations qui y sont faites et rejettera en totalité les dépenses non allouées, ainsi que celles qui ne seraient pas suffisamment justifiées.

Il pourra exiger la représentation des pièces à l'effet de vérifier les taxes soumises à sa révision.

Art. 5. Toute demande en remise de frais, amendes et autres condamnations pécuniaires prononcées au profit de l'État pour des faits concernant la vindicte publique, sera adressée au Procureur du Roi, lequel, après avoir pris l'avis du trésorier, l'adressera au Chef du service administratif pour le rapport en être fait par lui, au Gouverneur, qui, après avoir entendu le Conseil d'administration, prendra telle décision qui lui paraîtra juste.

Art. 6. Il n'est point dérogé aux dispositions prescrites par la lettre du Gouverneur des Établissements français de l'Océanie, en date du 6 juillet 1846, en ce qui concerne la taxation, la perception et la répartition des frais d'arrestation et de nourriture que le commissaire de police est chargé de percevoir, en ce qui concerne également les amendes et frais d'arrestation qui proviennent de la police indigène.

Art. 7. Sont abrogées les dispositions contraires au présent arrêté et qui sont contenues dans les arrêtés nos 39, 58 et 87, ainsi que dans lettre précitée du 6 juillet 1846.

Art. 8. Les présidents du conseil d'appel, des conseils de guerre et du tribunal de première instance, le juge de paix, le Chef du service administratif et le Contrôleur colonial, sont chargés, chacun en ce qui le concerne, de l'exécution du présent arrêté, qui sera enregistré au contrôle et aux greffes pour être exécuté à partir du 1er janvier 1848.

Fait à Papeete, le 27 novembre 1847.

Signé : LAVAUD.

ARRÊTÉ No 124

ORDONNANT DE REMBOURSER A M. AMALRIC LE MONTANT D'UNE DÉLÉGATION NON PAYÉE EN 1845 ET 1846.

Nous, Gouverneur des Établissements français de l'Océanie, Commissaire du Roi près la Reine des Iles de la Société,

Vu la dépêche ministérielle, du 2 juillet 1847, prescrivant de rembourser à M. *Amalric*, chef de bataillon et directeur de l'artillerie en

Océanie, les sommes qui lui ont été retenues à Taïti pour le paiement d'une délégation qui n'a pas été payée en entier en France ;

Vu l'article 208 du réglement du 31 décembre 1840 et l'article 33 du règlement du 9 mars 1843 sur le service financier des Iles Marquises ;

En vertu de l'article 7 de l'Ordonnance royale du 28 avril 1843, rendue applicable aux Iles de la Société ;

Le Conseil d'administration entendu,

Arrêtons :

La somme de *trois mille quarante-sept francs quatre-vingt-quinze centimes*, provenant de retenues faites en 1845 et 1846 sur les appointements de M. Amalric, chef de bataillon et directeur de l'artillerie à Taïti, pour une délégation consentie par lui et dont la totalité n'a pas été payée en France, sera remboursée à cet officier supérieur de la manière suivante, savoir :

Sur l'exercice 1845 : *mille cent vingt-deux francs quatre-vingt-quinze centimes ;*

Sur l'exercice 1846 : *mille neuf cent vingt-cinq francs.*

Cette dépense provenant des deux exercices 1845 et 1846, aujourd'hui clos, sera imputée sur l'exercice 1847.

M. le Chef du service administratif est chargé de l'exécution de présent arrêté.

Fait à Papeete, le 4 décembre 1847.

Signé : LAVAUD.

ARRÊTÉ N° 125

ÉTABLISSANT LE SYSTÈME MONÉTAIRE DÉCIMAL DANS LES ÉTABLISSEMENTS FRANÇAIS DE L'OCÉANIE.

Nous, Gouverneur des Établissements français de l'Océanie, Commissaire du Roi près la Reine des Iles de la Société,

Considérant qu'il y a nécessité d'introduire dans les Établissements français de l'Océanie le système monétaire décimal ;

Considérant que diverses observations nous ont été adressées sur le cours actuel de la monnaie en circulation dans lesdits établissements et sur la dépréciation dont le commerce frappait quelques-unes de ces monnaies ;

Considérant, en outre, qu'il est de l'équité, aussi bien que de l'intérêt des consommateurs et des commerçants, d'établir une règle fixe et invariable dans le taux des monnaies en circulation dans les Établissements ;

Vu les dépêches ministérielles des 17 juin et 14 octobre 1845 ;

Après avoir consulté et reçu l'opinion du commerce sur la matière ;

En vertu, de l'article 7 de l'Ordonnance royale du 28 avril 1843, rendue applicable aux Iles de la Société ;

Le Conseil d'administration entendu,

ARRÊTONS :

ART. 1er. A dater du 1er janvier 1848, le *franc* sera étalon monétaire et aura seul cours légal et forcé, avec ses divisions décimales et ses multiples, dans les Établissements français de l'Océanie.

ART. 2. Toutes dénominations de monnaies, autres que celles qui résultent du système monétaire décimal, seront interdites dans les actes publics ainsi que sur les livres et registres de commerce, annonces et affiches.

ART. 3. La pièce d'or, dite doublon, au titre de 901 m. valant 16 piastres fortes, et ayant le poids légal de 272 *décigrammes*, sera reçue et donnée au trésor de la colonie, aussi bien que dans les transactions commerciales, pour 84 francs.

Ses subdivisons n'auront que la valeur ci-après :

Le demi-doublon................................... 40 fr.
Le quart de doublon.............................. 20
Le huitième de doublon.......................... 10

ART. 4. La piastre d'argent, dite piastre forte d'Amérique, sera reçue de la même manière pour la valeur de 5 fr. 25 cent.

Ses subdivisions sont fixées comme il suit :

La demi-piastre .... 2 fr. 50 c.
La piécette ou double réal...................... 1   00
La demi-piécette ou réal........................ 0   50
Le médio ou demi-réal........................... 0   25

ART. 5. Les pièces de billon françaises de 5 et 10 centimes seront seules admises comme appoints de la pièce de 5 francs dans les paiements soit au trésor, soit dans le commerce. Personne ne pourra les refuser sous peine d'une amende de 10 francs.

ART. 6. Les arrêtés des 20 novembre 1843, 25 août 1844, 26 janvier et 10 mai 1847 sont et demeurent abrogés.

ART. 7. M. le Chef du service administratif, M. le Contrôleur colonial et M. le Trésorier sont chargés, chacun en ce qui le concerne, de l'exécution du présent arrêté.

Fait à Papeete, le 18 décembre 1847.

Signé : LAVAUD.

ERRATUM.

Page 28, Arrêté n° 33. Les articles 1, 2, 3 et 4 devaient être placés en renvoi au bas de cette page. Pour ne pas s'écarter de la règle suivie dans la réédition, on rappelle à titre de note ces articles abrogés :

Nous, Gouverneur des Établissements français de l'Océanie,

Vu l'article 7 de l'Ordonnance royale du 28 avril 1843 ;

Vu les difficultés et les réclamations qui se présentent relativement aux vrais propriétaires indigènes des terres ;

Le Conseil de Gouvernement entendu,

ARRÊTONS :

ARTICLE PREMIER. Toute location de terrain faite à un Européen devra être affichée pendant dix jours sur la place du chef de district. Elle sera communiquée au juge du district avant d'être affichée ; ce juge ne devra y apposer sa signature que lorsque ce laps de temps sera écoulé.

Il statuera sur les réclamations qui lui seront faites, et s'il ne peut prononcer en connaissance de cause quel est le vrai propriétaire, il demandera l'assemblée des juges réunis.

ART. 2. Ces assemblées ne se réuniront pour prononcer sur la limite des terrains et celle des propriétés que d'après une convocation du Gouverneur, à qui sera envoyée par écrit la décision de l'assemblée.

ART. 4. Le Directeur des domaines n'inscrira sur son rôle les titres de propriété que quand ces conditions auront été remplies.

. . . .

FIN DE LA RÉÉDITION DES ARRÊTÉS.

NOTE DE MARS 1864.

En terminant cette réédition des arrêtés rendus pendant les années 1843, 1844, 1845, 1846 et 1847, on croit utile d'ajouter, comme appendice au présent volume, la publication des documents dont voici la liste :

1. Code taïtien, d'après l'édition révisée et publiée en langue indigène dans le courant de l'année 1842;
2. Documents officiels sur l'établissement du Protectorat français en Océanie (septembre 1842 à mars 1843);
3. Documents sur l'administration de la justice aux îles Marquises (avril 1843);
4. Demande du Protectorat de la France par les indigènes des îles Gambier (février 1844);
5. Réglement n° 1, concernant la vente des boissons spiritueuses (octobre 1844);
6. Réglement n° 2, sur les commissaires-priseurs (avril 1845);
7. Prescriptions relatives aux restaurants des employés de l'Établissement (juin 1845);
8. Réglement n° 3, sur la construction des fours des boulangers (octobre 1845);
9. Réglement n° 4, concernant les pièces et documents à produire en justice (janvier 1846);
10. Ordre prescrivant les honneurs à rendre à la Reine Pomare à sa rentrée à Papeete (janvier 1847);
11. Proclamation relative à la soumission de la Reine Pomare (février 1847);
12. Réglement de port et de douane (avril 1847), suivi d'Instructions sommaires sur ce service, d'un Tarif pour la répartition des sommes provenant des confiscations ou des amendes, et d'un Réglement sanitaire;
13. Décision sur la possession des terres (mai 1847).

Le *Bulletin officiel des Établissements français de l'Océanie*, dont la réédition va suivre le présent volume, commence sous le titre :

BULLETIN OFFICIEL

des

ÎLES DE LA SOCIÉTÉ.

N° 1.

Novembre 1847.

Le *Bulletin* suivant porte le titre :

BULLETIN OFFICIEL

des

ÉTABLISSEMENTS FRANÇAIS DE L'OCÉANIE.

N° 2.

La série des *Bulletins* va sans interruption jusqu'au n° 95 (décembre 1855).
Ces huit années et deux mois forment trois volumes :

    1er volume, du 1er novembre 1847 au 31 décembre 1849 ;
    2e   —   du 1er janvier 1850 au 31 décembre 1852 ;
    3e   —   du 1er janvier 1853 au 31 décembre 1855.

Le *Bulletin*, interrompu au 1er janvier 1856, a été repris au mois de septembre
1857, et continué jusqu'au 31 décembre de cette année.

Quelques numéros des années 1858 et 1859, et les six premiers mois de 1860 ont
paru. Tous ces numéros seront réunis et complétés dans la réédition. Ils
formeront le

    4e volume, du 1er janvier 1856 au 30 juin 1860.

Certifié conforme :

L'Ordonnateur,

T. Nesty.

Papeete, le 30 mars 1864 (*).

(*) Cette date est celle de la réception de la Réédition des Arrêtés aux Archives.

Papeete. — Imprimerie du Gouvernement.

APPENDICE

A LA

Réédition des Arrêtés du Gouverneur.

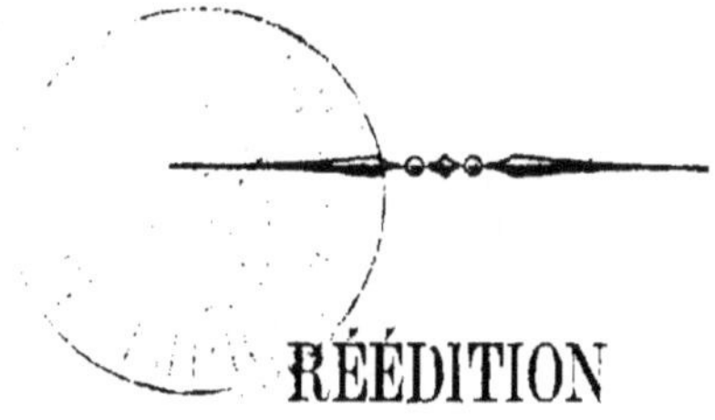

RÉÉDITION

DU

CODE TAHITIEN [1]

Publié en l'année 1842.

---

(1) *Note d'avril* 1864. — Ce n'est que le 1er juillet 1860 (voir le *Messager* de cette date) que l'administration locale a adopté officiellement l'orthographe *Taïti* et *Taïtien;* c'est celle de l'acte du Protectorat. L'orthographe *Papeete* a été conservée; quelques personnes se servent encore de celle de *Papéiti*.

LIVRE DES LOIS

POUR

LA CONDUITE DU GOUVERNEMENT

DE

POMARE VAHINE Ire

A

TAHITI, MOOREA ET DANS TOUTES LES TERRES DE SON ROYAUME.

PUBLIÉ EN L'ANNÉE 1842, A TAHITI

PAPEETE,
IMPRIMERIE TYPOGRAPHIQUE DU GOUVERNEMENT,
1845.

AVERTISSEMENT.

On avait d'abord cru pouvoir suivre pour la traduction de ce Code la publication qui en avait été faite, en anglais, par la Société des Missions ; mais, outre que cette traduction ne donne que celles des lois qui peuvent être applicables aux Européens, elle se trouve, en ses limites restreintes, tellement tronquée et pleine de lacunes, qu'on a dû renoncer à en faire aucun usage, et que l'on s'est décidé à suivre, d'un bout à l'autre, le texte indien. On s'est attaché à traduire ce texte aussi fidèlement et aussi complètement que possible. Ce travail n'a pas été sans difficultés : d'abord à cause du style peu correct et des passages tout-à-fait obscurs que présente la rédaction de ce Code, et surtout, en second lieu, à cause du caractère tout particulier du dialecte tahitien, qui se prête difficilement aux formes du français. Dans tous les cas, l'exactitude de la traduction a toujours prévalu sur la correction du langage.

(Note du traducteur.)

CODE TAHITIEN,

D'après l'édition révisée et publiée en langue indigène dans le courant de l'année 1842.

I.

SUR L'ASSASSINAT ET LES COUPS OU BLESSURES PORTÉS VOLONTAIREMENT.

Art. 1er. Quiconque commet un homicide (lors même que la victime est de sa famille) avec intention et de propos délibéré, sera jugé et condamné à être pendu. La sentence cependant ne sera exécutée qu'après la sanction de la reine. (La reine a le pouvoir d'adoucir les peines, mais non de les accroître). Le père ou la mère, ou tout autre membre de la famille, et toute personne étrangère, tuant un enfant nouveau-né, ou usant de quelques moyens pour blesser un enfant avant sa naissance, de manière à le faire périr dans le sein de sa mère, sera considéré comme coupable d'homicide ; le coupable sera jugé et condamné à être pendu. Les exécutions de tous les coupables des différents districts de Tahiti auront lieu à Tarahoi, et tous les officiers publics de Tahiti y assisteront.

Art. 2. *Concernant les blessures graves non suivies de la mort.—* Si un individu *quelconque* maltraite une autre personne, avec l'intention de la tuer, soit en la frappant avec une pierre ou un bâton, soit en lui portant des coups de sabre ou de couteau, soit en usant de tout autre moyen pour accomplir son projet d'homicide. Si, par le fait d'une circonstance particulière intervenant, cette personne est sauvée, et si pourtant elle a souffert quelques blessures, l'agresseur sera jugé et condamné à l'amende. Pour les étrangers comme pour les naturels, cette amende sera de 160 dollars ; dont 100 pour la personne blessée (au cas où elle serait longtemps malade, son temps et les frais de médecin seraient en outre payés par l'agresseur) ; 40 pour la reine et 20 pour le gouverneur du lieu où le crime aura été commis. Si le coupable est étranger, l'amende de 160 dollars sera payée par lui en argent ; s'il est Tahitien l'amende pourra être payée en objets reconnus valables par la loi, soit en argent, soit en huile, cochons, travail, ou toutes autres fournitures égales en valeur à la somme spécifiée. Si l'amende n'est pas promptement payée, et que la personne lésée désire être dédommagée par du travail, il en sera ainsi : l'homme jugé travaillera jusqu'à concurrence d'une valeur exactement correspondante à 160 dollars. Les magistrats ne devront point recevoir d'objets défectueux ou de qualité inférieure en paiement de ladite amende.

ART. 3. *Concernant les blessures suivies de mort, sans qu'il ait été dans l'intention du coupable de tuer.* — La personne ou les personnes qui causeront la mort d'une autre, soit en la frappant avec la main ou avec un bâton, soit en la jetant dans la mer, soit par tout autre moyen occasionnant la mort, mais sans intention de tuer, si le jury (1) pense que le coupable n'avait réellement pas l'intention de commettre un homicide, il sera jugé, condamné, et la peine infligée en ce cas, sera la déportation à vie sur l'île de *Matia*. Si la reine veut, après un certain nombre d'années passées dans cet exil, rappeler les personnes bannies, il lui appartiendra de le faire. Cette peine est la même pour les étrangers et les Tahitiens.

ART. 4. *Des mauvais traitements.* — La personne qui en maltraitera une autre, soit en la frappant avec la main ou avec un bâton, soit en lui jetant des pierres, ou qui l'aura blessée de quelque manière que ce soit, dans un lieu caché, ou devant d'autres personnes, devra être jugée. C'est à la partie lésée à conduire l'agresseur devant le tribunal; si elle ne le fait pas et n'adresse point de demande de jugement, le fait n'aura point de suite. Si la plainte est formée, le coupable, jugé et convaincu, il sera condamné à une amende de 20 dollars : dont 10 pour la partie plaignante, 6 pour la reine, et 4 pour le gouverneur du lieu où le délit aura été commis. Cette amende est la même pour les étrangers et pour les Tahitiens; mais il sera loisible aux derniers de la payer en denrées telles que la loi les juge valables, jusqu'à concurrence de 20 dollars ; lesquelles denrées seront partagées dans les proportions fixées ci-dessus.

ART. 5. Si un homme, en surprenant un autre en flagrant délit de commerce illicite avec sa femme, le frappe, avec l'intention de le tuer, et si l'homme frappé meurt de sa blessure, le coupable sera mis en jugement et condamné comme homicide, suivant l'article 1er de cette loi. Si la mort a eu lieu, et si cependant l'intention de tuer n'a pas été établie par les débats, le coupable sera condamné au bannissement, comme il est dit dans l'article 3 de cette loi. Mais si la blessure reçue dans de telles circonstances est légère, et si la mort ne s'en est pas suivie, l'homme qui a frappé ne sera pas mis en jugement, en considération de la grave provocation qu'il a reçue de celui qui l'a offensé. C'est seulement lorsque l'homme ou la femme qui est offensé par la conduite des parties coupables les trouve en flagrant délit, que la loi permet cette vengeance modérée ; si elles sont trouvées en cet état par d'autres, elles sont alors sous la main de la loi, qui seule doit punir les coupables.

Cette loi est applicable dans toutes ses dispositions aux femmes comme aux hommes.

---

(1) *Te feia e faaimiroa hia ra*, ceux qui seront faits imiroa (cherchant à fond) *pour ce cas.*

Art. 6. Si ceux qui ont été condamnés à être bannis à Matia, et qui y ont été transportés, commettent de nouveau un crime qui appelle sur eux la peine du bannissement, ou si un habitant de Matia se rend coupable d'un crime de même espèce, les coupables seront bannis à Mataïhiva ou dans quelque autre île éloignée parmi les Iles-Basses, et abandonnés là jusqu'à leur mort.

II.

SUR LES ALCOOLS ÉTRANGERS ET LIQUEURS SPIRITUEUSES.

Cette loi est faite pour interdire l'usage de tous les spiritueux étrangers dans toutes les parties des domaines de la reine Pomare. Tous spiritueux importés des pays étrangers, ainsi que les spiritueux fabriqués à Tahiti, tels que gin, brandy, rhum et autres liqueurs enivrantes, sont défendus par cette loi.

Art. 1er. *De la vente des boissons spiritueuses à bord des navires à Tahiti.* — Si les officiers de police apprennent qu'il y a des boissons spiritueuses à vendre à bord d'un navire faisant voile pour le port, ils engageront le capitaine à s'en retourner ; si le capitaine ne tient point compte de l'invitation, s'il jette l'ancre, s'il vend lui-même des esprits, ou si toute autre personne en vend à bord ; lorsqu'on connaîtra la quantité vendue, le vendeur sera mis en jugement et condamné : pour une bouteille, à une amende de 50 dollars, dont 15 pour la reine, 15 pour le gouverneur, 10 pour les officiers qui auront traduit le délinquant devant la justice, et 10 pour le dénonciateur. Pour une dame-jeanne pleine, l'amende sera de 80 dollars : dont 25 pour la reine, 25 pour le gouverneur, 15 pour les officiers qui auront constaté le délit, et 15 pour le dénonciateur. Pour un petit baril, l'amende sera de 100 dollars : dont 30 pour le reine, 30 pour le gouverneur, 20 pour les officiers; 20 pour le dénonciateur. Pour un grand baril de la capacité d'un *hogshead*, l'amende sera de 200 dollars : dont 60 pour la reine, 60 pour le gouverneur, 40 pour les officiers, et 40 pour le dénonciateur. Pour quatre *hogsheads*, l'amende sera de 400 dollars : dont 120 pour la reine, 120 pour le gouverneur, 80 pour les officiers, et 80 pour le dénonciateur. Pour cinq barriques, l'amende sera de 500 dollars, et ainsi de suite, suivant le nombre de barriques vendues, l'amende étant de 100 dollars pour chaque barrique. Cette amende sera payée par la personne du navire qui aura vendu des spiritueux, et si elle n'y satisfait pas, il en sera parlé au consul de sa nation, et les papiers du navire seront retenus.

Art. 2. Tout individu qui aura acheté à terre les spiritueux qui auront été découverts, qu'il soit Tahitien ou étranger, ainsi que tout homme vendant des liqueurs spiritueuses, sera jugé et condamné à payer l'amende prescrite pour ceux qui vendent des esprits à bord d'un bâtiment. C'est-à-dire : 50 dollars pour une petite bouteille, 80 dollars pour une dame-jeanne, 100 dollars pour un petit baril, 200 dollars pour un *hogshead*, 400 dollars pour une tonne, 500 dollars pour cinq barriques, et ainsi de suite, à 100 dollars par barrique. Ces amendes seront réparties comme il a été dit dans l'article 1er.

Art. 3. Tout individu assistant ceux qui achètent ou qui vendent des spiritueux, soit en les transportant d'un endroit dans un autre, soit en les recélant, sera condamné à une amende égale à celles du vendeur et de l'acheteur, et l'amende sera répartie ainsi qu'il a été fixé à l'article 1er.

Art. 4. Lorsque des spiritueux seront transportés dans des embarcations, par les propriétaires ou par d'autres, d'un endroit à un autre, les officiers du lieu où les embarcations aborderont ordonneront aux parties intéressées d'emporter leurs spiritueux ; si ces individus obéissent à cet ordre, tout sera dit ; mais dans le contraire, et s'ils font quelque tentative pour vendre les spiritueux pour de l'argent ou pour des denrées, les officiers saisiront ces spiritueux et les répandront. S'il y en a eu une partie de vendue, les délinquants seront jugés et condamnés à une amende telle qu'il a été fixé à l'article 1er de cette loi, pour toute personne vendant ou achetant des spiritueux.

Art. 5. *De la recherche des spiritueux dans la maison de qui que ce soit.* — Lorsqu'on aura découvert que des spiritueux ont été achetés à bord de quelque navire, l'acheteur et le vendeur seront jugés comme il est dit dans l'article 1er de cette loi. Si les spiritueux sont trouvés hors d'une maison, ils seront répandus, et les propriétaires seront jugés. Si les spiritueux ont été transportés dans une maison avant la découverte du délit, les officiers n'entreront pas dans la maison et ne se hâteront point d'en opérer la saisie. Au cas où la quantité de liqueurs alcooliques introduites dans la maison ne dépasserait pas un petit nombre de bouteilles ordinaires, ils se contenteront d'observer durant quelque temps, et s'ils viennent à connaître que le propriétaire ou toute autre personne de la maison se livre à la vente des bouteilles secrètement introduites, les poursuites auront leurs cours. Les officiers de police ne pénétreront pas de force dans la maison, ils devront obtenir, au préalable, un ordre de recherche de la Reine et du Grand-Juge ; cet ordre sera conçu dans cette forme: «*A. B.*—Laissez les officiers entrer dans votre maison pour rechercher les spiritueux qu'on dit y exister ; c'est tout ce que nous avons à dire. » Deux ou trois officiers seulement pénétreront dans la maison ; les autres attendront dehors. Lorsqu'un individu aura subi trois jugements pour vente de spiritueux dans sa maison, ou pour ivresse, il sera banni, et sa maison sera fermée.

Art. 6. Lorsqu'il sera connu qu'une barrique entière de spiritueux a été apportée dans une maison, on n'attendra point que le débit en soit constaté, ni que les gens de la maison aient été surpris en état d'ivresse, la barrique devra être saisie dès la première information de sa présence dans une maison ; les officiers obtiendront immédiatement un ordre de la Reine et du Grand-Juge, et deux ou trois d'entre eux procéderont à la recherche dans la maison ; s'il est nécessaire, ils réclameront l'assistance de tous les officiers publics qu'ils pourront requérir, pour les aider à détruire les spiritueux ; les propriétaires de ces liqueurs fortes, et ceux à qui ils les auront achetées, seront jugés et condamnés à l'amende comme il est dit dans l'article 1er de cette loi. Tous les spiritueux trouvés hors d'une maison, soit à la côte, soit en quelque endroit secret, soit dans un canot ou dans toute autre embarcation, seront détruits ; mais il ne sera point touché aux embarcations. Les hommes qui auront participé au transport des liquides cachés seront jugés ; car ils ont par là même prêté secours à l'infraction commise. Ce qui a été dit relativement aux bouteilles secrètement introduites dans une maison, et dont la saisie ne doit pas être immédiatement effectuée, s'applique aux esprits étrangers, et au cas où leur introduction n'est connue que par simple information. Dans aucune circonstance, quand un officier public aura vu lui-même des liqueurs alcooliques, il ne pourra les laisser sans en opérer confiscation.

ART. 7. Les spiritueux *qui se trouveront* à bord des navires virés en carène à Tahiti pour y être réparés, seront, si le capitaine désire les porter à terre, remis entre les mains de la reine, ainsi que tous les autres objets provenant du navire ; la reine devra trouver pour cet objet un lieu sûr, qui sera sous la surveillance de Tamaehuatea, son représentant. Les officiers assisteront au débarquement de ces marchandises et à leur mise en lieu de sûreté et en constateront la quantité, de manière à ce qu'elles ne puissent être enlevées ni recevoir aucun dommage. Lorsque le navire sera réparé, les officiers viendront de nouveau pour constater que tout est dans le même état qu'au débarquement et que tout retourne à bord comme il est venu à terre.

ART. 8. Tous barils, grandes bouteilles, bambous, calebasses ou boîtes qui seront pleines, ne pourront être portés pendant la nuit d'un navire à la côte, ou d'une maison à une autre maison, ou d'un endroit à un autre endroit. Si les propriétaires de ces objets, ou les individus qui les transportent s'obstinent, les officiers les retiendront, en les laissant intacts, et au jour ils examineront leur contenu. Si on trouve qu'ils contiennent des spiritueux ou toute autre chose prohibée par la loi, les propriétaires seront punis conformément à cette loi ; mais si on trouve, après examen, qu'ils ne contiennent rien d'illégal, ils seront rendus à leurs propriétaires. Si quelqu'un va chercher une calebasse d'eau pour l'usage de sa famille, pendant la nuit, les officiers ne s'y opposeront point. Si quelqu'un, d'une terre différente, a le désir ou est obligé, par des circonstances qui ne lui permettent point d'attendre au matin, de transporter des objets qui lui appartiennent, dans la nuit, il se rendra près de la reine et du grand-juge pour leur faire connaître de quelle espèce sont les objets qu'il veut transporter ; ils lui délivreront un passavant qu'il portera aux officiers, et ceux-ci lui permettront de se rendre avec ce qui lui appartient à l'endroit où il veut aller. Que l'on ne trompe point en cette occasion, et qu'aucun spiritueux ne soit passé frauduleusement, car s'il en était ainsi, l'on serait jugé comme ayant trompé la reine.

ART. 9. Tout individu qui se sera enivré avec des spiritueux, et qui aura porté préjudice à la personne, à la maison, ou à la propriété d'un autre, qu'il soit étranger ou Tahitien (il n'est pas fait de différence à l'égard de l'ivresse), sera mis en prison ; lorsqu'il sera revenu à la raison, il sera jugé et condamné à payer 20 dollars pour s'être enivré, et à payer, en outre, tous les dommages qu'il aura pu commettre. Les officiers veilleront à ce qu'il paie la valeur entière de ces dommages ; s'il ne paie pas la somme demandée pour compenser le tort causé et l'amende due pour s'être enivré en violation de la loi, il sera de nou-

veau mis en prison ; s'il a quelque propriété, les officiers s'en empare-
ront pour payer l'amende et les dommages provenant de son fait ; s'il
n'a aucune propriété, il sera de nouveau jugé et condamné à fournir le
paiement pour les premières amendes, et à ajouter deux dollars pour
avoir été mis en jugement une seconde fois pour le même délit. Il y
aura un dollar pour la reine et un pour le gouverneur.

Art. 10. Tout individu, homme ou femme, trouvé en état d'ivresse
par suite de l'usage des spiritueux, sera, lors même qu'il n'aurait point
commis de préjudice à autrui, jugé et condamné à payer 20 dollars :
dont 10 pour la reine, 6 pour le gouverneur, 2 pour les officiers qui
auront conduit l'individu en état d'ivresse devant la justice, et 2 pour
le dénonciateur.

Art. 11. Tous les officiers qui se montreront négligents dans la recherche des spiritueux, ou qui, après les avoir découverts, les remettront entre les mains de leurs propriétaires, soit parce qu'ils céderont
à l'importunité de leurs sollicitations, soit parce qu'ils auront reçu de
l'argent, seront jugés et condamnés à faire le travail ordonné par la
loi ; s'ils tombent en récidive, leur place leur sera enlevée, et ils ne
participeront pas à l'avoir des officiers lorsqu'une répartition aura
lieu.

III.

SUR LE VIN.

Art. 1er. On peut acheter du vin à bord des navires, mais non pour
le revendre à terre. Toute personne qui veut acheter du vin pour son
propre usage et celui de sa famille, dans sa propre maison, est libre
de le faire, mais non en grande quantité, de peur qu'elle ne soit ten-
tée de le revendre. Nul ne demandera du vin à un autre ; si quelqu'un
a l'habitude d'agir ainsi, il sera condamné au travail ordonné par la
loi, sinon, à 5 dollars d'amende : dont 3 pour la reine et 2 pour le
gouverneur. On peut aussi acheter du vin sur les embarcations appartenant aux navires dans les endroits où ces navires ne peuvent mouiller, mais non sur les embarcations appartenant à la terre. Il ne sera
permis dans aucune maison à Tahiti ou à Moorea de vendre du vin. Le
vin des habitants du pays ne pourra être transporté par des embarcations appartenant à un navire, pour être vendu.

Art. 2. Si du vin a été acheté sur un navire et revendu à terre, l'individu qui aura revendu sera jugé et condamné à une amende de 10 dollars : dont 5 pour la reine, 3 pour le gouverneur, et 2 pour le dénonciateur. Qu'il soit commis par un homme ou par une femme, l'amende
sera la même pour ce délit ; acheteurs et vendeurs seront condamnés à
la même peine.

Art. 3. Si un individu boit du vin jusqu'à l'ivresse, et s'il porte préjudice à quelqu'un, ou s'il va chancelant et criant sur le chemin, il
doit être emprisonné jusqu'à ce qu'il ait repris sa raison, et alors il
sera jugé et condamné à faire 50 brasses de route ou à payer une
amende de 5 dollars : dont 3 pour la reine, et 2 pour le gouverneur.
Si une femme est ivre de vin, et si elle commet du désordre hors de sa
maison, elle doit être arrêtée et emprisonnée ; lorsqu'elle aura repris
sa raison, elle sera jugée et condamnée à faire 10 brasses d'étoffe :

dont 3 pour la reine et 3 pour le gouverneur, ou à payer, en argent, 4 dollars : dont 2 pour la reine et 2 pour le gouverneur. Si quelqu'objet est détérioré par un individu ivre de vin, celui-ci paiera le valeur du dommage. S'il ne la paie pas, il sera jugé et condamné à payer tout le préjudice causé, et à ajouter deux dollars pour avoir été mis en jugement une seconde fois pour le même délit ; il y aura un dollar pour la reine et un dollar pour le gouverneur.

Art. 4. Lorsqu'une petite quantité de vin aura été acquise par une personne, pour son propre usage, on n'enverra point de messager pour lui en demander ; l'individu qui fait habitude d'envoyer des messagers demander du vin à d'autres, sera jugé et condamné comme il est dit dans l'article 1er de cette loi. Chacun peut offrir du vin à ses amis, mais non de manière à les enivrer ; dans ce cas, les uns et les autres seront jugés et condamnés comme il est dit dans l'article 3. Si une femme est déclarée coupable de ce crime, elle sera condamnée à faire 10 brasses d'étoffe pour la reine et le gouverneur, ou à payer quatre dollars : dont deux pour la reine et deux pour le gouverneur.

Art. 5. Si un étranger est ivre de vin, et s'il est trouvé dehors faisant du bruit et blasphémant, les officiers le prendront et l'attacheront avec une corde, ou le mettront aux ceps ; lorsqu'il aura repris sa raison, il sera jugé et condamné à payer 5 dollars : dont 3 pour la reine et 2 pour le gouverneur. Il en sera de même si l'individu s'est enivré avec de l'ale, du porter, ou toute autre boisson étrangère. Cette loi a pour but de supprimer entièrement l'ivresse.

Art. 6. L'homme ivre de vin qui s'en prend à la propriété d'un autre, quelle qu'elle soit, et qui l'endommage, en paiera la valeur entière, sinon il sera jugé de nouveau et condamné à payer cette valeur entière et à ajouter deux dollars pour s'être laissé juger une seconde fois pour le même délit : il y aura un dollar pour la reine et un dollar pour le gouverneur.

Art. 7. Quant au vin qui peut se trouver sur la table à manger d'une personne, il n'en sera point pris note s'il est en petite quantité ; mais si on remarque un grand nombre de bouteilles sur une table, les officiers rechercheront si le maître de la maison ne vend point son vin ou s'il n'en donne pas en quantité considérable ; au cas où cela serait, on appliquerait le paragraphe 2 de cette loi concernant ceux qui revendent du vin ou fournissent à d'autres les moyens de s'enivrer, actes également interdits.

IV.

SUR LES VENTES ET LES ACHATS.

Art. 1er. Chacun peut acheter l'objet qui lui plaît. Le vendeur fixera son prix, et l'acheteur verra s'il lui convient de le donner ou non. Nul n'interviendra dans les affaires d'un autre ; la transaction tout entière doit rester entre le vendeur et l'acheteur. — Que l'on ne vende ni n'achète point les liqueurs alcooliques et le vin, interdits par cette loi.

Art. 2. Chacun emploiera, comme il le jugera convenable, l'argent qui lui viendra en propriété ; ceux qui voudront amasser, pourront le faire à leur gré. Que les hommes toutefois se tiennent en défiance de la soif ardente de l'argent : c'est une source de mal. Ceux qui voudront échanger leur argent pour les objets dont ils auront envie, pourront faire librement les acquisitions qui leur conviendront, sans que rien de cela soit imputé à délit. On ne pourra pourtant acquérir les objets nuisibles dont la vente et l'achat sont interdits par la IIe et IIIe lois ; savoir : les liqueurs spiritueuses et le vin.

Art. 3. Tous objets et denrées alimentaires récoltés à Tahiti peuvent être vendus à des étrangers ou à d'autres en échange d'argent, d'étoffes ou de tous autres objets convenus entre les parties. C'est au vendeur et à l'acheteur de faire leur propre marché, dans lequel nul autre ne doit s'immiscer. Lorsqu'un marché a été conclu loyalement entre l'acheteur et le vendeur, et que la marchandise a été enlevée, elle ne doit point être rapportée ; car, dans ce cas, le vendeur n'est point tenu de la reprendre.

Art. 4. Pour tout travail que des étrangers veulent faire exécuter par des Tahitiens, qu'une loyale convention soit faite entre celui qui doit faire le travail et celui qui le demande ; qu'ils s'accordent bien sur la nature de l'objet à donner en échange : soit argent, soit étoffe, soit toute autre. Lorsque la parole *de convention* pour le travail, et toute chose convenue *avec* un Tahitien d'une part, sera conclue, que cette convention soit exécutée ; qu'elle ne soit point rompue ni altérée. Si une des parties ne l'exécute point fidèlement, de quelque part que vienne l'infraction, elle sera jugée et condamnée à payer 20 dollars : dont 10 pour la partie qui tient ses engagements, 5 pour la reine, et 5 pour le gouverneur. Si la partie qui a fait la convention avec celle qui la rompt désire que celle-ci ne soit point mise en jugement et condamnée à l'amende, qu'il en soit ainsi ; mais dans ce cas le travail doit être exécuté.

Art. 5. Tout homme emploiera librement son argent à tous objets non condamnables. Il est juste d'en apporter au missionnaire en dédommagement de ses travaux ; il est juste d'en remettre à la société pour la propagation (1) de la parole véritable de Dieu ; il est juste d'en donner pour l'achat du vin qui sert à la communion ; il est convenable d'acheter des livres qui enseignent toutes les bonnes paroles et soutiennent le cœur de l'homme dans la poursuite du salut ; les provisions *adressées en témoignage* de salutation et d'amitié, au missionnaire (2) qui observe la parole véritable, seront apportées en tous temps, sans demander (3) rétribution. Les petits travaux ayant pour objet l'embellissement des demeures dans lesquelles les missionnaires enseignent les paroles vraies de l'Évangile, devront être exécutés gratuitement par ceux qui suivent leurs instructions.

V.

Loi concernant les spiritueux de toutes sortes fabriqués a Tahiti et dans toutes les autres terres rangées sous le régime de ce gouvernement.

Cette loi interdit la fabrication des spiritueux obtenus par la fermentation des oranges, des évis, de la mélasse, et par la préparation

---

(1) *Faatupu raa* (l'action de faire croître).
(2) *Maa aroha.* (3) *Hopoi noa.*

des plantes indigènes *connues sous le nom* d'*ava* et de *ti*, ainsi que toute boisson susceptible de produire l'ivresse et fabriquée dans ce but. C'est aussi une faute d'extraire l'esprit des noix de cocos, *du jus* de la canne à sucre et autres denrées.

ART. 1er. Si des noix de cocos, des oranges, des évis, ou tous autres fruits sont dérobés dans le but de fabriquer des spiritueux, et que les voleurs soient découverts, ils seront jugés et condamnés à payer deux cochons en amende, sinon 5 dollars ; et dans le cas où le propriétaire des fruits volés en témoignerait le désir, l'amende serait convertie en travail exécuté par le coupable au profit de la partie lésée, jusqu'à concurrence de la valeur de deux cochons. Les cochons seront donnés au propriétaire des fruits volés.

ART. 2. Si un homme fabrique des spiritueux, et que cet acte soit découvert, on le jugera, et il sera condamné à faire 50 brasses de route ou tout autre travail, de telle nature qu'il convienne à la loi. Les portions de route défrichées par suite d'une condamnation devront être creusées. Il ne suffira pas de les dégager seulement ; mais elles seront défrichées avec soin et parfaitement nettoyées.

S'il est trouvé, par les officiers publics et autres personnes, des spiritueux non entièrement consommés, ils devront être répandus par ces officiers ou tous autres les ayant surpris, et les personnes par lesquelles ils auront été fabriqués seront condamnées individuellement à faire 50 brasses de route en punition de leur faute.

ART. 3. Si un homme boit des spiritueux fabriqués à Tahiti ou autres liqueurs alcooliques, et que le fait en soit bien constaté, il sera jugé et condamné à défricher 50 brasses de route, et si un homme s'est rendu coupable de l'une de ces fautes, tels que la fabrication ou la boisson de liqueurs spiritueuses, et tous autres actes condamnables pendant le jour du sabbat, il sera condamné à travailler 50 brasses de route pour n'avoir point observé le jour du sabbat. On ne se contentera point de le réprimander simplement.

ART. 4. Lorsqu'un homme ayant bu des liqueurs spiritueuses, sera interrogé en ces termes : « D'où viennent les spiritueux que vous avez bu ? » et qu'il répondra : « De tel endroit ; je les ai soustraits moi-même, » il lui sera imposé une amende d'un cochon à payer à la reine pour avoir frauduleusement enlevé ces spiritueux. Si c'est une femme qui s'est rendue coupable de l'une des fautes relatives aux spiritueux interdits par cette loi, elle sera jugée et condamnée également à payer l'amende prescrite. Si l'on vient à connaître qu'elle ait volé les fruits d'une autre personne *pour les convertir* en esprits, l'amende sera de deux cochons, et si des spiritueux ont été fabriqués par elle, on la condamnera à *confectionner* 10 brasses d'étoffe *indigène, dont* 5 brasses pour la reine et 5 brasses pour le gouverneur, ou bien à payer en argent 4 piastres, dont 2 à la reine et 2 au gouverneur. Toute femme qui boira des spiritueux sera passible des amendes fixées pour la boisson de toutes les liqueurs spiritueuses ; et l'amende particulière *imposée* pour *les transgressions commises* le jour du sabbat, sera également infligée à toute femme qui se rendra coupable de l'une de ces fautes pendant ce jour.

ART. 5. L'homme et la femme qui n'auront point accompli la peine à eux infligée par jugément, lorsqu'un temps assez long se sera écoulé. comme *environ* deux semaines, sans qu'ils aient procédé à l'exécution de leur tâche, et qu'ils auront même accompli un travail différent, non prescrit par le juge, ces personnes seront de nouveau jugées, et il leur sera imposé un travail de 20 brasses de route à défricher en augmentation de leur tâche qui sera ainsi élévée à 70 ou 80 brasses, parce qu'elles ne l'ont point accomplie, et parce qu'elles ont négligé ce qui leur avait été antérieurement signifié par le juge. — Que les officiers publics se gardent de commettre aucune faute dans la signification des peines prescrites ; qu'ils se conforment exactement à ce qui aura été infligé par le jugement ; qu'ils s'en tiennent à cela, et ne retirent point la peine imposée par le juge.

Art. 6. Quand ces diverses amendes auront été infligées, que les officiers publics n'abandonnent point les personnes jugées tant qu'elles n'auront pas payé leur amende, qu'ils n'exercent point leur saisie sur les parents du condamné, mais sur le condamné lui-même ; s'il a des biens, ce sont ceux-là qui devront être pris, et si ses parents prennent, *de leur propre inspiration*, pitié de lui, c'est à eux d'agir à leur gré, en considération de leur ancienne affection. Quant aux personnes étrangères, qui ne sont point de véritables parents, qu'elles n'aident point l'homme qui a commis une faute dans l'accomplissement de la tâche qui lui a été imposée ; il est juste que le coupable subisse bien lui-même la fatigue du travail, et qu'il puise le dégoût de sa faute dans l'accomplissement de sa peine.

Art. 7. Que les officiers publics ne laissent point librement les personnes déréglées s'assembler en un même lieu, que ces personnes habitent leurs propres demeures et séjournent parmi leurs familles. Le propriétaire d'une terre et d'une maison dans laquelle s'assembleront obstinément au même lieu des personnes sans conduite, afin d'accomplir ensemble le travail auquel elles auront été condamnées, devra, si ces personnes commettent encore des actes coupables, être saisi, jugé et condamné à payer 2 cochons, dont 1 pour la reine et l'autre pour le gouverneur ; sinon, 5 dollars, dont 3 pour la reine et 2 pour le gouverneur. Si le propriétaire de la maison enjoint à ces gens de se retirer, et qu'il n'en soit point écouté, il ira chercher les officiers publics par lesquels ces personnes seront renvoyées chacune en sa demeure. Ceux qui s'obstineront à revenir dans la maison dont ils auront été chassés par les officiers publics, seront jugés et condamnés à 50 brasses de travail ; et pour mettre une dernière fin à l'obstination persévérante des personnes sans conduite se rassemblant en un même lieu, leur maison sera brûlée, la maison de ceux qui font croître le mal sur cette terre.

Art. 8. Si les officiers publics allant à la recherche de ceux qui s'enivrent à l'aide de liqueurs spiritueuses, découvrent des spiritueux non entièrement consommés, ils devront s'en saisir et les répandre, et briser le vase afin que l'écoulement soit complet ; ils remarqueront avec soin les personnes qui se sont assemblées vers *cet endroit* ; elles seront jugées et condamnées individuellement à un travail de 50 brasses. Qu'on ne les frappe point. Si ces personnes coupables saisissent les officiers publics ou se livrent à des paroles injurieuses envers les juges, qu'elles soient liées avec une corde, et si quelqu'un des officiers publics a été blessé, que l'on juge l'individu qui s'est porté à des voies de fait, et qu'il soit condamné à payer 8 dollars à ceux qui auront été blessés par lui ; et si tous se sont rendus coupables d'agression, l'on condamnera toute la troupe à une amende de 8 dollars par individu. Cette amende sera partagée entre les officiers publics qui auront été blessés par ces hommes.

Si les officiers publics sont assaillis, et qu'ils n'aient aucun moyen de contenir *les fauteurs du désordre* autrement qu'en se livrant eux-mêmes à des voies de fait, qu'ils usent de violence en ce cas, mais non point par des actes tels qu'il en puisse résulter la mort, que ce soit seulement de manière à réduire *les résistants*. Lier avec une corde, mettre aux ceps, tels sont les meilleurs procédés.

Art. 9. Lorsqu'un officier public seul connaîtra sûrement que des personnes se sont assemblées pour boire des spiritueux, il devra compter exactement le nombre de ces personnes et leur adresser ces paroles: « Vous serez jugées. » Ces hommes seront jugés validement sur un seul témoignage, s'il leur est arrivé fréquemment de tomber en faute ; si ce sont des personnes n'ayant encore subi aucun jugement, on devra se régler sur deux témoignages pour porter un verdict de culpabilité.

Art. 10. L'homme qui se livre à la vente de la mélasse et autres denrées alimentaires, sachant que ces denrées sont converties en spiritueux, si petite que soit la quantité, s'il a eu connaissance de la fabrication de spiritueux effectuée à l'aide de ces denrées, cet homme sera jugé et condamné à une amende de 2 cochons : 1 pour la reine et 1 pour le gouverneur, sinon à 5 dollars, dont 3 pour la reine et 2 pour le gouverneur. L'homme qui fabriquera des spiritueux extraits du fruit de l'évitier, de l'orange ou autres fruits quelconques, et qui vendra ces spiritueux à d'autres personnes, aura commis une faute ; c'est une chose pareille à la vente du vin. Il sera jugé et condamné à payer une amende de 10 dollars, dont 5 pour la reine, 3 pour le gouverneur et 2 pour le témoin que aura fait connaître que cet homme vendait des spiritueux.

Art. 11. *Cette loi entreprend* (tamata) *d'empêcher le trouble produit par les diverses liqueurs enivrantes autrefois librement fabriquées en ce pays.*

Les personnes investies, sur cette terre, d'un office public, sont invitées à remplir leur devoir avec zèle. Les officiers publics saisiront aussi les personnes aspirant les vapeurs de tous spiritueux mis en fermentation à Tahiti. Il est juste que ces personnes soient jugées et condamnées à défricher 50 brasses de route, si elles sont deux, aspirant ensemble, du nombre de celles qui ont l'habitude de boire des spiritueux.

Art. 12. L'homme qui aura été jugé en bonne forme, d'après l'évidence fournie par le témoin déposant au jugement, et qui fera appel au Tribunal des SEPT *grands-juges*, si, jugé de nouveau par les sept, il est convaincu de n'avoir appelé que dans le but de nuire au juge de district, l'on infligera une peine à cet homme qui a fait appel en connaissance de sa faute et dans le seul but d'inquiéter le juge de district;

il lui sera infligé une amende d'un cochon, qu'il devra payer au juge de district auquel il avait conçu la pensée de causer du tort.

Art. 13. Que les SEPT ne se hâtent point de retirer son office à un juge de district et de le priver de son grade à cause de l'appel sans raison fait par les personnes coupables ; qu'il soit averti premièrement, et si ce juge de district persiste à ne point observer *les règles de la justice* dans la forme de ses jugements, alors il sera convenable de lui retirer son grade et son emploi.

VI

DE L'INTERDICTION DES DANSES ET CHANTS INCONVENANTS.

Loi concernant les danses et les chants qui troublent ce séjour et font croître le mal sur cette terre, ainsi que tous les usages susceptibles de produire le trouble.

Art. 1er. Détruire la source d'où croissent les causes de désordre est *une chose* convenable. Ainsi *la coutume* de placer sur de vastes plateaux, durant leur transport vers la personne à qui elles sont destinées (1), les provisions considérables commandées par les chefs ou propriétaires, est annulée. Toutes denrées alimentaires devront être transportées simplement en paniers. Que l'on ne fasse point usage de lourds plateaux pour supporter les provisions dans leur transport (1).

Art. 2. Les personnes qui danseront durant le transport des provisions en petite quantité, que la loi permet de porter, seront jugées et condamnées individuellement à *défricher* 50 brasses de route. Si c'est une femme qui danse, elle sera jugée et condamnée à *confectionner* 16 brasses d'étoffe, *dont* 5 brasses pour la reine et 5 brasses pour le gouverneur, sinon à *payer* 4 dollars, *dont* 2 à la reine et 2 au gouverneur. Que les tâches de route soient bien défrichées, non point simplement dégagées.

Art. 3. Que l'on ne danse point de danses réelles durant *l'accomplissement de* tous les travaux ci-*désignés : soit en* traînant les arbres *abattus, soit en* battant *des écorces pour confectionner de* l'étoffe *indigène.* soit en toute autre occupation. Encourager simplement de la voix, cela est convenable ; que ce ne soit point en dansant. Si, d'autre part, une personne danse d'une façon inconvenante, elle sera jugée et condamnée, l'homme à 50 brasses de travail, la femme à 10 brasses d'étoffe, partagées ainsi qu'il est prescrit à l'article 2.

Art. 4. Cette loi annule toutes causes de troubles qu'il est interdit de produire, telle que *la coutume* de demander obstinément le bien d'autrui ou de lever des impositions arbitraires *(te titau ra)*, celle de transporter, étendues dans toute leur longueur, des étoffes offertes en présent *(te aaone ra) ;* la construction des pirogues (3) *(te vaa tarai*

---

(1) *Fatu maa*, maître ou seigneur de la nourriture.

(2) Les plateaux dont il est ici question étaient, à proprement parler, de larges planchers formés de pièces de bois croisées les unes sur les autres. Ces plateaux se portaient à l'épaule, tandis que des danseurs, placés dessus, exécutaient diverses danses et chants.

(3) Soit que le législateur ait voulu défendre la construction des pirogues de guerre ou embarcations destinées à de mauvais usages, soit que l'interdiction présente ne doive frapper que certaines pratiques turbulentes accompagnant peut-être autrefois ce genre de travail.

ra.; les présents considérables en denrées de toute nature portés au souverain par toute la population réunie *(le tavau)*, les vêtements présentes en témoignage de chagrin (1) *(le ahu oto ra)* ; les provisions offertes en hommage *(le maa tahe)* ; les grands repas *(le faa amua raa rahi ra)* et le bannissement arbitraire d'un individu quelconque : — à la loi seule il appartient de bannir. — Les personnes obstinées à reproduire ces usages interdits seront jugées, chef ou gouverneur, n'importe *le rang;* il leur sera infligé une amende et on les dépouillera de leur autorité. — Que le prince ne pense point que la loi lui laisse le pouvoir de faire reproduire ces coutumes. — Voici d'autres usages également interdits : marcher sur des échasses *(le rore ra)* ; lancer au but des roseaux garnis de pointes *(le opere ra) ;* lancer ces sortes de traits sur un objet suspendu *(le patiafa ra) ;* — la danse, et la musique ou chants inconvenants, tels que ceux qui accompagnent les danses ; — toutes les flûtes de roseau et chalumeaux ; les guimbardes de bois ; les combats de coqs ; *tout cela est également interdit*, ainsi que tous les autres usages par lesquels le séjour en cette terre est troublé. Toute danse et tout rassemblement relatifs à ces pratiques devront donner lieu à un jugement : la peine infligée sera un travail de 50 brasses à défricher par individu. Si la tâche imposée n'est point un défrichement de route, ce devra être un travail propre à l'embellissement de la ville. Qu'en aucune circonstance la peine ne soit changée sans le consentement de la reine, du gouverneur et du juge.

Art. 5. Toutes les personnes qui s'assembleront pour chanter et exécuter les danses interdites par cette loi, seront jugées et condamnées à 50 brasses de travail par individu, ainsi que les personnes qui se seront rassemblées tout autour des danseurs pour *les* regarder. L'amende imposée aux femmes sera de 10 brasses d'étoffe, partagées entre la reine et le gouverneur ; sinon, en argent : 4 dollars, *dont* 2 à la reine et 2 au gouverneur. Telle est la forme des amendes qui devront être imposées à la femme.

Art. 6. Que personne ne joue *avec* le jeu de papier appelé cartes. Que les étrangers, résidant dans l'étendue de ce gouvernement, ne jouent point non plus au jeu de papier, dans le but de gagner l'argent d'une autre personne. C'est une mauvaise chose que ce jeu ; il engendre le mal sur la terre.—Si l'on vient à connaître que deux, trois, ou n'importe quel nombre de personnes jouent *aux cartes*, de façon à ce que l'argent de l'une soit gagné par l'autre, l'on appellera les officiers publics, qui arrêteront le jeu ; si le jeu cesse tout-à-fait, ce sera bien ; il n'y aura point de suite. Si quelqu'un s'obstine à jouer de façon à gagner tout l'argent d'une autre personne, on le jugera, et il lui sera infligé une amende de 20 dollars : 10 pour la reine, 8 pour le gouverneur et 2 pour le témoin qui aura fait connaître que l'on jouait de l'argent. Telle est l'amende qui devra être imposée aux personnes obstinées à jouer de l'argent.—Que jamais on ne joue de l'argent dans aucun des jeux en *usage* à Tahiti.

---

(1) Au départ ou au retour d'un prince.

VII.

DES FEMMES PROSTITUÉES.

*Cette loi interdit tous actes de prostitution commis à bord des na
vires et à terre.*

Art. 1er. Si une femme se prostitue à un étranger, à bord d'un bâtiment ou à terre, cela est une faute d'après la présente loi, et si l'on
connaît *que* l'acte de prostitution a été positivement *commis, cette
femme* sera jugée et condamnée à *payer* 8 dollars, *dont* 5 à la reine
et 3 au gouverneur du lieu même de sa véritable demeure, d'où elle est
venue. Les 5 dollars adjugés à la reine seront laissés au lieu où cette
femme aura été jugée, les 3 dollars destinés au gouverneur seront portés entre ses mains.

Art. 2. La femme de deux côtés (1) (*pae piti*), et la femme ayant
enfanté sur le lieu où elle réside, sont devenues comme originaires de
l'endroit de leur séjour ; le gouverneur du lieu qu'elles habitent est
leur propre gouverneur. Les femmes récemment arrivées, et venues
dans le but de se livrer à des actes *de prostitution*, devront être renvoyées sur leur propre et véritable terre. — Que les officiers publics ne
les laissent point *séjourner* librement sur les lieux troublés (2) par les
étrangers. — Si l'acte *de prostitution* a été promptement accompli, *la
personne qui s'en sera rendue coupable* devra alors être jugée, et
l'amende *destinée* au gouverneur sera portée à son propre et véritable
gouverneur, sur la terre à laquelle elle appartient, et d'où elle est venue. — Cette parole *s'applique* à tous les lieux. — Lorsqu'une femme
prostituée aura subi un jugement *la condamnant à payer* 8 dollars,
les 3 dollars du gouverneur seront portés au gouverneur véritable de
la femme jugée.

Art. 3. Les gens habitant dans la maison, les parents ascendants (3)
et le mari légitime d'une femme qui se livre à la prostitution, lorsque,
interrogés par les officiers publics, ils chercheront à donner telle ou
telle réponse évasive, dans le désir de cacher la faute et de ne la point
dénoncer, si l'acte de prostitution est d'ailleurs bien constaté, ces personnes seront jugées et condamnées à une amende de deux cochons
par individu. Telle est la peine de la non-dénonciation (4) des personnes coupables : un *cochon* pour la reine et un pour le gouverneur,
sinon 5 dollars : dont 3 à la reine et 2 au gouverneur.

Art. 4. Les officiers publics qui auront vu une femme allant à bord
d'un bâtiment ou dans la maison d'un étranger pour s'y livrer à la
prostitution, qui ne l'auront point retenue et qui ne l'auront pas fait
connaître, et ceux qui disent aussi : « Allez, et quand vous serez revenue
on vous jugera, » *ceux-là* auront commis une faute ; ces officiers consentent au délit. — Les parents ascendants et toutes personnes qui
conduisent une femme pour la faire coucher dans la maison d'un

---

(1) Qui tient à deux endroits. Toute personne issue de père et de mère possédant en des lieux différents, dont ils sont respectivement originaires, participe à
ces deux nationalités, et appartient à la fois aux deux places.

(2) *Vahi peapea i te mau papaa.*

(3) *Te feia metua*, les père, mère, oncle, tante.

(4) *Huna raa*, action de cacher.

étranger, et les parents qui laisseront un étranger cohabiter librement
en commerce illégitime avec leur fille ou une autre femme, dans leur
propre maison, seront jugés *comme* ayant violé cet article, et condamnés individuellement, pour chaque faute, à *payer une amende* de
deux cochons, *dont* un pour la reine et un pour le gouverneur. *Si*
l'amende *se paie* en argent, *elle* sera *de* 5 dollars : trois pour la reine
et deux pour le gouverneur.

Art. 5. Lorsqu'un étranger ayant pris une femme de Tahiti sera
bien positivement connu, *que ce soit* un étranger provenant d'un navire
ou bien encore un étranger résidant à terre, on le jugera et il sera
condamné à payer une amende. L'amende sera de 20 dollars si la
femme débauchée est une femme mariée : 13 dollars pour le mari,
4 pour la reine et 3 pour le gouverneur. — Le mari qui connaît la
prostitution de sa femme et n'en donne pas connaissance aux officiers
publics, a livré sa femme lui-même. Qu'il ne lui soit point donné part
aux objets *imposés en amende*, si l'homme qui a pris sa femme subit
un jugement. L'on remettra, *en pareil cas*, à la reine et au gouverneur
les valeurs *que la loi adjuge* au mari comme réparation d'offense. —
Si un homme est jugé pour avoir pris une fille non mariée, l'amende
sera de 10 dollars, *dont* 5 pour la reine et 5 pour le gouverneur.

Art. 6 Si un homme, premier et légitime mari d'une femme (1) connaît sûrement que son ami a séduit et pris sa femme, il chassera cet
ami qui fait croître le mal en sa demeure; qu'il n'y soit point laissé
librement. Et si cet ami ne s'éloigne point, que le mari se rende auprès
du juge, qu'il lui parle, et que cet ami soit jugé et condamné à la peine
infligée par la loi à ceux qui débauchent une femme mariée ou un homme marié. Lorsque l'homme *qui se trouvait* dans la maison de son
ami aura été jugé pour avoir pris sa femme, qu'il ne retourne point
dans la maison de son ami pour y demeurer; qu'il s'éloigne jusqu'au
lieu de sa propre demeure pour y séjourner. S'il s'obstine et revient
encore dans cette maison, il sera jugé de nouveau et condamné à
défricher 50 brasses de chemin, à cause de son obstination, et il devra s'éloigner. Qu'il ne demeure point en cette maison dans laquelle
il a péché antérieurement; que ceux d'une maison quelconque ne re-
tiennent point l'homme qui aura été chassé par son ami pour avoir
fait le mal en sa maison.

Art. 7. L'homme qui donnera librement sa femme à son ami, si
tous deux ont réellement cohabité à la connaissance du mari légitime, l'on jugera aussi ce mari légitime; il sera condamné à un travail
de 50 brasses, et sera également privé de sa part de l'amende, si
l'homme qui a cohabité avec sa femme subit un jugement : les valeurs
qui lui sont adjugées seront remises à la reine et au gouverneur.

Art. 8. Les personnes cohabitant avec une femme sans que les
formalités légales du mariage aient été accomplies, ainsi que la publication *qui doit être faite* à l'assemblée religieuse (2), et les étrangers
qui, d'après la loi, ne sont point aptes à contracter mariage, devront
être saisis par les officiers publics, jugés et condamnés conformément
à l'article concernant *cette faute;* les deux personnes vivant en com-

---

(1) *Tane metua.*
(2) *Pure ruru* (prière réunie), office du mercredi matin.

merce illégitime seront séparées et reconduites respectivement dans
leur propre et véritable maison, et lorsque les femmes ayant commis
des actes *de prostitution* sur les lieux troublés par les étrangers auront
été renvoyées, les officiers publics les retiendront avec soin chacune en
sa demeure, tout autour de Tahiti et de Moorea ; il ne leur sera point
permis de retourner encore sur les lieux troublés par les étrangers.

VIII.

DE L'INTERDICTION DES MARIAGES ENTRE LES ÉTRANGERS ET LES FEMMES DE TAHITI.

*Cette loi interdit le mariage entre les femmes indigènes et les
étrangers, venus des autres terres, demeurant à Tahiti. — Que
les étrangers ne cohabitent point avec les femmes de Tahiti.*

Art. 1er. La propriété territoriale, constituée à Tahiti d'une manière
différente, ne correspond point à *ce qui a lieu dans* toutes les autres
contrées. A Tahiti, la femme *tient* la terre en ses propres mains, elle-
même et sa famille *en* sont les propriétaires *véritables;* il n'en est point
d'autres. A Oahu et dans quelques autres contrées, la terre *reste* aux
mains des personnes élevées *descendant* des ancêtres aux générations
successives, sans qu'elle puisse tomber entre les mains des hommes de
condition inférieure. Ces *coutumes* différentes permettent le mariage
entre les étrangers et les femmes de ces contrées. — De la pensée que
la terre d'une femme de Tahiti, ainsi que les propriétés de sa famille,
seraient détournées, si elle contractait mariage avec un étranger; de
l'ignorance *où l'on se trouve à l'égard* du caractère moral (1) des
étrangers venus à Tahiti, ainsi que de leur position réelle, *ne pouvant
savoir* s'ils n'ont point déjà de femme légitime dans leur propre
pays, etc..., et de la pensée que certains n'établiront point la femme de
Tahiti comme épouse véritable *envers laquelle ils seraient liés* jusqu'à
la mort de l'un *des conjoints ;* la conviction de ceux qui formulent les
lois étant, *en outre,* que le désir de la propriété territoriale est la
source véritable *du sentiment* qui porte les étrangers à désirer vivement de s'unir aux femmes de Tahiti; *de toutes ces considérations
différentes,* il a été établi cette loi : que les étrangers ne soient point
mariés aux femmes de Tahiti. Si la femme d'un étranger est venue
d'une autre terre, il lui sera loisible d'habiter à Tahiti. Les étrangers
peuvent aussi contracter mariage à Tahiti avec des femmes étrangères,
mais il leur est interdit d'épouser une femme originaire du pays.

Art. 2. Cette loi abroge les dispositions *contenues* dans une autre
loi, promulguée en l'année 1838 et par laquelle il est dit : « Si une
femme de Tahiti met au monde un enfant du fait d'un étranger, ils devront alors être mariés. » Que cet article ne *subsiste* en aucune façon.
— C'est un mauvais article justifiant le péché. — Que dans aucun cas
les étrangers ne soient unis en mariage aux femmes de Tahiti. — Telle
est actuellement la véritable loi.

Art. 3. *Pour ce qui est* d'une fille étrangère dont la mère est indigène de Tahiti.

-----

(1) *Huru,* forme, espèce,

Si un étranger désire contracter mariage avec cette fille de sang mêlé (1), qu'il la conduise, pour l'épouser, dans le pays de son père, étranger; que cet étranger ne puisse absolument contracter ce mariage à Tahiti.

Si c'est un indigène qui désire cette fille, il pourra l'épouser librement à Tahiti.

S'il *s'agit* d'un garçon (2) *de sang mêlé*, étranger d'un côté, et d'une fille *de sang mêlé*, également étrangère d'une part, il leur est permis de se marier : tous deux sont également de Tahiti.

ART. 4. Les femmes indigènes qui, dans les années précédentes, ont été légitimement unies en mariage à d s étrangers, ne pourront, à la mort de leur mari, épouser de nouveau un étranger.

ART. 5. Les femmes indigènes et les hommes étrangers qui se seront enfuis sur une terre différente pour y contracter mariage, ne pourront absolument revenir à Tahiti S'ils s'obstinent et rentrent sur cette île, ils seront jugés et condamnés à une amende. Celle de l'homme étranger sera de 20 dollars, dont 10 à la reine et 10 au gouverneur, et 20 dollars seront également l'amende imposée à la femme à cause de sa fuite : 10 pour la reine et 10 pour le gouverneur. Les officiers publics délieront entièrement et sépareront tout-à-fait ces personnes, *de sorte* qu'elles ne demeurent point à Tahiti en qualité de mari et femme. Si la femme qui s'est enfuie était antérieurement mariée, on se réglera sur la loi concernant ceux qui débauchent une femme ou un homme marié pour infliger la peine *encourue*.

ART. 6. Si un juge, connaissant la présente loi, unit nonobstant en mariage une femme indigène avec un étranger, il aura commis une faute. On jugera et l'on condamnera à l'amende cet homme qui aura marié ces deux personnes. L'amende sera de 20 dollars : 10 pour la reine et 10 pour le gouverneur. L'on déliera entièrement et l'on séparera tout-à-fait ces personnes unies contrairement à la loi, *de sorte* qu'elles ne puissent demeurer à Tahiti en qualité de mari et femme. — C'est par la raison que la terre des femmes de Tahiti passerait entièrement aux mains des étrangers avec lesquels elles seraient unies, qu'il a été interdit aux femmes indigènes d'épouser les étrangers.

IX.

DU MARIAGE ENTRE LES HOMMES ET LES FEMMES INDIGÈNES DE TAHITI.

Que l'on consulte encore avec soin l'ancienne loi 14e concernant certaines règles touchant le mariage, et que l'on regarde aussi avec attention ces articles nouveaux.

ART. 1er. Que dans aucun cas la femme qui abandonne sans raison son premier mari ne soit remariée. Lorsque le mari qui a été lésé (3) sera mort, alors seulement il lui sera permis de contracter un nouveau mariage. Telle est également la règle pour l'homme qui abandonne sa femme; qu'il attende la mort de la femme abandonnée (4), pour co-

---

(1) *Tamahine paopa pae tahi*, étrangère d'un côté.
(2) *Tamaiti papaa pae tahi*.
(3) *Hamani ino hia*, maltraité (par l'abandon).
(4) *Hamani ino hia*, maltraitée

habiter avec une nouvelle épouse. Le mariage est une cérémonie sacrée qui ne doit point être rompue sans motifs; que les officiers publics ne séparent point légèrement et sans raison ceux qui auront été mariés légitimement en concordance avec *les prescriptions de* la présente loi.

ART. 2. Que dans aucun cas, les habitants des différents villages ne se rendent dans un autre village que le leur pour y être mariés. C'est un mariage hors de droit (1) que celui qui n'a point été accompli sur leur propre lieu *de résidence ;* la terre est entourée de missionnaires, *c'est* par eux *que chacun* doit être marié sur sa propre demeure. — Et si le missionnaire désire parler au juge de district à l'égard d'un mariage susceptible de produire le trouble (2), à cause du langage *opposé* d'une partie de la famille, cela est juste. Que le juge ne marie point les personnes dont il ne lui aura pas été réellement parlé par le missionnaire; ce serait commettre une faute. Le missionnaire écrira les noms *des conjoints* dans le livre des mariages. — Que l'on ne s'enfuie point dans une ville différente pour y être marié.

ART. 3. Que l'on ne se hâte point de consacrer un mariage lorsque des personnes seront venues d'une terre différente, soit une femme, soit un homme ; que l'on attende deux ou trois semaines, afin de bien connaître s'il n'existe rien *qui puisse faire obstacle* sur la propre terre de cette personne, d'où elle est venue. — C'est une mauvaise chose que de se hâter en un jour ou en une semaine. — Si ce mariage était pour un seul jour, il serait permis alors d'agir avec précipitation, mais le mariage doit durer autant que l'existence du corps : il est donc juste qu'il soit contracté en parfait accord des deux parts.

ART. 4. Ceux qui marient inconsidérément les personnes venues d'un autre endroit commettent une faute. — Si *ces personnes tiennent* eu main une parole écrite par leur propre missionnaire et par les officiers publics, il est alors convenable *de les marier.* — Que les missionnaires observent également les *prescriptions de* la présente loi concernant les mariages sans valeur légale (3) : s'ils ne s'y conforment point, ils seront *eux-mêmes* violateurs de la loi. — Et si un juge prend *deux personnes* et les unit par un mariage hors de droit, il aura commis une faute, devra être jugé, condamné à une amende de 10 dollars, dont 5 pour la reine et 5 au gouverneur, et *sera* dépouillé de son office ainsi que de son grade. — Si des habitants d'une ville vont dans une autre ville pour s'y faire marier, les officiers publics devront renvoyer sur leur propre terre ces deux personnes qui se sont enfuies : qu'elles s'accordent alors à formuler le contrat par lequel doit être justifié leur mariage. Que cela cesse *ainsi;* qu'elles ne s'obstinent point.

ART. 5. Que les pères et mères, ainsi que les autres parents, ne montrent point trop de rigueur lorsqu'un homme et une femme se conviennent l'un à l'autre; ils sont en état de réfléchir eux-mêmes. Lorsqu'un mariage n'est point contraire à la parole de Dieu, non plus qu'aux lois de cette terre, que les parents le permettent, qu'ils ne soient point rigoureux. — Que l'on ne se hâte point de marier les jeunes enfants,

---

(1) *Tia ore,* non juste.
(2) *Huru peapea.*
(3) *Tia ore,* sans justice, sans droit.

c'est seulement lorsqu'*ils* *ont* atteint l'àge de 13, 14 et 15 ans, qu'il est convenable de le faire.

X.

CONCERNANT LES BESTIAUX QUI VONT SUR LA MONTAGNE JUSQUE DANS LES VALLÉES DE FÉI.

Cette loi concerne tous les bestiaux qui vont sur la montagne, dans les gorges et les vallées, pour manger les féi d'un propriétaire différent.

ART. 1er. Si les cochons d'*une personne quelconque* ont accoutumé d'aller dans la vallée de féi d'une autre personne, si les féi ont été réellement détruits et les dégâts commis par les cochons, trois fois renouvelés dans cette vallée, le propriétaire de la vallée ira parler au propriétaire des cochons, pour l'engager à venir prendre ses cochons qui mangent les féi. — *Après cela,* — que ce ne soit pas seulement après un jour, mais au bout de trois semaines, — si le propriétaire des cochons n'a point cherché quelque moyen de prendre ses cochons qui mangent les féi, les propriétaires de la vallée les traqueront eux-mêmes, et lorsqu'ils les auront pris, il en sera fait deux parts : — une moitié pour le propriétaire de ces cochons, l'autre moitié pour les propriétaires de la vallée.

ART. 2. Si des bœufs vont jusque dans les vallées de féi, que les féi soient ravagés par eux et que les propriétaires de la vallée aient vu ces bœufs mangeant réellement les féi, ils iront parler aux propriétaires de ces bœufs qui vont dans les vallées de féi et les engageront à venir les prendre. — *Après cela,* — qu'ils ne se hâtent point en un seul jour, mais au bout de trois semaines, à compter du jour où ils auront parlé *aux propriétaires des bœufs,*—ils s'adresseront de *nouveau à eux,* et si ces propriétaires n'ont pas cherché quelque moyen de prendre leurs bœufs, les propriétaires de la vallée les traqueront eux-mêmes, et, lorsqu'ils les auront pris, ils en porteront une moitié aux propriétaires de ces bœufs, l'autre moitié restera à ceux qui les auront pris. — Cette loi concerne les bœufs, vaches, etc., qui mangent réellement les féi ; *elle n'est* point *applicable* aux bestiaux qui n'en auront pas mangé.

ART. 3. Lorsque les propriétaires de la vallée auront dit aux propriétaires des bœufs de faire saisir leurs bestiaux qui mangent les féi, que les jeunes gens ne se concertent pas afin d'obtenir un prix élevé pour la saisie de ces bœufs qui mangent les féi, car la perte des fruits a été considérable. — Qu'ils se contentent de 2 dollars pour prendre chaque bœuf, et après les avoir conduits jusqu'au rivage, ils devront les remettre à leur propriétaire. Si les bœufs, *ainsi repris,* sont conduits jusqu'au lieu du marché, les capteurs prendront alors 3 dollars par chaque tête de bétail. Afin que les féi subsistent il est convenable que les capteurs ne soient pas trop exigeants.

ART. 4. Quant aux bestiaux qui ont coutume de démolir les entourages ou de sauter par-dessus les bonnes clôtures, telles qu'elles atteignent en hauteur mesurée la tête d'un homme, — si ce sont de fortes clôtures récemment faites ou dont aucune partie n'était antérieurement tombée, que celles par-*dessus* lesquelles les bestiaux sont entrés; la faute est du côté de ces bestiaux; leur propriétaire paiera la valeur des fruits ravagés par eux.—On paiera la valeur des fruits détruits par tous les bestiaux qui auront pénétré *dans un enclos*, malgré de bonnes clôtures. — On devra chercher les moyens d'empêcher les bestiaux accoutumés à démolir les entourages solides, de commettre de nouveaux dégâts, — soit qu'on les attache, soit qu'on les conduise en un autre endroit, et si on ne peut les conduire ailleurs, on devra les tuer.

Art. 5. Lorsque les clôtures *brisées ou franchies seront* de bonnes et solides clôtures, alors les officiers publics observeront les prescriptions de cette loi pour faire payer les fruits *ravagés, mais non point* lorsqu'il s'agira de clôtures mauvaises dont quelques parties étaient déjà brisées, non plus que si ce sont des entourages bas n'arrivant pas à hauteur de poitrine d'homme. Les fruits détruits à l'intérieur de ces clôtures dégradées ou trop basses ne devront pas être payés. Les bestiaux qui ont pénétré, malgré ces entourages mal conditionnés, ne devront pas non plus être tués, on devra seulement les chasser au dehors. C'est du côté de la clôture que se trouve la faute, si les fruits de ces enclos ont été détruits.

Art. 6. Si des bestiaux sont entrés dans un enclos mal entouré et dont la clôture était antérieurement brisée et tombée en partie, et que le propriétaire de l'enclos blesse ou tue ces animaux, il aura par ce fait commis une faute : les chasser simplement, tel est le moyen convenable. Si ces bestiaux ont été tués ou blessés, le propriétaire de l'enclos, qui aura tué ces animaux non coupables, devra les payer, par la raison que sa clôture était en mauvais état et n'était pas une bonne clôture telles que *celles* pour lesquelles la loi prescrit aux officiers publics de statuer *sur les dommages commis*; la somme payée sera réglée proportionnellement au mal qu'auront éprouvé les bestiaux blessés. — Si la blessure est faible, il sera payé peu de chose; si la blessure est grave, la somme à payer sera considérable, et si l'animal est mort, l'homme qui l'aura tué en paiera la valeur tout entière.

Cette loi s'applique également à tous les bestiaux de Tahiti.

XI.

CONCERNANT LE GRADE ET LES FONCTIONS DE CEUX QUI FONT DES RONDES DE VEILLE (1) DURANT LA NUIT ET SONT APPELÉS MUTOI.

Cette loi règle les fonctions des mutoi à Tahiti et dans tous les autres lieux de ce gouvernement où l'on désirera instituer un corps de mutoi.

Art. 1er. L'office de mutoi a été créé à Tahiti, pour la *répression de* ceux qui circulent pendant la nuit en commettant du désordre. A 8 heures du soir la cloche sonnera, et, à 8 heures et demie, toute circulation sera interdite (2). Que personne ne circule sans motifs *légitimes*

(1) *Ara haere*, marcher en veillant.
(2) *Traduction littérale :* « Arrivé à l'heure 8e du soir, la cloche sonnera, et arrivé à la demie, entre la 8e et la 9e des heures, la nuit sera tout à fait sacrée. *(Ua moa roa te rui.)*

après cette heure. Quand à huit heures la cloche sonnera, chacun devra se disposer : ceux venus des bâtiments retourneront à bord de leurs navires, les véritables habitants des maisons rentreront chacun en leur propre demeure ; et si à 8 heures et demie (1) les hommes des navires ne sont point partis et ceux des maisons ne sont pas rentrés, s'ils demeurent encore sans observer l'heure fixée pour que toute circulation cesse (2), c'est là une circulation nocturne, et les mutoi devront les saisir. — L'interdiction de circuler durant la nuit (3) se prolongera jusqu'à 4 heures du matin ; — *ce qui correspond* en style tahitien *au* second chant du coq.

Art. 2 Que l'on ne se presse point de saisir les personnes qui ne commettent aucun désordre, ni celles qui ne sont point ivres de liqueurs fermentées ; on devra leur dire, lorsque l'heure sera venue : « Allez, » et si elles se moquent et ne rentrent point, elles devront être conduites en prison et aux ceps, et chaque personne payera 2 dollars, après avoir été enfermée aux ceps, pour être remise en liberté. — Que dans aucun cas on ne maltraite ceux qui ne se débattent pas et ne commettent point de désordre, tandis qu'on les conduit aux ceps ; — cela est mal.— Que les mutoi n'excitent point non plus qui que ce soit, et n'accusent point faussement *une personne quelconque*, afin de la mettre en colère, de lui faire commettre du désordre et d'être en droit, *par suite*, de la conduire en prison. — Quant aux personnes qui sont turbulentes tandis qu'on les conduit aux ceps, cela les regarde, *elles en subiront les conséquences* ; ceux qui les conduiront devront agir avec vigueur en cette occasion. — Il est juste de faire manger quelque peu de nourriture (4) aux personnes renfermées aux ceps.

Art. 3. Quant aux personnes qui sont en droit de circuler durant la nuit, les mutoi ne devront pas les saisir. — *Telles sont* les personnes ayant qualité de chef (5), qui tiennent une bonne conduite, *soit qu'elles appartiennent* aux bâtiments ou *résident* à terre ; tous ceux qui se comportent bien dans leur circulation, n'étant point ivres et marchant sans commettre de désordre ; les personnes qui ont un but réel dans leur course, tels que les pêcheurs ; ceux aussi qui vont chercher des vivres ; ceux qui portent des remèdes, et *ceux qui accomplissent* tous les travaux convenables qui se peuvent exécuter sans inconvénient durant la nuit ; ceux encore qui désirent se rendre en canot (6) sur une terre différente, et ceux qui abordent durant la nuit, venant d'un autre lieu, auxquels il est permis de se rendre à leur maison, que ces différentes personnes ne soient point saisies par les mutoi. — Si les mutoi désirent interroger les personnes qui circulent sans commettre aucun trouble, et si ces personnes répondent évasivement par telle ou telle parole, leur marche n'ayant pas un but convenable, elles auront commis une faute en répondant par des parole fausses et évasives.—C'est là une circulation nocturne *telle que la punit la présente loi.*

---

(1) Et lorsque arrivé à la demi-heure qui reste pour la 9e.
(2) *Te hora moa*, l'heure sacrée (d'interdiction).
(3) *Te moa raa o te rui*, l'interdiction (la qualité sacrée inviolable de la nuit).
(4) *Ite maa rii.*
(5) *Huru raatira.*
(6) *Hoe noa i te tahi fenua é*, ramer, pagayer vers une autre terre.

Art. 4. Les personnes qui n'observent point les lois et s'en vont commettant du trouble durant la nuit, telles que les personnes ivres de liqueurs spiritueuses, les personnes débauchées, celles qui vont voler, celles qui vont endommager la maison ou les propriétés ou la terre d'un autre, et ceux qui maltraitent les bestiaux ou la femme et tous objets appartenant à une autre personne, se rendent coupables d'un délit. — Les mutoi devront arrêter tous ceux qui commettent ces différents actes durant la nuit.

Art. 5. Que les mutoi ne se hâtent point *d'agir* à propos de paroles *échangées* par d'autres personnes dans leur propre maison. Si le propriétaire d'une maison dit aux mutoi d'arrêter *ceux qui mettent le trouble chez lui*, c'est alors qu'ils devront les saisir, et si l'on sait qu'un individu ivre maltraite une autre personne en dedans de la maison, ils devront aussi saisir cet individu. Dans les querelles *s'élevant* entre deux hommes, ils ne devront point non plus se hâter ; si la personne maltraitée s'adresse à eux, c'est alors que les mutoi devront arrêter *celle par laquelle elle aura été maltraitée*. Et *pour ce qui concerne* les débiteurs (1), s'ils sont positivement requis par la personne dont la propriété prêtée ou louée a été détruite ou détournée, ils devront les arrêter et les retenir en prison ; qu'ils ne se hâtent point *toutefois ;* qu'ils interrogent le créancier, *afin de connaître* depuis quand il est arrivé et à quelle époque il s'est adressé à son débiteur *pour recouvrer les objets à lui prêtés ou loués*, et s'il est reconnu que c'est depuis longtemps et que le débiteur s'est moqué de son créancier, lorsque celui-ci lui a redemandé sa propre propriété, alors les mutoi devront arrêter le débiteur et l'emprisonner jusqu'à ce que sa dette soit payée : qu'on ne le maltraite point et qu'il soit pourvu à sa subsistance.

Art. 6. Que les mutoi ne pensent point qu'il leur doive revenir aucun argent de ceux qui, circulant durant la nuit et commettant des actes *répréhensibles* hors de leur vue, n'ont pas été pris par eux et n'ont pas été enfermés aux ceps. Quant à ceux qui couchent dans la maison d'un autre et n'ont pas été pris, soit en s'y rendant, soit en en revenant, — comme les personnes venues des bâtiments, — ils devront être jugés et condamnés à la peine *de droit*, selon la loi qui concerne leur faute, lorsque cette faute sera connue.

Que les mutoi ne demandent point d'argent pour les délits dont ils n'auront pas saisi *les coupables ;* ceux-ci devront être jugés d'après la loi, lorsqu'ils seront connus. Lorsque les fauteurs de désordre seront bien et dûment arrivés en dedans *de la prison et mis* aux ceps, alors les mutoi devront recevoir leur prime, *qui sera de* deux dollars par personne. Qu'ils ne réclament point d'argent *à qui que ce soit* pour être resté pendant la nuit dans un autre lieu *que celui de sa propre demeure.*

— A ceux seulement qui auront été saisis pendant qu'ils circulaient et commettaient du désordre, ils seront en droit d'en réclamer.

Art. 7. Le travail qu'il convient aux mutoi de remplir durant le jour, *c'est la surveillance* des mauvaises actions projetées ; et si ceux qui ont formé de mauvais desseins les accomplissent durant le jour, — comme les hommes des navires qui viennent et maltraitent ceux de terre, — les

____

(1) *Aitarahu,* mange-prêt.

mutoi saisiront ces hommes venus des navires (1) et les emprisonne-
ront. Dans le cas où ceux des navires feraient une résistance violente,
ceux de terre agiraient violemment aussi à leur égard ; les imiroa devront alors secourir les mutoi, et ces hommes seront conduits aux ceps.
Il est bon que le sang ne soit pas répandu, et, lorsque la prime *allouée*
pour la mise aux ceps aura été payée, on jugera encore ceux qui, d'a-
près la loi, devront subir jugement.

Art. 8 (2). Les hommes de terre également qui projetteront et conviendront entre eux de se maltraiter eux-mêmes sur cette terre, s'ils
sont au nombre de deux, trois, ou en plus grand nombre les armes à la
main ou sans armes, *se disposant* à se frapper l'un l'autre ou les uns
les autres à coups de poings, lorsque l'on saura qu'ils se sont accordés
en paroles *pour ce combat* et qu'ils se disposent à l'accomplir, les mutoi
prendront ces individus et les conduiront aux ceps. Qu'on ne les laisse
point se frapper librement ou tirer librement l'un sur l'autre avec une
arme à feu, ou se blesser avec des armes tranchantes ; que les mutoi
les saisissent. C'est une mauvaise chose sur cette terre ; on doit empêcher que ces mauvaises pratiques s'élèvent à Tahiti. Et si ces hommes ont en quelque façon violé les lois de cette terre, ils seront jugés
pour cela et condamnés aux peines prescrites par la loi qu'ils auront
violée par cette rixe ou ce combat.

Art. 9. Si une personne quelconque accomplit durant le jour du
sabbat quelqu'un des actes repréhensibles interdits par les présentes
lois, les imiroa ou sinon les mutoi, se rendront auprès de cette personne et lui diront de cesser, de ne point faire ce qui est interdit durant
le jour du sabbat ; si elle les écoute et cesse au moment même où il
lui sera parlé, l'affaire n'aura point de suite. D'après les lois du pays,
devront être jugés ceux qui n'observent pas le sabbat. Si *la personne
avertie par les officiers publics* s'obstine dans l'accomplissement *de
ces actes interdits* et si elle ne cesse point ce dont il lui aura été parlé
par ces officiers, elle devra être conduite aux ceps, et, après avoir pris
la prime d'emprisonnement, le lundi, elle sera jugée et condamnée
pour n'avoir point observé le jour du sabbat. Il est bon que le mal
soit promptement détruit (3). Que les mutoi, les officiers publics et
ceux qui dirigent ce gouvernement ne s'imaginent point que le bien
réside dans la quantité considérable d'argent prise sur ceux qui se
rendent coupables des différents délits ; c'est là un très faible bien : le
seul bien véritable qui puisse produire le salut de la terre consiste
dans l'extinction du mal.

Art. 10. La reine, le régent qui dirige ce gouvernement et les sept
grands-juges devront choisir avec soin les personnes qu'il est convenable de nommer mutoi. Que ceux d'une conduite déréglée, violant
les lois, ne puissent s'élever jusqu'à ce grade (4). On doit songer que
ces fonctions doivent *contribuer* à faire marcher en droit chemin le
gouvernement de la reine. Ce n'est point une chose que l'on puisse
acheter avec de l'argent ; c'est un office important et utile lorsqu'il est

(1) *To tai mai taata*, hommes venus de la mer.
(2) Cet article se rapporte aux duels.
(3) A la mort prompte du mal *est* le bien.
(4) *Oua haere i roto i teinei toroa* (sauter dans ce grade).

bien rempli. Lorsqu'un homme sera entré au corps des mutoi, on devra lui remettre à la main, en signe de son grade, un bâton taillé, d'une coudée de long. *Les mutoi* devront porter ce bâton lorsqu'ils marcheront dans l'exercice de leurs fonctions, afin que l'on connaisse que ce sont des personnes gradées.

Art. 11. Que les mutoi ne s'imaginent point, parce qu'ils ont dans la main le bâton *insigne* de leur grade, qu'ils puissent aller frapper les autres personnes sans tenir compte de la loi et de la faute ; les mutoi arrivent aussi sous le coup de la loi s'ils maltraitent les personnes non coupables. Le mutoi *qui agirait ainsi* serait jugé, si la personne non coupable aux yeux de la loi, par lui maltraitée, désirait le conduire devant le juge, et il serait condamné selon que le prescrit la loi concernant ceux qui se livrent à des voies de fait envers d'autres personnes.

Art. 12. Les mutoi observeront également les paroles de la loi concernant l'entrée dans les maisons des personnes de bien qui observeront les lois ; ils ne devront point entrer de force dans une maison où l'on ne saura pas positivement que des actions coupables s'accomplissent, n'ayant que de simples soupçons ; ils ne devront pas donner promptement cours à leurs pensées, et devront aller chercher un écrit de la reine ou de l'un des Sept. C'est avec cet écrit à la main qu'ils entreront dans la maison suspecte pour y rechercher le mal qu'on y soupçonne.

Art. 13. Le corps de mutoi établi à Papeete observera comme limite dans les rondes de nuit : Vai-Poa *d'un côté* et Paofai de l'autre. Si la reine se rend en d'autres lieux, qu'elle n'emmène point les mutoi créés à Papeete pour faire surveiller durant sa marche ; elle trouvera une garde dans tous les autres lieux : ce sont les imiroa. Et si les différents villages désirent instituer également pour eux un corps de mutoi, c'est à leur choix de les instituer ou de ne point les instituer.

Art. 14. L'argent que l'on retirera du service des mutoi, par le nombre de ceux qu'ils auront réellement conduits et enfermés aux ceps, sera partagé par exactes moitiés pour qu'il en soit fait deux parts : moitié pour la reine et l'autre moitié pour tous les mutoi. Le grand-chef des mutoi aura sa part dans la moitié destinée à la reine : la reine et lui établiront avec soin ce qui doit lui revenir, de façon que si 100 dollars sont revenus à la reine, 15 dollars appartiendront au grand-chef des mutoi sur ces 100 dollars. On devra établir de même avec soin le partage de l'autre moitié entre ceux qui font ce service, de façon qu'ils soient tous satisfaits. Lorsque l'argent sera rassemblé, comme 200 dollars ou 400 dollars, on devra le partager ; et si la reine ainsi que ceux qui accomplissent ce service désirent remettre le partage à l'année, comme faire deux partages en une année, cela est à leur choix : il est juste qu'ils s'accordent à ce sujet.

XII.

CONCERNANT L'INTERDICTION DE LA VENTE DES TERRES.

Cette loi interdit de vendre la terre à une autre personne à Tahiti, Moorea et dans toutes les autres terres rangées sous le gouvernement de Pomare.

Art. 1er. Qu'aucune terre ne soit vendue à Tahiti, non plus qu'à Moorea ; qu'on laisse la terre ; qu'on ne la vende point, et qu'elle passe de génération en génération entre les mains de ceux qui en sont les véritables propriétaires. L'homme qui s'obstinera à vendre sa terre à une autre personne sera jugé et condamné à creuser 50 brasses de route ; on prendra cette terre qu'il voulait vendre et il sera banni sur une autre terre pour y demeurer. Si cet homme a des parents, on leur remettra la terre *confisquée*, et s'il ne reste personne de sa famille, que lui seulement, on remettra la terre entre les mains de la reine et du gouverneur pour qu'elle y reste.

Art. 2. L'homme qui prendra et vendra une terre n'étant pas réellement la sienne propre, mais celle d'une autre personne, devra être poursuivi par les officiers publics. Cet homme sera un voleur de terre ; il devra être jugé et condamné à payer 20 dollars : 10 aux propriétaires véritables de la terre, 5 à la reine et 5 au gouverneur. On retirera cette terre d'entre ses mains et elle sera remise à ceux à qui elle appartient réellement.

Art. 3. L'homme qui aura tenté de vendre réellement sa propre terre, — sa famille ayant eu positivement connaissance de son contrat de vente et ne l'ayant point empêché, — cet homme vendeur *de terre* sera jugé et condamné à défricher 50 brasses de route, et on le privera de sa terre ainsi que ses parents, ceux-ci pour n'avoir point dit aux officiers publics : « Voilà un tel (1) qui s'accorde en marché pour vendre sa terre » ; lui, pour ne pas les avoir écoutés. La terre sera remise entre les mains de la reine et du gouverneur pour y rester. On chassera celui qui produit le trouble par son obstination à vendre sa terre : 10 brasses de travail lui seront infligées, qu'il accomplira lorsqu'il se sera rendu sur la nouvelle terre *de sa résidence. Cette peine lui sera imposée* à cause de son obstination à commettre cette faute de vendre la terre, laquelle *faute* est absolument interdite par la présente loi.

XIII.

CONCERNANT L'INTERDICTION DE LOUER LA TERRE A TOUTE PERSONNE VENUE DES AUTRES CONTRÉES A TAHITI ET MOOREA, AINSI QUE DANS TOUTES LES TERRES DE CE ROYAUME.

Art. 1er. Que jamais aucune personne ne loue (2) de nouveau sa

---

(1) *O mea*, chose.

(2) Le texte dit *aitarahu*, qui signifie, proprement, manger le prêt, devenir insolvable ; ce mot est évidemment ici hors de lieu, c'est simplement *tarahu*, louer, prêter, qu'on devait écrire.

terre à un étranger, non plus qu'à qui que ce soit. Toutes les locations conclues durant les années précédentes, jusqu'au 1er juin 1842, subsisteront ainsi que le contrat en a été formulé; toutes celles établies dans le courant *des mois* de juin et de juillet dernier, et pendant les mois suivants, sont illégales (1); ces contrats récents devront être annulés d'après la présente loi. Si un homme s'obstine à conclure de nouveaux contrats dans le but de louer sa terre à une autre personne, pour que cette personne en fasse un lieu de culture, c'est là une faute suivant cette loi; on jugera et condamnera *celui qui s'en rendra coupable* à défricher 100 brasses de chemin; on lui retirera la terre qu'il voulait louer à quelqu'un autre : elle sera donnée à sa famille, et, *s'il n'a* point de parents, on la remettra entre les mains de la reine et du gouverneur, afin qu'elle y demeure. Son contrat de location sera tout à fait annulé : on devra le rompre entièrement.

Art. 2. Chaque homme devra cultiver (2) sa propre terre, ainsi qu'il est dit dans la loi concernant la culture, et si quelqu'un conclut en secret un contrat de location de terre, ce contrat devra être annulé. — Il a été établi en loi que de tels contrats ne devront en aucune façon se produire (3) à Tahiti. — On jugera l'homme qui aura conclu, en secret, ce contrat qui viole la loi (4); sa peine devra être de 100 brasses de route à défricher : on donnera sa terre à un propriétaire différent *choisi* parmi les membres de sa famille, et, s'il n'a point de parents, cette terre sera remise entre les mains de la reine et du gouverneur pour y demeurer.

Art. 3. Que les amis étrangers (5) ne soient point conduits en tout endroit pour que la terre soit remise entre leurs mains ; qu'ils restent à l'apeete : c'est là qu'on devra les visiter et leur fournir des provisions (6), si on désire leur en porter. — Cette loi ne regarde point les maisons qui sont en location aux lieux où les navires viennent au mouillage ; elle annule seulement les contrats par lesquels la terre serait louée à une autre personne, et défend absolument aussi les dons de terre conçus d. façon qu'elle passe en toute propriété aux mains d'une autre personne que le propriétaire originaire.

XIV.

CONCERNANT LA CULTURE QUE CHACUN DOIT FAIRE DE SA PROPRE TERRE, TOUT AUTOUR DE TAHITI ET DE MOOREA.

Loi concernant la culture et le défrichement de la terre, afin que cette contrée devienne très-bonne et que la nourriture y croisse en tous lieux.

Art. 1er. Il est juste, convenable, que tout homme cultive sa propre

---

(1) *Ua hapa i te ture*, sont une faute dans la loi.
(2) *Faapu*, faire produire, engendrer.
(3) *Tupu*, croître.
(4) *Te parau e fati ai te ture*, la parole par laquelle la loi est brisée.
(5) Non indigènes.
(6) *Faamu*, faire manger.

terre; que chacun entoure de clôtures un espace de terrain (1) et sème de tous les fruits (2). — Qu'aucun homme ne se montre paresseux dans la culture de sa propre terre qui doit fournir à sa nourriture ainsi qu'à celle de sa famille. — L'homme jeune et valide (3) qui demeurera dans l'oisiveté, qui ne défrichera point sa terre et qui n'entourera point un enclos, que personne absolument ne lui donne à manger, et s'il prend, sans y être autorisé, des denrées alimentaires appartenant à quelqu'autre personne, on devra le juger et lui infliger une amende de deux cochons, *à payer* au propriétaire *de ces* denrées, et à un travail de 50 brasses de route *à défricher*.

Art. 2. *Quant* à l'homme infirme et *au* vieillard, qui ne sont point capables de cultiver leur terre, il est loisible à ceux qui désirent leur donner quelque nourriture de le faire. Ces dons *volontaires* restent à leur propre disposition (4); c'est une bonne chose. Mais les véritables parents devront pourvoir à la nourriture de leurs *parents* infirmes et de leurs vieillards; — ce serait une faute *de leur part s'ils ne le faisaient* point.

Art. 3. On laissera les personnes qui le désireront demander librement de toutes sortes de denrées alimentaires; — *pourtant*, que l'on n'adresse point fréquemment ces demandes au même propriétaire. — Celui qui demande devra s'en tenir aux fruits ou denrées qui lui auront été désignées par le propriétaire; ceux qui, allant demander des provisions, ne s'en tiendront pas à ce qui leur aura été montré par le propriétaire *de ces* provisions et prendront illicitement, couperont ou arracheront, sans autorisation, des fruits ou denrées alimentaires quelconques, *ceux-là* seront jugés et condamnés à payer 2 cochons au propriétaire des denrées enlevées et à défricher 50 brasses de route.

Art. 4. Il est convenable que tous les hommes forment un enclos de fruits et de produits alimentaires, auprès du village dans le lieu habité par le missionnaire; et s'ils désirent aller enclore un autre terrain pour la culture en leur propre place, à une certaine distance, ils pourront y aller et devront revenir ensuite au village : c'est là que la majeure partie des semences devra être faite et le foyer établi (5). — Que l'on n'abandonne point le village et le missionnaire, et l'observance de la parole véritable de Dieu par laquelle doit vivre l'esprit.

Art. 5. Ceux qui monteront *sur les arbres* et en prendront les fruits sans en avoir demandé l'autorisation au propriétaire, soit sur les arbres à pain plantés auprès de la maison, sur ceux qui sont enclos ou sur ceux qui ont été bien dégagés *des plantes environnantes*, soit sur les féis, sur les cocotiers, etc. ; s'ils sont vus par le propriétaire ou s'il a connaissance du fait et qu'il désire réclamer un dédommagement, il sera en droit de demander un cochon en bon état (6) ou sinon 3 dollars, ce qui est en argent la valeur correspondante au cochon d'une qualité convenable, tel que l'entend la loi. — Si cet homme qui a pris les fruits

---

(1) *Aua i te aua*, enclore un enclos.
(2) *Te mau maa atoa*, de toutes les nourritures, de toutes sortes de produits alimentaires.
(3) *Taata taurearea*.
(4) *Traduction littérale :* Avec eux-mêmes le don.
(5) *Ei reira te Tuaroi e rai iho ai*, là, le lit (la demeure) devra être laissé.
(6) *Hoe puaa maitai*, un bon cochon.

d'un autre se moque *et refuse de payer*, on le conduira en jugement et il sera condamné à une amende de deux cochons de belle qualité, ou sinon 5 dollars à payer au propriétaire des fruits, et de plus, 50 brasses de route pour la reine, qui devront être bien défrichées, *ainsi que doivent l'être* toutes les tâches imposées dans les présentes lois, que l'on ne devra pas se contenter de nettoyer simplement.

XV.

CONCERNANT LES HOMMES MARIÉS ET LES FEMMES MARIÉES.

Cette loi concerne les hommes mariés et les femmes mariées, ainsi que ceux qui remplissent l'office d'entremetteurs et ceux qui recèlent les personnes coupables.

Art. 1er. Le mari et la femme observeront rigoureusement les *engagements du* mariage légitime. A la mort de l'un des conjoints, alors seulement, l'union sera brisée, suivant la loi du mariage. — Que l'on ne pratique point l'usage impie de cohabiter en commerce illégitime; c'est une chose criminelle devant Dieu comme devant les hommes. — Lorsque le mariage sera accompli entre un homme et une femme, ils devront user l'un envers l'autre de bons procédés et se rester mutuellement fidèles. Que la pensée d'abandon ne s'élève point *en eux.*

Art. 2. Si un homme marié prend la femme de quelqu'un autre, sa femme légitime devenant *justement* irritée, on le jugera et il sera condamné à une amende de 10 cochons envers le mari de la femme qui aura été prise par lui, et à un travail de 100 brasses de route pour la reine et le gouverneur. — Si une femme sans reproches (1), observant les lois et n'ayant jamais subi de jugement, désire se séparer (2) de son mari, à cause des relations criminelles réellement *établies* entre lui et une femme différente, cela reste à sa disposition ; qu'elle ne se hâte point pourtant; qu'elle réfléchisse mûrement, et, si son désir de séparation persiste, si elle n'éprouve plus d'affection pour cet homme, elle devra se rendre auprès du missionnaire pour écrire l'acte qui fera connaître leur séparation. — Dans le cas de libertinage seulement, cette séparation *peut être admise.* — Si la femme de bonne conduite qui aura quitté son mari pour cause de libertinage désire s'unir à un nouvel époux, cela lui sera permis; quant au mari abandonné *à cause de son infidélité*, qu'en aucun cas il ne soit uni à une nouvelle femme jusqu'à la mort de celle qu'il a offensée : alors seulement il lui sera permis de contracter un nouveau mariage. — Ces prescriptions seront également applicables aux femmes mariées qui prendront le mari d'une autre femme; la peine infligée à celle qui sera jugée pour avoir débauché un homme marié sera de *confectionner* 30 brasses d'étoffe indigène, *dont* 20 brasses pour la femme du mari qu'elle aura entraîné, 5 brasses pour la reine et 5 brasses pour le gouverneur.

Art. 3. Si quelqu'un remplit l'office d'entremetteur auprès d'un homme marié ou d'une femme mariée, *afin de l'entraîner à un acte*

(1) *Upootia*, innocente, n'ayant aucune faute à se reprocher. — *Décomposant le mot :* tête juste, droite.

(2) *Haapae,* mettre de côté.

de libertinage, c'est là une faute d'après la présente loi. Les officiers publics prendront des informations et chercheront de quelle nature est l'entremettage *accompli*, si c'est en paroles ou bien en portant des objets *donnés en présent* à la personne désirée; et lorsque l'on saura que quelqu'un s'est rendu coupable de l'un de ces actes, on le jugera et on le condamnera à une amende. — Soit que l'entremettage ait été accompli par un homme ou par une femme, l'amende sera la même. — Si, dans cet acte d'entremettage, un homme marié et une femme mariée ont été offensés à la fois par l'entremetteur, l'amende infligée à celui-ci sera de 10 cochons, ou sinon de 20 dollars : 5 cochons pour la femme de l'homme devenu coupable et 5 cochons pour le mari de la femme débauchée par suite de cet entremettage. Si l'une seule *des personnes servies par l'entremetteur* est mariée, l'amende de celui-ci sera de 5 cochons seulement *qui seront donnés* à la personne offensée *par son fait*. Si ceux entre lesquels l'entremettage aura été accompli sont célibataires, l'amende sera également de 5 cochons, *dont* 3 pour la reine et 2 pour le gouverneur; si l'amende est payée en argent, elle sera, pour celui qui aura servi d'entremetteur à deux personnes célibataires, de 10 dollars, *dont* 5 pour la reine et 5 pour le gouverneur. — C'est une très-mauvaise chose que l'acte d'entremettage.

Art. 4. Si un homme enlève la femme d'un autre et se cache avec elle dans les bois, les officiers publics chercheront ces deux personnes, et, lorsqu'elles auront été découvertes, elles seront jugées et condamnées : l'homme, à une amende de 10 cochons et 100 brasses de travail pour avoir pris *la femme d'un autre*, ainsi qu'il est dit à l'article 2e ; il sera condamné, en outre, pour s'être caché dans les bois *avec cette femme*, à payer 10 cochons et à défricher 100 brasses de route; 18 cochons *seront donnés* au mari de la femme qui aura été conduite dans les bois, et 2 cochons, le 19e et le 20e, seront *remis* à ceux qui auront cherché et découvert ces deux personnes. — Si *ces personnes* font un long séjour dans les bois, et que six mois soient écoulés avant qu'on les trouve, il *leur* sera imposé trois peines, chaque peine étant pour l'homme coupable une amende de 10 cochons et un travail de 100 brasses de route. — La femme sera aussi condamnée à *confectionner* 30 brasses d'étoffe *indigène* pour avoir accompli *cet acte d'adultère*, ainsi qu'il est dit à l'article 2e; elle sera condamnée, en outre, pour s'être enfuie dans les bois avec le mari d'une autre *femme*, à *confectionner* 30 brasses d'étoffe indigène, ou sinon, en argent, chaque amende sera de 12 dollars; et si elle a passé six mois dans les bois, cette femme sera aussi condamnée, à cause de son *séjour* prolongé, à *confectionner* encore 30 brasses d'étoffe. *Ces amendes* seront ainsi partagées : 20 brasses à la femme de l'homme *avec lequel elle s'est cachée*, 10 brasses à la reine et au gouverneur. — La femme *de l'homme coupable* donnera 10 brasses d'étoffe à ceux qui auront cherché son mari dans les bois et l'auront fait découvrir.

Art. 5. Ceux qui recèlent des personnes coupables, — telles que celles qui s'enfuient dans les bois pour s'y cacher, un homme et une femme *ensemble*, sachant que c'est bien dans le but de se cacher que ces deux personnes se sont enfuies; — ceux-là sont pareils aux entremetteurs : ils devront être jugés et condamnés à payer une amende de

10 cochons ou de 20 dollars par chaque fois qu'ils auront caché *des coupables*. Cette amende sera partagée entre les personnes offensées *par le fait auquel elles auront prêté la main*, selon qu'il est prescrit pour l'amende imposée aux entremetteurs.

ART. 6. Si un célibataire prend une fille non mariée, il sera jugé et condamné à faire 50 brasses de route qui devront être bien défrichées ; — les tâches de travail imposées en punition ne devront pas être simplement dégagées, mais soigneusement accomplies, afin que la loi soit satisfaite. — Et si ces personnes célibataires s'enfuient dans les bois, *il leur sera imposé* deux peines lorsqu'*elles seront* découvertes ; et si leur séjour dans les bois est longuement prolongé, si elles y passent 6 mois, il leur sera imposé une troisième peine : 50 brasses de travail, telle sera chacune des peines infligées à l'homme qui aura conduit *dans les bois* une fille non mariée. L'amende imposée à la fille sera payée en étoffe indigène *et devra être* de 10 brasses, *dont* 5 à la reine et 5 au gouverneur ; sinon, en argent, 4 dollars, dont 2 à la reine et 2 au gouverneur. — Telle *devra être* chacune des amendes. — C'est une grande faute pour les personnes célibataires que de vivre en commerce illégitime ; se marier légitimement, telle est la chose convenable si deux personnes célibataires se désirent l'une l'autre ; qu'elles ne cohabitent point illégitimement et en secret ; c'est là une véritable faute.

XVI.

CONCERNANT L'HOMME QUI ABANDONNE SA FEMME ET LA FEMME QUI ABANDONNE SON MARI.

Que les paroles d'abandon de l'un des conjoints par l'autre ne s'élèvent point entre eux ; ce n'est pas pour qu'il en soit ainsi qu'ils ont été mariés, c'est *au contraire* afin qu'ils demeurent en bon accord jusqu'à la mort de l'un *ou de l'autre*.

ART. 1er. Si l'un des deux *conjoints*, soit le mari, soit la femme, s'obstine dans les paroles d'abandon sans que l'autre se soit rendu coupable de relations illicites avec une personne différente (1), les officiers publics *le* retiendront et *le* ramèneront *auprès de l'autre partie conjointe* ; et, s'il a été ramené souvent et s'obstine encore dans ces paroles, on attendra quelque temps : on devra tenter d'annuler ces paroles d'abandon de la femme ou du mari et ne point se hâter de prononcer la séparation. Si *celui des deux époux qui désire abandonner l'autre* persiste dans son obstination et n'écoute point les officiers publics, il sera jugé et condamné ; — si c'est un homme qui abandonne sa femme sans motif, l'amende imposée sera de 10 cochons *qui seront donnés* à la femme injustement abandonnée par lui, et il se rendra sur un autre lieu pour y demeurer ; qu'il n'habite point auprès de la femme qu'il aura abandonnée. — *Il lui sera infligé en outre* une tâche de travail *à accomplir* pour la reine, *qui sera de* 100 brasses de route, — et il ne devra point cohabiter avec une autre femme jusqu'à ce que la femme abandonnée par lui soit morte. — Si c'est une femme qui abandonne son mari sans que celui-ci se soit rendu coupable en prenant une autre femme et si elle ne revient pas auprès de lui lorsque les officiers publics

---

(1) *No te rave raa ia vetahi é,* en prenant une personne différente.

la ramèneront, on la jugera et elle sera condamnée à payer 30 dollars, dont 20 à l'homme abandonné par elle sans motifs légitimes, 5 à la reine et 5 au gouverneur. — Cette femme se rendra sur un autre lieu pour y demeurer; — qu'elle ne demeure point auprès de l'homme injustement abandonné par elle; qu'elle ne cohabite point non plus avec un autre mari jusqu'à ce que celui qu'elle aura abandonné soit mort. Ceux qui auront contrevenu à la présente loi ne seront jamais en droit d'elever des paroles d'abandon.

Art. 2. Si un juge ou tout autre individu marie ces personnes qui auront abandonné leur femme ou leur mari, et pour lesquelles est faite la présente loi, on le jugera et on le condamnera à payer une amende de 20 dollars pour chaque mariage *ainsi conclu par lui contrairement à la loi*, et l'on retirera son office de juge à celui qui, revêtu de ces fonctions, aura marié des personnes coupables d'avoir abandonné leur mari ou leur femme. — Que les juges n'écoutent point la parole des personnes puissantes pour conclure de semblables mariages; — il n'est point d'homme puissant qui soit en droit de violer les lois établies. — Si un homme puissant s'obstine à violer les présentes lois, c'est là une véritable rébellion contre le gouvernement; on le jugera et on le condamnera *selon qu'il est prescrit* pour ce fait. — Les femmes qui ayant abandonné leur mari et les maris qui ayant abandonné leur femme, seront mariés à une autre personne, quoique coupables de ce fait d'abandon non justifié de leur conjoint, devront être jugés et condamnés pour avoir pris une autre personne; ils seront tout-à-fait séparés *de la personne avec laquelle ils s'étaient illégalement unis, de sorte* qu'ils ne demeurent point à Tahiti en qualité de mari et femme. A la mort seulement de la personne abandonnée il sera loisible à celle qui abandonne de contracter un mariage nouveau, car la terre est souillée par cette faute.

Art. 3. Si la femme d'un homme meurt et qu'il reste une sœur plus jeune de cette femme, que cet homme, en aucun cas, ne soit marié à cette sœur de sa femme; — que la femme dont le premier mari sera mort ne soit point non plus mariée au frère plus jeune de son mari décédé : — il leur est loisible d'épouser une personne différente. — Que l'on ne cohabite point deux fois avec le *produit* du même sein; c'est là une chose interdite par la présente loi.

Art 4. Les femmes qui auront conçu dans les bois et cacheront le nom de l'homme par le fait duquel elles sont enceintes, seront jugées et condamnées à *confectionner* 30 brasses d'étoffe indigène : — 20 brasses à cause de leur refus de dénoncer leur complice et 10 brasses pour la faute elle-même. — Cette amende sera partagée entre la reine et le gouverneur. — Et si, plus tard, l'homme *coupable de ce fait* vient à être connu, il sera jugé et condamné à défricher 100 brasses de route. — Si l'un et l'autre sont célibataires, il sera convenable de les marier. — C'est une très-mauvaise chose que ce fait des femmes devenant enceintes sans être mariées. — Que l'on ne dise point c'est une bonne chose *puisque* la créature humaine est reproduite (1); c'est là une reproduction mauvaise provenant du péché; ce n'est point une bonne chose,

---

(1) *E mea maitai e taata tei noaa mai,* une chose bonne, un homme étant acquis, obtenu, *par ce fait*

c'est une chose mauvaise que cet acte, une chose par laquelle cette terre serait souillée de péché. — La seule chose réellement bonne, c'est le mariage légitime : et la séparation des personnes légitimement mariées doit être difficile à obtenir. — Lorsque tous les moyens *à la disposition* des officiers publics, pour annuler *les paroles de séparation* et retenir la personne coupable *auprès de son conjoint*, seront épuisés sans résultat, ils se conformeront aux paroles de la *partie* non coupable ; et si elle consent à ce que la personne coupable soit jugée, on la jugera alors et elle sera condamnée selon qu'il est prescrit à l'article 1er.

XVII.

CONCERNANT LES TORTS ET PRÉJUDICES CAUSÉS A QUELQU'UN, AINSI QUE LES MAUVAIS TRAITEMENTS EXERCÉS ENVERS AUTRUI.

Loi interdisant le mensonge, les violences exercées envers une femme, le viol durant le sommeil, le commerce honteux entre les personnes du même sexe, et tous les actes et pratiques répréhensibles qui peuvent s'élever sur cette terre.

ART. 1er. Que tous les hommes observent dans leurs paroles l'exacte vérité, soit qu'ils parlent à autrui, soit qu'ils soient appelés en témoignage. — Qu'ils n'accusent point faussement, *de propos délibéré*, sachant bien que leur accusation est fausse. — Mais pour ce qui est de l'accusation d'un délit quelconque, faite avec la pensée que la personne accusée est réellement coupable et que la faute a été commise par elle, — cette accusation est juste ; la personne accusée en sera sauvée par la loi, si, après information, il est reconnu qu'elle ne s'est point rendue coupable du fait dont on l'accusait. — Celui qui accuse avec l'intention réelle de porter préjudice à quelqu'un et de faire juger une personne innocente, commet une faute. On devra le juger et le condamner à une amende de 2 cochons envers la partie lésée et à un travail de 50 brasses de route. — Non point s'il s'agit de paroles insignifiantes prononcées en plaisanterie ; ce ne sont point là les torts dont s'occupe la loi.

ART. 2. Ceux qui projettent d'accomplir de mauvais desseins, comme de nuire aux membres de la famille royale ou à toute autre personne, de démolir ou d'incendier la maison d'autrui, de tuer ou de blesser un individu quelconque, — ou tout autre acte criminel qui soit projeté, — si l'un d'entre eux se repent et se hâte d'en venir donner connaissance aux officiers publics (dans le cas où il ne serait pas lui-même le fauteur (1) de ce projet), on lui donnera qualité de témoin pour constater la culpabilité des autres, lorsque l'on saura que *le fait* est exact. — Quant au véritable fauteur de ces mauvais desseins, on ne devra point l'admettre en qualité de témoin. — On jugera et on condamnera toutes ces personnes d'après le rapport *fait par l'une d'elles ;* — celui qui sera venu porter témoignage ne devra pas être condamné, et on se réglera pour la condamnation des autres sur la loi concernant les actes accomplis par eux. — Dans le cas où leurs desseins n'auraient pas été accomplis, si le projet avait été seulement formé, on partagerait

(1) *Te tumu.* la source.

l'amende encourue par la moitié, et cette moitié seule leur serait imposée à cause de ce que le fait projeté n'aurait pas été mis à exécution. — L'homme qui aura réellement formé de mauvais desseins contre la reine sera banni (1); c'est là un acte de rébellion contre l'État.

Art. 3. Si, dans un lieu solitaire ou dans les bois, un homme se livre, envers une femme, à des actes de violence, tels que de la prendre à la gorge ou de toute autre façon, afin d'arriver à l'accomplissement de ce qu'il désire, si l'on sait positivement que cela a été réellement obtenu par violence, sans que cette femme y ait en rien consenti, et qu'au contraire elle a appelé, qu'aucun secours n'est arrivé et que *cette femme a été tout-à-fait violée*, — cet homme aura commis une grande faute; — il sera jugé et condamné à donner 10 cochons à la femme envers laquelle il se sera livré à ces actes de violence et *accomplira, en outre,* 200 brasses de travail de telle nature qu'il convient aux lois. — Si la femme ainsi violentée est une femme mariée, 5 cochons seront aussi donnés à son mari, *de façon que* l'amende imposée à l'homme qui usera de violence envers une femme mariée s'élèvera à 15 cochons.

Art. 4 Si un homme profite du sommeil d'une femme pour accomplir sur elle de coupables desseins (2), cette femme étant réellement endormie, — c'est une grande faute également : cela correspond aux mauvais traitements exercés envers autrui; c'est une voie de fait cachée. — Si l'on connaît qu'un homme ait réellement agi de la sorte, on le jugera et on le condamnera à une amende de 5 cochons envers la femme offensée *par ce fait*, et à exécuter un travail de 100 brasses. — Si cette femme est mariée, le coupable donnera également 5 cochons à son mari.

Art. 5. Si quelqu'un accomplit l'acte honteux qui fut cause de la destruction de l'ancienne ville de Sodôme, etc., et qui a été appelé à Tahiti : *paia*, un homme et un homme, *agissant* l'un envers l'autre, on devra juger *ceux qui se rendent coupables de cet acte*, et les condamner à exécuter chacun 300 brasses de travail. — Si un homme accomplit quelque autre acte honteux, tel que de prendre un chien pour femme, etc., etc., cela correspond à l'acte de sodomie (3). On condamnera à la peine imposée pour ce dernier fait toute personne jugée pour avoir accompli un acte de cette sorte.

Art. 6. On consultera les anciennes lois 21e et 22e, concernant les chiens qui dérobent les provisions, les cochons qui mangent des cochons, les chiens sauvages et les cochons armés de défenses occasionnant des blessures; — l'on se réglera sur *les prescriptions de* ces deux lois pour les chiens et les cochons qui en seront passibles.

---

(1) L'expression *hee*, employée dans le texte, ayant un sens passé, est plus énergique que le mot ordinairement en usage pour exprimer le bannissement; *hee* signifie proprement : être parti, — donnant l'action comme déjà accomplie. — Le sens réel de cette dernière phrase serait donc : celui qui forme de mauvais desseins contre la reine est parti (est exilé d'avance).

(2) *Mafera.*

(3) *Paia.*

XVIII.

CONCERNANT LE JOUR DU SABBAT ET L'ÉCOLE.

Loi concernant l'observance du sabbat et l'enseignement fait aux enfants de la parole véritable de Dieu, et de toutes les bonnes pratiques.

ART. 1er. Il est convenable que tous les hommes se rendent aux maisons de prières connues à Taïti; ceux qui ne se rendent point en ces demeures de Dieu sont de véritables païens et n'observent pas la parole véritable; qu'en aucun cas, les hommes non atteints de maladie ne se montrent paresseux *à cet égard* et n'abandonnent la véritable maison de prières le jour du sabbat. — Il convient à la loi d'ordonner à tous les hommes l'observance du sabbat, parce que Dieu *est le seigneur-maître* de toute la terre, parce que *c'est* lui qui *nous* a donné toutes les choses qui en rendent la demeure bonne, et parce que cela est son véritable désir : que sa parole soit soigneusement observée, ainsi que le jour du sabbat, afin que la terre soit sauvée par lui des mains de l'ennemi.

ART. 2. Si quelqu'un accomplit les travaux interdits par ces lois, durant le jour du sabbat, il aura commis une faute, devra être jugé et condamné à travailler 50 brasses de route pour la première fois; — *si la personne coupable de ce fait* y persévère, on augmentera sa peine. — Si l'on accomplit, durant le jour du sabbat, quelqu'un des actes répréhensibles pour lesquels les hommes sont mis en jugement, et que l'on soit jugé, *le juge* devra infliger encore une *nouvelle* peine pour le fait d'avoir accompli, durant le jour du sabbat, ces actes répréhensibles, à cause desquels on aura subi un jugement. La peine infligée pour la non-observance du sabbat, sera une peine séparée : 50 brasses de travail pour la première fois, et, pour la seconde *fois que l'on aura* accompli *de pareils actes* durant ce jour, cette peine sera de 70 brasses; — et pour la troisième fois que le même homme se sera rendu coupable de pareils actes *le* jour du sabbat, on élèvera sa peine jusqu'à 100 brasses de travail, à cause de son obstination à ne point observer le jour du sabbat.

ART. 3. *Concernant les enfants.* — Il est convenable que ceux qui mettent au monde et ceux qui nourrissent des enfants les élèvent avec soin; il est convenable que les enfants ne soient point retenus dans les maisons étrangères, qu'ils demeurent dans celle de leurs père et mère ou de leurs propres parents. L'individu qui tentera d'emmener et retiendra dans sa maison les enfants de personnes différentes, sans que cela lui ait été dit par les pères et mères véritables de ces enfants, cet individu aura, par ce fait, commis une faute. On jugera cet homme qui aura retenu les enfants de personnes étrangères en un *même* lieu, pour qu'ils s'y livrent à des pratiques turbulentes; — on le condamnera à 50 brasses de travail. — Mais la réunion pour l'enseignement de la parole de Dieu est *une chose* convenable.

ART. 4. Les pères et mères, et les autres personnes nourrissant des enfants, qui ne prendront pas le soin de conduire leurs enfants de leur maison à l'école, et ceux qui ne veilleront pas à ce que leurs enfants se rendent réellement à l'école pour apprendre à lire la parole de Dieu ainsi qu'à écrire, ces personnes seront en faute ; elles seront jugées et condamnées à 50 brasses de travail *tel que de* défricher avec soin la route publique ; le juge ordonnera, en outre, à ces personnes de conduire leurs enfants à l'école, et, si elles ne le font pas, elles seront jugées de nouveau et condamnées à 100 brasses de travail. — Si les parents font leurs efforts pour conduire leurs enfants à l'école et si ceux-ci ne s'y rendent pas, la faute sera du côté des enfants.

Art. 5. Les enfants qui feront acte de paresse pendant quelques jours et ne se rendront pas à l'école, seront pris et y seront conduits par les officiers publics. Ceux qui enseignent chercheront quelques moyens de leur faire honte et de les encourager, afin qu'ils ne soient point paresseux pour se rendre à l'école. — Les enfants devront, *de leur côté*, prendre soin *de ne point y manquer*, afin que leurs parents n'aient pas à souffrir à cause de leur paresse ; — qu'ils viennent régulièrement, telle est la chose convenable.

Art. 6. Il est convenable que les hommes maintiennent leur demeure auprès de la ville, afin que les enfants ne perdent pas trop de temps *en se rendant* à l'école ; les parents rémunéreront quelque peu les personnes qui instruisent véritablement leurs enfants. — Il est juste que *ces personnes reçoivent* quelques objets de la part de ces parents : — comme *quelques réaux*, quelques poules, quelques petits cochons, quelque peu d'huile ou d'étoffes ; tels sont les objets qu'il convient *aux parents de donner* pour l'enseignement fait à leurs enfants. — Et lorsque ces objets seront remis, ils devront être divisés entre ceux qui enseignent réellement ; — les missionnaires verront quelles sont les personnes qui conviennent à cette œuvre de l'enseignement et les établiront *en fonctions*.

Art. 7. L'homme qui suivra une voie différente dans sa conduite, et ne se montrera pas assidu à l'école des hommes âgés non plus qu'à celle des enfants, afin d'apprendre la parole véritable de Dieu et d'être sauvé, *cet homme* sera coupable ; — c'est là une faute dans cette ère du Messie. — Les hommes qui enseigneront les mauvaises paroles du temps ancien commettront une faute grave, et s'ils s'obstinent *à répandre ces paroles mauvaises*, ils seront jugés et condamnés à 50 brasses de travail. — Ceux qui persévèrent dans le mal sont une cause de ruine (1) pour ce gouvernement.

Art. 8. La Bible, le livre observé dans le royaume de Pomare, comme la parole véritable de Dieu, promulguée par les prophètes et les apôtres, et qui a été traduite en langue tahitienne, sans aucune addition de paroles étrangères, doit être suivie, — d'après la parole même de Dieu, — afin que l'homme obtienne son salut. — Cette loi établit que *les paroles* de la Bible devront être observées par tous les hommes, comme base de la conduite vis-à-vis de Dieu dans toutes les terres de ce gouvernement.

Art. 9. Si un homme élève des paroles contraires à *celles de* la Bible, il aura, *par ce fait*, produit le mal et fait naître le trouble dans le gouvernement de cette terre, — comme ceux qui ont été appelés *ma-*

---

(1) *Faatomo,* faire couler, noyer.

maia (1) à cause de leur désaccord avec la Bible, parole véritable de Dieu. — Cela est une faute en cette loi ; et si ces paroles, non conformes à *la Bible véritable*, sont suivies *par d'autres personnes*, ces personnes auront également commis une faute ; et si le gouvernement de cette terre est troublé par ceux qui agissent ainsi, ils seront jugés et condamnés à 100 brasses de travail : — et s'ils persévèrent encore, cela correspondra à un acte de rébellion contre le gouvernement, et la peine infligée devra être réglée ainsi qu'il est établi pour ce fait.

XIX.

CONCERNANT LE VOL D'OBJETS QUELCONQUES.

Loi concernant les objets volés, l'effraction des maisons et celle des caisses, meubles ou boîtes.

Art. 1er. L'homme qui aura volé un cochon, lorsque le fait en sera bien connu, sera jugé et condamné à une amende de 15 cochons pour le cochon unique qui aura été volé : 6 cochons seront remis au propriétaire du cochon volé, 5 à la reine, 3 au gouverneur et 1 au témoin par lequel on aura connu que *ce* cochon avait été volé. L'amende sera la même pour tous les voleurs, deux, trois, quatre, ou n'importe quel nombre, qui auront participé au vol d'un cochon, — et toutes ces amendes seront partagées — Ceux qui auront mangé de ce cochon volé, sachant positivement que c'était un cochon volé, seront également jugés et paieront une amende pareille à celle du voleur. Celui qui aura mangé de ce cochon sans savoir que ce fût un cochon volé, *celui-là* ne devra pas être jugé.

Art. 2. L'homme qui ayant été condamné pour vol ne pourra se procurer 15 cochons, pour payer son amende, devra compléter avec d'autres objets, tous objets valables, jusqu'à concurrence d'une valeur égale à *celle des* 15 cochons *imposés ;* — si le cochon a *été désigné comme* l'objet à prendre *pour le paiement des amendes*, et si au lieu de cochons on paie en étoffes étrangères, on devra régler *les quantités de telle sorte que* 4 brasses d'étoffe représentent un cochon ; si c'est en argent, l'amende sera réglée de façon que 2 dollars seront *reçus* comme *l'équivalent d'un* cochon. — Lorsque l'amende imposée à l'homme qui aura volé un cochon sera entièrement payée en valeur monnoyée, elle devra être de 30 dollars, — dont 12 pour le propriétaire du cochon, 10 à la reine, 6 au gouverneur et 2 pour le témoin révélateur ; — si c'est le propriétaire lui-même qui ait fait connaître le vol, les 2 dollars adjugés au témoin lui seront également remis.

Si le cochon enlevé est un gros cochon, on exigera que les cochons payés en amende soient d'une grosseur pareille. — On ne devra point recevoir un objet de peu de valeur comme équivalent à un cochon. — On ne devra point non plus saisir la propriété des parents du coupable : — il doit rester à leur choix de venir ou non à l'aide du condamné ; — mais pour ce qui est des objets appartenant au voleur, ils devront être saisis s'il n'apporte pas le montant de son amende.

Art. 3. Au juge véritable du district est confié le soin de veiller au

<hr>

(1) *Mamaia.* Dénomination appliquée à une secte dissidente d'apparition moderne, — signifie proprement : *fruit de l'arbre à pain tombé avant maturité.*

paiement des amendes, d'en apprécier la qualité bonne ou mauvaise, l'achèvement ou le non achèvement. — Que les imiroa ne règlent et ne partagent point : — ils doivent simplement rassembler *les objets prescrits* et presser les personnes condamnées dans l'accomplissement de leurs peines. — Ils appelleront le juge de district pour qu'il vienne examiner les tâches et vérifier les amendes imposées, — afin d'en constater l'accomplissement exact ou imparfait. — Que, dans aucun cas, les juges de district ne reçoivent, pour unité de valeur (1), des cochons en mauvais état ou de mauvais objets, non équivalents à deux dollars. — Si un juge reçoit des objets défectueux ou mauvais, en paiement d'une amende, pour satisfaire la personne coupable, — il aura commis une faute : on lui retirera son office et son grade qui seront remis à un autre, fidèle observateur des lois.

Aʀᴛ. 4. Que les imiroa ne saisissent point les propriétés des parents de l'homme condamné *à payer vne amende;* qu'ils ne leur parlent pas. — Eux-mêmes porteront leurs regards vers leurs parents, et, sinon, n'importe. — Les injonctions des imiroa devront s'adresser à la personne condamnée elle-même, et leur saisie *devra s'effectuer sur des objets à elle appartenant* dans le cas où cette personne coupable n'accomplirait pas la peine qui lui aura été infligée. — Et si le voleur ne possède aucun objet *susceptible d'être pris en paiement* pour satisfaire à son amende, cette amende sera payée par un travail qu'on lui imposera, de telle nature qu'il représente une valeur égale à celle de 15 cochons de belle qualité. — C'est une bonne chose de convertir en travail l'amende imposée aux personnes pauvres, en se conformant toutefois à la valeur des cochons, *en plus ou moins grand nombre, selon qu'il aura été prescrit.*

Aʀᴛ. 5. L'homme qui persévèrera dans le vol des objets appartenant à d'autres, — et qui aura commis deux ou trois vols, — devra, s'il est étranger *au lieu où ces vols auront été commis,* être renvoyé sur sa propre terre pour y demeurer. — L'homme originaire du lieu même (2), qui se montrera également obstiné à commettre le vol, subira, s'il tombe en récidive, une augmentation de peine de 50 brasses de travail; — et s'il commet 3 vols, 100 brasses de travail lui seront infligées. — Toutes les tâches de route devront être défrichées avec soin. — Et si cet homme persiste dans son obstination à commettre le vol, on augmentera proportionnellement sa peine jusqu'à 150 et 200 brasses pour *le punir* de son extrême obstination. — Il devra payer également par chaque objet volé par lui, la valeur de 15 objets pareils. — Enfin, les voleurs obstinés à prendre le bien d'autrui seront déportés sur l'île de Matea pour y être laissés.

Aʀᴛ. 6. *Concernant le vol des bestiaux* (bœufs, taureaux ou vaches). — L'homme qui aura réellement volé un bœuf, lorsque le fait en sera connu, devra être jugé et condamné à payer 10 bœufs pareils au bœuf enlevé par lui. — C'est là l'amende *qui devra être imposée* à chaque voleur par chaque bœuf volé. — 5 bœufs seront remis au propriétaire de l'animal volé, 2 à la reine, 2 au gouverneur et 1 au té-

___

(1) *No te taoa hoe,* pour un objet.
(2) *Taata tupu.*

27

moin par lequel le vol de ce bœuf aura été dénoncé ; — et s'il n'y a
point de témoin, si le vol est connu par le fait des imiroa, le bœuf adjugé
au témoin révélateur leur appartiendra ; si c'est par le fait du propriétaire
même, le bœuf adjugé au témoin lui sera également remis : sa *portion
de l'amende s'élèvera* alors à six *bœufs*. Et si le voleur ne peut fournir *suffisamment* de bœufs, son amende devra être payée en cochons,
en argent, en travail, et en toutes sortes d'objets de bonne qualité
jusqu'à concurrence d'une valeur égale à celle de 10 bœufs, comptée
d'après le prix du bœuf enlevé : *de telle sorte que* 10 dollars *étant* la
valeur du bœuf volé, l'amende à payer sera de 100 dollars. — Le juge
de district veillera au paiement de cette amende, — et l'amende étant
de 100 dollars, 50 seront remis au propriétaire de l'animal volé, 20 à
la reine, 20 au gouverneur et 10 au témoin révélateur ; s'il y a deux
témoins, les dix dollars adjugés au témoin leur appartiendront en commun.

ART. 7. *Concernant le vol avec effraction.* — L'homme qui forcera
et brisera la maison d'un autre, ou un meuble, une caisse ou une boîte,
appartenant à une autre personne, dans le but de voler, — sera, si le
fait est connu, jugé et condamné à une amende de 20 dollars ; sinon de
10 cochons *qui seront remis* au propriétaire de la maison, du meuble
ou de la caisse, boîte, etc., brisés par le voleur ; il sera condamné, en
outre, à 100 basses de route pour la reine. — Le tout à cause de l'effraction. — Si des objets ont été enlevés, on observera *la prescription
qui commande de faire payer* 15 fois la valeur de chaque objet
volé, — et l'on devra se conformer à la nature des objets en établissant
la valeur plus ou moins grande qu'ils représentent. — Si un dollar a
été dérobé, le vol de ce dollar sera racheté par une amende de 15 dollars ;
— si c'est un autre objet *quelconque*, on exigera 15 objets pareils à
celui dérobé.

ART. 8. Si un homme vient pendant la nuit dans la maison d'un
autre, y pénètre par effraction dans le but de voler, et si le propriétaire,
ou la personne domiciliée dans la maison, se réveillant en sursaut, interroge le voleur (1), et que celui-ci ne lui réponde pas, — l'homme de
la maison devra agir avec énergie — Que le sang toutefois ne soit pas
répandu ; que le voleur coupable d'effraction soit saisi sans que le sang
ait été versé : — voilà ce qui est bien. — Il est juste que l'homme de
la maison défende sa propre personne. — Ceux qui sont venus dégrader
la maison d'autrui ou maltraiter les personnes qui s'y trouvent ont été
gravement coupables. Si quelqu'un est blessé par l'habitant ou le propriétaire d'une maison, en dedans même de cette maison et tandis que
celui-ci cherchait à se défendre lui-même ainsi que sa famille, —
l'homme dont la maison aura été forcée ne devra pas être jugé : il ne sera
point en faute ; le coupable sera le *voleur* qui aura pénétré dans sa
maison ; — et si quelqu'un a été blessé par celui-ci, il sera condamné,
en outre, conformément aux *prescriptions de* la Ire loi et d'après l'article concernant sa faute.

ART. 9. L'homme qui dérobera quelques fruits ou denrées alimentaires dans un enclos sera jugé, si le propriétaire de ces denrées le dé-

---

(1) *Te vavahi fare*, le démolisseur de maison.

sire, et condamné, si les fruits ou denrées volés sont en petite quantité, à payer deux cochons ; sinon en argent, 5 dollars *qui seront remis au propriétaire de ces denrées : il lui sera imposé,* en outre, un travail de 50 brasses pour la reine. — Telle est la peine *qui devra être infligée* à chaque voleur. — Si les voleurs sont nombreux, ils devront être tous condamnés d'une façon pareille ; si les denrées dérobées sont en quantité considérable, l'amende devra être augmentée de manière à ce que *les pertes éprouvées* soient complètement payées. — L'amende de deux cochons sera laissée pour les vols de fruits ou denrées alimentaires en petite quantité et non pas en quantité considérable.

Art. 10. Si l'objet volé est un objet de peu de valeur, l'amende sera réglée de manière à représenter 15 objets mesurés sur celui qui aura été dérobé. — Si, par exemple, c'est un couteau qui a été volé, 15 couteaux devront *être donnés* pour satisfaire à l'amende, et si ces 15 couteaux se peuvent acquérir en échange d'un cochon, l'amende pourra être payée *au moyen d'un cochon.* — Si l'objet volé est de bonne qualité et d'une certaine valeur, on se conformera à *la prescription qui impose une amende égale à* 15 objets *pareils à l'objet dérobé,* — ainsi *qu'il est prescrit* pour les cochons volés.

<h2 style="text-align:center">XX.</h2>

CONCERNANT LE DOMMAGE FAIT A LA PROPRIÉTÉ D'AUTRUI.

Loi concernant tous les bestiaux maltraités et les personnes qui se seront rendues coupables de mauvais traitements envers les bestiaux, ou auront endommagé la propriété d'autrui.

Art. 1er. Si quelqu'un monte le cheval d'un autre sans que le propriétaire le sache, et si le fait est ultérieurement connu, — on jugera l'homme qui aura monté ce cheval et on le condamnera à payer 20 dollars au propriétaire et à travailler 50 brasses de route. — Cette peine s'applique *au cas* où l'animal n'aurait éprouvé ni dommages ni blessures par suite de cette course.

Art. 2. Si quelqu'un monte le cheval d'un autre sans que le propriétaire en ait connaissance, si le cheval est blessé et qu'il meure, on jugera l'homme qui aura monté ce cheval quoique sachant que ce n'était pas le sien ; on le condamnera à payer 100 dollars pour *en racheter la valeur,* et il accomplira, en outre, pour la reine, 100 brasses de travail. — Si l'animal est seulement blessé et qu'il guérisse, les officiers publics régleront la somme à payer suivant l'importance de ses blessures. On observera toujours, en outre, *la prescription antérieure qui impose une amende de* 20 dollars *au profit du propriétaire* ainsi qu'une tâche de travail, pour avoir usé, sans autorisation (1), du cheval d'un autre.

Si quelqu'un loue un cheval, il peut alors en faire usage ; et si ce cheval est blessé par suite de mauvais traitements, la somme à payer en dédommagement devra être réglée d'après la nature des blessures ainsi occasionnées ; *mais* s'il est blessé par accident, sans la partici-

----

(1) *No te horo eia raa,* pour la course, vol.

pation de *la personne qui l'aura loué* et tandis qu'elle s'en servait d'une manière convenable, ces blessures ne seront point rachetées par l'homme qui aura loué ce cheval.

Art. 3. Si des bestiaux sont tués par quelqu'un sans qu'il y ait eu aucun tort du côté de ces bestiaux, on jugera la personne qui les aura tués et on la condamnera à une amende telle que *les animaux* soient complètement rachetés : la somme à payer sera réglée, forte ou faible, sur *la valeur de* l'animal tué sans motifs ; on imposera, *en outre*, au coupable, pour la reine, un travail de 100 brasses de route ou tout autre travail proportionné et de nature à contribuer à l'embellissement de cette terre.

Art. 4. Si des bestiaux, tels que chevaux, bœufs, vaches, taureaux et autres animaux de valeur, sont blessés par quelqu'un, sans qu'ils aient pénétré dans les enclos bien fermés et de telles dimensions que la loi prescrit; si ces bestiaux, seulement blessés, ne meurent point et guérissent, ceux qui les auront blessés seront jugés et condamnés à payer 20 dollars à leur propriétaire ; il leur sera infligé, en outre, 100 brasses de travail pour le fait d'avoir blessé des animaux qui n'étaient pas à l'intérieur d'un enclos.

Art. 5. Si quelqu'un excite ou tourmente le cheval d'autrui tandis qu'il est monté, et que, par suite de ce fait, la personne montant ce cheval soit blessée, on jugera celui qui aura agi de la sorte, et on le condamnera à payer 20 dollars à la personne blessée et à défricher 100 brasses de route pour la reine. — Si les blessures sont graves et ne se guérissent pas promptement, l'homme qui aura tourmenté ce cheval devra payer également le temps de la personne blessée jusqu'à parfaite guérison. — Le juge règlera la valeur à payer pour le temps de maladie, soit un dollar par jour, ou un demi-dollar. — Si la personne blessée ne travaille pas *ordinairement* lorsqu'elle est en bonne santé, la somme à payer pourra être réglée à 2 réaux (1) par jour. *Celui qui aura causé l'accident* paiera encore les frais de médecin et les remèdes s'il y a lieu d'en employer.

Art. 6. Si un cheval a été réellement volé et tout-à-fait perdu par suite de vol, et que l'on vienne à connaître le voleur, on le jugera et on le condamnera à *fournir* 10 chevaux pareils à celui qu'il aura enlevé ; — tel est le prix que le voleur devra donner comme amende. — Et s'il n'a point de chevaux à donner, on réglera sa peine en travail ou valeurs, de telle façon que *le prix des* 10 chevaux soit réellement représenté. — Ils seront ainsi répartis : 5 au propriétaire du cheval volé, 3 (2) à la reine, 2 au gouverneur et 1 au dénonciateur.

Art. 7. Toute personne qui maltraitera quelqu'un des animaux compris dans les dispositions de la présente loi, soit en les blessant sans motifs au moyen d'armes tranchantes, soit en les transperçant, soit en usant de tout autre moyen, tel qu'il en résulte un dommage ou des blessures pour ces bestiaux, en dedans d'un enclos *ou autre part*, cette personne sera jugée et condamnée à *payer* 10 dollars pour les bles-

---

(1) *Tuala.*

(2) Le texte présente sans doute ici une erreur de chiffres ; — c'est probablement 2 qu'on aura voulu dire : la somme totale des parts, telles qu'elles sont écrites, dépasse le nombre de chevaux fixé par la loi.

sures dont l'animal aura pu être guéri ; — et si les blessures sont graves et que l'animal n'en puisse pas guérir, on se conformera aux prescriptions de l'article *de cette loi* concernant les bestiaux tués *avec mauvaise intention*, pour régler cette amende. — Cette amende de 10 dollars sera remise au propriétaire des animaux *maltraités* ; *le coupable accomplira, en outre,* pour la reine, un travail de 100 brasses de route pour l'embellissement de cette terre. — Toutes les tâches de travail imposées *par la loi* devront être de nature à contribuer à l'amélioration des routes ainsi qu'à l'embellissement des villes, — non point à racheter les objets ou les valeurs appartenant à un seul homme.

XXI.

CONCERNANT LES IMPOSITIONS (1) ANNUELLES.

Loi établissant la règle à suivre pour le paiement des objets remis annuellement à la reine, aux gouverneurs et aux iatoai (2).

ART. 1er. Les impositions annuelles doivent être payées à trois sortes de personnes (3) ; les valeurs à donner à ces personnes sont de quatre espèces différentes. On devra observer exactement *l'achèvement de l'année* pour apporter *ces objets :* — 12 mois sont une année. — Depuis un mois de mars jusqu'au suivant mois de mars, c'est là une année ; il doit y avoir une levée d'impôts. — Les valeurs monnoyées, l'étoffe, l'huile et les cochons sont des objets *qui, suivant* l'année, formeront la nature de l'*impôt*.

ART. 2. On observera, dans le paiement de *l'impôt, la nature* de l'objet *prescrit* suivant l'année. On commencera par l'argent : tous les hommes devront, dans l'année *où l'impôt sera perçu en* argent, se conformer *à la nature de l'impôt prescrit pour cette année* et apporter *de l'argent.* Le mari et la femme *paieront*, à eux deux, un tuata (4) à la reine, un tuata au gouverneur et un tuata à leur iatoai ; c'est là tout ce qu'ils auront à donner dans cette année. — Un garçon adulte, arrivé à sa 14e année, pouvant atteindre à la branche pour la briser (5), et sa sœur, également adulte, *paieront* un tuata pour eux deux à la reine, un tuata au gouverneur et un tuata au iatoai. — Les hommes faibles, malades ou blessés, et les personnes très-âgées, ne *seront point tenus à payer l'impôt ;* les femmes veuves, faibles, sans parents et n'ayant point d'enfant adulte, ne *seront* pas *soumises à* l'impôt, si ce n'est dans l'année *où l'impôt se paiera en* étoffe : elles devront alors battre l'*écorce* pour en confectionner. — Les veuves jeunes, douées de force et d'une bonne santé, ayant un enfant adulte, seront comprises dans l'imposition, et la veuve jeune et forte, n'ayant pas d'enfant

---

(1) *Taoa matahiti* (objets, année), valeurs *remises* annuellement.
(2) Chefs sous le gouverneur.
(3) *Traduction littérale :* « Trois seigneurs des objets annuels, lorsqu'ils sont apportés dans ce gouvernement. »
(4) Deux réaux.
(5) Les jeunes branches d'arbres à pain servent à la confection de l'étoffe indigène et forment une portion de l'impôt. Les jeunes garçons deviennent passibles de l'impôt dès qu'ils peuvent atteindre et briser ces branches.

adulte, paiera un réal à la reine, un réal au gouverneur et un réal au iatoai. — Son impôt *sera seulement de* trois réaux parce que son ami est mort. — Si elle s'unit de nouveau à un homme, elle se conformera à l'impôt prescrit pour le mari et la femme.

ART. 3. Les hommes devront également *dans* l'année *où l'impôt se paiera en* étoffe y satisfaire avec soin. — Lorsque *les branches* (1) seront brisées ; — le mari et la femme *en fourniront à eux deux* 20 pour la reine, 20 pour le gouverneur et 20 également pour *l'impôt* d'étoffe remis au iatoai. — Et durant le temps où *l'écorce* sera battue, les chefs subalternes ou propriétaires (2) ne devront pas rassembler des féi en quantité considérable, ni cuire des cochons, non plus qu'accomplir tout autre acte susceptible de produire le trouble parmi les femmes occupées à battre l'étoffe : le mari devra préparer la nourriture de sa propre femme ; les hommes non mariés fourniront à celle des femmes qui battront *l'écorce pour confectionner* leur part d'étoffe ; — et il en sera ainsi jusqu'à l'achèvement de ces étoffes. — Lorsqu'elles seront achevées, on remettra à la reine la sienne, au gouverneur la sienne et au iatoai la sienne, — et ce sera tout pour l'impôt de cette année.

ART. 4. Dans l'année *où l'impôt se paiera en* huile, tous les hommes devront également y satisfaire avec soin. On dressera 3 pressoirs (3) dans chaque district, et chaque personne apportera trois paniers de noix de cocos. — Que ce ne soit point de tout petits paniers. — L'un des paniers *sera vidé* dans le pressoir de la reine, un autre dans le pressoir du gouverneur et le troisième dans celui du iatoai. — Chacun se procurera les bambous *nécessaires* pour recevoir son huile et porter à la reine le sien, au gouverneur le sien et au iatoai le sien. — Les pressoirs seront élevés à la maison du iatoai.

ART. 5. Dans l'année où l'impôt se paiera en cochons, les hommes devront tous y satisfaire avec soin ; — qu'ils n'y mettent point de négligence. — Dans cette année seulement seront amenés les cochons de la reine, ceux du gouverneur et ceux du iatoai. — Que l'on ne conduise point, toutes les années, les cochons *de l'impôt* annuel. — Que, dans aucun cas, ceux qui les nourrissent ne fassent cuire, pour leur propre usage, des cochons destinés à l'impôt. — Cela est une faute. — Le district achètera des truies (4) pleines, *au nombre de* trois ; elles seront conduites chez le iatoai pour y rester ; — et, lorsqu'elles auront mis bas, tous les *hui raatira* (5) prendront les jeunes femelles et les nourriront chez eux pour servir réellement à l'impôt annuel. — Les *cochons provenant* de la truie de la reine seront remis à la reine lorsque viendra l'année *où l'impôt se paiera en* cochons : ceux provenant de la truie du gouverneur *appartiendront* exclusivement au gouverneur ; ceux enfin qui proviendront de la truie du iatoai appartiendront au iatoai. On devra observer exactement l'année où l'impôt se paiera

---

(1) Les jeunes branches d'arbre à pain dont l'écorce sert à confectionner des étoffes.

(2) *Hui raatira.*

(3) *Umete*, vase de bois creusé semblable à celui dans lequel se fait la *popoi* et portant le même nom, mais de plus grandes dimensions.

(4) *Maiaa*, femelle ayant eu des petits.

(5) Petits chefs, propriétaires ou hommes influents.

en cochons pour les conduire à ces trois personnes ayant droit à l'impôt (1).

Art 6. Règle à suivre pour le paiement de ces impôts annuels :

1° *Les Gouverneurs.* — Les gouverneurs paieront l'impôt à la reine. — Dans l'année où l'impôt se paiera en argent, un dollar sera l'impôt du gouverneur à la reine ; dans l'année où l'impôt se paiera en étoffe, quatre-vingts branches devront être rompues par le gouverneur ; dans l'année où l'impôt se paiera en huile, le gouverneur fournira quatre paniers de noix de cocos.

A la reine seulement les gouverneurs paieront impôt. — Ils devront également nourrir les cochons destinés à la reine pour l'impôt annuel.

2° *Les Iatoai.* — Les iatoai paieront l'impôt à la reine et au gouverneur. — Dans l'année de l'argent, un demi-dollar sera l'impôt que les iatoai paieront à la reine, et un demi-dollar sera l'impôt que les iatoai paieront au gouverneur. — Dans leur propre district, dans le district même où ils tiennent le rang de iatoai, les iatoai devront confectionner l'étoffe et l'huile, et nourrir les cochons *de l'impôt* pour les remettre à la reine et au gouverneur, ainsi que tous les hommes. — Les objets de redevance ou d'impôt dus au iatoai, lui seront fournis par les hommes qui sont à sa suite et dépendent de lui.

3° Lorsqu'un homme, au lieu de sa véritable demeure, aura, dans une année, payé sa redevance à la reine, au gouverneur et au iatoai, ce sera tout. — Que les hommes de deux côtés (2) , ayant une quantité considérable de terres, ne pensent point devoir se rendre de nouveau sur une autre terre pour y satisfaire à l'impôt ; — s'ils désirent partager entre leurs parents quelque autre terre pour qu'ils y paient l'impôt, c'est une chose convenable qu'ils agissent ainsi.

4° Voici quels sont les iatoai auxquels les redevances de l'impôt annuel doivent être payées : — ce sont ceux qui, depuis l'ère de l'idolâtrie jusqu'à ce jour, ont reçu des redevances de fruits et provisions alimentaires sans qu'il y ait eu interruption dans l'exercice de ce droit. — Non point les iatoai de récente création, nommés dans les lois actuelles, et dont les redevances en fruits et provisions ne datent que de cette époque. — Que l'impôt ne soit point payé à ces derniers. — Les *objets de redevance* donnés au iatoai véritable, devront être fournis par les hommes qui dépendent de lui et sont à sa suite. — Les hommes de tous les districts placés sous les ordres d'un même gouverneur, paieront, à ce gouverneur, l'impôt qui lui est dû. — L'impôt dû à la reine viendra de tous les lieux, tout autour de son royaume ; toutes les terres rangées sous sa domination apporteront les objets de redevances qui lui sont attribués. — Le iatoai qui n'aura plus aucun homme à sa suite ne recevra point de redevance annuelle ; il s'acquittera de sa part de contribution ainsi que tous les autres hommes, envers la reine et le gouverneur, mais il n'aura rien à payer à un autre iatoai.

7° (3) Le district établira un personnage gradé pour veiller à la

----

(1) *Traduction littérale :* « A ces seigneurs des objets du gouvernement tous trois.

(2) *Pae piti.*

(3) Les numéros 5 et 6 ont été omis dans le texte, au numérotage des articles ; nous passons de l'art 4 à l'art. 7.

prompte exécu'ion des charges de l'impôt annuel, et pour écrire les noms de ceux qui auront payé leurs redevances ainsi que les noms de ceux qui n'y auront pas satisfait, — afin que tout se fasse avec ordre et que tous les hommes accomplissent réellement leur part de redevances annuelles. — La loi veillera ceux qui n'y auront point satisfait; ils seront jugés et condamnés à une amende de 3 cochons, *dont* un sera remis à la reine, un au gouverneur et un au iatoai. — Cette amende est *infligée* à cause de la faute commise; *les délinquants* devront fournir, en outre, les objets formant la contribution de cette année.

8o Cette loi des redevances annuelles envers la reine, les gouverneurs et les iatoai, interdit tous les actes susceptibles de produire le trouble, *comme jadis* dans les réunions de districts entiers apportant ensemble des fruits et des provisions pour les grands repas donnés aux étrangers. — Que la reine, en pareil cas, ne commande pas d'apporter encore des provisions ; que les gouverneurs n'en commandent point, non plus que les iatoai, par la raison que les objets qui leur sont attribués dans les contributions du gouvernement leur ont été remis. — Quant aux provisions que les chefs subalternes et propriétaires (hui-raatira) voudront donner eux-mêmes, en témoignage de déférence et de bonne amitié, cela reste à leur disposition. — Que pourtant ils n'accomplissent point ces présents d'une façon orgueilleuse et dans le but de faire un grand étalage; qu'ils en fassent le transport sans aucun désordre et dans de petits paniers ; — voilà ce qui est convenable. — Qu'on ne fasse pas usage de larges plateformes ni de lourdes caisses, entraînant avec elles les danses turbulentes durant le transport des provisions : — cela est interdit.

9o Si quelqu'un forme le dessein d'accomplir réellement ces actes susceptibles de produire le trouble, actuellement interdits et ne devant pas se renouveler sur cette terre, — ces actes qui s'accordent avec les pratiques de l'idolâtrie, — lorsque l'on aura connaissance d'un tel projet, on avertira la personne qui l'aura formé de ne point produire de pareils actes; et, si elle renonce à son projet, cela n'aura pas de suite. — Mais si cet homme s'obstine et s'il fait naître l'une de ces choses pour lesquelles il aura reçu un avertissement, on le jugera et on le condamnera à exécuter un travail de 100 brasses. — Si c'est un homme remplissant un office public, on lui retirera son office et son grade; si c'est un homme ayant un gouvernement, on le privera de son gouvernement, pour avoir produit des actes répréhensibles interdits par la loi.

10o Lorsque des travaux publics, d'une nature quelconque, auront été résolus et ordonnés par le gouverneur et les chefs, les hommes ayant droit de propriété sur une terre ne devront point se montrer paresseux. — Ceux qui possèdent différentes terres ne seront pas tenus d'accomplir ce travail dans toutes les terres sur lesquelles ils auront des droits : — lorsqu'ils s'en seront acquittés sur une terre, ce sera suffisant.— Les hommes qui n'accompliront en rien leur part du travail public exécuté, — si ce sont des hommes forts et en bonne santé, — seront jugés et condamnés à 50 brasses de travail. — A la seconde fois qu'un homme sera jugé pour le fait de négligence et de paresse dans l'accomplissement des travaux ordonnés pour le bien public, on lui retirera la terre sur laquelle ce travail n'aura pas été accompli et on la remettra à quelqu'un de ses parents qui s'acquittera exactement du travail ordonné par les chefs sur cette terre. — Et s'il ne reste aucune personne de la famille de cet homme négligent et paresseux, sa terre sera remise entre les mains de la reine et du gouverneur pour y demeurer ; et si cet homme revient plus tard, animé de zèle, accomplir les travaux prescrits par les lois de cette terre, alors sa terre lui sera rendue. — Que les chefs et propriétaires (hui-raatira) ne se moquent point des petits travaux des missionnaires demeurant au milieu d'eux, de leur propre consentement. — Les missionnaires séjournent parmi eux pour enseigner aux chefs, ainsi qu'à tous les hommes, les paroles véritables de l'Évangile afin qu'ils soient sauvés ; c'est pourquoi il est juste et convenable que les missionnaires soient bien traités par tous les hommes : il est juste qu'ils reçoivent également des fruits et des provisions. — Qu'on ne trompe point leur attente (1) à cet égard ; — qu'on leur apporte des provisions afin d'agir d'une manière conforme à l'affection et à la compassion véritables, ainsi qu'à la conduite que doivent tenir ceux qui reçoivent bénéfice par les travaux des missionnaires au milieu d'eux.

XXII.

DE LA RÉTRIBUTION DES OFFICIERS PUBLICS.

Loi concernant la rétribution des officiers publics dans l'observance de ce Code.

Art. 1er. La reine devra rétribuer les sept grands-juges en valeurs ou objets dont la nature se réglera, suivant l'année, *ainsi qu'il suit :* — 10 dollars dans l'année *de l'*argent, 20 brasses d'étoffe dans l'année *de l'*étoffe, 20 bambous d'huile dans l'année *de l'*huile et 4 cochons dans l'année des cochons; ceci est la rétribution que recevra chaque grand-juge. — Tous seront rétribués de même. — C'est là tout ce que recevra un grand-juge; — ces valeurs lui seront données par la reine.

Art. 2. La reine et tous les gouverneurs rétribueront les juges de district ; la nature de la rétribution sera réglée suivant l'année. — Lorsqu'il y aura deux juges dans le même district, la reine paiera l'un d'eux et le gouverneur l'autre. — *Leur rétribution est ainsi fixée :* dans l'année *de l'*argent, 6 dollars pour chaque juge ; — dans l'année *de l'*étoffe, 10 brasses pour chaque juge ; — dans l'année *de l'*huile, 10 bambous pour chaque juge ; — et dans l'année des cochons, 2 cochons pour chaque juge. — C'est là tout ce que recevront les juges de district en raison de leur office en ces présentes lois.

Art. 3. *Quant aux* valeurs provenant des amendes imposées par la loi, lorsque des personnes coupables seront condamnées, — celles attribuées à la reine et celles du gouverneur, — on devra remettre la portion de la reine à la personne désignée par elle pour les recevoir en dépôt. — Que ce ne soit pas aux juges de districts : ils seraient accusés par les imiroa de détourner une portion des amendes, de manière

---

(1) *Eiaha ia faatii hia,* qu'ils ne soient point déçus, désappointés et privés

qu'elles ne seraient plus complètes pour être partagées entre tous. Les valeurs *adjugées* au gouverneur devront être remises en ses propres mains; et la reine et le gouverneur penseront à la portion qui revient aux imiroa. — La part de la reine et celle du gouverneur devront être séparées en bonne forme, lorsque *le produit des amendes* aura été complètement réuni. — Qu'aucun officier public ne s'empare illégitimement, ou ne marque pour lui-même, des valeurs ou objets *provenant des* amendes; on devra laisser ces valeurs en dépôt au lieu où elles doivent être gardées, jusqu'au moment du partage, afin qu'il y soit convenablement procédé.

Art. 4. *Concernant les vea* (messagers officiels). — On devra donner également quelques objets en paiement aux messagers qui sont envoyés en tous les lieux; *la nature de ces objets* devra se régler suivant l'année. — La reine rétribuera ses messagers dans tous les lieux; les gouverneurs rétribueront également, lors du partage des valeurs, les messagers qui auront été envoyés par eux.

XXIII.

DE LA NOMINATION AUX DIGNITÉS, GRADES ET EMPLOIS OFFICIELS, ET DE LA CONDUITE QUE DEVRONT SUIVRE, DANS L'ACCOMPLISSEMENT DE LEURS FONCTIONS, LES PERSONNES APPELÉES A REMPLIR UN OFFICE PUBLIC.

Loi concernant les formes qui devront être suivies par les juges. — On conservera les anciennes lois 34 et 35, concernant les imiroa, au nombre de 6, qui devront être choisis pour le jugement lorsque des crimes ou délits graves devront être jugés, — et les formes que devront suivre les juges, lorsqu'ils auront à juger quelqu'un. — La nature de ces lois convient; — elles ne sont point défectueuses.

Art. 1. Les grands-juges (Toohitu) seront nommés par la reine. — Les juges de districts seront nommés par la reine et les grands-juges. — Les imiroa seront nommés par les grands-juges, les gouverneurs et les juges de district; — *ils seront nommés* à l'effet de rechercher tous les actes répréhensibles et les méfaits qui s'élèveront sur cette terre. — Tel sera leur travail. — Ils devront être tous hommes d'une bonne conduite dans l'accomplissement de ces fonctions. — Que ceux qui n'auront point reçu de mandat (1) et ceux qui ne s'acquitteront point de leur devoir ne soient point admis à recevoir une part lors du partage : les imiroa doivent être des hommes actifs dans la recherche des délits et des coupables.

Ceux qui seront entrés dans ce corps d'officiers publics, — et qui n'auront pas agi avec zèle dans la recherche des actes répréhensibles et délits, afin de les faire connaître au juge, — et ceux qui n'ayant pas rempli ces fonctions pendant un temps assez long les abandonneront,— ceux-là ne devront recevoir aucune portion lorsque les valeurs *attribuées* aux imiroa seront partagées; ils devront en être privés.

Art. 2. Les juges de district qui auront été nommés à cet office sur leur propre terre, s'ils se rendent sur une terre différente pour y demeu-

---

(1) *Feia oua noa*, personnes sautant (dans le grade) sans ordre ou sans nomination, — usurpant des fonctions qui ne leur sont point attribuées.

rer, ne devront point penser emporter leur office de juge avec eux sur la terre où ils se rendront. — Qu'un juge ne s'établisse point de manière à élever à trois ou quatre le nombre de juges du même district; — c'est là une chose interdite (1) par les présentes lois. — Que l'on se conforme au nombre de deux *juges* par district, ainsi que la loi l'établit, et ces deux juges seront les seuls qui puissent juger.

Art. 3. Que les juges de district ne jugent point précipitamment, en imposant à la légère les amendes et les peines sur le chemin public, ainsi qu'on lance une pierre, sans observer les formes régulières; — que l'on apporte, au contraire, le plus grand soin à rendre les jugements dans toutes les formes prescrites.

Tous les jugements devront être rendus dans le lieu désigné *à cet effet*, auprès de la demeure du gouverneur; — c'est là que les hommes devront être jugés, non pas en un lieu et en un autre. — Que les juges ne se rendent point coupables en imposant, dans leurs jugements, des peines d'une extrême faiblesse et sans aucune valeur. — Qu'ils n'augmentent point non plus les amendes et les peines, et qu'ils observent avec soin, dans la mesure des travaux qu'ils auront à imposer, la quantité suffisante pour satisfaire aux exigences de la loi. — Toutes les tâches de route devront être défrichées avec soin, afin qu'elles soient complétement accomplies. — Le juge qui n'observera point les prescriptions de la loi dans ses condamnations, aura commis une faute. — On réprimandera ce juge en premier lieu; — et s'il continue à ne point suivre les lois dans la nature des peines qu'il infligera aux personnes jugées, — on lui retirera son office. — Tout travail susceptible de contribuer à l'embellissement et à l'amélioration de la terre pourra être imposé *par les juges*. — Que dans aucun cas, ils n'imposent aux personnes coupables des travaux destinés à l'avantage d'un seul individu (2).

Art. 4. Que les travaux imposés par le juge ne soient point transformés à l'avantage d'un individu (3) sans que cela ait été réellement réglé par les personnes *conduisant le* gouvernement de cette terre. Tous les travaux qui pourront contribuer à l'amélioration de la terre, tels sont ceux qu'il est convenable d'imposer *aux personnes coupables*. — Ces tâches de travail, ainsi imposées *en jugement*, ne sont point destinées au paiement de valeurs ou de propriétés, — et n'ont pas été établies pour l'avantage d'une seule personne; mais au contraire, pour le bien de la demeure de tous les hommes.

XXIV.

CONCERNANT LES PÊCHEURS.

Art. 1er. Cette loi annule la législation établie pour tous les pêcheurs, — parceque c'est une législation partiale (4) dont tous les hommes ne supportent point également les charges, et qu'elle ne con-

---

(1) *Tia ore*, hors de droit.
(2) *Ei hoo taoa no te taata hoe,* comme paiement de valeur pour un seul homme.
(3) *Ei taoa na te taata hoe,* comme propriété d'une seule personne.
(4) *Pae hoe,* n'ayant qu'un seul côté.

cerne que les pêcheurs, — et, par cette raison encore, que ceux-ci sont également compris dans la loi des impositions annuelles.

Art. 2. Que les personnes puissantes ou toutes autres ne pensent point pouvoir s'emparer librement du poisson pris par les pêcheurs, lorsqu'ils reviennent à terre, — parceque la loi des pêcheurs a été annulée ; — qu'il n'en soit point ainsi. — Si *quelqu'un* désire demander *du poisson,* cela est à sa disposition, et il est aussi à la disposition du pêcheur d'en donner ou de n'en pas donner. — On ne devra point lui en avoir de rancune.

Art. 3. Que les pêcheurs n'agissent point avec orgueil parce que la loi qui les concernait a été abrogée : — ils ont été pris en pitié. — Qu'ils n'agissent point mal à l'égard de la reine, des gouverneurs, des iatoai et de leur missionnaire véritable ; qu'ils se souviennent bien qu'ils doivent s'arranger en paroles, avec les propriétaires des trous, avec ceux des lacs et ceux des passes : — tous ces lieux ont des propriétaires; — et c'est au propriétaire qu'appartient la parole concernant ses biens. — Que leurs missionnaires véritables ne soient point oubliés par les pêcheurs.

XXV.

CONCERNANT LES TRAVAUX DES OFFICIERS PUBLICS POUR RÉGLER LES DETTES NON PAYÉES.

Loi concernant les dettes non payées qui seront soumises à l'examen (1) *des officiers publics de Tahiti et Moorea.*

Art. 1er. Les dettes non payées qui auront été contractées sur quelque terre différente ne devront pas être jugées par les officiers publics de Tahiti. — On devra reporter ces dettes au lieu où elles ont été contractées pour qu'on en décide en ce lieu, — ou bien les soumettre au consul du pays auquel appartient l'homme dont la dette n'est point payée, afin qu'il règle la question.

Art. 2. Les officiers publics de Tahiti jugeront toutes les questions de dettes contractées dans ce gouvernement, lorsqu'ils en seront requis par le créancier.

Ce travail sera accompli par un grand-juge, un juge de district *agissant* en qualité d'orateur, et six hommes instruits et de bonne conduite (2), choisis pour *remplir les fonctions d'*imiroa. — Si le cas sur lequel les juges auront à statuer concerne des étrangers, on devra prendre une partie des personnes choisies comme imiroa parmi les étrangers. — Il convient que les hommes choisis pour agir en qualité d'imiroa soient pris parmi ceux qui tiennent une bonne conduite. Que les hommes choisis par le juge n'abandonnent point, sans raison, leur nomination d'imiroa. — S'ils ont une raison convenable pour refuser ces fonctions, ils devront la faire connaître au juge, afin qu'il en apprécie la validité ou l'insuffisance ; qu'il dispense de siéger en qualité d'imiroa dans cette affaire celui qui aura fourni des motifs suffisants, et qu'il choisisse quelque autre personne pour remplir ces fonctions. —

---

(1) *Ohipa hia te feia toroa,* qui seront travaillées par les officiers publics, dont les officiers publics auront à s'occuper.

(2) *Taata maitatai.*

Les personnes choisies pour servir d'imiroa seront nommées avec la recommandation de se conformer à la vérité. — On recommandera également aux témoins de ne point s'écarter de la vérité lorsqu'ils seront interrogés, parce qu'ils parlent en présence de Dieu et que Dieu les voit.

ART. 3. Lorsque ces officiers publics dont il vient d'être question, auront enterpris cette affaire, ils devront la mener à bonne fin ; et, lorsque la dette *non acquittée* aura été recouvrée par leurs soins, les deux personnes qui auront donné lieu au jugement, le créancier et le débiteur (1), devront leur remettre chacun 10 dollars. — Le créancier donnera *cet argent* aux officiers publics pour les avoir requis, — et le débiteur à cause de la faute commise par lui en détournant les objets ou valeur d'un autre, à lui réellement prêtés — Ces 20 dollars seront remis aux personnes qui auront réglé cette affaire : — 4 dollars au grand-juge, 4 dollars pour le juge de district nommé orateur, — et 2 dollars seulement pour chacun des six imiroa qui auront été choisis.

ART. 4. Les petites dettes contractées depuis longtemps et restant en retard ne donneront pas lieu à jugement. — Si le créancier désire requérir un officier public, afin que celui-ci s'emploie à recouvrer cette dette restée en retard sans être payée, il pourra le faire ; — et lorsque cette dette aura été recouvrée par les soins de l'officier public requis, — le créancier devra payer à cet officier une légère valeur. — Si la dette est de 100 dollars, —il devra payer 2 dollars ; — si *la dette recouvrée* s'élève à 200 dollars, le créancier paiera 4 dollars à celui qui en aura obtenu le paiement ; — si elle monte à 300, ce sera 6 dollars ; — pour 400, ce sera 8 dollars ; et 10 dollars pour 500, — qui devront être donnés à celui qui se sera employé à recouvrer des dettes arriérées. — Si la dette est au-dessus des valeurs ci-indiquées on se conformera pour le paiement de l'officier public à la proportion de 2 dollars par 100 dollars recouvrés par ses soins.

XXVI.

CONCERNANT LES JUGEMENTS POUR LES TERRES CONTESTÉES.

Loi concernant la forme des jugements des Toohitu, lorsqu'ils auront à régler les questions de terres contestées par deux propriétaires.

ART. 1er. Si c'est une terre entière qui se trouve en litige, et si les propriétaires ne peuvent décider *la question*, ils appelleront les officiers publics ; et le juge de district, de concert avec les imiroa, s'occupera de régler cette affaire. — Et si, après qu'ils l'auront terminée, l'un des propriétaires n'est point satisfait et en appelle aux Sept, afin qu'ils reprennent de nouveau *le jugement concernant* cette terre, — ce propriétaire, qui désirera en appeler, devra se rendre auprès de chacun des Sept, afin de leur faire savoir qu'ils aient à venir pour décider de nouveau à l'égard de cette terre sur laquelle le juge de district aura déjà statué ; — et celui des Sept qui ne se rendra point à ce nou-

---

(1) *Aitarahu*, personne insolvable, mange-prêt.

veau jugement rendu par les grands-juges, ne devra point satisfaire
au désir des personnes intéressées, si elles veulent en appeler de nouveau auprès de lui. — Il n'y aura qu'un appel aux grands-juges ; —
et le jugement prononcé par ceux des grands-juges qui se seront rendus à l'appel qu'on leur aura fait comptera pour eux tous, — *comme
si les Sept étaient tous venus* : — l'abri *que cherchaient les contes-
tants* ayant été obtenu par eux dans ce jugement des Sept. — Il devra y
avoir au moins deux ou trois l'oohitu pour le réglement de ces terres en
litige : — qu'un seul grand-juge ne décide point. — Et, dans les cas obscurs (1), ils ne devront point se hâter de terminer ; *ils devront, au
contraire*, laisser écouler quelques mois, et formuler leur decision d'a-
près *les droits reconnus des* ancêtres. — Que les Sept ne se hâtent
point d'accorder *gain de cause* aux personnes instruites et habiles à
parler, au préjudice de ceux qui seront ignorants de leurs aïeux, —
leurs ancêtres *ayant été peut-être* les véritables *propriétaires*, **sans**
qu'ils le sachent actuellement ; — on devra tarder quelque temps et
chercher avec soin *tous les renseignements nécessaires*

Art. 2. Si des limites de terrains sont contestées, — que les officiers publics ne se hâtent point de terminer *la question ;* — qu'ils
cherchent avec soin : — il est un grand nombre de causes qui peuvent
induire en erreur à l'égard des limites de terrains. — Ils devront, autant que possible, résoudre l'*affaire* de façon que les deux propriétaires
soient également satisfaits. — Que les faux-témoins ne soient point
admis, — et que les chefs et les personnes influentes (2) ne soutiennent
point l'une des parties avec l'intention de dépouiller l'autre. — Si le
district agit ainsi, il aura renversé la vérité ; — on jugera ceux qui
renverseront la vérité en connaissance de cause, et ils seront condamnés à 50 brasses de travail pour la première fois. — Que l'on n'ad-
mette point comme témoins, dans les questions de terres, ceux qui *ne
sauront rien par eux-mêmes et* ne parleront que d'après ce qu'ils
auront entendu de personnes différentes. — Ceux qui auront été réellement désignés d'abord par les propriétaires du terrain et ceux qui
auront été réellement conduits sur les limites *contestées*, ceux-là
pourront être admis en qualité de témoins reconnus par la présente
loi.

Art. 3. *Concernant les témoins.* — Que les témoins ne donnent
point de faux-témoignage, dans le but d'avantager ceux qui leur plai-
sent et de priver ceux qui ne leur conviennent pas ; — c'est là une
mauvaise chose. — Que, dans aucun cas, les personnes qui seront appelées en témoignage ne faussent la vérité ; — leurs paroles ne seront
point perdues. — C'est une chose sacrée, devant Dieu, que la parole
d'un témoin ; — il y a vie et salut dans la parole véritable, et mort
dans la parole fausse de ceux qui sont appelés comme témoins.

Art. 4. Lorsque les officiers publics auront décidé sur les terres contestées et qu'ils en auront placé les bornes, — ces bornes ne devront
pas être retirées. — Si l'un des propriétaires s'obstine à renverser les
pierres servant de bornes, il sera coupable : — on le jugera et on le

---

(1) *Fifi rahi*, très embarrassés, embrouillés.
(2) *Hui raatira.*

condamnera à 50 brasses de travail : — ce sera là une véritable usurpation, puisque ce propriétaire n'aura point observé les limites fixées par les magistrats.

Art. 5. *Sur le livre des limites territoriales.* — Le juge de district se procurera un registre, et il écrira, sur ce registre, le nom du propriétaire qui aura été débouté, ainsi que celui du propriétaire auquel la terre en litige aura été adjugée. — Il écrira aussi la direction des limites et le nom du marae voisin, afin que les terres pour lesquelles une décision aura été donnée ne soient point contestées de nouveau. — Ce registre devra être déposé dans la maison du gouverneur.

Art. 6 Le gouverneur et le juge de district, assistés de deux imiroa, tiendront un livre auquel on donnera le nom de *Livre des limites des propriétés territoriales;* ils y enregistreront les noms de tous les propriétaires de terrains de leur district et les limites *établies* par les nouvelles lois. — Il en sera ainsi dans tous les lieux, tout autour de Tahiti et de Moorea. — Ce livre deviendra un livre du gouvernement, afin que les générations futures ne soient point troublées de nouveau par des discussions de terres.

Art. 7. Les officiers publics devront s'acquitter avec soin de ces fonctions *qui leur sont attribuées,* pour la décision *des droits* du propriétaire entre les mains duquel la terre contestée sera remise ; — qu'ils n'agissent point mal en pareille occasion, la terre étant une propriété à laquelle tous les hommes attachent un grand prix (1). — Leurs jugements devront être rendus avec soin, afin que le gouvernement soit irréprochable à l'égard de ces travaux sur les terres *en litige.* — Ces fautes, concernant les terres, causent souvent la perte d'un grand nombre de gens de bien (2). — Les lois anciennes sur la délimitation des terres contiennent plusieurs passages qui pourront servir à éclaircir ces questions, lorsqu'on aura à s'occuper de régler des limites de terrains.

XXVII.

SUR LA DEMEURE DE LA REINE.

Loi concernant la demeure de la reine et la manière dont elle sera gardée.

Art. 1er. La reine demeurera à Papaoa, le grand lieu de son gouvernement, — endroit écarté de la demeure des étrangers ; — de sorte que, peut-être, elle n'éprouvera là que peu de tribulations. — La reine fera construire pour elle, à Papaoa, une grande et belle maison comme palais (3) de son gouvernement.

Art. 2. Il est convenable que la reine soit gardée. — Sa garde se composera de soldats ; — non point en grand nombre : dix, par exemple,

---

(1) *Taoa mauiui,* objet douloureux, propriété sensible.

(2) *Traduction littérale :* « sont la chute où tombe la majorité des hommes « de bien. » — Ce qui signifie que beaucoup de personnes, d'une conduite régulière, tombent dans le désordre, par suite du ressentiment qu'elles éprouvent après un jugement défavorable à leur égard.

(3) *Aorai,* nuages. La maison des rois de Tahiti s'appelait *aorai,* nuages; de même que leur pirogue, *ea nuanua,* arc-en ciel ; leur lampe, *aira,* éclair, etc.

ou vingt encore, mais pas davantage. — Ces gardes devront être *choisis parmi les* hommes de bonne conduite.

Art. 3. La reine elle-même cherchera ceux qu'il lui conviendra de prendre pour gardes. — Que la reine ne pense point à augmenter jusqu'à un grand nombre ce corps de soldats, *institué* pour sa garde, afin de pouvoir le considérer comme son armée destinée à soutenir ses volontés (1). — Qu'il n'en soit point ainsi. — Sa splendeur (2) doit être établie sur la totalité des *hui raatira* de cette terre, qui, placés au-dessous d'elle, comme pour lui servir de pirogue, forment sa véritable protection.

Ces corps de soldats, établis actuellement, le seront pour servir de gardes, afin de donner de l'éclat à la demeure *royale*, lorsque des personnes nouvellement venues des terres étrangères arriveront en qualité d'hôtes de la reine.

Art. 4. Il est au choix de la reine d'approuver les présentes dispositions concernant sa demeure et sa garde ; — et s'il ne lui convient pas qu'il en soit ainsi, — *ces projets* n'auront aucune suite. — De même, si la reine désire aller demeurer dans quelque autre lieu, cela sera à sa disposition ; — elle devra toujours considérer Tarahoi comme centre de ses domaines. — La reine elle-même cherchera et fournira les valeurs légères qui devront être données en rétribution à ceux qui composeront cette garde lorsqu'elle sera établie.

XXVIII.

CONCERNANT LE PILOTAGE ET L'ANCRAGE DES BATIMENTS.

Loi concernant les pilotes et les valeurs que devront payer pour droit d'ancrage tous les bâtiments qui mouilleront à Tahiti et Moorea.

Art. 1er. La reine et les Sept nommeront à l'office de pilote ceux qui conviendront pour en remplir les fonctions. — Il devra y avoir deux pilotes réellement *établis* à Papeete, qui recevront une nomination réelle ; afin que les navires ne restent pas longtemps à attendre le pilote, — ils s'accorderont bien tous deux sur la manière *dont ils devront agir* pour se rendre tour à tour à bord des bâtiments qui viendront en vue. — Qu'ils ne se rendent point tous les deux à bord du même navire ; — qu'ils ne manquent point non plus tous les deux *de s'y rendre*, chacun pensant que l'autre soit parti, tandis qu'il ne l'est point. — Qu'ils ne soient point envieux l'un de l'autre ; qu'ils s'accordent bien ; voilà ce qui est convenable.

Art. 2. Lorsqu'un navire viendra en vue et que, s'étant approché à petite distance, il hissera le pavillon du pilote, l'un des pilotes devra se rendre à bord et le conduire au mouillage dans le port ; — et lorsque le bâtiment sera prêt à partir, le capitaine en préviendra le pilote, et celui-ci conduira le navire en dehors *au large*, où il *en* abandonnera *la conduite* au capitaine.

---

(1) *Faatapu taua parau,* faire croître sa parole.
(2) *Hinuhunu.*

Art. 3. Voici la nature des valeurs *à payer* pour l'ancrage et le pilotage. — Tous les navires qui mouilleront à Tahiti et Moorea devront être soumis aux droits dans tous les lieux où seront établis des pilotes réellement *revêtus de cet office.* — Tous les navires se conformeront aux mêmes droits, — *établis* également pour les grands et les petits bâtiments. — Le *droit* d'ancrage d'un bâtiment sera de 15 dollars ; — tous les navires satisferont à ce droit lorsqu'ils auront été conduits au mouillage en dedans du port. — *Le prix* du pilotage pour l'entrée dans le port, et pour la sortie également, sera de 10 dollars qui seront payés au pilote réellement établi. — Et les bâtiments virés *en carène* paieront 60 dollars pour la maison dans laquelle les objets *provenant du bord* seront déposés, — et pour la garde que l'on fera de ces objets, afin qu'ils ne soient point détruits ou enlevés. — Les pilotes ne devront point demander d'argent aux personnes du pays engagées comme travailleurs à bord de ces bâtiments.

Art. 4. Deux pilotes devront recevoir une nomination réelle pour *remplir leurs fonctions* au port de l'apeete. Iemu, l'ancien pilote, sera l'un des deux, et Ohio sera nommé actuellement pour *faire* le second. — On devra leur donner, à l'un et à l'autre, un véritable brevet, et ils devront se présenter à bord des navires avec ce brevet à la main. — Que les pilotes ne se fassent pas concurrence, comme s'ils voulaient s'enlever des navires ; qu'ils s'accordent de façon à ne pas être en rivalité.

Art. 5. Si un homme déserteur d'un bâtiment se cache à terre, on le cherchera, et 8 dollars seront payés lorsqu'il aura été trouvé dans un lieu rapproché du navire et qu'on l'aura reconduit à bord. — Pour les lieux éloignés, comme dans le cas où cet homme qui se cachait aura été découvert au-delà de Haapape ou de Punaavia, le prix d'arrestation sera de 15 dollars, et si le déserteur est trouvé à Taiarabu, tandis que son navire est à Papeete, le prix sera de 20 dollars par homme.

Art. 6. Les personnes qui se seront cachées à terre et ne seront découvertes qu'après le départ de leur navire, devront être jugées et condamnées à un travail de 100 brasses de route ou tout autre travail équivalent à 100 brasses de route ; et si ces hommes n'accomplissent point leur peine, ils seront retenus aux ceps et ne seront mis en liberté que lorsqu'ils se détermineront à remplir la tâche de travail qui leur aura été imposée. — On leur donnera pour nourriture des fruits de l'arbre à pain et de l'eau. — Qu'il ne soit pas fourni beaucoup de viande ou de poisson (1) aux coupables détenus. — Et lorsque le travail imposé aux déserteurs qui auront été jugés sera complètement achevé, on les conduira chez leur consul pour les mettre à sa disposition.

Art. 7. Tout homme qui assistera ceux qui se cacheront, et deviendra par suite son recéleur, sera jugé et condamné : — 20 dollars seront imposés en amende à ceux qui cacheront des déserteurs de bâtiments ou toute autre personne, — *dont* 12 dollars pour la reine, 6 pour le gouverneur et 2 pour le témoin révélateur par le fait duquel on aura découvert celui qui aura recélé quelqu'un.

---

(1) *Inai,* tout ce qui se mange en accompagnement avec des aliments végétaux : — soit viande, poisson, volaille, etc.

Art. 8. Que les hommes de Tahiti établis à terre ne se livrent à aucun travail, à bord des navires, durant le jour du sabbat, ni même dans des embarcations. — Que cela ne soit point. — Si quelqu'un s'obstine et accomplit réellement un travail pendant ce jour, on le jugera et on lui infligera une tâche de 50 brasses ; cette peine devra être soigneusement accomplie. — Et lorsque cet homme se rendra coupable, pour la deuxième fois, de *cette même faute*, de se livrer au travail à bord des navires durant le jour du sabbat, sa peine devra être de 100 brasses. — Si un navire est brisé de telle façon qu'on ne puisse le laisser en cet état, sans qu'il soit absolument perdu, alors on lui portera secours.

Art. 9. Ceux qui auront été engagés pour ramer dans les canots des capitaines, pour les conduire à terre ou au large, dans le port, pourront le faire. — Ils ne devront point accomplir ce service pour aller à des endroits éloignés durant le jour du sabbat. — Si quelqu'un des habitants s'obstinent à ramer en canot, le jour du sabbat, pour se rendre à de longues distances, on le jugera et on lui imposera un travail de 50 brasses en premier lieu, et, s'il persévère encore à ramer ainsi durant ce jour, sa peine sera de 100 brasses de travail. — Que l'on ne pagaye point en pirogue durant le jour du sabbat pour se rendre à bord des bâtiments nouvellement arrivés, non plus qu'à bord de ceux *qui se trouvent dans la rade depuis* longtemps.

On jugera les personnes qui se montreront obstinées à se rendre à bord des navires durant le jour du sabbat : on leur imposera 50 brasses de travail.

Art. 10. Que les bestiaux ne soient point abattus ou tués durant le jour du sabbat, — ni bœufs ni cochons. — Cette présente loi abolit tous les actes d'une mauvaise nature qui s'accomplissaient sur cette terre pendant le jour du sabbat ; — c'est un jour sacré durant lequel toute mauvaise action doit être interdite. — Les bestiaux destinés à servir de nourriture devront être tués la veille du sabbat (1) et non point durant ce jour ; — et les préparations principales pour la nourriture devront aussi être faites la veille du sabbat et non pas durant ce jour ; — c'est là une mauvaise chose. — Observez bien, *hommes de* Tahiti et Moorea, de ne point allumer de feu, pour la préparation des aliments, durant le jour du sabbat, — excepté pour quelques légers aliments cuits à l'eau, ou quelque peu de nourriture pour les malades et pour ceux qui sont accoutumés à faire usage d'eau chaude comme aliment, mais pas davantage. — Ceux qui persévèreront dans l'accomplissement de travaux considérables durant le jour du sabbat, seront jugés et condamnés à un travail de 50 brasses.

Art. 11. Tous les étrangers venant des différentes terres pour s'établir à Tahiti, dans le but d'y vendre des marchandises, paieront un droit (2). — Ce droit sera de 30 dollars : — 20 dollars pour la reine et

---

(1) *Mahana maa*, jour de nourriture. — Les indiens disposent le samedi leurs provisions et préparent leurs aliments pour le lendemain, afin de n'accomplir aucun travail pendant le jour du sabbat. — La veille de ce jour a pris le nom de *mahana maa*.

(2) *Hopoi i te ó*, apporteront le *ó*, présent fait par ceux qui arrivent sur une terre différente de la leur.

10 pour le gouverneur. — Cet argent ne devra pas être exigé des ouvriers ou autres personnes travaillant à bord des navires qui séjournent à terre durant quelques jours et retournent de nouveau sur quelque bâtiment; *on le réclamera* seulement aux personnes établies à terre ayant des marchandises à vendre.

XXIX.

SUR LES NAVIRES QUI APPORTENT DES MALADIES CONTAGIEUSES OU ÉPIDÉMIQUES (1).

Loi concernant les navires qui apportent de dangereuses maladies susceptibles de se répandre promptement sur tous les hommes.

Art. 1er. Lorsque le pilote se rendra au large, vers un navire, il interrogera le capitaine en ces termes : «Y a-t-il une maladie contagieuse à bord du navire?» et si le capitaine répond affirmativement, le pilote ne se pressera point de monter à bord; — il dira au capitaine de conduire ailleurs son bâtiment; si celui-ci ne l'écoute point et s'obstine à venir mouiller à Tahiti, le pilote lui enjoindra de se rendre à Haapape et de mouiller au milieu de *la baie*, de manière à n'être point proche de la côte.

Art. 2. Lorsqu'un navire ayant à bord quelque maladie pernicieuse aura atteint le lieu du mouillage indiqué dans cette loi, — on le fera savoir au consul de la terre d'où vient ce navire apportant le mal. — Il cherchera, conjointement avec les officiers publics de cette terre, les moyens convenables pour empêcher que cette dangereuse maladie ne gagne le pays.

Art. 3. Si l'on apprend qu'il n'y a plus de maladie à bord du bâtiment mouillé à distance, le mal réellement existant antérieurement ayant cessé, on ne se hâtera pas de lui permettre d'entrer dans le port. — Lorsque quarante jours se seront écoulés et qu'il ne se sera reproduit aucun *symptôme de* maladie, ce sera suffisant : — on permettra à ce navire l'entrée du port. — Les hommes du bord prendront soin de bien nettoyer leur navire et d'y faire des fumigations, afin qu'il soit bien parfumé et *que les mauvaises émanations aient disparu* avant son entrée dans le port.

Pendant le séjour du navire à Haapape, les hommes de la côte ne devront point aller à bord; — celui qui aura véritablement la qualité de médecin pourra seul s'y rendre s'il est demandé. — On mouillera quelques provisions et de l'eau dans un récipient flottant désigné à cet effet, et les hommes du navire viendront les chercher pour les transporter à bord. — S'ils ne désirent ni provisions ni eau venues de terre, — ce sera là une très-bonne chose.

Art. 4. Si une maladie contagieuse, de même nature que la petite vérole, s'élève sur cette terre, les chefs (hui raatira) feront leurs efforts pour empêcher qu'elle ne se répande; on établira des maisons dans lesquelles les personnes atteintes de ce mal contagieux devront être déposées; on ne les laissera pas dans les autres maisons. — On ne devra

---

(1) *Maue,* signifie voler, se communiquer rapidement.

pas les maltraiter, — ni les porter aux endroits où les *autres* hommes seront réunis. — Que tous les hommes ne les approchent point ; — qu'ils se tiennent à distance. — Ceux qui les soigneront devront s'acquitter avec zèle de ces fonctions. — Si des individus réellement atteints d'une maladie contagieuse s'obstinent à se rendre en public, les officiers de police les renfermeront afin qu'ils n'aillent point répandre leur mal. — Et ceux qui porteront des individus atteints de ce mal, au milieu de personnes en bonne santé, de manière à faire naître le mal parmi ces personnes, ceux-là seront coupables d'après la présente loi : — ils seront jugés et condamnés ; — on les réprimandera pour la première fois, et s'ils écoutent les observations qui leur seront faites et cessent d'agir ainsi, cela n'aura point de suite, mais s'ils n'en tiennent aucun compte et continuent à porter *des personnes malades parmi celles qui ne le sont pas*, on leur imposera un travail de 100 brasses de route. — On fera rentrer les malades au lieu désigné. — Et si ces malades guérissent, — lorsqu'un mois et quelques jours se seront écoulés depuis leur guérison, ils iront librement étant tout-à-fait guéris.

XXX.

CONCERNANT CEUX QUI N'EXÉCUTERONT POINT LES PEINES QUI LEUR AURONT ÉTÉ INFLIGÉES.

Tous les districts établiront des ceps pour y retenir les personnes qui, après avoir été jugées, n'accompliront point leur peine ou ne paieront point leur amende.

ART. 1er. Lorsqu'une personne aura été jugée suivant ces lois, pour un crime ou délit quelconque, et qu'une peine lui aura été infligée, — si elle n'accomplit pas cette peine ou ne paie pas son amende, et ne se rend pas au lieu où le juge lui aura prescrit d'aller, — cette personne sera coupable ; les officiers publics la saisiront et la mettront aux ceps où on la laissera ; — ses parents la nourriront.

ART. 2. Lorsque l'individu, ainsi retenu aux ceps, dira : « Je vais aller accomplir la peine qui m'a été imposée, » — on le mettra en liberté. — Si cet individu s'en va demeurer dans l'oisiveté et n'accomplit point sa peine, — on l'enfermera de nouveau aux ceps, — et s'il dit encore : « Je vais aller exécuter *ma peine*, et je ne serai point paresseux cette seconde fois, » — on le remettra encore en liberté. — Qu'il ne trompe point en ce cas, car sa peine serait très-forte ; — s'il n'accomplit point alors sa peine, on lui imposera une tâche de travail ou une amende nouvelle pour avoir trompé les magistrats, et il sera de nouveau enfermé aux ceps.

ART. 3. Lorsqu'un district aura établi des ceps pour servir à la détention de ceux qui n'accompliront pas les peines à eux imposées par le juge, — les officiers publics devront saisir et y enfermer ceux qui seront restés, une ou deux semaines, oisifs sans songer à l'accomplissement de leur peine ; — ces hommes se seront rendus coupables. — Quelques-uns des imiroa seront nommés gardiens de ces ceps, établis par eux et destinés à détenir les personnes coupables. — Il sera convenable d'établir un toit au-dessus, — et tous les officiers publics devront veiller sur ces ceps. — Ils se diviseront en deux parties : — les uns en seront les gardiens pendant deux semaines et seront après cela remplacés par d'autres, afin que ces prescriptions ne deviennent point comme une chose sans valeur ou comme une simple parole des lèvres, *non suivie d'exécution*. — Que les coupables accomplissent leurs peines avec soin et de telle façon qu'elles soient bien achevées ; — telle est la chose convenable.

XXXI.

CONCERNANT L'ASSEMBLÉE DES LÉGISLATEURS.

Art. 1er. Lorsque s'approchera le mois appelé *Mars*, les districts choisiront leurs délégués pour réviser les lois, et les enverront chaque année à Tarahoi pour qu'ils y procèdent à la révision ou à l'établissement des lois. — Il y aura une assemblée par an. — Les législateurs se réuniront le premier jour de mars, — et s'ils ne leur convient pas d'ouvrir l'assemblée pour la révision des lois pendant le mois de mars, on en remettra l'ouverture à un autre mois. — Tous les législateurs, délégués par les différents districts, devront avoir soin de ne point manquer à ces assemblées.

Art. 2. *Sur les devoirs des Législateurs dans leurs assemblées.* — Si quelque délit vient à se produire et qu'il n'y ait aucune loi concernant ce délit, les législateurs établiront une loi nouvelle et les peines convenables pour le réprimer, — et si l'on reconnaît quelques parties mauvaises dans les lois établies, les législateurs rédigeront de nouveau ces lois en en retirant les parties mauvaises ; — et les lois entièrement défectueuses devront être abrogées et tout-à-fait retirées du *Code*. — *Ce pouvoir appartient seulement aux législateurs ;* personne autre ne pourra détruire et abroger une loi qui aura été établie. — Si la reine ou toute autre personne puissante abolit une loi, ce sera là une véritable violation de la loi.

Art. 3 Les districts devront envoyer, pour réviser et faire les lois, des hommes d'une parole droite et fidèles observateurs de la justice dans l'accomplissement de leurs fonctions législatives. — Que les personnes d'un caractère frivole ne se rendent pas à ces assemblées. — Ceux qui devront y venir, sont les gouverneurs et les délégués choisis, au nombre de deux ou trois ; — qu'il n'y en ait pas davantage : c'est une mauvaise chose que le grand nombre en cette circonstance. — Et, lorsque trois assemblées de mars auront eu lieu, on choisira de nouveau d'autres législateurs parmi les hommes d'une parole juste ; — les législateurs anciens resteront en repos, leur temps étant achevé.

Art. 4. Et, lorsque le jour de l'assemblée sera arrivé, on devra nommer un *Auvaha* (1). — Il est convenable que ce soit un missionnaire de la parole véritable de l'Évangile qui soit choisi pour remplir ces fonctions. — *L'Auvaha* écrira les noms des districts, ceux des gouverneurs, et ceux des législateurs au-dessous de leurs gouverneurs, — toutes personnes désignées pour accomplir ce travail *de la révision des*

---

(1) Orateur et secrétaire.

lois. — Les *hui raatira-*(petits chefs et propriétaires) s'accorderont chez eux sur les paroles qu'ils ont à proposer et les remettront à leurs délégués pour qu'elles soient portées à l'Assemblée. — Et, lorsque les législateurs seront réunis, ils ne devront jamais s'attacher à faire prévaloir leur propre désir, comme des personnes obstinées. — Ils feront connaître leurs paroles à l'*Auvaha,* afin qu'il les arrange ; — et, d'après le consentement de la majorité, constaté par mains levées, les propositions seront admises en qualité de lois.

Art. 5. Les lois qui auront été formulées par les législateurs et approuvées par la reine deviendront lois (obligatoires) lorsque la reine les aura signées. — Que la reine ne se montre pas étonnée, à propos des lois qui auront été rédigées par les législateurs ; — c'est avant l'assemblée que la reine devra faire connaître, par l'organe de son orateur, les modifications qu'elle désire. — Et la reine ne pourra renverser en dessous la face de ses lois, — et les lois établies ne pourront être brisées ; — elles auront toute leur force. — La reine doit aujourd'hui suivre le Code établi.

Art. 6. L'approbation de la reine sera nécessaire pour les lois nouvelles, afin qu'elles aient force de loi. — Les lois, formulées depuis longtemps et mises en vigueur, ne sont point de nouvelles lois pour lesquelles il soit nécessaire d'attendre la signature de la reine : — la puissance de ces lois n'a pas été annulée, si elles ont été violées. — Que tous les hommes se rappellent bien que les législateurs seuls ont le droit d'abroger les lois, et qu'eux seuls également ont le pouvoir d'en établir de nouvelles. — Les lois établies sont une chose puissante qui ne peut être foulée aux pieds par tous les hommes. — La reine, et les personnes puissantes, et tous les hommes devront observer avec soin les lois, afin que la demeure soit bonne sur cette terre. — Les lois justes viennent de Dieu ; — ces lois sont établies pour l'extinction du mal et la production du bien.

XXXII.

DÉSIGNANT LES FONCTIONNAIRES PUBLICS RECONNUS DANS CES LOIS, AU-DESSOUS DE LA REINE POMARE.

Noms des Sept Grands-Juges.

POUR TAHITI :

Localités.	*Noms.*
Pare et Arue	Temaehuetea.
Aharoa	Paofai.
Te Oropaa et Te Fana	Utami.
Teva i uta	Tati.
Teva i tai	Tavini.

POUR MOOREA :

Localités.	*Noms.*
Io i raro	Mahine.
Io i nia	Tepâu.

Les noms des juges de district et des imiroa ne peuvent être imprimés ici, à cause des époques de décès, de destitution et de nomination ; les noms de ces officiers publics seront écrits au livre de chaque district.

Toutes les petites terres éloignées, comprises dans ce gouvernement, comme Meetia, Anaa, Auura, Maatea, et tous les lieux qui reconnaissent l'autorité de la reine Pomare, écriront également, dans leurs registres de district, les noms de leurs officiers publics. — On règlera les amendes à imposer aux personnes coupables, en ces différents lieux, suivant la nature des objets produits par le pays ; — de même que les redevances annuelles qui seront payées à la reine, aux gouverneurs et aux iatoai.

QUELQUES ÉCLAIRCISSEMENTS SUR CERTAINES LOIS.

IIe LOI. — *Art.* 2.

On ajoutera ce paragraphe : — Si plusieurs personnes se réunissent pour acheter en commun une seule bouteille de *spiritueux*, chacune d'elles sera condamnée à 50 dollars d'amende, à cause de cette unique bouteille pour l'achat de laquelle elles se seront réunies.

XIXe LOI.

On ajoutera à la fin, comme article 11, le suivant : — Si quelque objet tombe sur la route ou si un objet quelconque, ayant été perdu, est trouvé par quelqu'un, — celui qui l'aura trouvé ne devra point cacher cet objet ; — il devra le montrer ; — et lorsqu'il en aura découvert le propriétaire, il devra lui rendre sa propriété. — La personne à laquelle cet objet appartiendra devra donner quelque légère valeur à celui qui l'aura trouvé. — Que l'on n'exige point, en pareil cas, une récompense considérable. — Celui qui aura trouvé des objets perdus, et, en connaissant le propriétaire, les aura cachés, aura commis une faute pareille à un vol. — Celui qui reçoit et cache un objet volé, sachant que cet objet a été volé, — est également un voleur lui-même.

XXVIIIe LOI.

On ajoutera à la fin, comme article 12, le suivant : — Ceux qui vendront des denrées ou marchandises quelconques, le jour du sabbat, seront jugés et condamnés à 100 brasses de travail. — Les objets ainsi mis en vente, pendant ce jour, seront saisis et portés à la reine et au gouverneur. — C'est une grande faute que de ne point observer le jour du sabbat.

XXXIIIe LOI.

Sur ceux qui excitent à la guerre. — On suivra la IIIe loi, imprimée en 1838, concernant ce crime, s'il vient à être produit ; la nature de cette loi convient.

On devra observer également les parties des lois anciennes qui ne sont point comprises dans ce Code nouveau.

Salut à tout Tahiti. — Encouragez-vous dans les bonnes paroles; salut à vous. — Ceci est la salutation que vous adresse à tous celui qui a imprimé ce *Livre de Lois*, celui que vous avez nommé *Auvaha*, et voilà que notre travail est achevé. — Suivez avec zèle et gardez avec soin ces présentes lois.

Amen.

Signé : POMARE, *Reine.*

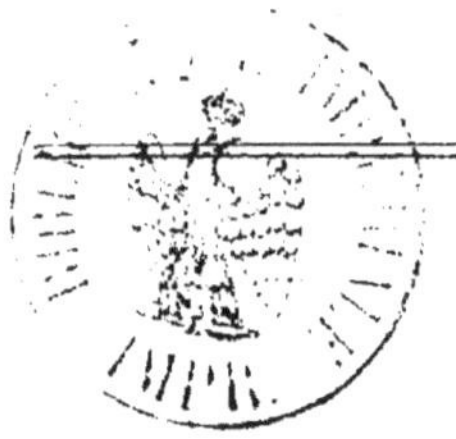

Certifié conforme :

L'Ordonnateur,

T. NESTY.

PAPEETE, le 30 avril 1864 (*).

(*) Cette date est celle de la réception de la RÉÉDITION DES ARRÊTÉS aux Archives.

PAPEETE. — IMPRIMERIE DU GOUVERNEMENT.

APPENDICE A LA RÉÉDITION DES ARRÊTÉS DU GOUVERNEUR.

DOCUMENTS OFFICIELS

SUR

L'ÉTABLISSEMENT DU PROTECTORAT FRANÇAIS EN OCÉANIE.

Sollicitation du Protectorat par la Reine et les chefs, à M. l'Amiral du Petit-Thouars.

TAÏTI, le 9 septembre 1842.

Parce que nous ne pouvons continuer à gouverner par nous-mêmes, dans le présent état de choses, de manière à conserver la bonne harmonie avec les gouvernements étrangers, sans nous exposer à perdre nos îles, notre liberté et notre autorité, nous, les soussignés, la Reine et les grands-chefs de Taïti, nous écrivons les présentes pour solliciter le roi des Français de nous prendre sous sa protection, aux conditions suivantes :

1° La souveraineté de la Reine et son autorité et l'autorité des principaux chefs sur leurs peuples sont garanties ;

2° Tous les règlements et lois seront faits au nom de la Reine Pomare, et signés par elle ;

3° La possession des terres de la Reine et du peuple leur sera garantie. Ces terres leur resteront. Toutes les disputes, relativement au droit de propriété ou des propriétaires des terres, seront de la juridiction spéciale des tribunaux du pays ;

4° Chacun sera libre dans l'exercice de son culte ou de sa religion ;

5° Les églises existant actuellement continueront d'être, et les missionnaires anglais continueront leurs fonctions sans être molestés ; il en sera de même pour tout autre culte : personne ne pourra être molesté ni contrarié dans sa croyance.

A ces conditions, la Reine Pomare et ses grands-chefs demandent la protection du Roi des Français, laissant entre ses mains ou aux soins du gouvernement français, ou à la personne nommée par lui et avec l'approbation de la Reine Pomare, la direction de toutes les affaires avec les gouvernements étrangers, de même que tout ce qui concerne les résidants étrangers, les réglements du port, etc., etc., et de prendre telle mesure qu'il pourra juger utile pour la conservation de la bonne harmonie et de la paix.   Signé : POMARE.

Paraita, Régent ; Utami, Hitoti, Tati.

Je, soussigné, déclare que le présent document est une traduction fidèle du document signé par la Reine Pomare et les chefs.

Signé : Arii Taimai, envoyé de la Reine.

Acceptation provisoire du Protectorat par l'Amiral du Petit-Thouars.

Rade de Papeete, le 9 septembre 1842.

Madame et Messieurs,

J'accepte, au nom du Roi, et sauf ratification, la proposition que vous me faites de placer les États et le gouvernement de la Reine Pomare sous la protection de S. M. Louis-Philippe, Roi des Français, aux conditions suivantes, savoir :

1º Que la souveraineté de la Reine, son autorité et celle des principaux chefs, sur le peuple, seront garanties ;

2º Que toutes les lois et les réglements seront faits au nom de la Reine Pomare, et signés par elle ;

3º Que la possession des terres de la Reine et du peuple leur sera garantie. Elles ne pourront être enlevées sans leur consentement, soit par acquêts ou échanges. Toutes les contestations relatives au droit de propriété des terres seront du ressort de la juridiction spéciale des tribunaux du pays ;

4º Que chacun sera libre dans l'exercice de son culte ou de sa religion ;

5º Que les églises établies en ce moment continueront d'exister, et les missionnaires anglais continueront leurs fonctions sans être molestés ; il en sera de même pour tout autre culte ; personne ne pourra être molesté ou contrarié dans sa croyance ;

Enfin, que c'est à ces conditions que la Reine et les grands-chefs principaux demandent la protection du Roi des Français, abandonnent entre ses mains ou aux soins de son gouvernement, ou à la personne nommée par S. M. et agréée par la Reine Pomare, la direction de toutes les affaires avec les gouvernements étrangers, de même que tout ce qui concerne les résidants étrangers, les réglements de port, etc., etc., et de prendre telle autre mesure qu'il pourra juger utile pour la conservation de la bonne harmonie et de la paix.

Je suis, avec un profond respect,
Madame et Messieurs,
Votre très-obéissant serviteur,

Le Contre-Amiral, commandant en chef la station navale de France dans l'Océan Pacifique,

Signé : A. du PETIT-THOUARS.

Proclamation du 9 septembre 1842, au nom de S. M. la Reine Pomare.

Sa Majesté la Reine Pomare, d'une part, et le contre-amiral Abel du Petit-Thouars, Commandeur de la Légion d'honneur et Commandant en chef la station de l'Océan Pacifique, de l'autre ;

Prenant en considération les stipulations sur lesquelles est fondée la protection de S. M. Louis-Philippe, provisoirement accordée sous la réserve de la sanction du Roi ;

Vu l'impossibilité de prendre immédiatement les ordres de S. M. le Roi des Français ;

Attendu, d'ailleurs, l'absence totale de lois et de règlements qui puissent servir de base à la société ;

Se trouvant dans la nécessité de fonder à Taïti un gouvernement provisoire en ce qui concerne les blancs et les relations extérieures, et garantir la sûreté individuelle, les propriétés et l'ordre public ;

La Reine Pomare et le contre-amiral du Petit-Thouars,

ARRÊTENT :

1° Qu'un conseil de gouvernement sera établi à Papeete, capitale de Taïti ; ce conseil est investi, conformément aux conditions du Protectorat, du pouvoir administratif et exécutif et des relations extérieures des États de la Reine Pomare ;

2° Le conseil du gouvernement est composé de trois membres, à savoir :

> Le Consul de France, Commissaire du Roi près le gouvernement de S. M. la Reine Pomare ;
> Le Gouverneur militaire de Papeete ;
> Le Capitaine de port de Papeete.

Les arrêtés du conseil de gouvernement ne pourront être pris qu'après délibération en conseil, et ne seront exécutifs que lorsqu'ils seront prononcés à l'unanimité.

Hors du conseil, chacun des membres ne conservera que le pouvoir de la spécialité dont il est chargé ; le conseil ne pourra s'assembler que lorsqu'il sera convoqué par le Consul de France, Commissaire du Roi, ou par le Gouverneur militaire de Papeete.

Toute décision qui ne réunira pas l'universalité des suffrages, sera nulle dans son effet et sera renvoyée à la décision du gouvernement du Roi.

Des procès-verbaux de toutes les délibérations du conseil, quel que soit d'ailleurs leur résultat, seront dressés et enregistrés sur des registres timbrés à ce destinés.

Deux exemplaires de copies conformes des procès-verbaux, signés par tous les membres du conseil, seront, dans les 24 heures qui suivront la séance, déposés en chancellerie du consulat de France, l'un pour être envoyé à Monsieur le Ministre de la Marine, l'autre pour faire partie des archives du consulat et être communiqué, au besoin, aux ayants-droit ou aux consuls étrangers.

En cas d'appel d'un jugement au conseil du gouvernement, le conseil devra s'adjoindre, comme assesseurs, les consuls des nations intéressées, ou si l'affaire est mixte, c'est-à-dire entre un blanc et un indigène, le consul de la nation intéressée, d'une part, et le gouverneur du district, de l'autre ; dans ce cas, le jugement pourra être rendu à la majorité des voix.

Il n'y aura d'appel du jugement du conseil du gouvernement du Roi qu'en matière criminelle ; le conseil du gouvernement, dans aucun cas, ne pourra prononcer la peine de mort ; les affaires de cette gravité seront renvoyées à la décision du gouvernement du Roi.

Tout appel d'un jugement rendu sur des affaires entre les indigènes sera rejeté par le conseil du gouvernement, à moins qu'il ne lui soit déféré en vertu d'une demande par écrit de la Reine Pomare, qui, dans tous les cas, et selon les conditions du Protectorat, s'est réservée l'administration et la juridiction entière sur les naturels.

La justice civile sera exercée à Taïti :

1° Par des tribunaux entièrement composés d'indigènes nommés par la Reine, pour les affaires entre les naturels, selon la coutume établie;

2° Par les mêmes tribunaux auxquels seront adjoints, en nombre égal aux jurés indigènes, pour la formation des tribunaux mixtes, des jurés blancs nommés par le conseil du gouvernement, qui les choisira sur des listes triples de candidats présentés en nombre égal par chacun des consuls étrangers, pour les affaires entre les blancs et les indigènes.

Enfin, les blancs déféreront leurs affaires aux tribunaux du pays, mais dans ce cas, tous les jurés seront nommés par le conseil du gouvernement, comme il a été dit ci-dessus pour les jurés du tribunal mixte.

Les consuls étrangers conserveront, jusqu'à ce que le gouvernement français et leurs gouvernements soient informés, leur juridiction sur leurs nationaux.

Ils pourront procéder eux-mêmes, pour les concilier, soit par voie de persuasion, soit par voie d'arbitrage, ou en appeler au tribunal à la formation duquel ils concourront en nommant les candidats de leur nation parmi lesquels les jurés devront être pris en nombre proportionnel à celui des nations représentées à Taïti.

Des jugements du tribunal, ils pourront encore en appeler au jugement du conseil du gouvernement auquel ils seront, de droit, adjoints comme assesseurs ; enfin, ils pourront même en appeler, du jugement du tribunal, directement au gouvernement du Roi.

Tous les jugements seront rendus d'après les lois du pays déjà promulguées.

Les indigènes et les blancs seront égaux devant la loi.

La liberté des cultes est proclamée; le gouvernement leur accordera une égale protection. Nul ne pourra être recherché pour ses opinions religieuses ni contraint dans l'exercice de son culte.

La liberté individuelle est garantie ; il ne pourra y être porté atteinte que sur un ordre écrit et motivé du conseil après délibération et sur une décision prise à l'unanimité.

Toutes les propriétés, indistinctement, sont garanties ; les contestations qui pourront s'élever à ce sujet, conformément aux réserves faites par la Reine, seront exclusivement du ressort des tribunaux indigènes ; nul ne pourra être contraint de vendre ou d'échanger sa propriété.

Tout blanc résidant à Papeete devra être pourvu d'un certificat de nationalité ou reconnu par le consul de sa nation, ou encore, pris sous la protection d'un de ceux qui sont accrédités ; à défaut de cette garantie, il pourra être considéré comme vagabond et comme tel obligé à quitter le pays. Toutefois, ce jugement ne pourra être rendu qu'après délibération du conseil du gouvernement et à l'unanimité des voix.

Toute personne qui voudra faire le commerce au détail sera tenue de prendre une patente ; elles seront, jusqu'à décision du gouvernement, délivrées gratis par les soins du conseil de gouvernement et enregistrées sur un contrôle particulier destiné à cet usage ; les patentes devront être signées par les trois membres du gouvernement.

L'interdiction sur la vente des liqueurs spiritueuses, prononcée par les lois de la reine Pomare, est maintenue.

La vente des vins, bières ou autres boissons non alcoolisées ne pouvant être assimilée à celle des liqueurs spiritueuses, continuera provisoirement à être autorisée.

Le domicile des particuliers est inviolable ; il ne pourra y être porté atteinte qu'autant qu'ils tiendront des maisons publiques, tels qu'hôtels, auberges, cabarets, guinguettes ou billards ; toutefois, on ne pourra visiter ces lieux publics que sur un ordre du conseil ou seulement du gouverneur militaire.

Les maisons de jeux sont interdites ; toute infraction à cette disposition sera sévèrement punie, et en cas de récidive, la personne qui s'en sera rendue coupable sera obligée à quitter le pays.

Tout blanc qui interviendra dans les affaires entre le gouvernement de la reine Pomare et celui du Roi, provisoirement établi, ou qui, par ses clameurs, ses menées, ses calomnies ou ses actions, cherchera à troubler l'ordre public et la bonne harmonie qui tendent à s'établir, pourra, sur un arrêté pris en conseil et à l'unanimité des voix, être forcé à quitter le pays.

Les capitaines des bâtiments qui entreront au port de Papeete seront tenus de faire la déclaration du motif de leur relâche au bureau du capitaine de port, et de prévenir du jour de leur départ en justifiant de l'acquit des droits de pilotage et d'ancrage fixés par la reine Pomare : ces droits resteront les mêmes jusqu'à décision du Roi sur l'acceptation du Protectorat.

Toutes les fois que la force publique sera nécessaire pour faire mettre à exécution les arrêtés du conseil du gouvernement, le gouverneur indigène de Papeete, nommé par la reine Pomare, devra, à la demande écrite du conseil du gouvernement, prêter main-forte s'il en est requis.

Fait à Papeete, le 9 septembre 1842.

Le Contre-Amiral commandant la station de France dans l'Océan Pacifique,

Signé : A. du Petit Thouars.

Le Gouverneur de Papeete, Régent,

Signé : Paraita.

La Reine,

Signé : POMARE.

Lettre de M. le C.-Amiral du Petit-Thouars, commandant en chef la station navale de France dans l'Océan Pacifique, du 9 septembre 1842, au Régent de Taïti.

PAPEETE, le 9 septembre 1842.

MONSIEUR LE RÉGENT,

En vertu du consentement que j'ai donné, sauf l'approbation du Roi, aux propositions de la Reine Pomare et des chefs, de mettre leurs États sous la protection du Roi des Français, et en exécution des clauses de la protection, j'ai l'honneur de prier Votre Excellence de faire connaître à la Reine Pomare que, dans l'impossibilité où je me trouve de prendre immédiatement les ordres du Roi, je nomme provisoirement, en attendant que S. M. puisse être informée, M. Moërenhout, aujourd'hui consul de France, Commissaire Royal auprès du gouvernement de S. M. Pomare, et que je la prie de me faire connaître son adhésion pour que la nomination de M. Moërenhout puisse être effective.

Toujours en exécution des conventions établies entre la France et Taïti, je vous prie de notifier, au nom de la Reine Pomare, à Messieurs les consuls des puissances étrangères, que la Reine et son gouvernement se sont placés sous la protection du gouvernement du Roi des Français, et que j'ai accueilli ce protectorat, sauf la ratification de S. M. Louis-Philippe, et, qu'en conséquence, ce sera au gouvernement français qu'appartiendra désormais la direction des relations étrangères, politiques et commerciales de ses États. Je demande également à votre Excellence que toutes les pièces relatives aux transactions qui viennent d'avoir lieu soient rendues publiques.

J'ai encore l'honneur de vous informer, Monsieur le Régent, que conformément aux usages établis entre les nations civilisées, un signe visible de la protection que vous avez réclamée est nécessaire pour nous mettre à même de l'exercer. En conséquence, j'ai décidé qu'en attendant les ordres du Roi, le pavillon français serait, en signe d'alliance, placé sous la forme d'un yacht dans le pavillon des îles de Taïti; je vous adresse ce pavillon ci-joint pour que vous preniez les mesures nécessaires pour le faire arborer sur le fort Motu Uta demain 11 de ce mois, à midi précis. Au même instant, il sera également hissé au mât de misaine de la frégate la *Reine Blanche*, qui fera un salut royal de 21 coups de canon.

Agréez, Monsieur le Régent, l'assurance de la haute considération avec laquelle je suis,

Le Contre-Amiral commandant en chef la station navale de France dans l'Océan Pacifique,

Signé : A. DU PETIT-THOUARS.

MODÈLE DU PAVILLON DU PROTECTORAT, JOINT A L'ACTE DU PROTECTORAT DE 1842.

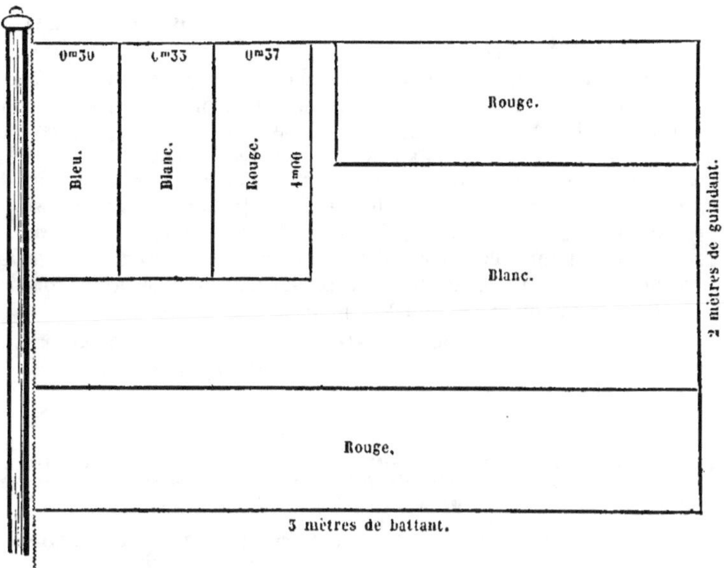

Le pavillon du Protectorat contient le yacht français dans le pavillon taïtien.
Le pavillon taïtien a le battant égal au guindant, plus la moitié.
Chaque bande rouge horizontale a, en guindant, la moitié de la bande blanche.
Le yacht français a pour guindant la moitié du guindant du pavillon taïtien.
Ce yacht est un pavillon de commandement : par conséquent, le battant du yacht est égal au guindant, plus un sixième.

Le bleu a 0m30 de battant;
Le blanc, 0m33 d°
Le rouge, 0m37 d°
Total, 1m00

La bande blanche qui sépare le yacht du pavillon taïtien a pour largeur un dixième du guindant du yacht.

Adhésion du grand-juge Paofai à la demande du Protectorat en date du 9 septembre 1842.

Taïti, le 19 septembre 1842.

Monsieur l'Amiral, je vous salue et vous félicite sur votre arrivée à Taïti. Voici ce que je veux vous dire. J'approuve beaucoup que le Roi des Français prenne Taïti sous sa protection. Je suis satisfait qu'on ait fait cette demande : je désire que vous me considériez comme si j'avais écrit mon nom au bas de cette demande. Si vous n'admettez pas cela, j'en serai contrarié.

Signé : Paofai, grand-juge.

Les résidants anglais de Taïti au C.-Amiral du Petit-Thouars.

Taïti, le 19 septembre 1842.

Monsieur,

Nous, soussignés, résidants anglais de Taïti, désirons vous remercier d'avoir accepté provisoirement la demande par laquelle la Reine Pomare a sollicité la protection de S. M. le Roi des Français, dans ce qui touche à ses relations extérieures avec les puissances étrangères, les rapports avec les résidants étrangers, et nous sommes heureux de voir mettre un terme aux désordres et aux abus qui ont régné jusqu'à présent dans le port; nous nous félicitons que vous ayez (*pro tempore*), comme vous l'annoncez par votre proclamation, rendu des lois et des règlements et donné des garanties capables d'assurer la protection des propriétés et l'administration de la justice.

Signé : R. Harton, W.-F.-A. Reford, etc.

(Suivent vingt-neuf signatures.)

Lettre de M. le C.-Amiral du Petit-Thouars, commandant en chef la station navale de France dans l'Océan Pacifique, à S. M. la Reine Pomare, à Eimeo (île Moorea).

Rade de Papeete, frégate *la Reine Blanche*,
le 19 septembre 1842.

Madame,

J'ai reçu la lettre que vous m'avez fait l'honneur de m'adresser en date du 18 de ce mois.

M. Moërenhout, Consul de France, Commissaire de S. M. le Roi des Français près de Votre Majesté, est chargé par moi de vous offrir l'expression de mon profond respect et de vous présenter M. Reine, lieutenant de vaisseau, que j'ai nommé membre d'un gouvernement provisoire que j'ai installé à Papeete pour diriger les affaires des étrangers et concourir, avec le Régent nommé par Votre Majesté, à la bonne harmonie entre les habitants, à leur sécurité personnelle, et garantir enfin les intérêts de chacun et la paix générale.

M. Moërenhout donnera à Votre Majesté tous les éclaircissements qu'elle paraît désirer sur les questions qui lui semblent avoir besoin d'être expliquées.

Conformément au vœu que vous m'exprimez, de ne rien hâter dans les changements qui deviendront utiles dans votre propre intérêt, je déclare à Votre Majesté que mon intention n'est pas d'en agir ainsi, mais bien de maintenir ce qui existe et peut lui paraître utile à conserver.

Les droits de pilotage et d'ancrage restent tels que Votre Majesté les a établis et lui appartiendront toujours. L'administration que la Reine Pomare nous a confiée ne lui sera préjudiciable en aucune manière; tout au contraire, Votre Majesté en retirera des avantages réels; déjà M. le Consul d'Amérique a rehissé son pavillon, et je ne doute pas que bientôt Elle ne reconnaisse qu'Elle a pris une mesure sage et très-utile à la prospérité de ses États.

Je regrette que Votre Majesté ne se soit point trouvée à Papeete pour lui rendre mes hommages en personne, et que ma santé ne me permette pas d'aller en canot jusqu'à Eimeo.

Je suis avec un profond respect, Madame.

Le Contre-Amiral commandant en chef la station navale de France dans l'Océan Pacifique,

Signé : A. du PETIT-THOUARS.

Lettre de S. M. la Reine Pomare à M. le Contre-Amiral du Petit-Thouars.

MOOREA, 21 septembre 1842.

MONSIEUR L'AMIRAL,

Salut.

J'ai reçu la lettre que vous m'avez adressée, datée du 19 de ce mois. Je suis charmée de cette lettre, parce que vous me montrez de la bienveillance et vous m'avez laissé l'administration intérieure du pays, ainsi que les lois et le gouvernement. Vous m'informez aussi que M. Reine est la personne nommée pour faire partie du gouvernement du Protectorat, ainsi qu'une autre personne chargée des affaires du port.

Je suis maintenant mieux instruite à l'égard de la proclamation, et plus satisfaite à cause des paroles de bonté et de paix que vous m'avez écrites. Je suis charmée que vous me dites que vous n'avez pas fait de nouvelles lois, mais avez conservé celles de notre ancien gouvernement.

Je suis également charmée de l'assurance que vous me donnez, qu'il ne peut résulter que du bien du Protectorat de la France, et apprends avec bien du plaisir que le pavillon américain a été hissé de nouveau à Taïti.

Quoique nous ne puissions nous voir à Taïti, je vous écris pour vous dire que je suis satisfaite.

Salut.

Signé : POMARE.

Voici une chose que je désire aussi vous dire : ne permettez pas le débit de vin à terre ; et puis, qu'il n'y ait pas de gouverneur de militaires : je n'aimerai point cela ; un capitaine de port m'est très-agréable.

Signé : POMARE.

Je certifie que la présente est une traduction fidèle de la lettre de la Reine Pomare adressée à M. le contre-amiral du Petit-Thouars, en date du 21 septembre 1842.

Le Consul de France, Commissaire du Roi près du gouvernement de la Reine Pomare.

Signé : L.-A. MŒRENHOUT.

Ratification de l'acceptation du Protectorat.

LOUIS-PHILIPPE, Roi des Français, à la Reine Pomare, Salut :

Illustre et excellente princesse, notre contre-amiral du Petit-Thouars, commandeur de la Légion d'honneur, et commandant en chef de nos forces navales dans l'Océan Pacifique, nous a rendu compte de la demande que, de concert avec les grands-chefs principaux de vos îles, vous avez faite de placer votre personne et vos terres, ainsi que la personne et les terres de tous les Taïtiens, sous le Protectorat de notre couronne, — offrant de nous remettre la direction des affaires extérieures de vos États, les réglements de ports et autres mesures propres à assurer la paix dans cet archipel. Notre cœur s'est ouvert à votre voix ; et puisque, d'accord avec les chefs de vos îles, vous ne pensez trouver repos et sûreté qu'à l'ombre de notre protection, nous voulons vous donner une preuve éclatante de notre royale bienveillance en acceptant votre offre. Nous conférons tout pouvoir au Gouverneur de nos Établissements dans l'Océanie, le capitaine de vaisseau Bruat, pour s'entendre avec vous et avec les grands-chefs. Il a toute notre confiance, écoutez-le. Conservez vos terres et votre autorité intérieure sur vos sujets ; et, sous la garde de notre sceptre ami, assurez leur bonheur par la sagesse et la bonne foi. De notre côté, nous chercherons, comme toujours, les occasions de vous donner, ainsi qu'à tous les habitants de vos îles, des gages de la sincère affection que nous vous portons.

Que la paix et la prospérité soient avec vous !

Donné en notre palais des Tuileries, le vingt-cinquième jour du mois de mars de l'an de grâce 1843.

(L. S.)　　Signé : LOUIS-PHILIPPE.

Contre-signé : Guizot,
Ministre et Secrétaire d'État au département des affaires étrangères de S. M. le Roi des Français.

Note d'avril 1864. — L'archipel des îles de la Société, que les Anglais appellent aussi îles Géorgiennes, se compose de 13 îles ou îlots. Les principales îles sont celles de Taïti et de Moorea. Elles sont, ainsi que les petites îles Tetiaroa et Meetia, placées sous notre Protectorat.

Une déclaration relative aux îles sous le vent de Taïti a reconnu l'Indépendance des îles Huahine, Raiatea et Borabora. Voici le texte de cette déclaration :

« Londres, le 19 juin 1847.

« Sa Majesté la Reine du Royaume-Uni de la Grande-Bretagne et d'Irlande, et S. M. le Roi des Français, désirant écarter une cause de discussion entre leurs gouvernements respectifs, au sujet des îles de l'Océan Pacifique désignées ci-après, ont cru devoir s'engager réciproquement :

« 1° A reconnaître formellement l'indépendance des îles de Huahine, Raiatea et Borabora (sous le vent de Taïti) et des petites îles adjacentes qui dépendent de celles-ci ;

« 2° A ne jamais prendre possession desdites îles, ou d'une ou plusieurs d'entre elles, soit absolument, soit à titre de Protectorat, ou sous aucune autre forme quelconque ;

« 3° A ne jamais reconnaître qu'un chef ou prince régnant à Taïti puisse en même temps régner sur une ou plusieurs autres îles susdites ; et réciproquement, qu'un chef ou prince régnant dans une ou plusieurs de ces dernières, puisse régner en même temps à Taïti ; l'indépendance réciproque des îles désignées ci-dessus, et de l'île de Taïti et dépendances, étant posée en principe.

« Les soussignés, principal secrétaire d'État pour les affaires étrangères de Sa Majesté Britannique, et le ministre plénipotentiaire de Sa Majesté le Roi des Français près la cour de Londres, munis des pouvoirs nécessaires, déclarent, en conséquence, par les présentes, que leurs dites Majestés prennent réciproquement cet engagement.

« En foi de quoi, les soussignés ont signé la présente déclaration et y ont fait apposer le sceau de leurs armes.

« Fait double à Londres, le 19 juin, l'an de grâce 1847.

« (L. S.) PALMERSTON.　　　　　(L. S.) JARNAC. »

DOCUMENTS SUR L'ADMINISTRATION DE LA JUSTICE AUX ILES MARQUISES.

[Extrait des *Annales Maritimes et Coloniales.*—Mai 1843.]

Rapport au Roi, contenant diverses propositions sur le mode d'administration de la justice aux îles Marquises, et sur certaines attributions spéciales à conférer au Gouverneur.

(Direction des colonies; bureau de législation et d'administration.)

PARIS, le 28 avril 1843.

SIRE, un des premiers besoins auxquels le gouverneur des îles Marquises aura à pourvoir sera celui d'assurer dans la colonie une bonne et prompte administration de la justice.

Je viens soumettre à Votre Majesté les vues que j'ai conçues relativement à cet important service.

La nature de notre occupation, que nous ne pouvons supposer devoir être constamment exempte de troubles et de tentatives hostiles; l'élément presque entièrement militaire de la population européenne qu'auront introduite dans le pays l'expédition actuelle et celle qui l'a précédée, tout indique que l'organisation de la justice doit y être essentiellement militaire, comme elle l'a été dans les premiers temps de notre occupation de l'Algérie.

L'effectif de nos troupes de terre et de mer, quoique restreint, permettra que deux conseils de guerre, composés chacun de sept membres, et un conseil de révision, composé de cinq membres, soient institués dans notre colonie pour l'action régulière de la justice, et que chacun d'eux puisse être présidé par un officier supérieur.

Par analogie avec ce qui a eu lieu en Algérie (voir les arrêtés du général Clauzel, du 15 octobre 1830, et du duc de Rovigo, du 16 août 1832), ces conseils seront destinés à juger :

Les crimes et délits qui seraient commis par les naturels contre la sûreté de la colonie ou contre les personnes et les propriétés des Français et des étrangers ;

Ceux qui seraient commis par tous individus français ou étrangers.

A l'égard des crimes et des délits commis par les indigènes entre eux, il conviendrait, comme cela a également eu lieu à Alger, de les laisser, au moins jusqu'à nouvel ordre, juger d'après les règles et usages du pays, sauf au gouverneur à intervenir comme modérateur, dans les cas où les peines seraient par leur caractère de nature à ne pouvoir être infligées en vue et, pour ainsi dire, sous la protection du pavillon français.

Tels seraient les rouages simples et faciles de la justice répressive ; ils seraient complétés par l'action d'un agent faisant fonctions d'officier de police judiciaire, lequel constaterait les crimes et délits, et mettrait l'autorité supérieure en mesure de saisir le conseil de guerre de l'instruction et de la connaissance du fait incriminé.

Quant aux procès civils, il est permis de penser que, dans les premiers temps, ils seront assez rares, à part les procés entre indigènes, qui continueront naturellement, et avec plus de raison encore en cette matière qu'en matière criminelle, d'être réglés suivant les usages locaux. Il faut cependant prévoir que des contestations naîtront, soit entre Français, soit entre nos compatriotes et les indigènes, avec qui ils ne tarderont pas à engager des transactions pécuniaires.

Ces cas seront-ils assez graves, assez multipliés pour exiger l'institution immédiate d'une juridiction civile ? Si la négative paraissait devoir être adoptée, il suffirait d'autoriser le gouverneur à exercer, en pareil cas, une juridiction en quelque sorte arbitrale, analogue à celle que nos consuls à l'étranger exercent à l'égard des Français en matière civile et contentieuse (1); mais mon opinion est contraire à ce système, qui, d'une part, pourrait avoir pour effet de détourner assez frequemment le gouverneur de la partie active de ses fonctions; qui, d'autre part, obligerait les parties contendantes habitant hors du chef-lieu à venir y paraître en justice; et enfin qui pourrait créer des difficultés de compétence, quand les parties seraient d'origine mixte.

Je pense qu'il serait, sous tous les rapports, préférable de constituer, et dans le chef-lieu et dans la seconde île, des tribunaux composés : 1° de l'officier commandant particulier de l'établissement, président ; 2° de deux officiers d'administration ou employés du gouvernement, qui seraient à cet effet désignés chaque année par le gouverneur et pourraient être maintenus.

Les appels seraient, au delà d'une certaine valeur (500 fr., par exemple), portés devant un tribunal supérieur ou conseil d'appel, composé du gouverneur, président, du chef du service administratif et du chirurgien en chef.

Les arrêts du conseil d'appel pourraient donner lieu à recours en cassation.

Cette combinaison ne serait pas nouvelle aux colonies, puisqu'aujourd'hui encore, dans deux de ces établissements, le tribunal de première instance (à Gorée) est présidé par le commandant particulier, et le conseil d'appel (à Saint-Pierre de Terre-Neuve) est présidé par le commandant de la colonie.

Des commis ou écrivains pourraient être désignés par le gouverneur pour remplir les fonctions du ministère public et du greffe.

Les tribunaux de première instance seraient chargés d'appliquer les lois civiles de la France, modifiées, au besoin, soit par des ordonnances royales, soit par des arrêtés du gouverneur, soit même par les usages locaux.

J'ai parlé plus haut de l'intervention éventuelle du gouverneur comme

______

(1) Les consuls ont des attributions judiciaires même en matière criminelle. Voici un extrait de la législation sur ce point :

« En règle générale, et sauf les exceptions, les consuls ont le droit de juger toutes contestations, de quelque nature qu'elles soient, entre Français commerçants, navigateurs et autres, dans l'étendue de leurs consulats. . . .

« Outre la juridiction civile, dont nous venons d'indiquer les principaux objets, les consuls sont également investis, à l'égard des nationaux, d'une juridiction criminelle ; mais cette juridiction n'est complète qu'en ce qui touche les délits et les contraventions. » (Voir Dictionnaire du contentieux commercial, de MM. de Villeneuve et Massé.)

pouvoir modérateur dans les condamnations en matière criminelle prononcées par les juges indigènes.

Il est entendu que les jugements des conseils de guerre ne seraient également mis à exécution, quand ils prononceraient des peines afflictives ou infamantes, qu'après avoir été soumis à l'approbation du chef de la colonie. Sans doute, le gouverneur ne pourrait, à l'égard de ces jugements, être investis du droit de grâce, qui est inhérent à la prérogative royale, et ne saurait être délégué ; mais, comme cela a lieu dans nos autres colonies, il pourrait, avec l'assistance d'un conseil d'administration, prononcer le sursis pour recourir en faveur du condamné à la clémence royale.

Outre cette faculté de sursis à attribuer au gouverneur, il est deux autres points qui touchent à l'exercice de son autorité et qu'il me paraît également important de régler : je veux parler des mesures de haute police, dans lesquelles je comprends ce qui concerne les pouvoirs extraordinaires et la faculté d'édicter des peines dans ses règlements.

Cette double attribution étant accordée à nos gouverneurs dans des colonies où les pouvoirs publics sont régulièrement et fortement organisés, il n'est pas douteux qu'il n'y ait lieu d'en investir le chef d'un établissement naissant, exposé à des dangers de plus d'un genre.

Le gouverneur des îles Marquises serait donc autorisé :

1º À l'égard des fonctionnaires et agents du gouvernement qui tiendraient une conduite contraire au bon ordre ou à nos intérêts politiques, à les suspendre de leurs fonctions avec privation de moitié de leur traitement, ou même, si la gravité du cas l'exigeait, à les renvoyer en France pour y rendre compte de leur conduite au ministre de la marine et des colonies ;

2º À l'égard de tous autres, à les mettre en surveillance dans un canton déterminé, ou même à les expulser de la colonie.

Si la mesure à adopter concernait un Français ou un étranger, le gouverneur prendrait l'avis préalable de son conseil, mais sans être tenu de s'y conformer (ainsi que cela a lieu à Bourbon, aux Antilles et au Sénégal).

Si elle concernait un indigène, l'intervention du conseil ne serait que facultative.

Le pouvoir de faire des actes législatifs a été restreint, en ce qui concerne les gouverneurs de nos anciennes colonies, à l'émission des *règlements d'administration et de police* (1) ; et ils ont reçu du Code d'instruction criminelle colonial l'autorisation d'établir, pour la sanction de ces sortes de règlements, des amendes jusqu'à 100 francs et un emprisonnement jusqu'à quinze jours. (En France, les règlements de police ne peuvent entraîner qu'un maximum de 15 francs d'amende et de cinq jours d'emprisonnement.)

De telles limites ne sauraient être imposées au gouverneur des îles Marquises, attendu qu'il pourra se trouver en présence de circonstances et d'événements qui rendraient les pénalités ci-dessus tout-à-fait insuffisantes pour la répression des délits qui seraient commis. Sans doute, le Code pénal de 1810 (modifié par la loi du 28 avril 1832)

---

(1) Article 11 de la loi organique du 24 avril 1833.

et le Code pénal militaire, dans lesquels la justice de notre établissement ira puiser, suivant les cas, les dispositions pénales de ces arrêts, sont conçus de manière à ne pas donner à craindre pour les circonstances ordinaires beaucoup de lacunes dans la prévision des méfaits à réprimer ; mais on peut prévoir que des cas nouveaux, et que n'atteindraient pas ces codes, se présenteront. Ainsi l'autorité pourra avoir à réprimer des tentatives de débarquement, notamment d'introduction d'armes et munitions de guerre. Je considère donc comme indispensable d'accorder au gouverneur le droit de faire, le conseil d'administration entendu, les arrêtés et règlements nécessaires non-seulement à la marche du service administratif, mais encore à l'intérêt du bon ordre et à la sûreté publique, et d'établir, pour la sanction de ces sortes d'actes, les peines pécuniaires et autres que lui paraîtront exiger l'urgence des circonstances ou la gravité des cas. Il est d'ailleurs exprimé que ce dernier pouvoir n'ira pas, si ce n'est en cas de guerre, jusqu'à la faculté d'établir des peines afflictives et infamantes.

Si Votre Majesté veut bien donner son assentiment aux vues et aux propositions que je viens d'avoir l'honneur de lui soumettre, je la prie de revêtir de sa signature le projet d'ordonnance ci-joint.

M. le garde des sceaux, à qui je l'ai communiqué, en a adopté les dispositions, sauf deux observations auxquelles mon département a eu égard.

Depuis la réponse de M. Martin (du Nord), il a été reconnu utile de soumettre à une dernière révision le travail ainsi modifié ; et ce soin a été confié à une commission spéciale, dont le rapport est entièrement favorable à l'ordonnance préparée (1).

Cette ordonnance a été réduite à un petit nombre d'articles concernant les principales questions à résoudre : les autres m'ont paru de nature à être décidées par les règlements et arrêtés du gouverneur, à mesure que les besoins de notre établissement se révèleront à lui.

M. le commandant Bruat sera d'ailleurs invité, quant aux points non compris dans l'ordonnance, à se conformer aussi exactement que possible aux indications qu'il pourra trouver dans les développements que contient le présent rapport, ainsi que dans les instructions générales qui lui seront remises par mon département au nom de Votre Majesté.

Je suis, etc.

Le Ministre Secrétaire d'État de la marine et des colonies,

Signé : Amiral ROUSSIN.

Ordonnance du Roi concernant l'administration de la justice aux îles Marquises, et les pouvoirs spéciaux du Gouverneur.

A Paris, le 28 avril 1843.

Louis-Philippe, Roi des Français ;

Attendu la nécessité d'assurer l'administration de la justice dans notre nouvelle possession des îles Marquises et d'investir le gouverneur de certains pouvoirs spéciaux ;

---

(1) Voir ce rapport ci-après, pages 246 et suivantes.

Sur le rapport de notre ministre secrétaire d'État de la marine et des colonies,

Nous avons ordonné et ordonnons ce qui suit :

Art. 1er. Les conseils de guerre connaîtront, aux îles Marquises :

1° Des délits et crimes commis par tous individus français et étrangers ;

2° Des délits et crimes commis par les habitants contre la sûreté de la colonie ou contre les personnes et les propriétés des Français et des étrangers ;

À l'égard des crimes et délits entre les habitants, ils continueront jusqu'à nouvel ordre, d'être jugés d'après les usages locaux, sauf au gouverneur à intervenir, quand il le jugera convenable, comme modérateur des peines prononcées.

Art. 2. Les peines prononcées par les conseils de guerre seront, à l'option du juge, soit celles qui résultent du Code pénal militaire et du Code pénal métropolitain de 1810, modifié par la loi du 28 avril 1832, soit celles qui seront établies par les arrêtés locaux prévus à l'article 7 ci-après.

Art. 3. En cas de condamnation, par les conseils de guerre, à une peine afflictive ou infamante, le gouverneur ordonnera l'exécution de l'arrêt, ou prononcera le sursis lorsqu'il y aura lieu de recourir à la clémence royale.

Art. 4. Pour le jugement des procès civils autres que ceux entre habitants, lesquels seront jugés d'après les usages locaux, il sera créé :

1° Dans le chef-lieu de la colonie, ainsi que dans l'établissement secondaire, deux tribunaux de première instance composés chacun du commandant particulier et de deux employés du Gouvernement, à la nomination du gouverneur ;

2° Au chef-lieu, un conseil d'appel composé du gouverneur, président, du chef du service administratif, et du chirurgien en chef.

Les tribunaux civils jugeront en premier et dernier ressort jusqu'à la valeur de cinq cents francs.

Le recours en cassation sera ouvert contre les arrêts du conseil d'appel.

Art. 5. Les tribunaux de première instance et le conseil d'appel appliqueront les lois civiles françaises, modifiées soit par des Ordonnances royales, soit par des arrêtés locaux, soit par les usages du pays.

Art. 6. Le gouverneur aura la faculté :

1° A l'égard des fonctionnaires et agents du gouvernement qui tiendraient une conduite contraire au bon ordre ou à nos intérêts politiques, de les suspendre de leurs fonctions avec privation de moitié de leur traitement, ou même, si la gravité du cas l'exigeait, de les renvoyer en France pour rendre compte de leur conduite à notre ministre de la marine et des colonies ;

2° A l'égard de tous autres, y compris les indigènes, de les mettre en surveillance dans une localité déterminée, ou même de les expulser de la colonie.

Art. 7. Le gouverneur est autorisé à faire tous règlements et arrêtés nécessaires à la marche du service administratif comme à l'intérêt du bon ordre et de la sûreté de la colonie, et à déterminer, pour la sanction de ses arrêtés, les pénalités que réclameraient l'urgence et la gravité des circonstances.

Il ne pourra, toutefois, si ce n'est en cas de guerre, établir des peines afflictives et infamantes.

Dans les cas prévu par le premier alinéa du présent article, par l'article 3 et par l'article 6, en tant qu'il s'appliquera à des Français ou à des étrangers, le gouverneur prendra, mais sans être tenu de s'y conformer, l'avis d'un conseil d'administration dont la composition sera réglée ultérieurement.

Art. 8. Notre ministre de la marine et des colonies est chargé de l'exécution de la présente Ordonnance.

Signé : LOUIS-PHILIPPE.

Par le Roi :

Le Ministre secrétaire d'État de la marine et des colonies,
Signé : Amiral Roussin.

Rapport fait au Ministre de la marine et des colonies par une commission spéciale, chargée de la révision du projet d'Ordonnance concernant l'administration des îles Marquises.

Paris, le 20 avril 1843.

Monsieur l'Amiral, vous m'avez fait l'honneur de me charger de présider une commission spéciale, formée pour l'examen d'un projet d'Ordonnance préparé par votre département, à l'effet d'organiser le mode d'administration de la justice civile et criminelle aux îles Marquises.

Cette commission était en outre composée de MM. Galos, maître des requêtes, directeur des colonies, et Guillois, capitaine de vaisseau.

Elle s'est réunie à votre ministère.

Elle a été d'accord pour approuver les principes sur lesquels repose le projet d'Ordonnance qui lui a été remis.

Il y avait à s'occuper de régler les juridictions qui réprimeraient les crimes, les délits, et celles qui décideraient les questions relatives aux intérêts civils.

Enfin il fallait donner au gouverneur de ces possessions nouvelles les pouvoirs nécessaires pour y maintenir l'ordre, le respect de l'autorité, et pour les garantir des attaques sourdes ou ouvertes d'ennemis étrangers, dans le cas où une guerre éclaterait ou se préparerait.

La juridiction criminelle a été confiée, quant aux Français et aux étrangers, aux conseils de guerre : c'est en effet le seul tribunal qui pouvait s'établir. Il était impossible d'envoyer des magistrats aux îles Marquises ; le personnel convenable aurait manqué. En outre, il n'y a là aucune place pour des tribunaux organisés à l'imitation de la métropole. On ne peut concevoir leur existence légale qu'avec certaines formes et sous certaines conditions qui paralyseraient leur force et ralentiraient d'une manière fâcheuse l'action administrative et politique.

D'ailleurs, quels seront les justiciables aux îles Marquises ? D'abord les Français embarqués ; la plupart seront ou militaires ou attachés à l'armée. Quant à ceux qui ne lui appartiendront pas, d'abord ils seront peu nombreux et amenés ensuite par l'espoir de réaliser des spéculations.

Appartenant à une classe d'hommes hardis, déterminés, peu scrupuleux, il est nécessaire qu'ils soient vigoureusement contenus, et qu'ils ne soient pas protégés par les difficultés légales qu'accueillent toujours les tribunaux ordinaires.

Les étrangers forment la seconde classe des justiciables. Ceux-là ont besoin aussi d'être soumis à une surveillance, et il faut réprimer avec promptitude et sévérité les méfaits qu'ils pourraient commettre. Leur présence est, pour ainsi dire, un péril continuel, et d'ailleurs, en venant dans nos possessions, ils acceptent d'avance les juridictions qui punissent les délits.

Enfin une troisième classe de justiciables appartient aux conseils de guerre : ce seront les indigènes, et dans les cas seulement où ils auront attenté aux personnes ou aux propriétés des Français et des étrangers, ou bien à la sûreté de la colonie.

Il est bien évident que les indigènes se trouvent dans ces circonstances comme en état de guerre : la conséquence serait de laisser leur punition à l'arbitraire du gouverneur. Mais nous avons pensé qu'il était convenable de donner aux nouveaux sujets du Roi toutes les garanties qu'obtiennent dans ces possessions les Français et les étrangers.

Le même esprit de justice laisse aux indigènes, quand il s'agit de crimes ou délits commis entre eux, les juridictions actuellement existantes dans l'île, et conserve leurs pénalités. Il est convenable, en effet, de ne pas troubler, dans les pays que l'on conquiert, l'ordre des juridictions criminelles et la nature des peines : car on risque alors de blesser les notions du juste et de l'injuste, telles qu'elles sont comprises par les indigènes et que les ont formulées leurs lois, ce qui est toujours une cause d'irritation.

Mais cependant, comme notre conquête doit être civilisatrice et par conséquent généreuse, il était impossible de forcer le gouverneur, le représentant du Roi, à souffrir que des peines atroces fussent prononcées. Il est établi, par l'Ordonnance, modérateur des peines prononcées par les tribunaux indigènes, et cette faculté lui donnera le moyen de faire pénétrer au besoin, dans les populations, des idées de mansuétude et d'équité.

Les conseils de guerre sont constitués. Quelles lois appliqueront-ils? Ils se serviront d'abord des dispositions contenues dans le Code pénal de 1810, tel qu'il a été modifié par la loi du 28 avril 1832. Comme il s'agit, pour ainsi dire, de régler d'abord une colonie militaire, que la répression ne peut être arrêtée par la difficulté de qualifier les crimes et les délits, les conseils de guerre auront le droit d'appliquer le Code pénal militaire. Selon les circonstances, ils choisiront les peines les plus sévères ou les plus douces. Il fallait leur conférer ce pouvoir, sans lequel ils se seraient trouvés désarmés devant des faits que le Code pénal ordinaire ou ne prévoit pas ou ne punit que de peines qui, relativement, ne seraient pas assez sévères.

Il est bien entendu que tous les justiciables militaires ou civils seront régis par les deux Codes, et que, dès lors, les individus qui n'appartiendraient pas à l'armée, et qui seraient traduits devant les conseils de guerre, seront soumis aux pénalités militaires.

32

Mais la sévérité de la répression ne peut aller jusqu'à priver le Prince du droit qui lui appartient de faire grâce. Il faut que sa clémence se manifeste aussi bien que son autorité.

L'article 3 de l'ordonnance dispose qu'en cas de condamnation, par les conseils de guerre, à une peine afflictive et infamante, le gouverneur ordonnera l'exécution de l'arrêt ou prononcera le sursis, lorsqu'il y aura lieu de recourir à la clémence royale.

Ici la commission a été arrêtée un moment. Votre Excellence sait que le Roi s'est réservé le droit d'examiner toutes les affaires dans lesquelles la peine de mort est prononcée. Il veut qu'aucune tête ne tombe avant qu'il ait pesé lui-même, dans sa sagesse, les charges qui ont motivé la condamnation. Vous n'ignorez pas avec quelle prudence et quelle sagesse il décide. Fallait-il priver de ce bienfait ceux qui vivraient sous sa domination aux îles Marquises?

Nous avons pensé que les nécessités d'une occupation nouvelle et l'éloignement de la colonie rendaient impossible de recourir toujours, dans le cas de condamnation à mort, à la sagesse du Roi.

D'abord, en présence de périls qui peuvent surgir, les punitions ne sauraient être efficaces si elles ne sont rapides. Il faut que le gouverneur ait le droit de faire respecter, par les voies les plus sûres, l'autorité qu'il représente.

Ensuite, l'éloignement de la métropole rendrait toujours l'application de la peine de mort dérisoire, si elle ne pouvait être exécutée avant qu'on eût pris les ordres du Roi. Jamais, en effet, Sa Majesté ne pourrait se décider à faire procéder à l'exécution d'un homme qui languirait souvent plus d'un an avant de savoir son sort, et qui aurait déjà subi le plus grand des supplices, l'attente de la destruction.

Or, on ne saurait priver cette nouvelle possession d'un moyen de répression aussi puissant que l'application de la peine de mort.

Le gouverneur fera donc, quand il le jugera convenable, exécuter la peine capitale. On peut s'en remettre à son humanité et aux instructions que lui donnera Votre Excellence, pour être certain qu'il usera avec modération de ce droit, qui lui est donné dans l'intérêt d'une colonie naissante qu'il faut avant tout protéger.

Des intérêts appartenant à un autre ordre d'idées, existent déjà dans les îles Marquises. Les transactions sont rares, sans doute, mais elles existent, et il est des droits civils à protéger.

Mais, s'il a paru juste de laisser aux indigènes leurs lois pour la répression des crimes et délits commis entre eux, il a semblé encore plus convenable de les leur laisser lorsqu'il s'agit de débattre entre eux leurs intérêts purement civils.

Il est à croire que nos lois civiles, faites pour une société avancée et où se croisent tant de droits et d'obligations de diverses natures, ne conviendraient pas à un pays où les contrats doivent être simples et les droits civils très-restreints. Enfin, si les usages de ces peuples manquent de justice, il n'est point à craindre que l'iniquité se perpétue. Le voisinage de bonnes lois civiles a toujours eu pour résultat d'améliorer les populations, et de les contraindre à la justice.

Mais les transactions qui auront lieu entre les Français et les étrangers, entre les Français, les étrangers et les indigènes, doivent être protégées.

A cet effet, il est créé dans le chef-lieu de la colonie, ainsi que dans l'établissement secondaire, deux tribunaux de première instance ; au chef-lieu, un conseil d'appel.

Votre Excellence comprend qu'il était difficile d'en former le personnel.

Nous avons pensé qu'ils pourraient être composés des fonctionnaires qui, par leurs habitudes et le genre de leurs occupations, seraient plus propres à la décision des affaires.

Les deux tribunaux de première instance seront composés chacun du commandant particulier et de deux employés du gouvernement, à la nomination du gouverneur.

Le conseil d'appel sera composé du gouverneur, président ; du chef du service administratif et du chirurgien en chef.

Les tribunaux civils jugeront en premier et dernier ressort jusqu'à la valeur de *cinq cents francs*.

Nous avons cru qu'il n'était point nécessaire de priver, en matière civile, les justiciables du recours en cassation. Le pourvoi n'est pas suspensif ; il n'arrête pas l'expédition des affaires, et il garantit, néanmoins, des conséquences d'erreurs qui pourraient être commises par des hommes qui seront, sans doute, animés de l'amour de la justice, mais auxquels manqueront des connaissances spéciales.

Nous avons voulu, cependant, que le recours en cassation ne fût ouvert que contre les jugements du conseil d'appel, alors qu'il s'agira de procès d'une certaine importance.

Quelles seront les lois civiles qu'appliqueront les tribunaux ?

Il semble ici qu'on soit en présence d'inextricables difficultés. On se demande, d'abord, quelle procédure sera suivie ? On interroge nos Codes : que de difficultés dans leurs applications sur cette terre nouvelle, que de dispositions dangereuses ou inutiles !

Heureusement que l'expérience nous a guidés et rassurés. Dans les colonies naissantes, le bon sens militaire et administratif a toujours suffi aux premiers besoins de la justice. La force des choses indique la meilleure procédure à suivre ; elle montre aussi celles de nos lois qui peuvent être appliquées. Il n'y aura pas plus de difficultés à cet égard aux îles Marquises qu'il n'y en a eu à Saint-Pierre et Miquelon, au Sénégal et en Algérie.

L'article 5 dispose, en conséquence, que les tribunaux de première instance et le conseil d'appel appliqueront les lois civiles françaises, modifiées soit par des ordonnances royales, soit par les usages du pays.

Il restait à régler les pouvoirs du gouverneur de la colonie.

Il fallait d'abord lui donner un pouvoir de police qui a toujours appartenu aux gouverneurs des colonies.

Quant aux fonctionnaires, il a le droit de les suspendre de leurs fonctions, avec privation de moitié de leur traitement, ou même, si la gravité du cas l'exige, de les renvoyer en France pour rendre compte de leur conduite.

A l'égard de tous autres, et même des indigènes, il pourra les mettreen surveillance dans une localité déterminée, ou même les expulser de la colonie.

Mais non-seulement le gouverneur pourra débarrasser la colonie de ceux qui la troublent, il prendra, en outre, toutes les mesures indispensables pour la sûreté de la possession, pour la conserver à la métropole.

Quand, dans un pays, un état de choses est définitivement fixé, celui qui administre puise sa force dans les lois existantes, qui protégent l'ordre et la tranquillité ; mais il est impossible qu'il en soit ainsi dans une possession nouvelle, en présence d'obstacles qu'on ne peut prévoir, de dangers qui ne peuvent être connus, de difficultés qui ne peuvent d'avance être appréciées. Il faut donc, et c'est la formelle disposition de l'article 7, que le gouverneur soit autorisé à faire tous règlements et arrêtés nécessaires à la marche du service administratif, comme à l'intérêt du bon ordre et de la sûreté de la colonie.

Cette faculté accordée au gouverneur serait illusoire, si ce fonctionnaire n'avait pas le droit de faire respecter ces règlements.

Il lui sera donc permis d'établir, pour la sanction de ces arrêtés, les pénalités que réclameraient l'urgence et la gravité des cas.

Il ne pourra toutefois, si ce n'est en cas de guerre, établir des peines afflictives et infamantes.

C'est là la seule restriction qui nous ait paru devoir être apportée à son autorité, qui doit être, à cet égard, aussi pleine que possible. Au milieu des périls qui peuvent surgir, quand il s'agit de la défense d'un territoire devenu français, et de l'honneur national, le gouverneur doit avoir le même pouvoir que les commandants militaires dans les villes assiégées.

Cependant, pour donner aux administrés toutes les garanties compatibles avec la sûreté du commandement, le gouverneur prendra, pour l'exercice de ses droits exceptionnels, quand il s'agira de Français ou d'étrangers, l'avis d'un conseil d'administration, sans être néanmoins tenu de s'y conformer.

Telles sont, monsieur l'Amiral, les dispositions que contient le projet d'ordonnance et que nous avons approuvées. Elles suffisent aux besoins judiciaires de la colonie. Comme la loi des établissements nouveaux est le progrès, sans doute cette organisation ne sera pas définitive. Avec de nouveaux besoins se manifestera la nécessité de nouvelles règles ; mais l'organisation telle qu'elle est satisfera aux nécessités actuelles. Elle est appuyée sur l'expérience, elle repose sur des principes qui nous semblent incontestables.

Nous vous proposons de la soumettre à l'approbation de Sa Majesté.

Je prie Votre Excellence de vouloir bien agréer, etc.

Le Conseiller d'État, Secrétaire général du ministère de la justice, Président de la commission,

Signé : DESCLOZEAUX.

Extrait des Instructions générales adressées par le Ministre de la Marine à M. le Gouverneur des Établissements français dans l'Océanie, le 28 avril 1843.

JUSTICE.—*Iles Marquises.*

Les conférences qui ont eu lieu à la direction des colonies, et auxquelles vous avez pris part, ont fait reconnaître la nécessité de donner à l'administration de la justice en matière civile, et surtout en matière criminelle, des formes aussi simples et aussi rapides que possible : c'est en ce sens qu'a été préparé, par les soins de mon département, un projet d'ordonnance destiné à assurer la marche du service judiciaire aux Iles Marquises.

Ce projet, auquel a adhéré M. le garde des sceaux, n'a pu encore recevoir la signature royale, par des motifs indépendants de ses dispositions, qui peuvent être considérées comme adoptées en principe ; je vous en adresse ci-joint copie. Si, à l'époque de votre entrée en fonctions, l'ordonnance dont il s'agit ne vous est pas encore parvenue, vous êtes autorisé à procéder provisoirement dans le sens des dispositions dont il s'agit, et à rendre les arrêtés nécessaires à cet effet (1).

Dans toute hypothèse, je crois également utile de vous adresser, à titre consultatif, copie de mon rapport au Roi : il contient, sur les principaux articles du projet et sur les considérations qui les ont fait adopter, des détails auxquels je n'ai qu'à me référer, et qui me dispensent d'entrer ici dans beaucoup d'explications à ce sujet.

A l'occasion des mesures qui se préparaient ici relativement à l'administration de la justice, vous avez adressé à mon prédécesseur, sur divers points ayant trait à la première époque de notre domination en Algérie, des questions dont la solution a été demandée à M. le président du conseil, ministre de la guerre. Vous trouverez ci-inclus extrait de sa réponse. Il en résulte que le conseil de guerre spécial qu'avait créé à Alger une décision du général Clausel, du 22 octobre 1830, n'a eu qu'une courte durée et n'a pas été rétabli. Je pense, de mon côé, que vous n'avez pas à prévoir le besoin d'une composition de conseil autre que celle qui est mentionnée dans mon rapport au Roi, et que la note ci-annexée indique d'une manière précise. Vous comprendrez que plus sont étendues les attributions et la juridiction des conseils de guerre de notre nouvelle colonie, plus il importe que leur composition soit complète et régulière. La même lettre statue sur un point à la solution duquel vous aviez attaché de l'importance, c'est-à-dire sur la faculté de soumettre à la juridiction des conseils de guerre les marins qui commettraient des délits à terre. L'affirmative y est prononcée de la manière la plus formelle ; vous avez, au surplus, reçu récemment sur cette question une communication directe des bureaux du département de la guerre, accompagnée de la copie d'un arrêt de la Cour de cassation, en date du 7 février 1840, applicable à l'espèce.

D'un autre côté, vous remarquerez que M. le maréchal duc de Dalmatie ne reconnaît plus aujourd'hui au gouverneur général de l'Algérie la faculté de créer des pénalités pour de nouveaux délits, en dehors des délits et des peines prévus par nos codes.

---

(1) Autorisation devenue sans objet, au moyen de la signature de l'ordonnance.

L'article 6 du projet d'ordonnance vous donne, au contraire, des attributions explicites en ce sens, et il y avait dans votre extrême éloignement de la France, comme dans la prévision des circonstances graves qui peuvent se présenter, des raisons suffisantes pour qu'il en fût ainsi. Ce pouvoir exceptionnel, bien qu'il ne doive pas aller jusqu'à l'établissement de peines afflictives et infamantes, est encore assez étendu pour que j'aie à vous inviter à n'en faire usage que dans des cas fort rares, et dans des limites aussi restreintes que possible. Je vous recommande la même réserve quant à l'exercice des pouvoirs de haute police qui vous sont conférés, soit quant aux habitants, soit quant aux fonctionnaires, par l'article 5 de l'ordonnance. Lorsque vous aurez été dans la nécessité de prendre quelque détermination de ce genre, vous aurez soin de me rendre immédiatement un compte motivé de votre décision, afin de me mettre à portée de l'apprécier sous le rapport du fond et de la forme. Il est d'ailleurs entendu que tout individu auquel vous auriez appliqué la peine de la mise en surveillance établie par l'article 6, § 2, aurait la faculté de s'y soustraire en quittant la colonie.

Mon rapport au Roi fait mention d'un agent qui devra être chargé de faire les premières informations en matière criminelle, et qui sera ainsi une sorte d'officier de police judiciaire. Vous examinerez si ce service peut être confié au sieur Prat, sous-officier de gendarmerie, qui part avec vous.

J'ai peu de choses à dire ici de l'administration de la justice civile, qui est confiée à des tribunaux de première instance composés de fonctionnaires, et à un conseil d'appel de même nature, que vous présiderez. Cette attribution, tout importante qu'elle est, ne doit pas créer, aux personnes appelées à l'exercer concurremment avec leurs fonctions ordinaires, de bien graves embarras, attendu que les procès civils seront, sans doute, dans les premiers temps, rares et d'une nature peu compliquée, de telle sorte que l'équité et l'impartialité soient les seuls éléments nécessaires d'une bonne sentence. Je joins ici, au surplus, comme propres à être utilement mis à votre disposition et à celle des fonctionnaires qui présideront les tribunaux, plusieurs exemplaires des codes commentés.

Vous aurez à modifier, selon ce qu'exigeront les spécialités locales, celui de ces codes qui concerne la procédure civile, afin d'empêcher que la Cour de cassation, devant laquelle le pourvoi en matière civile est autorisé dans de certaines limites, n'ait pas à casser des arrêts du conseil d'appel, à raison de la violation de quelques dispositions du code métropolitain. Je joins ici, à titre consultatif, copie d'un travail fait en 1823, au Sénégal, pour l'application de plusieurs parties dudit code, les seules qui soient encore aujourd'hui en vigueur dans cette colonie. Je vous signale également les dispositions contenues, quant à la procédure, dans l'ordonnance d'organisation judiciaire rendue pour Saint-Pierre et Miquelon, et dont un exemplaire est ci-annexé (articles 81 et 86).

Vous remarquerez que l'organisation judiciaire adoptée pour les îles Marquises laisse subsister, en matière civile comme en matière criminelle, pour les délits communs, les usages et coutumes des indigènes.

Vous aurez soin d'observer les résultats du maintien de cet état de choses, dont il vous appartient d'ailleurs de tempérer éventuellement la rigueur quant aux condamnations pour crimes et délits (article 1er, dernier alinéa).

Vous ne perdrez pas de vue que l'attribution qui vous est conférée, soit par cet article, soit par l'article 3, doit s'exercer d'office, et en l'absence même de tout recours en grâce formé par le condamné ou en son nom.

Le droit d'ordonner *l'exécution de l'arrêt*, que vous donne l'article 3, comprend le cas où la peine prononcée est la peine de mort.

En ce qui concerne la France et même l'Algérie, aucune exécution capitale n'a lieu avant que le Roi n'ait été mis à portée d'examiner le dossier de l'affaire, et de décider si la justice doit avoir son cours. A raison de l'éloignement et des longs délais qui en résulteraient, il n'a pas été possible d'assurer aux condamnés le bienfait de cette disposition tutélaire ; et votre décision (en conseil, dans le cas où vous devez procéder ainsi) suffira pour qu'une condamnation à mort reçoive son exécution. Je n'ai pas besoin de vous faire remarquer la réserve et la prudence avec lesquelles vous aurez à user du pouvoir dont vous êtes investi sous ce rapport.

Par analogie avec ce qui se pratique dans les autres colonies, je vous prie de faire tenir en double les minutes des jugements et arrêts en toute matière qui seront rendus par les conseils de guerre ainsi que par les tribunaux civils, et de m'adresser, pour le dépôt des archives coloniales, à la fin de chaque semestre, la collection de ces minutes, qui doivent être accompagnées de répertoires indiquant le numéro d'ordre, la date de chaque jugement et la nature sommaire de l'affaire.

FIN DES DOCUMENTS SUR L'ADMINISTRATION DE LA JUSTICE AUX MARQUISES (1).

---

(1) *Note d'avril* 1864. — La prise de possession des îles Marquises a eu lieu par le contre-amiral du Petit-Thouars, pour le groupe S. E., le 1er mai 1842; pour le groupe N. O., le 2 juin de la même année.

ILES GAMBIER.

Demande du Protectorat de la France par les indigènes des îles Mangareva (1).

Nous, soussignés, le roi et les grands-chefs des îles Mangareva, ayant par conviction embrassé la religion catholique, apostolique et romaine, déclarons solennellement vouloir former un État libre et indépendant sous la protection immédiate de S. M. Louis Philippe Ier, Roi des Français, et, à l'effet de manifester notre union avec la France, demandons à prendre le pavillon de la grande nation qui nous a initiés à la civilisation.

Fait à Mangareva, le seize février mil huit cent quarante-quatre.

Signé : Au Kerekorio Maputeo,
A Akaraki,
Tona Tagata,
Ta Ko Matia,
Te Maputauki.

Nous, soussignés, Pénaud (Charles), capitaine de vaisseau, chevalier de la Légion d'honneur, commandant de la frégate *la Charte*,

Déclarons, en présence du roi, des grands-chefs des îles Mangareva et du révérend père Liausu (Cyprien), que nous acceptons, sauf la ratification du Roi et de son gouvernement, le Protectorat des îles Mangareva qui nous est offert, et que nous nous empressons de transmettre cet acte à M. le contre-amiral Du Petit-Thouars, commandant en chef la station navale de France dans l'Océan Pacifique, à l'effet de le faire parvenir dans le plus bref délai à S. M. le Roi des Français.

Fait à Mangareva, le seize février mil huit cent quarante-quatre.

Signé : PÉNAUD et LIAUSU.

---

(1) *Note d'avril 1864.* — Pour compléter les documents relatifs au Protectorat des îles Gambier on a cru devoir ajouter ici la nomination du R. P. Cyprien Liausu, aux fonctions de délégué du gouverneur dans ces îles (voir page 29 de ce volume, Règlement du 12 décembre 1844) :

Nous, Gouverneur des Établissements français de l'Océanie,
En vertu des pouvoirs qui nous ont été conférés ;
Vu les déclarations du 16 février 1844, constatant l'établissement du Protectorat de la France sur les îles Gambier ;

Nommons :

Le R. P. Cyprien Liausu notre délégué dans lesdites îles.
Les honoraires de M. Liausu sont fixés à 2,000 francs par an et courront à compter du 16 février dernier, jour de son entrée en fonctions.

Papeete, le 12 décembre 1844.

Signé : BRUAT.

RÈGLEMENTS ET PRESCRIPTIONS DE POLICE.

RÈGLEMENT N° 1

Concernant la vente des boissons spiritueuses.

Le membre du Conseil de gouvernement, Directeur des Affaires européennes, pourra autoriser les personnes qui lui présenteront des garanties de moralité suffisantes, à avoir chez elles, pour leur consommation, tels spiritueux qu'elles désireront se procurer.

L'introduction de ces boissons étant interdite dans la colonie, comme objets de commerce, les navires sur rade seront seuls admis à en faire le débit sur permission signée du Directeur des Affaires européennes.

Cette vente ne sera soumise à aucun droit de patente.

Papeete, le 10 octobre 1844.

Le Gouverneur,

Signé : BRUAT.

Pour copie conforme :
Le Commandant particulier des Iles de la Société,
Signé : D'AUBIGNY.

RÈGLEMENT N° 2.

Des Commissaires-priseurs.

A compter du 15 avril prochain, les commissaires-priseurs de Papeete se conformeront au présent règlement.

ART. 1er. A partir du jour de leur prestation de serment devant le tribunal de 1re instance, les commissaires-priseurs auront seuls le droit de faire toutes les prisées de meubles et ventes publiques aux enchères qui auront lieu dans le ressort du tribunal.

ART. 2. Il y aura une bourse commune entre les commissaires-priseurs : ils seront tenus d'y verser la moitié des droits provenant de la vente.

ART. 3. Chaque commissaire-priseur sera tenu d'avoir un registre, signé et paraphé par le président du tribunal civil, sur lequel seront portées toutes les ventes dont il sera chargé. Il devra indiquer également, sur ce registre, le jour, le lieu et l'heure de la vente, ainsi que le nom du requérant ; y inscrira les sommes perçues, et le droit proportionnel qu'il aura reçu pour sa vente.

ART. 4. La moitié des droits qui, conformément à l'article 2, formera la bourse commune, devra être versée, dans les quarante-huit heures qui suivront la vente, entre les mains de M. le Trésorier de la colonie, qui en donnera reçu.

ART. 5. Les commissaires-priseurs ont été autorisés, par arrêté du 26 juin 1844, à recevoir jusqu'à 5 p. 0/0 du produit de la vente, et 2 1/2 p. 0/0 pour droit de garantie, lorsque le paiement sera à terme ; mais il leur est expressément interdit de conclure entre eux aucun arrangement qui pourrait imposer le maximum des droits aux personnes qui réclameraient leur ministère.

Art. 6. Nul commissaire-priseur auquel on aura offert 5 p. 0/0 du droit de vente, ne pourra refuser son ministère.

Art 7. Nul commissaire-priseur ne pourra revendiquer aucun droit pour les objets qui auront été retirés, lorsque le montant des objets vendus s'élèvera à cinq cents francs; dans tous les cas, ce droit n'excédera pas 1 p. 0/0 du prix auquel il aura été poussé.

Art. 8. Ne pourra être revendiqué aucun droit pour toute vente qui n'aura pas été commencée; pourront seulement être exigés les frais d'affiches, qui ne s'élèveront jamais au-dessus de dix francs.

Art. 9. Le registre mentionné à l'article 3 devra être arrêté à l'expiration de chaque trimestre et présenté au Directeur des Affaires européennes avec les reçus des sommes déposées au Trésor, dans la caisse commune des commissaires-priseurs. Après vérification des comptes, le Directeur des Affaires européennes visera les registres et donnera le partage des sommes déposées dans la bourse commune.

Art. 10. Toute infraction au présent règlement pourra entraîner la perte de la patente et sera punie d'une amende de cinquante à cinq -cents francs, sans préjudice de tout recours, ouvert aux parties lésées, devant les tribunaux.

Art. 11. A défaut d'une chambre de discipline, telle qu'elle est prescrite par l'article 2 de l'arrêté du 29 germinal an IX, le Directeur des Affaires européennes sera chargé de surveiller et vérifier les comptes tenus par les commissaires-priseurs, ainsi que la régularité de leurs opérations et l'observation du présent règlement.

Fait à Papeete, le 8 avril 1845.

Le membre du Conseil, Directeur des Affaires européennes,

Signé : P. Cloux.

Approuvé :
Le Gouverneur,
Signé : BRUAT.

PRESCRIPTIONS

Relatives aux restaurateurs des employés de l'Établissement (1).

Les trois restaurateurs agréés par le gouvernement comme restaurateurs des employés de l'Établissement seront assujétis aux conditions suivantes :

Ils recevront au prix de cinquante-cinq francs par mois, les lieutenants, sous-lieutenants et tous les employés de grades correspondants; et, au prix de soixante francs, les capitaines et employés ayant rang de capitaine qui se présenteront pour manger chez eux.

Tant que le nombre des pensionnaires ne s'élèvera pas à vingt, le restaurateur ne pourra refuser un employé de l'Établissement qui voudra manger chez lui au mois.

Des appartements particuliers seront réservés dans chaque établissement pour y recevoir les employés mangeant au mois.

---

(1) Voir l'arrêté n° 70, du 20 décembre 1845, page 71.

Nul étranger ne pourra y être admis sans le consentement des pensionnaires, pendant la durée de leur repas.

Comme compensation de ces obligations, les restaurateurs des employés de l'Établissement seront autorisés à avoir chez eux les spiritueux nécessaires à la consommation de leurs pensionnaires, mais du moment où le nombre de ces derniers tombera au-dessous de quatorze, ce privilége pourra leur être retiré.

Les restaurateurs pourront exiger que les employés qui voudront profiter du tarif, forment une seule et même table qui sera toujours distincte de celle formée par les corps organisés.

Papeete, le 30 juin 1845.

Le Membre du Conseil, Directeur des Affaires européennes,

Signé : P. CLOUX.

Approuvé :
Le Gouverneur,
Signé : BRUAT.

RÈGLEMENT N° 3

Concernant la construction des fours des boulangers.

Le Membre du Conseil du gouvernement, Directeur des Affaires européennes, après avoir pris les ordres de M. le Gouverneur, prévient les boulangers et propriétaires de fours qu'ils devront, à partir du 1er novembre prochain, se conformer aux dispositions suivantes :

Les toitures des fours, boulangeries et dépendances, construits dans l'enceinte de la ville, telle qu'elle est fixée par la Direction du Génie, ne pourront, à l'avenir, être confectionnées en pandanus, branches de cocotier, ou autres matières de cette espèce. Aucune réparation ne pourra être faite aux établissements ci-dessus mentionnés, aujourd'hui existants, sans rentrer dans l'observation de cette mesure.

Les cheminées des fours auront au moins un mètre d'élévation au-dessus du toit ; celles qui ne remplissent pas cette condition devront être exhaussées avant le 1er décembre prochain.

Toute contravention sera passible d'une amende de cinquante à cinq cents francs ; en récidive, le maximum de la peine sera toujours appliqué, et on pourra y ajouter de deux à cinq jours de prison ; le tout, sans préjudice des peines prévues par la loi, dans le cas où il serait résulté quelque accident de la non-observation des mesures prescrites.

Fait à Papeete, le 30 octobre 1845.

Le Membre du Conseil, Directeur des Affaires européennes,

Signé : P. CLOUX.

Approuvé :
Le Gouverneur,
Signé : BRUAT.

RÈGLEMENT No 4

Concernant les pièces et documents à produire en Justice.

Le Membre du Conseil, Directeur des Affaires européennes, après avoir pris les ordres de M. le Gouverneur, porte à la connaissance de MM. les résidents des Iles de la Société, les dispositions suivantes :

A partir du 1er janvier, les tribunaux civils ne recevront que les pièces écrites en langue française, ou dans les causes mixtes, les pièces écrites en langue taïtienne.

Les documents que l'on voudra produire en toute autre langue devront être accompagnés d'une traduction signée de M. Jules Salmon, interprète assermenté des tribunaux des Iles de la Société. Cette traduction se paiera à raison de trois francs la page de vingt-cinq lignes.

Dans le cas où les pièces ne seraient pas traduites par l'interprète assermenté, elles ne pourront avoir caractère authentique qu'après avoir été vérifiées et visées par lui, et dans ce cas, il ne sera exigé que moitié du droit, un franc cinquante centimes.

Toute séance de l'interprète près du tribunal sera taxée à raison de cinq francs.

Ces divers frais seront liquidés par le tribunal et mis au compte de qui de droit, pour être versés à la caisse municipale, par les soins de M. le Greffier.

Fait à Papeete, le 2 janvier 1846.

Le Membre du Conseil, Directeur des Affaires européennes,

Signé : P. Cloux.

Approuvé :
Le Gouverneur,

Signé : BRUAT.

ORDRE

Prescrivant les honneurs à rendre à la Reine Pomare à sa rentrée à Papeete.

PAPEETE, 29 janvier 1847.

Dès que le *Phaëton* sera en vue de Papeete, avec le pavillon du Protectorat au mât de misaine, les troupes de toutes armes prendront la grande tenue et formeront la haie depuis le pont de la 30ᵉ jusqu'à la porte de l'Hôtel du Gouvernement, en passant dans la cour du Gouvernement pour défiler. Au moment du débarquement, la musique du bataillon sera au débarcadère et jouera; la musique se rendra ensuite dans la cour du Gouvernement pour défiler.

Au moment où la reine mettra le pied à terre, une salve de vingt-et-un coups de canon sera faite par les pièces de campagne.

MM. les Chefs de corps, MM. les Chefs de service, en grande tenue, se rendront au débarcadère pour y recevoir le Gouverneur et la Reine; ces messieurs devront ensuite accompagner le Gouverneur à son hôtel.

Au moment où le bâtiment à vapeur franchira la passe, les bâtiments sur rade pavoiseront et feront une salve de vingt-et-un coups de canon.

MM. les Commandants des bâtiments, en grande tenue, se rendront au débarcadère pour escorter la Reine et le Gouverneur.

Le Régent et les principaux chefs indigènes se rendront également au débarcadère.

La grande tenue d'été de rigueur pour tout le monde.

Signé : BRUAT.

PROCLAMATION

Relative à la soumission de la Reine Pomare.

La reine Pomare a fait sa soumission au gouvernement du Protectorat.

Elle a été solennellement rétablie dans son pouvoir par le Gouverneur Commissaire du Roi.

Mardi prochain, 9 du courant, la Reine arrivera à Papeete, sur le bâtiment à vapeur le *Phaëton*, et sera reçue ainsi qu'il a été arrêté (1).

Papetoai (2), 7 février 1847.

Le Gouverneur des Établissements français de l'Océanie, Commissaire du Roi près la Reine des Iles de la Société,

Signé : BRUAT.

---

(1) *Note d'avril* 1864. — La Reine est en effet rentrée à Papeete le 9 février 1847 sur l'aviso à vapeur le *Phaëton*. Elle a été reçue avec le cérémonial réglé par un ordre de M. le gouverneur Bruat, daté du 29 janvier 1847. (Voir ci-dessus.)
(2) Ile Moorea ou Eïmeo.

RÈGLEMENT DE PORT ET DE DOUANE.

Ire SECTION. — BATIMENTS AU LONG-COURS.

Ports ouverts aux navires.

ART. 1er. Nul bâtiment au long-cours ne pourra, à moins d'une permission spéciale ou de force majeure, mouiller dans les ports des îles soumises au Protectorat de la France autres que les suivants : Papeete et Taonoa, à Taïti ; Papetoai, à Moorea.

Les contrevenants seront passibles d'une amende de *cent* à *cinq cents francs.*

Pilotage.

ART. 2. Les pilotes commissionnés par le Gouverneur Commissaire du Roi, auront seuls le droit d'exercer le pilotage.

Ils seront payés d'après le tarif suivant :

Vaisseaux et frégates de guerre étrangers.........	120 fr.	00
Corvettes à batterie recouverte.................	90	00
Corvettes, brigs et bâtiments d'un rang inférieur...	60	00
Navires marchands ; par mètre de tirant d'eau.....	17	718
ou par pied...............................	3	75

Les capitaines seront tenus de présenter le reçu des droits de pilotage, en faisant leur déclaration de départ à la direction du port.

ART. 3. Les navires entrant ou sortant sans pilote paieront la moitié des droits de pilotage stipulés au précédent article.

Mesures sanitaires.

ART. 4. Lorsque le pilote se présentera au large pour entrer un navire, il devra s'informer, avant de communiquer, s'il n'existe à bord aucune maladie contagieuse, telle que choléra, fièvre jaune, petite vérole, etc. Sur la réponse négative du capitaine, il entrera le navire ; dans le cas contraire, il s'abstiendra de monter à bord, et, sans quitter son embarcation, mouillera le bâtiment dans la partie de la rade désignée pour les quarantaines.

Dans l'un et l'autre cas, le pilote préviendra le capitaine qu'il ne doit communiquer avec qui que ce soit, avant que l'embarcation du stationnaire ne l'ait fait raisonner, et que ce canot seul a le droit de lui adresser des questions.

Cette embarcation lui remettra le présent règlement, et l'admettra en libre pratique, s'il y a lieu.

A Taonoa, le règlement sera remis par le pilote ; à Papetoai, par le maître de port.

Les capitaines qui, sans être en quarantaine, violeraient le présent article, seront punis d'une amende de *cinquante* à *deux cents francs.*

Ceux qui le violeraient en quarantaine, seront punis des peines prévues par les règlements sanitaires.

ART. 5. Le pilote préviendra les capitaines des bâtiments qui n'entreront pas que leurs embarcations ne pourront communiquer avec qui que ce soit, sans y être autorisées par le stationnaire, sous les peines prévues par l'article 4.

Manifeste à produire.

Art. 6. Les capitaines de navires qui se trouveront dans un rayon de trois milles marins de la côte ou dans le canal entre Taïti et Moorea, devront, s'ils en sont sommés, remettre copie du manifeste de leur cargaison.

Les contrevenants seront passibles d'une amende de *cinquante* à *quatre cents francs.*

Mise en libre pratique.

Art. 7. Le canot du stationnaire fera raisonner le bâtiment.

Après avoir reçu sa déclaration qu'il écrira, et celle sur l'état sanitaire du navire, il lui donnera ou lui refusera la libre pratique.

Art. 8. Les bâtiments garderont le pavillon de pilote jusqu'à ce que le stationnaire les ait mis en libre pratique.

Personne ne pourra monter à bord tant que ce pavillon flottera.

Déclarations à l'arrivée. — Remises des lettres et paquets.

Art. 9. Dès que le bâtiment sera mouillé, s'il est en libre pratique, le capitaine se rendra chez le capitaine de port et lui remettra les lettres et paquets dont il peut être chargé, son manifeste en gros, signé par lui, pour les objets qui entrent en franchise, et adressera, dans les vingt-quatre heures, l'état détaillé des munitions et armes de guerre, des spiritueux de toute espèce, des liqueurs enivrantes prohibées, et de celles qui, comme le vin, ne peuvent se vendre qu'aux personnes munies de permissions spéciales.

Les contrevenants aux présentes dispositions seront passibles d'une amende de *cinquante* à *quatre cents francs.*

Les capitaines qui feront de fausses déclarations pour les marchandises prohibées ou celles dont la vente n'est pas libre, seront punis d'une amende de *mille* à *cinq mille francs*, et les marchandises seront confisquées.

Embarquement et débarquement des passagers.

Art. 10. Le capitaine déclarera le nombre d'hommes embarqués, celui des passagers, les lieux d'où ils viennent, et il ne fera débarquer ou embarquer qui que ce soit sans un permis de la police européenne, qui devra être présenté soit au bureau du commissaire de l'inscription maritime, soit au consulat où sera déposé le rôle.

Les contrevenants seront condamnés à une amende de *deux cents* à *quatre cents francs*, par personne illégalement débarquée.

Déclarations concernant les matelots et les passagers.

Art. 11. Les capitaines qui auraient à bord des passagers ou des matelots non portés sur le rôle et qui ne les déclareraient pas à leur arrivée, seront punis d'une amende de *cinq cents* à *deux mille francs* par personne non déclarée.

Rôle d'équipage.

Art. 12. Les bâtiments français et les bâtiments étrangers qui n'auront pas de consuls, déposeront leur rôle d'équipage au bureau de l'inscription maritime, et le reprendront la veille de leur départ.

Les mutations et apostilles seront faites par le commissaire, qui devra être prévenu deux jours avant le départ du bâtiment.

Prohibition des armes, munitions et spiritueux. — Formalités pour la vente des vins.

Art. 13. La vente des munitions de guerre, poudre, salpètre, projectiles, fusils, armes de toute espèce, est prohibée. Toute marchandise de cette nature dont on tenterait le débarquement en fraude sera confisquée, ainsi que le bâtiment porteur.

Est également prohibée la vente des alcools et liqueurs contenant plus de vingt-trois parties d'alcool sur cent parties de liquide.

La vente des vins et autres boissons, contenant moins de vingt-trois parties d'alcool sur cent parties de liquide, ne peut être faite qu'à des personnes munies de permissions spéciales.

Tous liquides ou spiritueux dont on tentera le débarquement en fraude, seront confisqués ainsi que l'embarcation servant à les porter, et le capitaine, responsable pour toutes les marchandises déposées à son bord, à quelque titre que ce soit, sera passible d'une amende de *mille à cinq mille francs.*

Tout bâtiment saisi en fraude ou tentative de fraude, en récidive, sera confisqué.

Mesures répressives de la contrebande. — Gardes et scellés.

Art. 14. L'autorité pourra toujours, lorsqu'elle le jugera convenable, faire placer un garde ou mettre les scellés à bord des bâtiments qui auraient ou pourraient avoir des marchandises prohibées ou des marchandises qui ne peuvent se vendre qu'avec des permissions spéciales.

Les armes et munitions seront, au choix de l'autorité, ou déposées à terre dans les magasins de l'État, ou conservées à bord avec les précautions ci-dessus indiquées.

Devoirs des capitaines envers les gardes.

Art. 15. Les gardes placés à bord des bâtiments seront payés par eux à raison de *cinq francs* par jour et nourris à bord.

Les capitaines devront obtempérer aux réquisitions des gardes pour tout ce qui concerne leur service de surveillance.

Tous les frais de surveillance, débarquement ou rembarquement de marchandises, seront supportés par le navire.

Objets prohibés servant à la consommation du bord.

Art. 16. Les bâtiments qui n'auront de marchandises prohibées, spiritueux, armes ou munitions, que pour leur consommation particulière ou pour la défense du navire, feront une déclaration détaillée de leur approvisionnement en ce genre dans les vingt-quatre heures qui suivront leur arrivée.

Ils ne seront tenus de remplir aucune autre formalité ; mais s'ils sont pris fraudant ou cherchant à frauder, les délinquants seront condamnés au *maximum* des peines prononcées dans les cas ordinaires de fraude.

Patentes.

Art. 17. Il est défendu aux capitaines de navires de vendre ou laisser vendre en détail sans se conformer au règlement sur les patentes.

Les contrevenants encourront les peines prononcées par lesdits réglements.

Changements de mouillage.

Art. 18. Les capitaines seront tenus de changer de mouillage si le capitaine du port l'exige.

Ils devront prendre la place qui leur sera indiquée et s'affourcher s'ils en reçoivent l'ordre.

Amarres.

Art. 19. Aucun navire ne pourra élonger d'amarres de manière à gêner la circulation, soit à terre, soit en rade.

Police des équipages.

Art. 20. Tous les équipages devront être rentrés à bord au coup de canon de retraite ; ils ne pourront descendre à terre avant la diane.

Ceux qui armeront les embarcations des capitaines devront rester dans leurs canots.

Ceux trouvés à terre, entre les deux coups de canon, seront arrêtés, et ne seront renvoyés à leur bord qu'après avoir payé une somme de *dix francs* par homme, pour frais d'arrestation, et de *soixante-deux centimes et demi* ou *un réal*, par jour et par homme, pour frais de nourriture.

Art. 21. Les gens des équipages qui, à quelque heure que ce soit, seront arrêtés faisant du tapage et causant du désordre, seront passibles des peines prononcées par l'article 20, sans préjudice de toutes autres qu'ils pourraient avoir encourues.

Cale des embarcations pendant la nuit.

Art. 22. Les capitaines qui, par circonstance, voudraient rester à terre ou y revenir, après la retraite, ne pourront faire accoster leurs embarcations qu'à la cale du Fanal.

Ces embarcations ne devront pas séjourner le long de la cale, et les hommes qui les armeront ne devront pas débarquer.

Pénalités à ce sujet.

Art. 23. Toute embarcation qui accostera la nuit à une autre cale que celle qui vient d'être désignée, sera saisie, et le propriétaire condamné à l'amende prononcée par l'article 32 du présent règlement.

Défense de recevoir les femmes indigènes à bord.

Art. 24. Il est formellement interdit de recevoir les femmes indigènes à bord des bâtiments, sans une permission de la police.

Cette permission ne sera valable que de huit heures du matin à cinq heures du soir.

Lestage et délestage.

Art. 25. Les bâtiments ne pourront prendre de lest qu'aux endroits désignés par le capitaine du port, qui leur fera également connaître les points où ils pourront en déposer.

Le capitaine déclarera quelle quantité de lest il a à laisser et quelle quantité il veut prendre.

Il est expressément défendu de jeter le lest en rade, sous peine de *cinq mille francs* d'amende, et de confiscation du bâtiment en cas de récidive.

Précautions à prendre pour le lestage et le délestage.

ART. 26. Aucun lestage ou délestage ne sera fait sans qu'une voile ou un prélart ne soit disposé de manière à empêcher le lest de tomber à la mer, entre le bâtiment et le bateau qui le reçoit ou le donne, sous peine de *trente à cinquante francs* d'amende.

Déserteurs.

ART. 27. Les capitaines qui, dans les quarante-huit heures, n'auront pas rendu compte de l'absence de leurs hommes, seront punis d'une amende de *deux cents à cinq cents francs.*

Ils ne pourront quitter le port avant que leurs déserteurs n'aient été trouvés, à moins de laisser en dépôt la somme de *cinquante francs* par homme, pour indemnité aux capteurs et pour frais d'emprisonnement.

Les autres frais occasionnés par les déserteurs après le départ du bâtiment seront réglés administrativement avec les consuls et sur pièces comptables.

Si les déserteurs sont arrêtés pendant que le bâtiment sera sur rade, les capitaines paieront *quarante francs* par homme pour frais d'arrestation, si la capture a lieu entre Punavia et Haapape : *soixante-quinze francs* par homme si les déserteurs sont arrêtés au-delà de ces limites. Ils devront, en outre, pour chaque homme arrêté, *dix francs* pour frais d'emprisonnement et *soixante-deux centimes et demi* par jour pour frais de nourriture.

Déclaration de départ.

ART. 28. Les capitaines feront leur déclaration de départ quarante-huit heures à l'avance, à la direction du port.

Si le départ est différé pour une cause quelconque, le capitaine le fera savoir, et au fur et à mesure, il indiquera l'époque présumée de son prochain départ, de manière à ce que l'autorité soit toujours prévenue au moins quarante-huit heures d'avance.

Visite de la Douane au départ.

ART. 29. Les agents de la douane constateront, avant le départ, si les quantités déclarées de marchandises prohibées existent toujours à bord ou si on justifie de leur consommation par des permissions régulières.

En cas de diminution non justifiée desdites marchandises, le navire sera retenu et le capitaine poursuivi comme fraudeur et puni comme tel, s'il ne peut justifier de ses consommations.

Permis de départ à remettre au stationnaire.

ART. 30. Avant leur appareillage, les capitaines présenteront au stationnaire un permis délivré par le capitaine de port, constatant qu'ils ont rempli toutes les formalités prescrites par le règlement.

Ils remettront le règlement qu'ils ont reçu à leur arrivée.

Paiement des amendes.

Art. 31. Si les amendes imposées ne sont pas payées dans les cinq jours qui suivront celui de la condamnation, ou si une caution suffisante n'est pas présentée et acceptée, une partie ou la totalité du chargement sera vendue pour les couvrir.

Le navire serait retenu si la vente de la cargaison ne suffisait pas.

Pénalités communes à diverses contraventions.

Art. 32. Toute infraction aux dispositions de la section Ire, dont la pénalité n'est pas déterminée, sera punie d'une amende de *dix* à *cinquante francs* ; en cas de récidive, l'amende sera de *cinquante* à *deux cents francs*.

IIe Section. — Cabotage.

Conditions à remplir pour naviguer au cabotage.

Art. 33. Le cabotage des îles soumises au Protectorat sera fait exclusivement par les bâtiments portant le pavillon français : aucun caboteur ne pourra naviguer s'il n'a obtenu ce pavillon et s'il n'est porteur d'un *congé* signé par le Gouverneur et d'un rôle d'équipage délivré par le commissaire de l'inscription maritime.

Les contrevenants seront passibles de *deux mille* à *cinq mille francs* d'amende.

En récidive, le bâtiment pourra être confisqué.

Défense d'arborer d'autres couleurs que le pavillon français.

Art. 34. Tout caboteur qui aura obtenu le pavillon français et qui arborera d'autres couleurs, dans le cours de sa navigation, sera confisqué. — Un tiers du produit de la vente du navire sera remis aux personnes qui auront fait connaître le délit.

Le maître ne pourra plus commander de bâtiment du pays.

Déclaration à l'arrivée au stationnaire.

Art. 35. A leur arrivée, les caboteurs feront au stationnaire une déclaration verbale de tous les points où ils auront relâché et de ce qui est venu à leur connaissance méritant d'être rapporté.

Déclaration à l'arrivée au capitaine de port. — Responsabilité des maîtres au cabotage.

Art. 36. Ils amèneront leur pavillon, lorsque le canot du stationnaire les quittera, s'ils ont obtenu la libre pratique.

Aussitôt après être mouillé, le maître se rendra chez le capitaine de port pour y faire sa déclaration d'arrivée, et lui remettra toutes les lettres et les paquets apportés par le bâtiment ; le tout, sous peine de *cinquante* à *deux cents francs* d'amende.

En faisant cette déclaration, il fera connaître les quantités et le détail des marchandises prohibées ou dont la vente n'est pas libre, qu'il a à son bord ; s'il induit l'autorité en erreur, soit en ne .aisant pas connaître la présence de ces marchandises, soit en faisant des déclarations inexactes, il sera passible d'une amende de *mille francs*, et les marchandises seront confisquées.

Il sera responsable, sous les mêmes peines, pour toutes marchandises de même nature, embarquées à son bord, qu'elles lui appartiennent ou qu'elles soient la propriété des passagers ou des gens de l'équipage.

Il sera de même responsable des contraventions que pourraient commettre ses passagers ou les gens de son équipage, en remettant des lettres ou s'en chargeant.

Armes et munitions de guerre.

ART. 37. Les caboteurs ne pourront avoir à leur bord des armes ou des munitions de guerre sans en avoir obtenu l'autorisation et en avoir fait porter le détail sur leur rôle.

Ils devront les présenter toutes les fois qu'ils en seront requis, ou justifier de leur légitime emploi, sous peine de confiscation du bâtiment.

ART. 38. Ceux qui auront obtenu l'autorisation d'embarquer des objets prohibés ou dont la vente n'est pas libre, devront faire viser leur permis par le capitaine de port qui l'enregistrera.

Déclaration de départ.

ART. 39. Les caboteurs devront faire connaître leur départ à la direction du port vingt-quatre heures à l'avance.

Embarquement et débarquement des passagers.

ART. 40. Ils ne recevront ou ne débarqueront à Taïti aucun passager, français ou étranger, sans la permission de la police européenne, et aucun passager indigène sans l'autorisation de la police indigène, sous peine de *deux cents à quatre cents francs* d'amende.

Rôle d'équipage.

ART. 41. Le rôle sera arrêté, au moment du départ, par le commissaire de l'inscription maritime, qui y portera les passagers munis des permissions exigées par l'article 40.

Permis de départ. — Lettres et paquets.

ART. 42. Avant d'appareiller, le maître du navire sera muni d'un permis du capitaine du port, qui sera présenté au stationnaire.

Le capitaine de port lui remettra les lettres et paquets, dont il devra se charger et donner un reçu, si on l'exige ; il ne pourra recevoir des lettres d'aucune autre personne, sous peine de *cinquante à deux cents francs* d'amende.

Articles de la Ire Section applicables aux caboteurs.

ART. 43. Les articles 10, 11, 13, 14, 15, 16, 18, 19, 20, 21, 25, 26, 31 et 32 de la Ire Section sont applicables aux bâtiments caboteurs, sauf les modifications qui peuvent y être apportées par la IIe Section.

IIIe SECTION. — EMBARCATIONS.

Enregistrement des embarcations.

ART. 44. Toutes les embarcations, sauf les pirogues, devront être déclarées et enregistrées, à la direction du port, sur un registre spécial qui mentionnera les noms des propriétaires et les districts où ils résident.

Numérotage des embarcations.

ART. 45. Le capitaine de port donnera à chaque embarcation un numéro qui devra être peint à l'avant, conformément aux indications suivantes :

Pour les embarcations dont les propriétaires résident entre Haapape et Punaavia, *numéro blanc sur un champ noir ;* celles de Punaavia et au-delà jusqu'à l'isthme, *numéro blanc sur un champ vert ;* celles de Haapape et au-delà jusqu'à l'isthme, *numéro noir sur un champ blanc ;* celles de la presqu'île de Taïarabu, *numéro noir sur un champ vert ;* et celles de Moorea, *numéro blanc sur un champ rouge.*

Toute embarcation saisie sans numéro sera passible d'une amende de *dix* à *cinquante francs,* et retenue jusqu'à ce qu'elle en ait un.

Embarcations de la Reine.

Art. 46. Les embarcations de la Reine ne porteront pas de numéro ; elles auront à l'avant le chiffre de la Reine.

Défense de communiquer au large.

Art. 47. Il est expressément défendu aux embarcations de communiquer au large avec les bâtiments, et en rade avec ceux qui ne sont pas en libre pratique, sans une permission spéciale, sous peine de *cinquante* à *deux cents francs* d'amende, sans préjudice de toutes autres prévues par les règlements sanitaires et les lois contre la contrebande.

Mesures répressives de la contrebande.

Art. 48. Les embarcations ne pourront, sous peine de confiscation des marchandises et d'une amende de *cent* à *deux cents francs,* porter des marchandises prohibées ou dont la vente n'est pas libre, sans un permis de la police européenne.

Elles seront obligées de passer à bord du stationnaire pour y faire viser leur permis.

La même formalité sera de rigueur à tous les points de relâche où existent des autorités françaises.

Les contrevenants à ce dernier paragraphe seront passibles de *dix* à *cinquante francs* d'amende.

Pénalités contre les fraudeurs.

Art. 49. Toute embarcation convaincue d'avoir fait la fraude sera confisquée ainsi que les marchandises, et le patron de l'embarcation sera passible d'un emprisonnement de quinze jours à trois mois.

Articles de la Ire Section applicables aux embarcations.

Art. 50. Les articles 31 et 32 de la Ire Section sont applicables aux embarcations.

Art. 51. Les dispositions de l'arrêté no 46 et autres contraires au présent règlement sont et demeurent abrogées.

Art. 52. Le présent règlement sera rendu exécutoire à dater du 1er juillet de la présente année.

Fait à Papeete, le 15 avril 1847.

Le Gouverneur des Établissements français de l'Océanie, Commissaire du Roi près la Reine des Iles de la Société, commandant la subdivision navale,

Signé : BRUAT.

INSTRUCTIONS SOMMAIRES POUR LE SERVICE DE LA DOUANE

DANS LES ÉTABLISSEMENTS FRANÇAIS DE L'OCÉANIE.

Art. 1er. Le capitaine de port remplira les fonctions de directeur de la douane ; il aura, sous ses ordres, un brigadier et une escouade.

A Moorea, les fonctions d'agent de la douane seront remplies par le maître de port. Il prêtera serment en justice ; ses attributions seront les mêmes que celles du directeur et du brigadier à Taïti.

Sur tous les autres points, les contraventions pourront être constatées, soit par deux employés du gouvernement, civils ou militaires, soit par deux habitants, français, étrangers ou indigènes.

Leur déclaration, affirmée par serment, devant le président du tribunal civil, fera loi en justice jusqu'à inscription de faux.

Art. 2. Le directeur sera chargé de réunir et de classer les manifestes ou copies de manifestes qui, aux termes du règlement de port, doivent être remis par les capitaines des navires.

Il extraira de ces manifestes et enregistrera séparément, sur un livre *ad hoc,* le détail des armes, munitions de guerre, spiritueux, vins et autres marchandises prohibées ou dont la vente ne peut avoir lieu qu'avec une permission spéciale.

Art. 3. Il prescrira aux capitaines de le faire prévenir dès que leurs déchargements seront terminés, afin qu'il puisse, s'il le juge convenable, faire passer la visite du navire, constater la présence à bord, et les quantités de marchandises prohibées ou dont la vente ne peut se faire sans permission spéciale.

Art. 4. Quand le directeur sera prévenu qu'un navire est déchargé, il enverra le brigadier de la douane faire une visite à bord.

Ce dernier se fera représenter les marchandises prohibées ou portées sur le manifeste, dont la vente est soumise à des formalités.

Si ces marchandises ne pouvaient être représentées ou si les quantités excédaient celles qui ont été déclarées, procès-verbal serait dressé et le capitaine poursuivi conformément aux règlements.

Art. 5. Avant le départ des navires, le brigadier, après avoir pris les ordres du directeur, se transportera de nouveau à bord et fera une nouvelle visite, en procédant ainsi qu'il a été expliqué à l'article précédent.

Art. 6. En outre de ces visites, le directeur de la douane pourra, quand et aussi souvent qu'il le jugera convenable, envoyer ses agents faire des visites à bord des navires de commerce et s'assurer qu'ils ne contiennent aucune autre marchandise prohibée que celles portées sur leurs manifestes et qu'ils possèdent toutes celles qu'ils ont déclarées ou qu'ils justifient de leur emploi par des permissions régulières.

Art. 7. Si les agents de la douane soupçonnaient quelque contravention de douane pouvant être constatée à terre, ils préviendraient le commissaire de police et se concerteraient avec lui pour opérer la saisie.

Art. 8. Les saisies faites à bord des navires seront toujours constatées par un procès-verbal dressé par le brigadier de la douane.

Art. 9. Les procès-verbaux énonceront : 1° les noms, qualités et demeures des saisissants ; 2° la date et la cause de la saisie ; l'espèce, le poids ou le nombre des objets saisis; 3° la déclaration de saisie qui aura été faite au prévenu.

Art. 10. Les procès-verbaux dressés par le brigadier de la douane ou le commissaire de police, en matière de douane, seront crus jusqu'à inscription de faux.

On ne pourra admettre contre eux ni la preuve par témoins ni excuse sur l'intention.

Le juge ne pourra modérer la peine, les confiscations ou les amendes prononcées par les règlements.

Le directeur de la douane, seul, pourra transiger avec les délinquants avant le jugement, à moins qu'il ne s'agisse de contrebande de guerre.

Art. 11. Les procès-verbaux, lorsqu'ils auront été dressés, ainsi qu'il a été dit à l'article 10, seront transmis, par le directeur de la douane, au juge de paix, après avoir été transcrits sur un registre spécial, qui sera coté et paraphé par ce dernier.

Art. 12. Le juge de paix jugera toutes les contraventions qui n'emportent pas l'emprisonnement pour plus de six jours à quelque somme que les amendes, les confiscations, les dommages et intérêts puissent s'élever.

Les jugements des juges de paix seront soumis à l'opposition et à l'appel devant le tribunal de 1re instance, dans les cas prévus, dans le délai de huit jours, et l'affaire sera jugée d'urgence.

Le jugement du tribunal de 1re instance sera soumis à l'opposition et à l'appel dans les cas prévus.

Le délai d'appel sera de dix jours et l'affaire devra être jugée dans le mois.

Art. 13. La caution sera admise, en matière de douane, sauf le cas de révolte envers l'autorité.

Art. 14. Les condamnations pour un même fait de fraude contre plusieurs personnes, seront subies solidairement, tant pour l'amende que pour les dépens.

La contrainte par corps sera exercée contre les parties condamnées, sans qu'elles puissent être retenues plus de quinze jours, si elles justifient de leur insolvabilité.

Art. 15. Dès que le jugement sera devenu exécutoire, les objets saisis seront vendus publiquement, à la diligence du directeur de la douane.

Art. 16. La totalité des sommes provenant des confiscations et des amendes encourues pour contraventions aux arrêtés et règlements relatifs aux marchandises prohibées ou dont la vente n'est pas libre, appartiendra un tiers à l'État, deux tiers aux agents par lesquels la saisie aura été opérée.

Ces sommes seront réparties conformément au tarif ci-après.

Art. 17. Toutes les fois que les agents de la police agiront avec ceux de la douane, pour opérer une saisie ou pour découvrir la fraude ou la contrebande, soit à terre, soit à bord, ils auront un même droit au partage des sommes provenant des saisies ou amendes (tarif).

Art. 18. Tout individu qui aura dénoncé un fait de fraude ou de contrebande aura droit au tiers du produit net des objets confisqués et des amendes prononcées, s'il s'est fait connaître au directeur de la douane avant la saisie.

Ce tiers sera prélevé avant le partage indiqué par le tarif.

Art. 19. Toute personne qui se sera opposée à l'exercice des fonctions des agents de la douane ou des agents de police, agissant dans un cas de fraude ou de contrebande, sera condamnée à une amende de *cinq cents* à *deux mille francs*, sans préjudice de toutes autres peines prévues par la loi, en cas de voies de fait.

Fait à Papeete, le 15 avril 1847.

Le Gouverneur des Établissements français de l'Océanie,
Commissaire du Roi près la Reine des Iles de la
Société, commandant la station navale.

Signé : BRUAT.

Tarif pour la répartition des sommes provenant des confiscations ou des amendes. (Art. 16 du Règlement.)

TARIF.

Saisies faites par la Douane ou la Police.

Pour le Gouvernement.. 1/3
Pour les agents qui ont ordonné ou fait la saisie.................... 2/3

Ces deux derniers tiers seront répartis de la manière suivante :

Pour le directeur... 1/3
Pour le brigadier ou le commissaire de police.. 4 parts ⎱ des 2/3 restants.
Pour chaque agent.......................... 1 part ⎰

Papeete, le 15 avril 1847.

Le Gouverneur des Établissements français de l'Océanie,
Commissaire du Roi près la Reine des Iles de la
Société, commandant la subdivision navale,

Signé : BRUAT.

Règlement sanitaire.

Art. 1er. Conformément aux prescriptions du règlement de port, le canot du stationnaire fera raisonner chaque navire au moment de son arrivée.

La libre pratique sera immédiatement accordée, si le capitaine affirme, par serment, qu'il provient d'un pays sain et que, pendant la traversée, il ne s'est déclaré à son bord aucune maladie contagieuse.

Art. 2. Si le navire a des malades à bord, ou s'il vient d'un pays où règne une maladie contagieuse, il ne pourra entrer en communication soit avec la terre, soit avec la rade. — Il devra attendre l'arrivée du chirurgien chargé du service sanitaire, à qui le capitaine donnera les renseignements nécessaires sur l'état sanitaire de son bord et du lieu d'où il provient.

D'après ces informations, la libre pratique sera accordée ou refusée par le chirurgien qui aura reçu la déclaration.

ART. 3. Les capitaines qui feraient des rapports incomplets, inexacts ou mensongers, seront passibles d'une amende de *deux cents* à *dix mille francs*. Ils seront passibles de la peine de mort si, par suite de ces rapports incomplets, inexacts ou mensongers, une maladie contagieuse se déclare dans le pays, et s'il est reconnu qu'elle existait ou qu'elle avait existé à bord avant la déclaration du capitaine.

ART. 4. Tout navire soumis à une quarantaine devra, sous peine d'une amende de *deux cents* à *dix mille francs*, ne communiquer ni avec la terre ni avec la rade.

Les lettres et paquets dont il sera chargé devront subir les préparations d'usage qui seront indiquées par le chirurgien chargé du service sanitaire.

Les navires en quarantaine porteront, en tête du mât de misaine, un pavillon jaune, destiné à faire connaître leur état sanitaire.

ART. 5. Les dispositions de la loi du 3 mars 1842 et celles de l'Ordonnance du 7 août suivant, seront applicables en tout ce qui n'est pas contraire au présent arrêté.

Papeete, le 15 avril 1847.

Le Gouverneur des Établissements français de l'Océanie, Commissaire du Roi près la Reine des Iles de la Société, commandant la subdivision navale,

Signé : BRUAT.

DÉCISION SUR LA POSSESSION DES TERRES.

Nous, président et toohitu, après avoir délibéré sur les difficultés et l'incertitude qui existent dans les contestations des terres possédées dans les anciens temps à l'époque du paganisme;

Vu aussi la décision prise dans l'assemblée des *iriti-ture*, d'après laquelle celui qui possède un terrain sera le vrai propriétaire s'il en a la jouissance depuis l'abolition du gouvernement payen;

En conséquence, nous prions notre Reine d'ordonner qu'on ne présente plus aux jugements des toohitu, ni même à ceux des juges des districts et des *hui-raatira*, des contestations remontant à cette époque, c'est-à-dire avant l'établissement des lois et de l'Évangile.

Nous prions aussi M le Gouverneur Commissaire du Roi des Français d'accueillir notre demande.

Cour des Toohitu, le 3 mai 1847.

Signé : Taamu, Tairapa, Nuutere, Ote, Fareahu ;

Utami, président.

<table>
<tr><td>

Appprouvé :

Le Gouverneur, Commissaire
du Roi des Français,

Signé : BRUAT.

</td><td>

Approuvé :

La Reine des Iles de la Société,

Signé : POMARE.

</td></tr>
</table>

FIN DE L'APPENDICE.

Certifié conforme :

L'Ordonnateur,

T. NESTY.

PAPEETE, le 7 mai 1864 (*).

(*) Cette date est celle de la réception de la RÉÉDITION DES ARRÊTÉS aux Archives.

TABLE ALPHABÉTIQUE ET ANALYTIQUE

DES ARRÊTÉS ET DOCUMENTS DIVERS CONTENUS DANS CE VOLUME (1).

Les documents dont les titres sont précédés d'un astérisque (*) sont ajoutés à la 1re édition des ARRÊTÉS.

(1) Cette table n'existe pas dans la première édition. On a jugé utile de l'établir et de la placer à la RÉÉDITION DES ARRÊTÉS.

(1) Cet arrêté a reçu force de loi dans la séance de l'Assemblée législative du 2 mai 1845.

(2) Même note.

(1) Cet arrêté a reçu force de loi dans la séance de l'Assemblée législative du 2 mai 1845.

DATES DES ACTES.	ANALYSES DES ARRÊTÉS ET DOCUMENTS DIVERS.	PAGES.

(1) Les articles 5 et 6 de cet arrêté ont reçu force de loi dans la séance de l'Assemblée législative du 2 mai 1845.

(1) Cet arrêté a reçu force de loi dans la séance de l'Assemblée législative du 2 mai 1845.

(2) Même note.

DATES DES ACTES.	ANALYSES DES ARRÊTÉS ET DOCUMENTS DIVERS.	PAGES.
	R.	
	Raiatea.	
1845. 15 avril.	Arrêté n° 48. Déclarant l'île de Raiatea en état de blocus.............................	37
1846. 19 avril.	Arrêté n° 80. Levant le blocus de Raiatea.......	113
	S.	
	Service de santé.	
	Voir *Codes taïtiens*. — *Port*.	
	V.	
	Vente, Donation ou Location à long terme d'immeubles.	
1845. 13 oct.	Arrêté n° 61 (1). Fixant le mode de vente, donation ou location à long terme des terrains appartenant aux indigènes, et cédés à des Français ou étrangers..............................	58
	Voir *Codes taïtiens*. — *Enregistrement et Domaines*.	
	Voirie.	
1844. 25 mai.	Arrêté n° 21. Portant règlement de voirie........	20
d°	* Arrêté n° 21. Portant règlement de voirie......	101
	Voir *Papeete*.	

(1) *Note de 1861.* — Cet arrêté, pris par M. le Gouverneur Bruat, de concert avec le Régent de Taïti, est devenu lois XII et XIII du Code taïtien de 1848.

FIN DE LA TABLE ALPHABÉTIQUE.

ERRATA.

Page 144. Arrêté n° 112, lisez, après l'art. 3 :

> Fait à Papeete, le 17 juillet 1847,
> au lieu de...................... 16 juillet 1847.

Page 145. Arrêté n° 113, lisez, après l'art. 3 :

> Fait à Papeete, le 24 août 1847,
> au lieu de...................... 27 août 1847.

Page 146. Après l'art. 4 de l'arrêté n° 114, lisez :

> Fait à Papeete, le 24 août 1847,
> au lieu de...................... 11 juin 1847.

Page 148. Après l'art. 16 de l'arrêté n° 115, lisez :

> Fait à Papeete, le 27 août 1847 (1),
> au lieu de...................... 31 mai 1847.

Page 159. Note placée au bas, 2° et 3° ligne, lisez cette date : 13 *novembre* 1847, au lieu de : 13 *novembre* 1848.

---

(1) Les dates citées comme devant être lues aux pages 144, 145, 146 et 148, sont celles indiquées par le registre manuscrit déposé aux archives.

FIN.